大连理工大学 985 工程三期科技、人文与社会发展研究创新平台资助

教育部人文社会科学研究青年项目："区域治理多元规范结构之优化研究"（批准号：14YJC820004）阶段性成果之一。

中央高校基本科研业务费专项资金资助（批准号：DUT14RW106 和 DUT14RC（4729）

区域立法协调机制的理论建构

陈 光 著

人民出版社

责任编辑:陈寒节

责任校对:湖　催

图书在版编目(CIP)数据

区域立法协调机制的理论建构/陈光 著. －北京:人民出版社,
　2014.9
ISBN 978 － 7 － 01 － 013676 － 9

Ⅰ.①区… 　Ⅱ.①陈… 　Ⅲ.①地方法规－立法－研究－中国
　Ⅳ. ①D927

中国版本图书馆 CIP 数据核字(2014)第 140338 号

区域立法协调机制的理论建构
QUYU LIFA XIETIAO JIZHI DE LILUN JIANGOU

陈光　著

人 民 出 版 社 出版发行

(100706　北京市东城区隆福寺街 99 号)

北京龙之冉印务有限公司印刷　新华书店经销

2014 年 9 月第 1 版　2014 年 9 月北京第 1 次印刷
开本:710 毫米×1000 毫米　1/16　印张:22.25
字数:326 千字　印数:0,001 － 2,000 册
ISBN 978 － 7 － 01 － 013676 － 9　定价:48.00 元

邮购地址:100706　北京市东城区隆福寺街 99 号
人民东方图书销售中心　电话:(010)65250042　65289539

序一

　　在经济全球化的影响下,区域经济一体化发展模式的特色越来越明显,但各个区域因其地理环境、资源能源、人文条件等的差异,而表现出不同的区域经济特色。从世界范围来看,国际性的区域合作组织不断涌现,2009年11月3日,随着捷克总统签署《里斯本条约》,标志着欧洲区域一体化进入一个崭新时代。其他一些国际区域一体化的发展模式的组织如美洲自由贸易区、东南亚国家联盟和南亚区域合作联盟等。从一个国家范围而言,区域一体化也是各国积极探索的经济发展模式,如日本大东京区、大阪神户区和大名古屋区三大都市圈;美国大纽约区、大洛杉矶区都市圈等。我国在20个世纪,首先在东南沿海兴起的"珠三角"、"长三角"区域经济发展模式。进入新世纪,我国区域一体化发展模式进程加快,2008年国务院发布关于进一步推进长江三角洲地区改革发展意见以及珠江三角地区改革发展规划纲要,2009年国务院又批准了黄河三角洲经济区、图们江区域等十一个区域性发展规划。区域一体化的发展模式成为我国经济发展的战略选择。

　　世界各国区域经济发展的历程和经验也表明,在区域差异扩大和弥合的过程中,市场机制和政府政策法律都在发挥着重要作用。市场机制作用下的要素流动,既可以扩大差异,也可以缩小差距。单纯通过市场机制实现区域协调发展,是一个社会成本巨大而又十分漫长的过程。政府政策法律的作用在于根据市场机制的作用情况适时弥补市场的缺陷,实现市场机制与政府政策法律的有机结合和相互补充。如果政策法律选择正确,能够实现与市场机制的互补和互动,则可保证区域协调发展。反之,则会导致区域发展差异的扩大。由此可见,区域协调发展的机制实际上就是在市场机制作用的基础上政府政策法律的选择机制。

因此,在区域经济一体化发展越来越明显的情况下,区域立法政策的协调可以作为经济发展的制度保障。在我国现有立法体制下,如何进行区域立法以及如何实现区域立法的协调是我国理论与实践面临的课题。

2006 年初,辽宁、黑龙江、吉林三省政府法制办签订了《东北三省政府立法协作框架协议》,这标志着我国区域立法终于迈出了实质性的一步。而随着近年来我国区域经济、社会一体化的不断发展与强化,区域立法协调的重要性逐渐凸现并为决策者或有关部门所重视,如 2009 年伊始,国务院正式批复《珠三角地区改革发展规划纲要(2008 - 2020 年)》,明确了珠江三角洲地区未来三年的发展目标,而其中通过区域立法协调,打破行政体制障碍,建立统一的区域市场从而优化资源配置成为该纲要的核心内容之一。但区域立法在实践中还是存在一些困难与障碍,在现实的立法环境下,区域地方政府探索区域合作的行政协议如长三角地区的《长江三角洲旅游城市合作宣言》、《长三角运输合作和一体化协议》;珠三角地区的《粤港合作框架协议》、《粤澳合作框架协议》等。在我国现有立法体制框架下如何探索区域立法的协调机制是具有现实意义与理论意义的重要课题。

国外对现代区域发展的政策协调问题的研究出现于 20 世纪 50 - 60 年代,主要有增长极理论(Francois Perroux,1955)、核心与边缘区理论(Hirrshman,1958)、干预政策(Lsard,1960)等。而且这些研究成果主要集中于区域经济政策的协调,如英国学者哈维·阿姆斯特朗在 1985 年出版《区域经济学与区域政策》,就对区域经济发展与区域政策协调之间的关系作过研究;美国学者理查德·库伯 1968 年出版《相互依存经济学:大西洋共同体的经济政策》,提出区域发展相互依存的理论,并分析了没有政策协调会产生的后果;1974 年日本学者滨田宏一对欧共体的区域经济政策协调机制作了深入分析等。

关于本课题系统的研究目前国内尚没有开展，但围绕区域政策协调、区域经济的法制保障有一些零星的研究，一些学者关于区域立法协调的观点富有启发意义：

第一，区域立法协调由中央立法来实现。随着几个省共同利益的日益增多，尤其在环保、社会治安、市场经济乃至文化领域范围内横向利益的加强，区域内各地方行政立法协调的呼声愈来愈高，面对于此种情况，有学者建议由中央立法来协调，即由中央为经济区域制定统一的行政立法，以克服各行政区划政府各自为政的立法格局。如有学者建议由全国人大通过一个对长三角各地具有普遍约束力的法案——《中华人民共和国长江三角洲区域经济开发法》，作为区域经济开放基本法。

第二，区域立法协调由授权区域立法主体来实现。有学者建议，在法制统一的前提下，由全国权力机关或国务院授权该区域组成一个行政立法机构共同制定适用于该区域内各省的区域行政立法，可以更好的体现几个省的共同特色，弥补现行立法的不足，及时有效地规范各种新出现的、复杂的社会关系，满足区域内各方面的现实需要，是新时期条件下发挥地方行政立法积极性、主动性的另一种表现形式；而且，也是市场经济条件下，尊重各行政单位政府自主参与、平等协商以解决区域内事项和促进区域一体化发展的主要途径。该学者还建议，区域行政立法在效力上应该高于区域内各地方规章，即当各地方政府规章与该区域行政立法冲突时，应以区域行政立法的规定为准。也就是说，在实现经济区域一体化过程中，各区划的政府也必须对其地方利益和相对独立的行政立法权作出一定的妥协，没有彼此的妥协、让步，就无法实现真正意义上的区域经济一体化。

第三，区域立法协调由区域范围内立法主体立法分工协作来实现。区域之间不同立法主体共同签订区域合作立法框架协议，不同主体行使不同的立法并相互协调。如2006年初，辽宁、黑龙江、吉林三省政府法制办在沈阳召开了东北三省政府立法工作协作座谈会，就东北三省区域立法协作与交流进行了研讨，共同制定了《东北三省政府立法协作框架协议》。2006年三省开展半紧密型的协作,今后不断探索其他的协作方式,逐步完善。

陈光在山东大学就读博士学位伊始,就确定了《我国区域立法协调机制研究》作为自己博士学位论文的选题,经过三年的思考与写作,终于成就了这篇三十余万字的学位论文,并于 2011 年 5 月顺利通过学位论文答辩。陈光在博士学位论文基础上作了一些完善,拟改名《区域立法协调机制的理论建构》而由人民出版社出版,是一件非常可喜可贺的事。

综观陈光《区域立法协调机制的理论建构》这部学术专著,感觉有以下几个鲜明特色:

其一,研究主题前沿。虽然涉及该相关主题有一些学术成果问世,如文正邦、付子堂主编的《区域法治建构论:西部开发法治研究》(法律出版社 2006 年版);刘隆亨主编的《中国区域开发的法制理论与实践》(北京大学出版社 2006 年版);史德保主编的《长三角法学论坛》(上海人民出版社 2008 年版);王作全等撰写的《中国西部区域特征与法制统一性研究》(法律出版社 2009 年版);王春业撰写的《区域行政立法模式研究》(法律出版社 2009 年版)、陈俊撰写的《区域一体化进程中的地方立法协调机制研究》(法律出版社 2013 年版)等。但是在现有立法体制下去寻找区域立法协调机制的系统研究成果还是缺乏的,因此,为应合我国当前区域经济的合作发展模式,探求当前可行性的区域立法协调模式,本书的出版无疑是富有理论意义与实践价值的力作。

其二,研究资料齐全。作者在研究这个选题时,充分占有了本课题的研究资料。不仅了解本课题国外的研究状况,也掌握了本课题国内的研究现状;不仅了解法学界关于该课题的相关研究,也掌握其他学科领域如经济学、公共政策学等该课题的研究成果。对现有成果进行总结分析、确立自己论文选题的理论进路,展示了该课题研究的学术价值。

其三,研究方法多元。作者该课题的研究体现了多元方法论。如作者运用历史分析,探讨了美国、日本以及当下中国实践关于区域立法的一些尝试;运用比较分析,考察欧盟立法和美国区域合作中的有关协调经验,分析其对我国建立区域立法协调机制的有益启示。当然,正如作者所言的,以区域立法为题,综合运用实证分析、比较研究和规范分析等方法,并借助经济学、社会学和管理学等相关理论,对构成区域立法的关键要素——协调机制,进行了系统地构建和研究。

其四,研究思路清晰。该书除导论外,有五章的层次结构,第一章对相关概念进行明确界定,同时考察区域立法的结构以及实践中构建区域立法协调机制面临的一些制度难题;第二章选择欧盟、美国区域立法协调的经验作为比较考察的对象,总结出对欧盟立法和美国区域合作协调经验的借鉴包括理念和制度两个方面;第三、四、五章是一个完整的立法协调机制的设计,作者分别针对区域立法准备阶段、确立阶段和完善阶段各自的工作内容或任务,较为系统地构建起了我国区域立法协调机制体系。文章中不仅指出了有关协调机制对于区域立法的协调意义所在,还就各项机制如何操作或运作从制度上予以明确设置。以上三章是全文的重点。因此该书整体结构上重点突出,逻辑明晰,让人能够总体上了解作者写作思路,可读性强。

其五,研究结论可行。前文说过,虽然针对该课题,国内有一些研究,但得出的结论在当下中国没有办法实现,不具有很强的可行性。本书的研究结论,我们认为可靠、可行。作者立足当下的立法体制,结合目前的立法实践,提出了有一定创新性的观点,作者认为在区域立法准备阶段,可以通过省(市)际协议、区域立法规划和区域立法起草论证这样三种机制,来协调区域立法准备阶段的有关活动。在区域立法确立阶段,作者根据区域立法主体行为、文本内容和立法程序设置了相应的协调机制,如区域立法联席会议和公众参与制度等;在区域立法完善阶段,作者设计区域立法冲突解决机制、立法解释机制,以及区域立法后评估机制等。这些结论因为结合中国的立法体制以及立法实践,因而具有很重要的实践适用价值。

当然该课题的研究还没有结束,一些问题还值得进一步研究,如区域立法中各区域地方立法的特色与创新、区域立法的磋商机制等。当然这是陈光博士出版的第一部学术专著,而且是由权威出版社予以出版,是为幸事!我们期望他有更多、更有价值成果的问世,我也祝福他学术之路走得更扎实、更顺利!

是为序。

山东大学（威海）法学院　汪全胜

2014 年 2 月 8 日

序二

2013 年年底,陈光博士呈上其学术书稿"区域立法协调机制的理论建构",嘱我这位"师叔"写一序言。按"辈份",我是他博士导师的"师弟",的确是"师叔"辈的;加上我此前出版了一部专著《区域一体化进程中的地方立法协调机制研究》,跟他有着很多的"共同语言";因此,在多方邀请之下,我欣然奉命,亦读亦学,写成此序,聊表祝贺!

步入 21 世纪,我国区域一体化进程波澜壮阔、蔚为壮观! 随着东部沿海地区率先发展、西部大开发、振兴东北地区、促进中部崛起等战略布局的展开,我国的区域一体化如火如荼、蓬勃发展。从国内法学界的研究情况看,对应于日新月异的实践,围绕区域立法协调的相关理论研究,主要是近些年的事。

不少区域立法问题,包括区域立法协调机制的理论建构问题,是我国区域战略发展所亟待研究的问题。但是,相关的研究却较为欠缺和薄弱。为此,需要运用法治思维和法治方式,开展创新性研究,作出理论探索,不负时代的期望!

本书以注重法治化理性化、关注现实并着眼发展的思维,努力构建区域立法协调机制的理论体系,在以下三个层面作出了自身的探索:

在宏观层面上,作者以区域立法为主题,运用法学、经济学、社会学等多学科的理论知识,使用比较研究、规范分析等研究方法,对区域立法协调机制这一重点问题,运用法治化思维,开展了较为系统的理论构建和实践思考。立意高远,高屋建瓴,给人启发,引人深思!

在中观层面上,作者注重区域立法协调机制的制度建设,积极开展理论构建。例如,作品用三章的内容篇幅,分别对区域立法准备阶段、确立阶段和完善阶段的立法协调,作出理论梳理,努力构建我国区域立法协调机制体系。书中对区域立法协调各项机制成分的理论阐述,对制度建设的理论分析,在传承已有研究的基础上,有所创新,有所推进!

在微观层面上,作者对如何建立区域立法协调机制所涉及的诸多具体事项,分门别类,一一探讨,有助于本书学术观点、内容体系的完善。例如,书中对区域立法冲突解决机制、立法解释机制以及区域立法后评估机制等事项的探讨,在具体论证中向读者呈现了理性思考之火花。可以说,作者对微观层面的论证努力,丰富和支撑了本书宏观、中观层面的理论建构,相辅相成,自成体系!

"本书从区域立法活动、区域立法体系以及区域立法同现实和发展需要三个层面,对区域立法协调进行较为系统地论述,并建构相应的协调机制。这也在一定意义上构建了我国立法协调理论体系。"作者的这一自我评价,并不夸张。可以说,本书是在一定意义上构建了我国区域立法协调理论体系。

另外,本书的不少观点,颇有新意和时代价值。例如,作者提出,"在满足区域发展法制需求方面,中央立法和地方立法都存在难以克服的缺陷,产生自现行立法体制框架下的区域立法或可担此重任。"又如,作者主张,"构建区域立法协调机制,一方面要借鉴现有区域合作协调机制,另一方面要解决好有关理论和制度问题。"

总之,本书以广阔的视野、活跃的思想和专业的素养,从理论、制度以及技术等多维领域探索区域立法协调这一时代论题,其创新努力和探索精神,可喜可贺!

当然,本书也存在一些有待完善之处:如域外经验借鉴的对象,还可以扩大;又如,对我国区域立法协调模式、主体、类别、背景等的分析,尚嫌不足。与此同时,随着区域一体化的深入发展,关于区域立法协调机制的理论探索,尚可作进一步研究,需要随着实践的发展而发展,不断丰富和拓展区域立法协调之理论。

凡此种种,也是时代发展提出的挑战。希望陈光博士继续投身于相关领域的探索研究,"青出于蓝而胜于蓝",有所为有所创新,作出有时代价值的贡献!

是为序。

华东师范大学教授、博士生导师 陈俊
二零一四年三月

目　录

导　论

区域合作与发展是任何一个国家或地区都必须面对的重要的战略问题。区域合作可以在不同层面上展开。从世界范围来看,经济全球化影响下的区域经济一体化趋势不断增强,已经很少有国家能够置身于区域发展模式之外。与此相对应,诸多类型不同、功能各异的区域合作组织层出不穷。2009 年 11 月 3 日,随着捷克总统签署《里斯本条约》,标志着欧洲区域一体化进入一个崭新时代。欧洲一体化是迄今各类国际性区域合作中涉及领域最为广泛,合作最为深入的一个典范。如今,在亚洲有东南亚国家联盟和南亚区域合作联盟等区域性合作组织,美洲有美洲自由贸易区等。除了这些国际性的区域合作组织外,许多国家和地区还基于地缘政治或经济关联原因,或者自然资源的共同开发和利用等需要,也都建立起了相应的区域性合作机制。例如,地处东北亚地区的各国设立了东北亚经济合作论坛,定期就东北亚区域的经济合作与发展问题进行研讨。东北亚地区各国还围绕大图们江的治理与开发制订了"大图们江区域合作计划",并建立了相应的合作协调机制,包括:"图们江区域项目秘书处机制(在北京设立);中俄朝三国协调委员会机制;中俄朝蒙韩五国协商委员会机制;中俄朝蒙四国协调机制;中俄蒙韩日环日本海地方首脑会晤机制。"[1]这些都有效地促进了东北亚地区的合作与发展。

就一国范围而言,区域开发与协调发展也是重要的经济、社会发展模

---

① 陈金涛、张传锋:《大图们江区域各国法律的冲突与协调》,载《行政与法》2007 年第 4 期,第 96 页。

式。美国历史上有名的"西进运动"便是区域开发的先例之一。如今美国国内区域发展的一个重要表现是大都市区模式,或称为组团式城市群模式,比较典型的有大纽约区、大洛杉矶区和五大湖区等。这些城市群在美国的经济、社会发展中占有举足轻重的地位。据统计,"美国大纽约区的 GDP 约占全美国 GDP 总量的 24% ,美国大洛杉矶区的 GDP,占全美国 GDP 总量的21% ,美国五大湖区的 GDP,占美国 GDP 总量的 20% 。美国三大城市群的 GDP 总量达到 6.7 万亿,约占全美国 GDP 的三分之二强"。① 日本战后也逐渐重视区域均衡发展,建立起了政府主导型的区域发展模式。1960 年颁布的《国民收入倍增计划》提出建立太平洋沿岸带状工业地带的构想,以发展进口资源、加工出口的贸易导向型经济模式。在此背景下,"第一次全国综合开发规划"于 1962 年 10 月由国会批准,提出分散工业布局、区域间均衡发展的战略,并将经济建设重点确定为重化工业。规划将全国分为过密、整备和开发地区 3 种类型,对京滨、阪神、名古屋等过密地区城市规模和企业区位选择加以限制,而将北海道、东北、四国、中国和九州划为亟待开发地区,以有效开发利用自然资源,合理配置资本、劳动和技术等资源。② 如今日本也在建立和发展都市圈经济、社会发展模式,如大东京区、大阪神户区和大名古屋区三大都市圈。加拿大在国内区域发展方面,一度兴起了地方政府或城市的合并与重组热潮,一些具有特定职能或者提供特定服务的区域性的城市区或委员会成立。如不列颠哥伦比亚省在其辖区内设立了若干行政区(regional districts),每个行政区都由一个董事会(a board of directors)进行统治,董事会成员包括行政区成员城市的议会选举产生的议员和未自治地区选民选出的代表。行政区的职能由哥伦比亚省政府赋予,为区内的居民提供相应的服务。③ 加拿大类似的区域还有艾伯塔省的卡尔加里地区

---

① 陆军等:《区域发展中的财政与金融工具》,新华出版社 2004 年版,第 9 页。

② 陈昊天:《战后日本区域开发与法律支撑体系》,载《现代日本经济》2007 年第 4 期,第 63页。

③ [加]理查德·廷德尔、苏珊·诺布斯·廷德尔:《加拿大地方政府》(第六版),于秀明、邓璇译,北京大学出版社 2005 年版,第 86—87 页。

和埃德蒙顿地区、马尼托巴省的温尼伯大城市区、安大略省的多伦多大城市区,以及魁北克省成立的若干县市行政区(RCMs)等。

中国的区域发展历史更为悠久。新中国成立以来,区域发展战略或布局主要经历了三个阶段,分别为重点发展内地,追求区域经济均衡发展阶段(1949 – 1978 年)、优先发展东部沿海地区,带动各区域经济共同发展阶段(1978 – 1990 年)和发挥地区优势,坚持区域经济协调发展阶段(1991 年至今)。① 在区域协调发展的思想指导下,我国先后提出了西部开发、东北振兴和中部崛起等区域性发展战略,并出台了相应的支持政策。近年来,我国区域经济、社会发展趋势进一步增强,出现了(泛)珠江三角洲、长江三角洲和环渤海经济区等经济圈,以及中原城市群、长株潭城市群等若干城市群。这些都有力地促进了我国经济、社会的协调发展,并将成为今后我国很长一段时期内重要的发展模式。

区域合作与发展离不开制度的维系与保障。制度经济学家道格拉斯·C.诺思认为,"制度是为约束在谋求财富或本人效用最大化中个人行为而制定的一组规章、依循程序和伦理道德行为准则"。② 社会学研究者郑杭生认为:"社会制度指的是在特定的社会活动领域中围绕着一定目标形成的具有普遍意义的,比较稳定和正式的社会规范体系"。③ 所谓制度,是指在区域合作与发展中,由特定主体设计,或者各社会主体长期行动演进而成的,一系列社会组织结构及规范体系。制度既包括法律、政策、协议或章程等正式制度,也包括文化传统、风俗习惯、道德准则和意识形态等非正式制度,甚至还包括各种组织或机构。区域合作与发展无论采用组织结构模式,还是某种机制的形式,从根本上都属于制度的范畴,都可以视为一系列制度组合与运作的结果。

一方面,区域合作与发展建立在一系列制度基础之上。以国际区域合

---

① 参见高伯文:《中国共产党区域经济思想研究》,中央党史出版社 2004 年版。

② [美]道格拉斯·C.诺思:《经济史上的结构和变革》,厉以平译,商务印书馆 2005 年版,第227 页。

③ 郑杭生:《社会学概论新论》,中国人民大学出版社 1987 年版,第 253 页。

作与发展为例,美国学者 Karl J. Holsti 指出,"所有国际组织和地区组织都是建立在威斯特伐利亚规范的基础上,这些规范包括:尊重主权、不干涉内政、不使用武力处理国家关系以及和平解决争端"。① 规范是构成制度的基本内容,任何区域性的合作离开了相应的规范(也即制度)都是不可想象的。而在回答制度是如何促进区域安全共同体建构这一问题时。新自由主义者和建构主义者虽然给出了不同的答案,但差别仅在于对制度功能的论述而非制度的重要性本身。其中,新自由主义理论断言,通过提供信息、减少交易成本、帮助解决分配冲突,更重要的是减少欺骗,制度能够缓和无政府状态,促进合作。建构主义则认为,制度不仅规定国家行为,而且建构国家认同和利益。②

另一方面,制度可以为区域合作提供具体的保障,并且有助于拓宽区域合作领域,推动区域合作不断深入。在美国,为了解决都市区各地方政府所共同面对的问题,州立法机关创立了一种新的制度——区域联合会制度。州议会授权都市地区的地方政府设立区域联合会(regional council),也称政府联合会或者区域计划委员会,该委员会是一个多功能的区域性自愿组织,由某区域内的地方政府选派代表参加。区域联合会定期举行会议,讨论本区域内共同的问题,拟定计划向参加联合会的政府提出。③

制度并非凭空产生的。一般认为,制度的来源或产生方式主要有两种:人为建构与自发生成。在区域合作与发展中,这两种方式所产生的制度都在不同的层面发挥着程度不同的作用。人类不同的活动促成了不同区域的形成,而这些活动又是人类生存和发展所必须进行的,从这个层面上讲,区域形成与发展中的各项制度是随着人类活动的不断开展演进而成的,是人之行动而非设计的结果。但从国际与国内区域合作与发展实践来看,人为

---

① Karl J. Holsti, International Politics: A Framework for Analysis, 5th edition, Englewood Cliffs, NJ: Prentice Hall, 1988, p.436.

② [加拿大]阿米塔·阿查亚:《建构安全共同体:东盟与地区秩序》,王正毅、冯怀信译,上海世纪出版集团 上海人民出版社 2004 年版,第 30 页。

③ 王名扬:《美国行政法》,中国法制出版社 2005 年版,第 285 页。

建构的制度在推动和保障区域合作与发展方面发挥着主导性作用,这些制度主要指的是法律、政策、条约或章程等正式制度。那么,制度又是如何被建构的呢?建构制度的方式有很多,不同的制度类型可能源自不同的创制机制。就区域合作与发展中主要的制度类型——法律制度而言,其建构机制被称之为立法。研究区域合作与发展中的法律制度,首先就应该对立法进行研究。

立法对于区域合作与发展具有重要意义。立法是区域合作与发展所需法制的主要供给者。尤其对于一国范围内的区域发展而言,区域开发与合作法制要先行已成为重要的经验之一。美国早在西部开发过程中,就围绕土地的利用不断完善相关立法,形成了一套以"公共土地"政策为中心的西部开发法律,如《宅地法》、《沙漠土地法》,以及《田纳西流域管理局法》、《地区再开发法》、《公共工程与经济开发法》和《阿巴拉契亚区域开发法》等专门法律。日本在二战后的区域开发与发展过程中同样采取立法先行。每一项制度的建立和实施都以立法为起点。自1950年制定《国土综合开发法》以来,日本的各项区域经济发展的法规已成体系,先后制定的《北海道开发法》、《山村振兴法》、《孤岛振兴法》、《过疏地域振兴特别措施法》、《落后地区工业开发促进法》、《工业整备特别区促进法》、《新产业城市建设促进法》和《高技术工业集聚地区开发促进法》等,涉及到产业布局、开发区建设、落后地区开发、城市规划、环境保护和资源利用等各个方面,使区域开发和发展的各个方面都实现有法可依。

与美国和日本等国的做法不同,我国区域开发与发展中的主要制度类型是国家和地方所颁行的各种政策。如在珠三角和长三角区域的发展过程中,国家批准了《珠三角地区改革发展规划纲要(2008 - 2020年)》,出台了《国务院关于进一步长江三角洲地区改革开发和经济社会发展的指导意见》两个政策文件,分别作为今后珠三角和长三角区域发展的政策依据。2011年伊始,国务院又批准了《山东半岛蓝色经济区发展规划》,作为今后山东半岛蓝色经济区建设和发展的政策指导。导致我国与美日等在区域开发中采取不同的制度类型的原因有很多。与其说这种差别是有意为之,不如说是习惯使然。政策固然有其制度价值,但随着我国法治建设的不断进步,尤其是区域合作与发展的全面展开和不断深入,确立立法和法律在区域合作与发展中的主导地位更为必要。

与区域合作与发展的实践相比,理论界在区域法制建设尤其是区域立法理论研究方面较为单薄,尚未形成一套较为完整且可行的理论体系。部分学者在相关研究中要么延续政策性思维,要么附和于区域开发和合作的现实而少有创新。因此,从理论上来回答并系统论证"我国区域合作与发展需要怎样的立法,以及如何进行立法"这两个问题非常迫切。

我国区域立法该采取怎样的立法模式呢? 当前,中央立法和地方立法是两种基本的立法模式。区域立法至今仍缺乏明确的宪法和法律依据,只能依托于现有的中央立法或地方立法。因此,区域立法最终应以何种形式出现,以及如何协调其与中央立法和地方立法的关系,是建立区域立法理论必须首先解决的问题。本书的基本主张是:我国区域立法应采取依托于地方立法,进行区域内地方立法合作的模式。

但是,若要保障建立在地方立法合作基础上的区域立法顺利进行,必须协调好区域立法过程、结果,以及所牵涉的其它各种关系,比如区域立法职权主体间的合作关系、区域内不同利益主体间的利益关系、区域立法文本同现行立法体系间的关系,以及区域立法与社会现实和发展需要之间的关系,等等。在某种意义上,协调是区域立法的核心或关键所在。协调又并非凭空进行,它需要借助一系列协调机制来实现,本书将这些机制称为区域立法协调机制。由此,区域立法研究的重点在于对区域立法协调机制及其构建问题的研究,而区域立法该如何进行也可转换为区域立法协调机制该如何构建这一问题。

区域立法协调机制的研究具有重要的理论价值。

其一,长期以来,我国法学研究呈现这样一个特点:重视本体与价值问题研究而较忽略方法或技术的研究。虽然近年来一些学者开始重视法律方法的研究,但其研究主要站在司法立场上,针对的是司法过程中的法律适用方法。完整意义上的法律方法,至少应该包括立法方法和司法方法。遗憾的是,很少有学者专门就立法方法作系统而深入地研究。对立法方法或技术研究的缺位或者不到位,也是我国立法饱受诟病的根源之一。本书对区域立法协调机制的研究试图以区域立法为切入点,对立法过程中涉及到的有关方法或技术问题进行较为系统地研究,以强化立法方法或立法技术的理论研究,这对于我国立法学乃至整个法学研究都是有益的。

其二,区域立法协调机制对于区域立法具有重要的技术性协调意义,而立法的技术性协调应该属于立法协调理论的范畴。实际上,不仅区域立法需要协调,中央立法和地方立法也需要协调。我国《立法法》中针对不同的协调对象或内容规定了不同的立法协调机制,例如效力位阶机制和冲突裁决机制。这两种机制对于立法或法制的协调固然重要,但是它们无法有效地完成对立法的全面协调。因为这里的协调主要针对的是立法结果而非立法过程的协调,立法协调应该是至少包括立法活动和立法结果的协调。本书从区域立法活动、区域立法体系以及区域立法同现实和发展需要三个层面,对区域立法协调进行较为系统地论述,并建构相应的协调机制。这也在一定意义上构建了我国立法协调理论体系。

其三,许多区域立法协调机制本身又属于具体的立法制度,如区域立法规划机制、区域立法委托起草机制和区域立法评估机制等。这些机制具有技术和制度双重属性。之前学者们在研究有关立法制度时,很少有人秉持制度技术化和技术制度化这样的转换思维或研究进路,更多的是在就制度论制度或就技术论技术,削弱了制度的实践价值或者技术的理论意义。本书对于区域立法协调机制的研究则在反思这一研究思维缺陷的基础上,将制度的技术价值与技术的制度意义的讨论有机的融合起来,即在建构区域立法协调机制,发挥各协调机制的协调功能的同时,也就如何实施或运作这些机制从制度层面进行建构与论述,这无论从研究内容还是研究思路方面来看,对于完善立法制度,以及改进立法学的理论研究都有着重要的意义。

最后,区域立法协调机制的研究可以修正和完善我国的立法体制理论。一般认为,立法主体和立法权的分配与运行制度构成了立法体制的核心内容。这使得学者们对立法体制的研究易出现这样的缺陷:立法主体是相对独立的,且根据其各自的立法权限的划分更多地都是在孤立地进行立法活动。虽然国务院不同的部门可以就某事项联合制定部门规章,但对于众多的地方立法机关而言,却不存在合作立法之说,这不免让人感到困惑。其实,立法权的行使只要不违反宪法和法律的强制性规定,其方式既可以独自行使,也可以合作行使,其目的都是为了更好地发挥立法的制度功能。区域立法便是典型的立法权联合行使的表现,而且它在满足区域经济、社会发展的法制需求方面的作用,是中央立法和地方立法难以替代的。区域立法协调机制的建构,在更好地推动区域立法的理论完善和实践深入的同时,也在理论上回答或解决了立法权如何实现联合行使的问题,充实和完善了我国的立法体制理论。

区域立法协调机制的研究同样具有重要的实践意义。

一方面,区域立法协调机制的构建可以推动区域立法的实践开展和功能发挥。区域立法对于区域经济、社会发展的重要意义无需多言。区域立法作为一种合作立法模式,无论在法律地位还是在立法程序等方面,现阶段都主要停留在理论研讨和社会实践两个层面,缺少直接的法律或制度依据。区域立法为了其自身的发展和作用的发挥,又只能依托于地方立法,主要以地方合作立法的模式出现。地方立法合作为何可能,又如何可能呢? 其中一个关键因素便是立法协调机制的存在和作用的发挥。从动态视角来看,协调机制贯穿于区域立法的立项、提案或送审、表决或批准,以及公布的整个过程,它们在每一阶段甚至每个环节上都会发挥相应的协调作用。从静态视角来看,协调机制可以用来协调区域性法文件与区域立法体系,乃至整个立法体系之间的关系,避免或减少适用过程中的立法冲突。此外,协调机制还能够保证区域立法同社会现实和发展需要的协调。总之,正是各种协调机制的存在才使得区域立法能有效地展开,并发挥其在区域经济、社会发展中的法制保障作用。

另一方面,区域立法协调机制的运作能够有效地增强区域立法的民主性和科学性。立法质量与立法过程的科学化与民主化直接相关。许多协调机制都是针对如何完善区域立法程序而建构的,比如区域立法规划机制、区域立法起草论证机制和区域立法后评估机制等,如果能充分发挥这些机制的功能,既可以实现区域立法的有效协调,又可以增强区域立法的科学性。同样,公众参与机制可以有效调动社会团体、民间组织以及普通民众对参与立法的积极性和主动性,使区域立法真正体现社会中不同的利益群体的利益需求。社会公众对区域立法的广泛参与,不仅增强了区域立法的民主性,还有助于减少区域立法实施阻力。

第一章 区域立法协调机制的
基础理论与实践思考

　　研究区域立法协调机制,首先要回答何为区域立法,以及区域立法为何可能这两个基本问题。只有先清楚区域立法的涵义,才能有针对性地去构建协调机制。当前,无论是理论界还是实务界,对于什么是区域立法,或者应在何种意义上来使用和开展区域立法,尚未有清晰的或一致的认识,需要在理论上做进一步地探讨与明确。尽管现实中存在形式不同的区域性立法,但对于为何会出现区域立法,或者区域立法何以可能乃至必要,则少有学者对此作出较为详尽的理论分析。这一问题若得不到有效解答,我们建构区域立法协调机制便缺少足够的理由支撑。当然,在解决这两个基本理论问题之前,还需对区域的涵义进行界定。

第一节 区域立法的界定与理论分析

一、区域的类型及界定

　　区域(region),也称地区或地域,其含义正如其所代表的空间一样,可大可小又复杂多样,难以界定。从广义上讲,地球表面任何确定面积的地理空间都可以称为区域。区域含义的丰富性要求我们在讨论和理解区域性问题时,应坚持具体性和相对性原则。其中,具体性是指任何正在被讨论的区域都是为具体的语境所特定化的地理空间范围,其外部边界较为明确,并且该区域已被赋予了特定的人文属性或社会意义。相对性是指被赋予特定属性的具体区域是相对存在的,其外部边界的确定是相对于边界外的其他区域而言的,而无论其他区域是否与该区域具有相似或互补的属性。

(一)区域的含义与类型划分

1.不同学科所研究的区域

区域的含义非常宽泛,不同学科对其有着不同的理解和界定。区域首先是一个地理学词汇。在地理学中,区域可以用来指称地球表面的任何一个地理空间或地理单元。德国地理学家李希霍芬将以区域为研究目的的描述的、综合的或特殊的地理学称为"地方地理学",并强调将特殊地理学与普通地理学综合而形成的"生物分布学":不仅要记录下存在的区域事实,而且要通过介绍区域内每一单独部分各种现象的因果关系和动态的相互关系,来解释这些现象的区域分布。① 而近代地理学区域学派的奠基人赫特纳则指出,区域学或者地志学意义上的地理学的统一性,只能建立在地区、地方和地点的内在性质之上,而这种性质则建立在两种关系之上:一种是地点与地点之间的差异,另一是结合在同一地点上各个不同自然界和各种不同现象的因果关系,并且这种关系必须把自然和人类结合在一起进行考察。② 从两人的论述中可以看出,地理学中所讲的区域也并非于地球表面随意划出的,而要注重区域内各组成部分或单元的一致性或关联性,以及其作为特定区域存在的特殊性。

地理学并非一门经院哲学,它强调实用性和自身对社会发展的贡献。基于此,许多地理学家积极参与土地利用规划、城市和区域发展规划等实践工作。后来许多经济学家也主动运用地理学的有关理论来分析经济学问题,或者将经济学问题置于特定的区域中研究,于是便产生了新的交叉学

---

① [英]罗伯特·迪金森:《近代地理学的创建人》,葛以德等译,商务印书馆1984年版,第59页。

② [德]阿尔弗雷德·赫特纳:《地理学———它的历史、性质和方法》,王兰生译,商务印书馆1997年版,第148页。

科——地理经济学与区域经济学。① 在地理经济学家看来,地理对于经济研究而言是非常重要的,经济活动在空间分布上是不均匀的,一个国家的城市和地区经济规模存在很大的差异。区域经济学作为一门应用科学,"是建立在经济地理学基础上,运用经济学的基本理论和方法研究空间问题,它是一门关于人的空间经济活动规律和经济的空间秩序和区域经济组织的科学"。② 区域经济学中所讲的"区域"指的是社会交流频繁,经济联系紧密的特定空间,是经济活动共同体。区域由许多社会主体组成,这些参与者的利益和区域整体利益之间的关系是相辅相成的,参与者的活动必须相互协调才能促进区域的持续发展。③ 如果从区域的类型来看,区域经济学中的"区域"不是专指哪一种区域类型。"依据研究的需要,可以是行政区域,也可以是经济区域、自然区域(如流域区域等)或者边界区域"。④

社会学同样重视对特定区域的社会群体或社会形态的研究。社会学中的区域一般被视为具有人类某种相同社会特征(语言、宗教、民族、文化)的聚居社区。法国社会学家 F.滕尼斯在其《社区与社会》(1887 年)一书中将人类群体分为两种类型,即社区和社会。其中,社会是社会共同体,以目的、利益、契约以及距离为基础;社区则是生活共同体,以地域、意识、行为以及利益为特征。德国社会学家 G.齐美尔则对空间社会学进行过专门研究(1903 年),只是他更加强调空间的社会意义是由特定的社会心理所赋予的而非空间本身,也即他所说的:"并非空间,而是它的各个部分的由心灵方

---

① 严格地讲,地理经济学和区域经济学是两门不同的学科。如一名区域经济学家对克鲁格曼等地理经济学家的观点提出了 5 点批评意见,认为地理经济学的缺点在于:(1)忽视了前人所做的努力;(2)依靠冰山成本对地理学的理解过于狭隘,忽视了知识外溢成本;(3)忽视了空间范围内厂商间的竞争,因为地理经济学缺少关于厂商的成熟理论;(4)忽视了制度习俗的作用;(5)过于注重数字模型,以致缺乏定量的实证研究。参见[荷]S.布雷克曼、H.盖瑞森、C.范·马勒惠克:《地理经济学》,西南财经大学文献中心翻译部译,西南财经大学出版社 2004 年版,第 404 页。

② 陈秀山、张可云:《区域经济理论》,商务印书馆 2004 年版,第 12 页。

③ 陈振光、宋平:《城市化进程中的区域发展与协调》,载《国外城市规划》2002 年第 5 期,第 3 页。

④ 朱传耿、沈山、仇方道:《区域经济学》,中国社会科学出版社 2007 年版,第 7 页。

面实现的划分和概括,具有社会意义"。① 此外,20 世纪 90 年代中期以来,社会史学界也开始关注区域问题,即基层社会空间问题,以区别于以往史学界对上层政治空间与制度安排的单纯关注,从而使社会史研究在方法论意义上实现了"区域转向"。在学术界约定俗成的出现了诸如"华北模式"、"关中模式"、"江南模式"和"岭南模式"等一系列说法。②

在政治学中,区域的含义也很丰富。它既可以指一国(即主权国家或民族国家)范围内国家实施行政管理的行政单元,这些行政单元在单一制国家中被称作省、市、县、乡、镇等,在联邦制国家则被称作州、共和国、郡、市等,也可以指主权国家本身所占据的地理空间,以及以任何形式进行联合或合作的若干主权国家所共同形成的地理空间。政治学关于区域的研究还存在一重要理论:区域主义(regionalism),又称为地区主义理论。该理论是在第二次世界大战后新兴的一种理论,它强调巩固国家与周边地区的利益与外交。区域主义理论和实践在兴起后的十几年间非常盛行,之后逐渐受到冷遇。但冷战结束后,随着全球化运动的兴起,区域主义再次受到重视。根据该理论所成立的一些区域性组织,在某些情况下已经突破了主权国家(或民族国家)的范畴而具有相对独立的意义。例如,1985 年,大约 260 个欧洲地区组成了一个自愿性组织——欧洲地区大会。并且该组织于 1996 年 12 月 4 日发表了《欧洲地区主义宣言》,对于地区的定义、权能与制度组织、财政地位、地区与国家、与欧盟的关系、地区之间的关系等作出了明确的规定。其中,在地区与欧盟关系方面,该宣言提出:地区可以向欧盟派驻代表。这些代表机构可由几个地区共同建立。欧盟和这些地区所在之成员国应承认这些代表机构之正当地位。③ 而在《欧洲宪法条约草案》中则正式确认了地区委员会的独立地位,规定地区委员会应由地方和地方实体之代表组成,该

---

① [德]齐美尔:《社会是如何可能的——齐美尔社会学文选》,林荣远编译,广西师范大学出版社 2002 年版,第 291 页。

② 行龙、杨念群主编:《区域社会史比较研究》,社会科学文献出版社 2006 年版,第 1 页。

③ 秋风、谈志林:《欧盟立宪中的地方自治安排及其对中国的启示》,载冯兴元等:《立宪的意涵:欧洲宪法研究》,北京大学出版社 2005 年版,第 242 页。

委员会的成员不受任何强制性指令的约束,他们在根据联盟的普遍利益履行职责时,是完全独立的。

法学研究中的区域同样有着多种含义,而且它以不同的名称存在着。以《宪法》为例,其中关于区域的规定至少有四种含义:一是在少数民族聚居地区实行区域自治。第4条规定,国家根据各少数民族的特点和需要,帮助各少数民族地区加速经济和文化的发展。各少数民族聚居的地方实行区域自治,设立自治机关,行使自治权。第3章的第6节还专门就民族自治地方的自治机关作出规定。这里的区域特指少数民族集中生活和生产的地区,也即民族区域。二是指行政区域。第30关于我国行政区域划分的规定,如全国分为省、自治区和直辖市;第89条规定的国务院职权中有一项是国务院有权批准省、自治区、直辖市和自治州等的区域划分;第107条关于省、直辖市政府决定乡、民族乡和镇的区域划分。三是特别行政区作为我国一个特殊的行政区域有着独立的地位。根据第31条规定,在特别行政区内实行的制度按照具体情况由全国人大以法律规定。四是居民委员会和村民委员会作为基层群众性组织,其是城市和农村按居民居住地区设立的。因此,居民委员会和村民委员会作为两类特殊的区域在我国也有独立的法律地位。除了《宪法》中规定的上述四种类型的区域外,其他许多部门法中也都或多或少的存在有关区域的规定。典型的例子是关于法律属地效力的规定,一般而言,凡是在我国领域内实施的行为都要适用于我国的相关法律规定。当然,除了宪法和法律的规定,学者们也就民族区域立法和法律、区域开发和发展等问题进行研究,前文已有具体介绍,不再赘述。

2. 区域的基本含义与划分原则

通过对不同学科关于区域研究的介绍,我们对区域的含义有了相对全面的理解。本书认为,在理解区域的含义时,需要把握以下四个要点:

一是区域首先是一个客观存在的地理空间。区域是地球上某一特定面积的空间,而非单纯观念中的或形于纸面上的空间。换言之,区域要以特定面积的土地为载体,且该空间具有相对确定的边界,将其与区域外的空间或其他区域隔开。

二是区域的意义是人类的活动所赋予的,研究区域必须把自然意义上的区域和人类的活动结合在一起进行。无论是自然区域、社会区域,还是政治区域、经济区域等,都是基于人类活动或者满足人类生存发展的需要而存在的。正如鲁迅所讲的那样,其实地上本没有路,走的人多了,也便成了路。区域同样如此,离开了人类的活动,或许地球真得处于混沌状态中。区域的意义则主要体现为特定区域中人类活动所设计或者形成的一系列制度。

三是区域可以被视为一个系统,它由许多相互联系的部分组成。组成区域的各部分既可以理解为区域内所包含的各种自然要素(如资源和环境等)、人文要素(如政治、经济、文化等),也可以理解为包含这些要素的各个子系统。而且构成区域的基本原因是各部分之间的难以分割的关联性或者内在属性的一致性或相似性。与此同时,区域内的各子系统之间,以及该区域系统同其他区域系统之间都会不断地进行信息、能量等方面的交换,以保持区域系统的正常运转。

四是区域的存在既然是人类活动的结果,那么增进区域活动参与者的福利和区域内民众的整体利益就成为区域发展的最终目的。做到这一点,需要协调好构成区域的各部分(或各子系统)之间的关系,协调好区域内各部分与区域整体之间的关系,以及协调好区域内各要素与区域外各要素之间的关系。实现上述协调的基本借助同样是制度。

虽然区域具有很大的伸缩性,但其划分也并非是任意的。区域的划分应该遵循以下四个原则:(1)可度量性,即区域是客观存在的,每个区域都占有一定的地理范围,具有相对确定空间界限,可以被度量;(2)区域各组成部分属性的相似性或关联性,即任何区域都是基于内部相似或互补的属性而存在,而这种属性是该区域得以成立并区别于其他区域的关键因素;(3)层次性与开放性,即区域是一个多层次的系统,有大小之分、包含与被包含的关系,同时区域系统具有开放性,它们不断地与周围区域进行着物质、人才和信息等内容的交流。区域的开放性还表现在区域空间具有开放性。尽管任何一个区域都有相对确定的边界,但这指的是在某一特定的时期或特定的时间段上,其边界是较为固定的。随着区域经济、社会的发展,区域边界会随着新参与者的加入而发生变更。也即"区域空间不是一个决定资格界限的地域,而是一个由合作过程决定的功能和行为空间,伴随着中心和外围关系的延伸和扩展,区域的边界也将随之向外扩展";①(4)不重叠性,即按照同一原则或标准对确定的地理空间所划分出的区域系统,同一层次的区域不会重叠,也不会有遗漏。

强调区域的可度量性或者具有空间边界,并不意味着要否认区域的可变性。这种可变性体现为不管区域的定义如何,一个实际的区域划分迫使学者在权衡不同现象的重要性中作出主观决定,并根据地区关联性的两种类型之一进行划分,即根据两个或更多因子过程关联性的近似一致性划分成"形式区域",或根据地方之间的相互联系性划分成"作用(功能)区域",但这种划分只代表部分统一体。② 也即同一地理空间,人们研究区域的目的不同,划分的角度、指标不同,可得到不同的区域划分结果或区域类型。区域的可变性还体现在区域边缘界限的模糊性和变动性。通常每一个区域都由中心区和边缘区两部分组成,尽管中心区和边缘区是相对存在的,但中心区聚集力的强弱直接决定边缘区的大小。区域的特征在其中心区域典型地段表现最清楚、最完善,但边缘区的特征就慢慢地与相邻区域的特征融合起来。因此,地理学上的区域界线往往是一个过渡带,具有模糊性。这就像再显著的海岸线,也会因潮水的涨落而变动,从而使得原本严格划定的国界,慢慢地发生变动。

总之,任何一种关于区域的划分都是有局限性的,因为任何区域类型的划分都是相对而言,且处于程度不同的变动之中。我们在进行区域划分及研究过程中不应忽略这种局限,从而对自己的研究结论保持适当的谨慎。

(二)本书对区域的划分与定位

依据不同的标准,可将区域划分为不同的类型。如按区域的性质不同,可分为自然区域、经济区域和社会文化区域等,而且对这些区域类型又可以

---

① 洪世键:《大都市区治理——理论演进与运作模式》,东南大学出版社 2009 年版,第 57 页。
② [美]理查德·哈特向:《地理学的性质》,叶光庭译,商务印书馆 1996 年版,第 454 页。

分别进行更为细致地划分。任何对区域的类型划分和范围界定都是基于某种理论研究或实践发展需要而作出的。区域立法是本书一个基本研究对象,如何建构我国系统的区域立法协调机制则是主要研究目的。因此,区域立法之"区域"的空间范围被限定在我国主权所辖的领域之内。这是对区域的第一次或首要的定位,也是划分区域类型的基本前提。

纵观世界各国,无论是理论研究还是实践情况,经济区域几乎是当前各国最为关注并从事大量工作的区域类型。有学者认为,"区域的意义在于它以地理单元为载体负担、记载着人类经济社会前行的历史,反映着其内部及其外部的种种关系的成长和变化场景"。[①] 我国同样如此。于是,主要以经济的相似性与关联性作为区域立法之"区域"的基本属性,是对区域的第二次定位。经济属性或经济标准也是划分区域类型的第一个标准。所谓经济标准,指的是我们将主要在发展区域经济的语境下来讨论区域立法问题,反过来区域立法也主要指的是经济区域的立法,并且以促进区域经济发展为区域立法的基本目标。

建国以来,我国政策层面的区域划分基本上都以经济要素为基准,并主要经历了三个阶段,一是传统上的"两分法"(沿海与内地);二是"七五"计划开始采用的"三分法",即东、中、西三大经济带;三是"十一五"规划进一步细化而成的"四大板块"的发展战略,即坚持实施推进西部大开发,振兴东北地区等老工业基地,促进中部地区崛起,鼓励东部地区率先发展的区域发展总体战略。[②] 当然,这样三个区域划分阶段的总结只是一个粗略的描述,因为建国以来我国在不同阶段的区域划分考虑的侧重点有所差别。例如上世纪 60 年代关于一、二、三线地区的划分,主要是依据我国当时的周边国际形势所决定的各地军事、政治战略的不同而作出的。尽管如此,"三线"的区域划分也兼顾了国家经济长期发展和平衡工业布局的需要。而且三线地区的划分轨迹是由沿海、边疆地区向内地收缩划出的三道线,它大体

---

① 沈德理:《中国非均衡格局中的区域发展》,中国社会科学出版社 2007 年版,第 28 页。
② 朱传耿、沈山、仇方道:《区域经济学》,中国社会科学出版社 2007 年版,第 297 页。

上与改革开放后所称的东、中、西三大地带相对应,符合中国经济发展和经济布局的规律和要求。① 但是改革开放以来,我国对区域的划分主要是基于发展经济的考量,尤其是与"四大板块"的区域划分呼声同样高涨的长三角、(泛)珠三角和环渤海三大经济圈的划分更是直接表明了其经济发展取向。具体而言,我国经济区域的主要类型有:

(1)板块经济区。这是以全国统一规划与发挥地区比较优势为出发点而将全国领土划分为若干经济板块,如根据国家"十一五"规划所划分的东部地区、东北地区、中部地区和西部地区"四大板块"。除此之外,还包括革命老区、民族地区和边疆地区等特殊的板块。

(2)中心城市(群)经济区,或称为组团式城市群。是指以"一个或几个大的中心城市或城市群与其腹地共同组成的经济区域"。② 典型的如以上海为中心,包括江苏的南京、镇江、扬州、苏州、无锡和常州等城市以及浙江的杭州、嘉兴、湖州、宁波和绍兴等在内的上海经济区;以武汉为中心的武汉城市群等。

(3)流域经济区。是指以某一流域为单元的综合开发与治理为内容,以协调该流域不同地区之间利益关系为目的而形成的经济区,如包括江苏、

---

① 20世纪60年代,中共中央主要从战备需要出发提出三线建设的决策,将中国大陆划分为一、二、三线地区。其中一线地区指地处国防前线即国境线上的边疆、沿海省市。包括福建、广东、浙江、上海、江苏、山东、北京、天津、辽宁、吉林、黑龙江、内蒙古、西藏、新疆等。三线地区指全国的战略大后方,内地的腹心省份。包括四川、贵州、云南、陕西、甘肃、宁夏、青海等省,山西、河北、河南、湖北、湖南等省的西部及粤北、桂西北地区。二线地区指处于一线和三线之间的省区。三线有大三线和小三线之分。上述从全国范围来划分的三线,习惯上称为"大三线";在各省、市、自治区范围来划分的三线,称为"小三线"。即在一、二线地区内各省、市、自治区按照中央关于备战精神,依自己的情况,在位置偏僻、交通不便、地形复杂的山区或腹地划出自己的"小三线"地区。当时划分三线地区的基本背景和过程是这样的:20世纪60年代中期,我国周边面临多方面的军事战争威胁和军事压力,国家安全环境急剧恶化。1964年5月15日至6月17日,中共中央召开工作会议,讨论农业规划和第三个五年计划。会议期间,毛泽东初步提出要加快搞三线建设的思想。1965年,国家计划委员会重新拟《关于第三个五年计划安排情况的汇报提纲(草稿)》,明确把"加快三线建设,逐步改变工业布局",作为第三个五年计划的首要任务。三线建设一直持续到上世纪70年代末,随着改革开放经济发展重心的转移而逐渐退出历史舞台。参见高伯文:《中国共产党区域经济思想研究》,中共党史出版社2004年版,第179—205页。

② 陈秀山主编:《中国区域经济问题研究》,商务印书馆2005年版,第51页。

山东、安徽、河南四省的徐州、枣庄、临沂、商丘、淮北和蚌埠等15个地市等在内的淮河经济区。

(4)生态经济区。这类经济区在我国"十一五"规划中又被称为主体功能区。该规划根据资源环境承载能力、现有开发密度和发展潜力,统筹考虑未来我国人口分布、经济布局、国土利用和城镇化格局,将我国的国土空间划分为优化开发、重点开发、限制开发和禁止开发四类。其划分的目的在于按照主体功能定位调整完善区域政策和绩效评价,规范空间开发秩序,形成合理的空间开发结构。如对于那些资源环境承载能力较弱、大规模集聚经济和人口条件不够好并关系到全国或较大区域范围生态安全的区域要限制开发,规划中列举了大小兴安岭森林生态功能区、内蒙古呼伦贝尔草原沙漠化防治区等二十二个限制开发区域。而对于那些依法设立的各类自然保护区域则被确定为禁止开发区域。

(5)部门经济区。即根据生产部门和资源条件等次级标准分别将我国经济区域划分为工业区、农业区、能源区、商业区和旅游区等区域类型。

当然,对经济区域类型的划分并不限于以上五种,并且对于每种区域划分的依据、地理范围、名称以及定位等也都存在不同的见解,但学者们对于区域划分和区域性发展策略的必要性和积极意义早已达成共识。如长三角、珠三角和环渤海三大经济圈,既在地理位置上各自围绕着相应的流域(或海域),又可视为组团式城市群的区域类型,尽管在界定三大经济圈时包括了相应的省份和城市在内,而且在不同学者那里称呼和地理范围等也略有差异,但对于推动三大经济圈形成和发展的重要性则没有异议。

虽然在政策层面上,区域发展的目标是要促进和实现区域的全面和协调发展,即除了经济因素还应包括政治、文化和社会的全面而协调发展,但在当前发展语境下,以经济建设为中心的基本路线依然让政策的制定者、执行者以及参与者崇尚经济至上主义,协调发展谈何容易?不过,经济标准尽管是划分我国区域类型主要依据,但并非唯一依据。区域立法固然要以顺应和推动区域经济发展为首要使命,以此来体现和执行经济建设为中心的基本路线,但同样不能忽视环境、教育和文化等社会发展过程中的非经济要素。真正实现社会的全面、协调和可持续发展乃是我们不懈的追求。因此，在考虑区域的经济意义，以及区域划分的经济标准时，我们也不应忽略区域的地理、文化和社会等方面的标准。比如池子华指出，"'南北文化'的差异是客观存在的，从风俗到诗歌、音乐、美术、语言等都有异趣之处，正因为如此，历史上才有'南北文化线'的界定。唐宋时代，淮河成为公认的南北文化的界线；到了明代，开科取士则以长江为界，长江成为官方规定的南北界线。现代地理学兴起后，淮河－秦岭成为公认的南北自然的地理分界线，实际上也是人文地理的分界线。"①

还要指出的是，以经济区域作为区域立法的主要服务对象，是基于理论研究的便利，并不意味着区域立法不能够服务于其他类型的区域，如环境的、文化的或社会的等经济区域之外的其他类型区域。有关区域立法及其协调的结论及理论是通用的，也应该在非经济类型的区域发展中逐步得到重视。总之，虽然经济属性或经济标准是区域划分的一个基本标准，区域立法的首要任务是促进区域经济发展，但区域立法毕竟不等同于区域经济立法，通过保障经济发展推动区域乃至整个社会的全面、协调发展才应该是区域立法的终极目标。

单纯的经济型区域的定位并不足以保证区域立法的有效开展。立法作为一项基本的国家权力，它需要由特定的立法机关依特定程序来行使。根据我们对区域的第一次界定可以得知，区域立法之"区域"只是我国领域内的一部分空间，与其相对应的国家机关既不是中央立法机关，也不是不享有立法权的地方权力机关、司法机关或行政机关，而只能是享有地方立法权的省级和较大的市级的地方立法机关。这样一来，便需要我们对区域立法之"区域"进行第三次界定：它要以省级或较大的市级的行政区划为区域的基本组成部分或单元。由此也引出了划分区域类型的第二个标准：法律标准。

法律标准在这里是指《宪法》、《立法法》和《地方组织法》等关于我国行

_____

① 池子华：《存同求异：近代江南淮北的社会文化的比较观》，载行龙、杨念群主编《区域社会史比较研究》，社会科学文献出版社 2006 年版，第 169 页。

政区域划分和立法权的配置的规定。经济标准是划分区域的首要依据,也是当前区域规划与发展的基本出发点。法律标准是确定区域的界限以及区域立法获取立法权的基础性依据,它要求以经济标准所划分的区域,其内部应该包括两个或两个以上享有地方立法权的国家机关。法律标准可以为以经济区域为主要服务对象的区域立法提供法律上正当的权力来源。根据《宪法》和《立法法》等规定,我国行政区域划分如下:全国分为省、自治区、直辖市;省、自治区分为自治州、县、自治县、市;县、自治县分为乡、民族乡、镇。其中只有省级和较大的市一级的人大及其常委会和人民政府享有地方立法权,所以在界分区域立法之"区域"时,每个"区域"必须至少包括两个省级或较大市级地方立法机关,以保证区域立法的权力基础。但我们知道,行政区域和经济区域并非总是契合的,二者之间时常会出现许多矛盾需要协调。"经济区发展强调的是'开放性',不同区域之间保持信息流通、生产要素流通、人才流通等才能保持旺盛的经济活力。但是行政区恰恰突出了'限制性',在行政区管辖边界的内外存在着非常明显的政策差别与贸易壁垒。"①因此,如何协调好经济区域和行政区域的关系是我们在研究区域立法,或者进行区域立法实践时必须予以正视的问题。

二、区域立法的涵义与构成要素

区域经济、社会一体化进程中,区域内各类经济、社会关系日益密切,许多区域性社会事务或公共服务亟需相应的法律调整,这在很大程度上催生了区域立法。从广义上讲,区域立法包括任何特定地区的立法,既可以是关于特定区域的立法,也可以是特定区域的自行立法。本书所谓区域立法则是指特定区域内各有关地方立法机关,就区域性社会事务的管理、公共服务的提供或共同利益的追求等,在平等自愿的基础上进行立法合作,开展与区域性法文件的制定、修改或废止等有关立法活动的总称。

学者们一般都在动态与静态两种意义上来使用立法一词。与立法一

---

① 陈秀山主编:《中国区域经济问题研究》,商务印书馆 2005 年版,第 58 页。

样,区域立法也可在动态和静态两种意义上来使用。其中,静态意义上的立法又可称为"规范性法文件",根据《立法法》规定,它包括宪法、法律、行政法规、部门规章、地方性法规、地方政府规章、自治条例和单行条例、特别行政区条例等。汪全胜教授认为,只有涉及到这些规范性文件的活动才是"法"的活动。而涉及到其他一些规范性文件,例如政府机关制定的"其他规范性文件"的活动,就不是立法活动。[①] 这一观点从法律形式的角度对立法的外延进行了较为严格的限制,这对我们准确理解立法的含义是必要的。但在社会现实中,由政府机关制定的大量"其他规范性文件",尤其是那些所谓的"其他规范性文件",已经发挥着实实在在的"法律"的作用,它们对某一领域的社会关系所产生的效力并不亚于"法律"的规范力或影响力。这些游离于《立法法》之外并且尚无相应法律予以约束或调整的"其他规范性文件",对我国的立法体制,以及法律本身都产生了很大的冲击,这也是我们研究立法过程中难以忽视也不应忽视的一个尴尬现象。因此,本书虽然仍将区域立法之"法"的基本形式限定在《立法法》所规定的法律形式范畴之内,但对于那些范畴之外的"其他规范性文件"则保持一种开放的态度,区域立法的各种原理及机制同样适用于这些规范性文件。

　　区域立法是在特定区域内进行的。区域的形成有着相应的政治、经济、文化和社会原因,并非任何一个任意划定的地理空间都可称之为区域,都有进行区域立法的可能与必要。与中央立法相比,区域立法在某种意义上仍属于地方立法的范畴,只不过它介于《立法法》所规定的中央立法和地方立法之间,其作用范围跨越若干个不同的地方行政区划。由于区域立法在我国主要是一种实践产物,尚缺乏明确的制度依据和法律地位,因此它需要在现行立法体制中寻求存续与发展的空间。为此,本书将区域立法定位为地方立法合作,使区域立法依托于地方立法,获得相应的运作空间。

　　区域立法中的合作是一种横向合作。这意味着特定区域内如果存在两种层级不同的地方立法权,如省级和较大的市的地方立法权,它们之间不存

---

① 陈金钊主编:《法理学》,山东大学出版社 2008 年版,第 135 页。

在本书所谓的立法合作,而只能是相同行政级别的省级间或较大的市级之间的立法合作。而且合作的主体的机构属性是相同的,即只能是享有地方立法权的人民代表大会包括其常委会之间,以及人民政府之间的合作,而人民代表大会和政府之间不能进行立法合作。至于是否区域内所有地方立法机关都参与到合作中来则在所不问。

虽然现实中不存在独立的或法定的区域立法机关、立法权力和立法程序,但在理论上,区域立法包括以下四个基本要素:

一是区域立法主体。从广义上讲,各种立法活动的参与者都可以称之为立法主体。周旺生教授认为,"立法主体事实上有法治意义上的与功能意义上的区分,作为确定立法主体范围的标准也相应的主要有两个:一看是否具有立法权;二看是否对立法活动起实质性作用。"①据曹海晶教授介绍,在国外法学著作中,一般认为立法主体包括立法机构、组织和个人。"就立法机构而言,既包括专门的立法机关(议会),也包括参与立法活动的行政机关和司法机关;就组织而言,既包括政党,也包括其他参与立法活动的各种社团;就个人而言,既包括享有立法职权的议员、国家元首,也包括参加立法工作的各种人员。"②根据《立法法》的规定,立法主体应包括立法职权主体和立法参与主体。其中,立法职权主体是指依照法律规定或者通过合法授权而享有立法职权的国家机关、社会团体或特定个体,如全国人大及其常委会、国务院、经济特区立法机关、作为提案人的最高人民法院、参与法案表决的人大代表等。而立法参与主体是指立法活动中不享有立法职权的其他参与主体,如参与立法听证的专家、利益相关者,以及对立法机关公布的法律草案提出意见和建议的其他国家机关、社会组织或公民等。在我国立法活动中,立法职权主体尤其是立法机关占据着主导地位,并且也是区域立法主体的基本构成部分,原因在于它们是制定和通过规范性法文件的法定主体。具体而言,区域职权立法主体为各地方立法机关,即省级和较大市级的人大

---

① 周旺生:《立法学》,法律出版社2004年版,第88页。
② 曹海晶:《中外立法制度比较》,商务印书馆2004年版,第69页。

及其常委会,以及相应的人民政府。区域立法参与主体则是除了职权主体之外的其他所有公民、法人或其它社会组织或国家机关。

二是区域立法权。戚渊教授认为,"从广义上理解,立法权是指所有的行使立法的权力,即所有创制、认可、修改、废止法规范和法规则的权力"。"从狭义上理解,立法权是指立法机关(议会或其他代议机构)行使的创制、认可、修改或废止法规范的权力"。① 实际上,无论是广义上还是狭义上的立法权,都以相应的立法机关的存在为前提。由于现实中并不存在专门的区域立法机关,区域立法要依托于地方立法权,所以区域立法权只能停留在理论层面,或将其仅视为一种"拟制的立法权"。但这并不意味着区域立法权毫无意义可言,区域立法毕竟不同于地方立法,地方立法机关在参与开展区域立法时所行使的立法权已经区别于纯粹的地方立法权而被赋予了新的内涵,将这种情形下的立法权称为区域立法权在理论上是可行的。故笔者将依托于地方立法权而行使的创制、认可、修改和废止区域性法文件的权力称为区域立法权。

三是区域立法程序。立法程序是立法机关在立法活动中所必须遵循的步骤和方法。根据立法机关的性质不同,我国的立法程序包括人大立法程序和行政立法程序两种类型。狭义的人大立法程序包括提出法案、审议法案、表决和通过法案、公布法律四个环节。广义的人大立法程序则包括三个阶段:立法准备阶段、立法确立阶段和立法完善阶段。行政立法程序则一般包括立项、起草、审查、决定与公布等环节。区域立法程序以地方立法程序为基础,又存在着许多不同之处:从准备到完善的每个阶段区域立法都更加重视和需要立法协调;更加强调社会公众尤其是区域内的民众和民间团体的参与;对法案要采取分别审议和表决、一致通过以及分别公布的方式,等等。

四是区域立法协调机制。协调机制属于区域立法重要的且非常独特的要素。虽然中央与地方立法活动中也不可避免地需要进行协调,如法案起

---

① 戚渊:《论立法权》,中国法制出版社2002年版,第19、21页。

草、立法听证过程中的协调等,但这些协调属于立法活动必需的也是正常的协调工作,不完全等同于区域立法中的协调。区域立法权的行使依赖于多个相互独立的立法权之间的合作,无论在立法主体的行为关系,还是立法文本内容的确定,以及立法程序等各方面都需要进行协调。区域立法协调机制所针对的也不仅仅是立法行为,还包括合作行为。正是由于立法协调在区域立法活动中占有非常重要的地位,甚至可以视为区域立法活动正常开展,区域立法的功能有效发挥的关键因素,所以构建系统而有效的协调机制是区域立法运行的必然要求。

三、区域立法得以实现的理论分析

从理论上回答区域立法何以可能,是研究区域立法必须解决的首要问题。在现行立法体制下,中央立法和地方立法无法作为区域法制需求的主要供给者。区域立法不仅可以承担此任,还有助于更好地调谐中央和地方的立法关系。区域立法以地方立法合作的模式而存在和运行,其实质是地方治理权的合作。对于区域立法何以可能,或者地方治理权为什么能够实现合作这一问题,我们可从政治学、经济学和社会学等不同的视角进行分析和论证。然而,即使最终的结论为地方治理权的合作是可能的,区域立法是可行的,也无法在短期内解决区域立法实践中所存在的一些问题或障碍。对此,我们应积极地寻求相应的改进措施,推动区域立法的完善。

(一)区域立法与我国现行立法体制

1. 我国现行立法体制与区域发展的法律供给

除极特殊情况外,几乎在所有国家中,享有立法权的机关或主体的数量都不是单一的。立法权如何在不同类型和不同层级的国家机关之间进行配置,以及如何运行,反映着该国的立法体制。一般认为,立法体制是关于立法权限划分和运行的制度体系。有学者将我国现行立法体制概括为"一元两级多层次"。具体而言,"一元"是指全国人大是最高立法机关,其他任何机关的立法权都具有派生性,且都要遵循法制统一的原则,即都要以全国人大制定的宪法为根本依据;"两级"是指国家的立法权可以分列为中央与地方两个级别;"多层次"则指的是不论中央立法还是地方立法,立法主体所处的地位是多层次的,如中央立法中,全国人大的立法效力层次高于全国人大常委会的立法,而后者又高于国务院的立法等。① 由此可见,我国立法体制的核心内容是中央和地方立法权限的划分问题。且不论宪法和立法法是如何划分中央和地方立法权限的,单从现行的立法体制中可知,中央立法和地方立法承担着全部的国家立法职能,社会发展所需要的正式法律规则都是通过这两种基本的立法模式来提供的。依此,能够为区域合作与发展提供法律供给的只有中央立法和地方立法。

在我国,中央立法包括全国人大制定基本法律、全国人大常委会制定一般性法律、国务院制定行政法规、国务院各部门制定部门规章,以及中央军事委员会制定军事法规等。对于区域合作与发展而言,在中央立法中,从名义上讲全国人大及其常委会和国务院是其所需法律主要的供给者或输出者。对此,有些学者主张由全国人大或其常委会制定一部区域开发或发展促进法,作为保障和促进区域发展的基本法律。例如,有学者指出,"要使区域经济政策取得较好的成效,在很大程度上还有赖于中央政府内有专门的协调机构及严密的实施计划,并且区域协调发展的各项政策均源于国土开发整治政策,其法律化的表现——《国土开发整治法》就成为区域协调发展的基本法。"②笔者并不反对此观点。

问题在于,区域合作与发展所需要的法律非常具体和多样,单纯的一部基本法显然无法满足其需求,而且我们不应指望中央立法可以满足区域发展的全部法律需要。一方面,中央立法受制于立法信息收集、精力和资源有限等因素根本无力做到及时、充分地为区域合作与发展输出所需的法律;另一方面,区域合作与发展的主要参与者毕竟是区域内的各地方,如何充分调动地方立法的积极性,使其有针对性地为区域合作与发展供给法律才是今后要努力的方向。尽管通过中央立法可以避免地方立法可能存在的利害冲

---

① 参见汪全胜:《制度设计与立法公正》,山东人民出版社 2005 年版,第 31 页。
② 刘水林、雷兴虎:《区域协调发展立法的观念转换与制度创新》,载刘隆亨主编:《中国区域开发的法制理论与实践》,北京大学出版社 2006 年版,第 30、37 页。

突或协调障碍等,并赋予相关法律更高的效力和权威,但是这种每当社会发展遇到问题便要求或期待中央通过包括立法在内的方式进行干预的思维,依然是长期以来高度中央集权体制下所形成的思维惯性,这不利于中央和地方合理的立法关系的形成,而且在压抑地方立法的自主性和积极性的同时,中央立法也未必能取得预期的效果。故对于区域合作与发展所需的法律规则,不应主要由中央立法来供给。中央立法即使有这种能力,也应该保持适当的克制。

地方立法包括一般地方立法和特殊地方立法。其中,一般地方立法主要包括省、自治区、直辖市和较大的市的人大及其常委会制定地方性法规,以及相应的人民政府制定地方政府规章;特殊地方立法则主要包括三类:特别行政区立法、民族区域自治地方的人民代表大会制定自治条例和单行条例,以及经济特区所在地的省和市的人大及其常委会根据全国人大的授权制定经济特区法规。由于特殊地方立法的特殊性,相比较而言,在为区域合作与发发展提供法律规则方面,一般地方立法扮演着主要角色,也即用来调整区域合作与发展的主要法律形式为地方性法规和地方政府规章。根据《立法法》第64条的规定,地方性法规的制定可分为三种情形:一是执行性立法,即为执行法律、行政法规的规定,根据本行政区域的实际情况进行的立法;二是职权性立法,即对于那些属于地方性事务而进行的立法;三是先行立法,即对于一些社会事项,因国家尚未制定法律或行政法规,地方立法机关根据本地方的具体情况和实际需要而进行的立法。地方立法可以在区域合作与发发展中发挥比中央立法更为重要的作用,毕竟区域发展从根本上讲也是地方的发展,只有调动区域内各地方立法的积极性,才能真正保障区域合作与发展有着充足的法律供给。

但从当前形势来看,地方立法恐难以担当起作为区域合作与发展所需法律主要供给者的重任。这其中既有立法体制的原因,也有地方立法自身的原因。在现行立法体制来下,地方立法并没有获得充分的立法自主性。"地方立法的自主性,主要表现为它可以在地方立法主体的职权范围内,解决地方特有的并需要以立法解决的问题,如各地具体的或特有的江河湖泊的水利管理,堤坝保护,自然环境和城市环境的保护,少数民族问题,以及各地政治、经济、教育、科学、文化、卫生、民政和其他有关方面的为地方所特有并需要以立法解决的问题。"①对于这些问题,宪法和立法法等相关法律并没有明确规定地方享有立法自主权或立法优先权,中央立法依然可以进行调整,而且中央立法机关所制定的法律、法规的效力要高于地方立法,这在很大程度上压缩了地方立法的自主空间,也在很大程度上影响了地方立法的积极性。就地方立法自身而言,除了受立法体制影响,在立法自主性和积极性上存在问题外,立法质量不高,乃至立法乱作为等现象也比较明显。这些都制约着其在区域发展中的作用发挥与角色担当。

可以看出,无论是中央立法还是地方立法,在满足区域发展所需的法律规则方面,都存在许多问题。这实际上也反映出现行立法体制与区域发展之间的一种紧张关系。我国现行立法体制的形成是历史传统与现实的政治、经济和文化等因素综合作用的结果。即使存在许多问题,也只能慢慢改进,而不能彻底推翻、另起炉灶。在满足区域发展的法律需求方面,只要方案得当,现行立法体制还是能够为新型立法模式的建构和运行提供较大的的空间的。因此,如何寻求一种适当的且成本较低的方案,来缓解二者之间的这种紧张关系,既能最大限度地满足区域发展的法律需求,同时又不从根本上改变现行的立法体制,成为摆在我们面前的一大课题。一个较为可行的方案是,针对区域发展所需法律的特点,寻求建立起一种新型的立法模式,其立法权力的来源、立法主体、立法程序和立法监督等一系列制度都要以现行立法体制为基础。这也可以保障我们所要建立的新型立法模式,在运作时不致于产生过多的制度摩擦。这一新型的立法模式便是本书所讲的区域立法。

2. 区域立法与中央和地方立法关系的完善

"某种意义上,中央与地方间关系与兴衰成败呈正态效应:当中央与地方关系比较协调时,这个社会的发展就比较强盛;而当中央与地方之间相互

---

① 周旺生:《立法学》,法律出版社 2004 年版,第 219 页。

矛盾对抗时,这个社会的发展就会受到阻碍。"①作为中央与地方关系的核心范畴,立法关系协调与否对社会发展具有重要影响。如果从区域立法的视角来观察中央与地方立法的关系,我们会更为清晰地发现其中所存在的问题,而区域立法对于调谐这些问题或矛盾则具有重要意义。

区域立法的出现不仅对现行立法体制形成冲击,其意义也早已超出了立法学范畴。有学者认为,"经济区域共同体本身及其内外部自发形成的协调与交流的法制创新模式,不但打破了我国数千年来'独尊中央'的传统府际关系格局,也带来了我国国家结构宪法理论上的重大变迁。"②区域立法内生于中央与地方立法关系范畴,其存在的合理性首先指向如何调谐中央与地方立法关系,为区域合作与发展提供更为系统而有效的法制保障。区域立法的这种调谐意义主要表现为以下三个方面:

首先,区域立法的出现从逻辑上改变了以往将中央与地方立法置于集权与分权两难之境的思维模式。有学者在论及中央与地方立法关系时,曾不无深刻地忧虑道:"中央立法在极大的弹性和极小的张力之间的跳跃,地方立法在'无所顾忌'的冲撞与'束手无策'的乖巧之间沉浮,表明我国至今仍未形成科学而富有实效的中央和地方立法权力关系。"③这种思维模式就属于一种典型的二元对立的逻辑,它往往会使思考者陷入一种非此即彼的两难困境。区域立法则是以一种综合的、整体的甚至更为开放的思维模式来思考和建构中央与地方的立法关系。这种思维方式的转变本身就极具意义,可使我们在处理或解决中央与地方立法关系问题时不再局限于非此即彼的窠臼之中,从而为实现制度创新提供理论前提。正如伯尔曼所总结的:"无论在哪里,综合——二元论的克服——都是开启新型思维的钥匙,这种新的思维乃是我们正在进入的新时代的特色。新的时代将是一个'综合的

---

① 金太军、赵晖:《中央与地方政府关系建构与调谐》,广东人民出版社2005年版,第2页。
② 陈丹:《我国区域法制协调发展的若干宪法问题思考》,载《云南大学学报(法学版)》2008年第4期,第17页。
③ 徐向华:《中国立法关系论》,浙江人民出版社1999年版,第7页。

时代'。在这个时代里面,'非此即彼'让位于'亦此亦彼'。"①

　　其次,区域立法有助于重新定位中央与地方立法关系,明晰立法权限,从而更好地发挥各自的作用。有学者在论述西部开发的立法问题时指出,"西部开发中正确划分中央与地方立法权限,协调好中央与地方的立法权,是西部开发立法的首要问题",②虽然该观点仍未摆脱非此即彼的思维模式,但它所揭示的道理是深刻的,即协调好中央与地方的立法关系是区域立法首先应该解决的问题。区域立法对此问题非但没有回避,而且给出了这样的解决方案:(1)区域立法重新界定了法制统一原则的涵义。即法制统一并非要求立法权集中行使或者将国家立法权限定在制定"法律"的权限范围内,而是恩格斯曾经指出的那种统一,即"在现代国家中,法不仅必须适应于总的经济状况,不仅是它的表现,而且必须是不因内在矛盾而自相抵触的一种内部和谐一致的表现"。③ 换言之,区域立法所遵循的法制统一是指不同立法主体制定的法文件应保持内在的和谐性,遵循相同政治原则、经济规律和法治精神等;(2)区域立法要求在法制统一原则指导下明晰中央与地方的立法权限,重新定位二者的关系。具体而言,它要求厘清中央和地方立法主体各自独立的立法事项,改变当前中央立法所享有的对社会生活"无孔不入"的权限情况,明确规定纯粹属于地方事务或区域社会自治范畴内的事项中央立法要么"置身事外",要么在同地方立法主体协商并征询地方意见的基础上与地方立法主体进行协作立法,而无权自行立法;(3)遵循上位法优先于下位法适用的原则,即区域立法同样遵守中央立法机关制定的法律法规,与其相抵触者优先适用中央立法,并且还可通过法律备案等机制来实现中央立法对区域立法的监督,以此来更好地维护中央立法的权威。由此可见,区域立法在解决中央与地方立法关系存在的问题方面具有不可

---

　　① ［美］哈罗德·J.伯尔曼:《法律与宗教》,梁治平译,中国政法大学出版社 2003 年版,第 8 页。

　　② 文正邦、付子堂主编:《区域法治建构论——西部开发法治研究》,法律出版社 2006 年版,第 133 页。

　　③ 《马克思恩格斯选集(第 4 卷)》,人民出版社 1995 年版,第 702 页。

替代的优势。

最后,区域立法的一个基本价值取向为充分地吸收并保障社会公众参与立法,以更好地实现立法的民主化以及区域社会发展的自主性与多样性。"立法民主是民主政治的必然产物,其实质就是立法价值取向上'人民本位'或'权利本位',是立法决策事务中人民的自治"。[①] 与中央立法相比,地方立法显然更有利于实现社会民众对立法的参与,而区域立法在整合地方立法的基础上更加注重贯彻程序参与原则,即"保障那些权益可能受到立法结果影响的人有充分的机会和有效的途径富有意义地参与立法过程,并对立法结果的形成发挥有效的影响和作用"。[②] 程序参与原则正是立法民主化的基本要求之一,而民主化的立法体制应该更有利于充分调动中央和地方立法的积极性,使各自发挥更大的作用。

此外,"地方自治被普遍认为是民主主义社会的基础,可以避免国家权力集中带来的弊端与危害,并最大限度地保障与丰富居民的权益"。[③] 立法民主化的一个重要目标是改变中央立法集权,赋予地方充分的立法自主权。这有助于推动地方民主建设。其原因有两点:一是从国家立法权力的分配上,区域立法实质上是要扩大地方立法的范围和自主性,充分实现地方的自我治理;二是区域立法可以有效调动社会团体或民间组织的积极性,使其更多地以及在更大范围内参与到地方立法过程中,即通过民主立法来推动地方民主建设。前者为地方民主制度的完善和民主活动的开展提供了相对宽松的外部环境和相对广阔的政治空间,而后者既对加强地方立法的科学性和民主性有着重要意义,同时对于地方民主政治改革的推进也有着积极的作用,甚至可逐渐影响到国家的政治体制改革。区域立法显然契合了这一发展趋向,并且有助于保障区域社会生态的多样性和发展的自主性。当然,强调区域立法的这一价值取向并不意味着降低中央立法的权威,后者依然在国家立法体制中占据最高地位,而且区域立法要遵守中央立法尤其是全

---

① 江国华:《立法:理想与变革》,山东人民出版社 2007 年版,第 354 页。
② 苗连营:《立法程序论》,中国检察出版社 2001 年版,第 48 页。
③ 曾祥瑞:《新日本地方自治制度研究》,中国法制出版社 2005 年版,第 41 页。

国人大及其常委会和国务院所制定的法律和行政法规。总之,区域立法所强调的立法自主性是在维护法制统一原则下重新定位中央和地方立法关系的必然结果。

(二)区域立法与地方治理权的合作

1.区域合作中的主权与地方治理权

区域合作可分为国际区域合作与国内区域合作。其中,国际区域合作的基本参与者是地理位置相互毗邻的国家(或地区),国内区域合作的参与者则主要是一国管辖范围内的地方行政区划单位。也即,区域合作的两个基本参与者是国家和地方行政区划单位。这里所谓的国家与地方行政区划单位是在政治学和法学意义上来使用的,都是指具有独立的法律人格,且掌握相应的公共权力的组织实体。区域合作是一系列制度耦合或机制联结的结果。国家和地方行政区划单位本身不能成为区域合作过程中制度耦合或机制联结的内容,真正发生作用的是国家和地方行政区划单位所掌握的公共权力。无论是国家还是地方行政区划单位,其所掌握的公共权力都具有复合性,也即都是由各种具体的权力所组成的权力体系。对于国家而言,这种权力体系被称为主权,而对于地方行政区划单位则可称为地方治理权。

应该说,任何处于合作中的区域都存在外部界限和内部界限。其中,外部界限的存在使该区域与其他区域或者与区域外的其他地理空间区分开来。内部界限则将组成区域的不同部分区别开来。无论是外部界限还是内部界限都至少包括两层含义:一是指现实存在的边界线,即国界线和行政区划的界线;二是指抽象意义上的界限,即相对完整而独立的权力体系。一般而言,外部界限主要与区域间关系或区际关系的研究相关,而内部界限则主要涉及到区域内关系的研究。显然,内部界限对于我们的研究更有意义。区域合作中所存在抽象意义上的内部界限主要有两个:主权和地方治理权。二者分别对应于国际区域合作和国内区域合作。

在国际法上,任何国家的成立都必须具备四个条件,也称为"国家的要素",即定居的居民、确定的领土、一定的政权组织和主权。其中,主权"是一个国家独立自主地处理对内对外事务的最高权力,是国家的根本属性。"①主权是一个抽象的概念,它包括对内和对外两个权力体系。就其对内的权力体系而言,如果依权力的性质来划分,它主要包括立法权、行政权和司法权三种。地方治理权与主权对内的权力体系内容基本上是一致的。但由于地方行政区划单位属于一国管辖范围之内,也即地方行政区划是对一国领土按照一定的标准所进行地理划分,它们被赋予相应的法律地位并承载着国家的各项具体权力,对社会进行全方位的管理与服务,所以地方治理权本身又属于主权范畴,是主权对内权力的具体化体现。

地方治理权这一概念具有较为复杂的理论背景,它与治理理论有着密切的关联,而后者的理论渊源则涉及政治学、经济学和管理学等诸多学科。在政治学中,"治理"(governance)理论逐渐取代了原来的"统治"(government)理论。当今世界各国更加重视国家的社会治理职能,而非意识形态色彩浓厚的政治统治职能。那么何谓"治理"呢? 美国学者罗西瑙(Rosenau)认为,治理是这样一种规则体系:它依赖主体间重要性的程度不亚于对正式颁布的宪法和宪章的依赖。更明确地说,治理是只有被多数人接受才会生效的规则体系。治理是一种比统治内涵更丰富的现象,它既包括政府机制,同时也包含非正式、非政府的机制。② 由此可见,治理作为一种国家行为,要求国家机关在对社会行使某项权力或职能时,应该注重权力指向的公共事务所涉及的主体的参与性与双向性,并且规则在其中扮演着更为重要的角色。之所以如此,"主要是因为,随着全球化时代的来临,人类的政治生活正在发生重大的变革,其中最引人注目的变化之一便是人类政治过程的重心正在从'统治'(government)走向治理(governance),从'善政'(good government)走向'善治'(good governance)。善治实际上是国家权力向社会

---

① 王献枢主编:《国际法》,中国政法大学出版社 2002 年版,第 56 页。

② Rosenau,J. N. ,1992,"Governance, Order, and Change in World Politics", in J. N. Rosenuar and E. Czempiel, eds. ,Governance without Government:Order and Change in World Politics, New York:Cambridge University Press: pp. 1 – 29.

的回归,善治的过程就是一个还政于民的过程。"①

当然,无论是国家治理还是国家统治,其基本的权力形式是相同的,即主要包括立法权、行政权和司法权等,并且都主要通过中央和地方两级国家机关来实施。我国《宪法》第3章关于国家机构的规定中,有两节专门规定地方国家机关及其享有的地方治理权,即第5节关于地方各级人民代表大会和地方各级人民政府的规定,第6节关于民族自治地方的自治机关的规定。从这些关于地方国家机关的职权的规定可以看出,国家更加注重其对社会的治理而非统治。例如第107第1款规定:"县级以上地方各级人民政府依照法律规定的权限,管理本行政区域内的经济、教育、科学、文化、卫生、体育事业、城乡建设事业和财政、民政、公安、民族事务、司法行政、监察、计划生育等行政工作,发布决定和命令,任免、培训、考核和奖惩行政工作人员。"虽然这一规定中使用的是"管理"一词,但从管理的对象来看主要是一些社会事务或公共事务,包含有一定的治理因素。并且我们不应忽略的是,该规定作出的时间也即《宪法》制定出台的时间是上世纪八十年代初,当时我国还处于计划体制时期,治理的理念尚未被执政当局包括立法者所接受。即使如此,从该规定中我们仍可以解读出对地方国家机关统治职能色彩的淡化,因为其所使用的术语是"管理",而地方国家机关的管理权能也正是地方治理权的内涵之一。在这里,地方国家机关作为地方治理权的主体,它主要是指地方各级人大及其常委会和地方各级人民政府,包括民族区域自治地方和特别行政区。

根据《宪法》的相关规定,地方治理权在实践中具体的内容或表现包括:(1)执行宪法、法律和行政法规等;(2)制定地方规范性文件,包括制定地方性法规或地方政府规章、发布决议或命令和其他规范性文件等;(3)任免有关地方国家工作人员;(4)管理本行政区内的经济、文化和社会事务等。此外,在2004年国务院发布的《关于全面推进依法行政实施纲要》中明确提出要转变政府职能,即在继续加强政府经济调节和市场监管职能的

---

① 孙兵:《区域协调组织与区域治理》,上海人民出版社 格致出版社 2007 年版,第 43 页。

同时,完善政府的社会管理和公共服务职能。这其中当然包括对地方政府的要求,因此,地方治理权也相应地包括提供公共服务这项权能。

2.地方治理权的合作行使与区域立法的实质

任何权力都应该有界限,包括权力行使的地域界限。一个国家主权的对内权力仅在其国土范围内具有完全的效力,若超出国界除非得到权力所指向对象或主体的认可与接受,否则对其不能发生与国内相同的权力效力。这也是国际法上的主权独立原则。就国内的各地方行政区划单位而言,其所依据宪法和法律所享有的地方治理权同样也只能在其行政区域范围内行使。例如,山东省人大制定的关于加强和保障地方税收的条例对安徽省的相关税收单位不发生效力。同样,济南市出台的《城市客运出租汽车管理条例》对威海市的出租车管理也不发生效力。

地方治理权虽然有地域界限,但在权力的内容和形式上却是相对完整和独立的。地方治理权的完整性体现在任何一级地方行政区划单位依据宪法和法律规定,都享有内容基本相同的国家权力。尤其是省级和较大的市级行政区划单位,它们都享有相对完整的立法、行政和司法三种基本权力。即使乡镇一级的地方行政区划单位,它们也承担着相应的社会治理职能,而这些职能背后的权力形式也基本与立法、行政和司法相对应。只是具体表现有所差异,如乡镇地方治理权中的立法权能表现为乡镇人大或政府制定规范性文件(俗称"红头文件"),其司法权则通过乡镇的派出法庭和派出所等机关来行使。地方治理权的独立性则是指处于同一行政级别的地方行政区划单位,依据宪法和相关法律、行政法规享有同等的地方治理权,而各自所享有的地方治理权只在本行政区域范围内有效,且不能相互支配或干涉。这与国家主权独立原则的道理相类似,也可称之为地方治理权独立。所不同的是,地方治理权之上还有更高层次的中央权力,而且地方治理权内部也存在上下层级关系,下级要受上级、地方要受中央的监督或领导。这便是我国权力结构体系中的"条块关系"。

地方治理权的相对完整性和独立性使得地方治理权的行使主要局限于本行政区域之内,这样虽然遵循了地方治理权的地域界限要求,但也带来许多问题。一方面地方治理权过分注重于以本行政区域的地方利益为追求,导致地方主义盛行,分割了全国统一市场的同时也使得地方治理权发生异化,成为维护狭隘的地方利益的工具;另一方面对于一些跨越地方行政区划单位的共同事务,或者共同面临的区域性问题,未能形成有效的解决机制,这背离了地方治理权中关于提供公共服务权能的要求。

近年来,这种局面有所改观。地方治理权逐渐由原来主要在本行政区域内的纵向行使慢慢衍生出横向联合。地方治理权的行使不再仅仅局限于本行政区域内,而是超出本行政区域在更大的区域范围内与其它地方治理机关实行合作,以解决共同面临的区域性问题,或治理区域性公共事务,或追求更大的公共利益。其实,不同地方治理机关进行合作,共同实施治理在国外一些发达国家早已存在,而且相关制度也非常完善。如英国地方议会共同向社会提供公共服务的联合安排主要有三种形式:(1)联合理事会,是指两个或两个以上议会通过法律手段联合起来,提供其职权范围内的服务。譬如,"1994 年(苏格兰)地方政府法案"意识到,一些新的单一层级政府本身不能提供治安和消防服务,于是组建了联合理事会提供这些服务;(2)联合委员会,即两个或两个以上地方政府可以决定设立议会联合委员会,行使其法定职责。这些委员会和联合理事会不同在于,它们不是独立的法定机构,不能雇佣工作人员。联合委员会可以解决那些单一层级政府无法自己提供那些由郡或地区议会提供的专业服务,如位于某议会范围之内的专业学校或居民住房等一类的设施也可以由其他议会共同使用;(3)行政合同,即地方政府之间可以签订服务方面的合同。① 与英国的地方治理权的合作行使相比,我国现有的区域地方治理权的合作仍处于初级阶段。虽如此,近年来地方治理权超越自身所在的行政区域而进行横向合作的进程在加快,许多相关的制度或机制也在不断建立和完善,其表现之一便是以地方立法权合作为基础的区域立法。

---

① [英]戴维·威尔逊、克里斯·盖姆:《英国地方政府(第三版)》,张勇等译,北京大学出版社 2009 年版,第 88 页。

由于地方立法权是地方治理权具体的权力形式之一,故我国区域立法的实质是区域内地方治理权的合作,而且这种合作建立在地方治理权的让渡与共享基础之上。如今,无论是国际区域一体化,还是国内区域一体化,实际上都可以视为国家权力的让渡与共享基础上的合作。不同的是,国际区域一体化的权力基础是国家主权,而国内区域一体化的权力基础是地方治理权。有学者在研究一体化理论和欧洲一体化实践时指出,"区域一体化诞生于区域合作的政治意图,在国家政府的主观推动下,建立一定的组织机构和合作性条约,并在这样的基础上,将组织化的合作推向让渡与共享主权的一体化层次。"①这一观点同样适用于国内区域一体化背景中的地方治理权。

3. 地方治理权实现合作的理论分析

3.1 政治学的视角

地方治理权首先属于一个政治学术语,从该术语中我们至少可以解读出三点政治学含义:一是国家权力;二是地方行政区划;三是管理和服务权能。接下来,本书就围绕这三点来分析区域内地方治理权进行合作的可能性与必要性。

改革开放以来的社会发展实践不断地印证这个结论:市场经济的健康发展不需要高度中央集权、无所不能、无所不在的国家权力,二者甚至是相互对立、相互排斥的两种制度现象。当然,这并不意味着市场经济排斥权力和权威,恰恰相反,市场经济的良性发展需要定位适当的国家权力与公共权威的存在。改革开放之前,那种中央高度集权的权力体系结构显然不再适合市场经济发展的要求,这种不适合表现在两个方面:一是中央权力过于集中,地方权力空间较小;二是国家权力过大,社会权力空间被极度压缩。随着市场经济的发展,逐渐产生了改革这种国家权力结构的需求。要求对国家权力实行"一个下放"和"一个归还"的改革。所谓"一个下放"是指中央要将更多的国家权力下放给地方,充分发挥地方国家机关的积极性与主动

① 张海冰:《欧洲一体化制度研究》,上海社会科学院出版社2005年版,第17页。

性,使中央和地方国家机关在权力配置上更为平衡与合理。这在我国宪法和相关法律中有所体现,如关于省和较大的市的地方立法权的授予。"一个归还"是指将原本不该属于国家权力所管,或者国家权力管不好的公共事务的治理权归还给社会,即要么交给社会团体如行业协会等非政府组织实行社会自治,要么交给市场。虽然当前非政府组织的发展存在很多问题,在哪些事务应该交给市场决定,而哪些应该仍由国家权力来治理的改革选择上也并未拿捏妥帖,并引发了许多社会问题,但总的来看,中央将部分权力下放给地方,国家将部分权力归还社会,都是不可逆转的发展趋势。而地方治理权的合作正是"一个下放"和"一个归还"两个趋势的必然要求。

既然中央将更多的国家权力下放给地方,这就要求地方国家机关也不能再按照计划体制的思路与方式来行使这些权力,不应再将视野仅局限于本行政区域内,而应及时调整或拓宽权力行使的方式。随着经济、社会的发展,各地方之间的交流尤其是地理位置相互毗邻的地方之间的经济、社会往来更加频繁,越来越多的社会公共事务已经超出了某一地方行政区划单位,很难通过一个地方行政区划单位得到妥善解决。如在三峡地区的环境治理和资源保护上就需要进行地方合作。三峡地区(广义上的)东起宜昌,南靠武陵山,西至重庆,北抵大巴山,涵括了湖北宜昌、恩施、神农架和重庆市。由于其跨越两个省级和多个市级行政区划单位,并且"人与环境的关系不会因为人为的部门、行政区划以及国界(疆界)的划定而失去联系,局部的污染或破坏也终将反映到整个地球之中",①所以对三峡地区的环境治理和资源保护应该通过地方合作的方式来进行,而且我国《环境保护法》中也有相关规定,即第15条明确规定:"跨行政区的环境污染和环境破坏的防治工作,由有关地方人民政府协商解决,或者由上级人民政府协调解决,作出决定"。总之,对于那些跨行政区域的公共事务,各地方国家机关应该积极寻求合作,进行联合治理。我们还知道,权力是与责任联系在一起的,享有权力的国家机关如果在社会需要时不主动地行使权力,与滥用权力一样,都应

---

① 王婷:《三峡地区环境法治概论》,法律出版社 2007 年版,第 112 页。

承担相应的责任。

国家将部分权力归还社会的过程中,也要求地方在行使国家权力时要逐渐重视权力的服务权能。我国早就提出要转变政府职能,那么政府该如何转变或者如何更好地向社会提供服务呢? 这需要地方政府注重与社会的平等互动,要求地方政府在出台相关政策、法规等制度时,要更多地考虑社会是否真正需要,以及能够在多大程度上为社会所接受。这恰恰是本书所讲的地方治理权的题中之义,即地方治理权本身包括管理和服务两种权能,而且它注重治理对象或主体的参与性与接受性。这其中包含着某种平等,包含着国家权力不再高高地凌驾于社会之上,而这也是国家权力向社会回归的精髓所在。为了更好地将国家权力归还给社会,地方治理权应以更为灵活与适宜的方式来实现其管理和服务权能,因此,地方治理权的合作也便成为其必然的选择之一。不仅如此,地方治理权的合作本来就是两个以上不具有相互隶属或服从关系、且类型相同的权力形式,在协商一致、平等自愿基础上实现的。所以地方治理权的合作无论在权力与其所治理的对象之间,还是在各治理权之间都不同程度地存在着对平等的要求。这显然也符合政府转变职能,国家向社会还权的发展趋势。

3.2 经济学的视角

合作问题是经济学尤其是博弈论的基本研究内容之一。美国学者阿克塞尔罗德在其《合作的进化》一书中开篇便提出了这样一个问题:"在什么条件下才能从没有集权的利己主义者中产生合作?",[①]然后,他通过一个"重复囚徒困境"的计算机游戏竞赛,运用博弈论的相关理论来回答这个问题。其结论是当游戏次数无限时,合作有出现的可能,因为理性的游戏参与人将会选择"一报还一报"的博弈策略。地方治理权的合作问题也可以运用博弈论的相关理论或结论来分析。合作作为一种交往关系,它其实是由相应的规则维系或保障的。或者说在某种意义上讲,合作是一种制度性事

---

① [美]罗伯特·阿克塞尔罗德:《合作的进化(修订版)》,吴坚忠译,上海世纪出版集团2007年版,第3页。

实。如果将之前各自为政的地方治理权也视为一种制度事实,即缺乏合作的交往关系,那么从不合作到合作,这又体现了一种制度事实的变迁。接下来,笔者就从博弈论和制度变迁理论这两个经济学研究视角出发,对我国地方治理权合作何以可能进行分析。

博弈论是一个非常复杂的经济学理论。对一个简单博弈的描述至少包括三个基本要素:参与人(players)、策略(strategies)和支付(或报酬、收益,pay - offs)。其标准表述为:每一个参与人同时选择一个战略,所有参与人选择战略的组合决定了每个参与人的收益。在著名的"囚徒困境"博弈模型中,不合作是两个犯罪嫌疑人各自认为最优的策略与选择,结果却导致了实际上各自收益最差的博弈均衡,即两个理性人基于最大化自己偏好或利益的追求,最终的选择结果却是非理性的。似乎合作难以实现。其实不然,"囚徒困境"所描述的是一种静态的一次博弈,而非动态的重复博弈。所谓动态博弈是指参与人的行动有先后顺序,且后者能够观察到先行动者所选择的行动。重复博弈是动态博弈的一种特殊类型,指的是同样结构的博弈重复多次。研究证明,重复博弈的情况下,合作是可能的,而且是理性的。随着重复博弈的进行,制度或规则便产生了。这就是张维迎所讲的:"理性人在最大化偏好时,需要相互合作,而合作中又存在冲突。为了实现合作的潜在利益和有效地解决合作中的冲突,理性人发明了各种各样的制度规范他们的行为"。① 对于制度的创立,美国经济学家安德鲁·肖特(Andrew Schotter)指出,如果考察在一种合作博弈中有意设计和创立社会制度的情况,分别会有以下方式:(1)多边的讨价还价或谈判的方式,譬如立法;(2)制定有约束力的和显性的契约;(3)由国家或某种强制力执行不平等的产权制度;(4)由计划者有意地设计。相对而言,这四种行为方式更接近社会现实的形式,而且都主要与国家有关。②

地方治理权的合作其实是掌握或行使地方治理权的国家机关的合作,

---

① 张维迎:《博弈论与信息经济学》,上海三联书店 上海人民出版社 1996 年版,第 2 页。
② 董海军:《转轨与国家制度能力———种博弈论的分析》,世纪出版集团 上海人民出版社 2007 年版,第 39—40 页。

区域内各地方国家机关可以视为博弈参与人,每个参与人可以采取的基本策略有两种即合作与不合作,而潜在的收益则可能涵盖政治、经济和社会等领域。虽然这并非一个典型的甚至规范的博弈模型,但是博弈论的相关理论仍可以用于分析区域内地方治理权的合作问题。

参与博弈的地方国家机关由分工不同的科层人员组成,他们对是否进行区域地方治理权合作作出决策,因此也可把地方国家机关中的决策者们视为真正的博弈参与人。区域内需要通过各方合作处理的公共事务并不限于一事一时,而且各参与人之间是相互了解的,即它们实际上是在进行完全(或相对完全)信息动态博弈,这样合作便成为可能。合作所能带来的潜在收益也是激励博弈参与人选择合作策略的根本原因,这些潜在的收益包括政治的、经济的和社会的等,并且这些收益可以由地方国家机关与其工作人员尤其是决策者来共同分享。例如,政治收益对于国家机关来讲表现为可以提高该机关的政治公信力,获得上级机关的嘉奖等,而对于其工作人员尤其是决策者中主要负责人来讲,其政治收益则更是可观的,提升自己政治威望,增加职务升迁的政治资本同时,还可以获得其他相应的经济和社会收益。对于一个真正理性的决策者而言,参与区域治理权的合作显然是最优的策略选择。当然,这里隐含了一个前提,即这种合作所能带来的正面效益,无论是通过合作来解决共同面临的问题,还是通过合作来追求更多的利益,都是可以预期的。这也是诱致地方治理权行使制度变迁的基本原因之一。

经济学关于制度变迁的原因及规律的解释主要有两种理论:基于供求分析框架和寻找心理认知基础的制度变迁理论。其中,前者沿用"经济人"假设,主要运用成本——收益的分析方法来研究制度,并把处在制度变迁中的人分为拥有不同需求和力量的不同的利益集团,他们在对经济利益的追逐和博弈过程中,引起制度需求和供给的变化,从而使制度产生从不均衡到均衡然后再到不均衡这样一个动态变化的变迁过程(舒尔茨、拉坦等)。后者则强调人类的心智结构(mental constructs)在制度变迁中发挥重要作用(哈耶克,诺思等),认为"人类的演化是由参与者的感知所支配的;选择——决策——是根据这些感知作出的,这些感知能在追求政治、经济和社会组织的目标过程中降低组织的不确定性。经济变迁在很大程度上是一个由参与者对自身行动结果的感知所塑造的深思熟虑的过程"。①这两种理论内容丰富,论证复杂,在此借鉴的仅是两种理论关于制度变迁的解释思路及其相关结论。

我国市场经济发展初期,以行政区经济为表征的经济发展模式发挥了积极的作用,处于不同行政区内的市场主体或利益集团在利益追逐过程中,可以保持一个相对均衡的利益关系。但是随着市场经济的不断发展,当现有的行政区经济制度已经不能满足他们的利益需求时,他们便会通过不同途径与方式来要求改变已经对他们追求更大利益形成阻碍的行政区经济制度,也即要求突破现行的行政区划的制约,使市场要素在更大范围内自由流动,这样使得原来的均衡局面被打破,相应的制度也会随之发生变迁,以趋向一种新的均衡。行政区划是与一系列地方治理制度联系在一起的,因此在不对地方行政区划进行重新调整的情况下,如何变革或改进地方治理制度是必然的选择。这不仅是相关市场主体或利益集团的利益诉求和心理期待,也是那些对变动制度有着直接作用力的决策者最优的选择。因为他们可以通过实现制度的变革来获得更大的政治收益。虽然这种变革是有风险的,但他们可以在具体的行动中保持谨慎,或者有选择的采取变革措施或方案。

不管怎样,在某些情况下实现地方治理权的合作是其中可行的选择之一。原因在于:地方治理权由原来的相对独立行使逐渐向注重横向合作的变迁,其合作效益对合作各方而言都是个正值。当然,合作并不等于合并,而且也并非在所有公共事务治理上都有合作的必要。只有当通过合作才能实现更好治理,或者合作可以带来可预期的更大的共同利益时,合作才有可能与必要。无论是基于对区域性社会事务的共同治理,还是基于对共同利

---

① [美]道格拉斯·C.诺思:《理解经济变迁过程》,钟正生等译,中国人民大学出版社2008年版,第2页。

益的追求,其最终的收益显然要大于各自为政的收益与因合作而增加的额外成本之和。尽管奥尔森强调,"如果一个集团中的所有个人在实现了集团目标后都能获利,由此也不能推出他们会采取行动以实现那一目标,即使他们都是有理性的和寻求自我利益的",但是他同时也指出共同行动(也即合作)在某些情形下是可能的,那就是"一个集团中人数很少,或者存在强制或其他某些特殊手段使个人按照他们的共同利益行事"。① 这也就是他所谓的"集体行动的逻辑"。就区域内地方治理权的合作而言,可能参与合作的区域内地方行政区划单位是有限的,如长三角的地方治理权合作主体主要包括江苏省、浙江省和上海市,而且我们并不期待或强求区域内所有的地方政府或立法机关都参与到每一项地方治理权的合作中来,合作是建立在平等自愿基础上的,只要有两方达成一致,地方治理权的合作便可实现。所以,合作者的数量本身不是阻碍地方治理权合作的因素。此外,国家机关的职能定位(如建设服务型政府)以及决策者等的心理预期等因素的作用,也要求各地方国家机关寻求更好地方式来实现其治理权。由此,地方治理权合作作为制度变迁的内容和表现,其实现便也顺理成章。再进一步讲,由于立法机关的主要职能是向社会输出规则,随着区域经济、社会的发展,社会集团或公众对区域性规则的诉求愈加急迫和强烈,而中央立法和单独的地方立法无法满足这种社会需求时,区域地方立法权的合作便呼之即出。

3.3 社会学的视角

合作与冲突是人类社会交往关系的两种基本形态。社会学对于社会主体是否参与合作,以及以什么方式参与合作等问题有着深入研究。地方治理权合作具体表现为区域内相应的地方治理机构(如人大或政府等)的合作。马伊里认为,"政府机构间的合作行为能否顺利实施至少取决于四个重要环节,它们是:机构间的资源依赖结构、对合作行为的合法性判断、协商性的交换过程及合作规则的形成过程。"②地方治理机构的合作在上述四个环

---

① [美]曼瑟尔·奥尔森:《集体行动的逻辑》,陈郁等译,上海三联书店 上海人民出版社 2004年版,第2页。
② 马伊里:《合作困境的组织社会学分析》,上海人民出版社 2008 年版,第163页。

节中的积极因素要多于消极因素,也就是说,在每个环节都倾向于推动地方治理机构合作的实现。

首先,所谓机构间的资源依赖结构指的是区域内各地方行政单位之间所具备的资源配置规模与种类是否相似,或者是否存在潜在的且互补性。研究证明,资源配置规模与种类越相似,其实现合作的可能性越大;资源配置的互补性越强,其相互间的依赖程度越强,其实现合作的可能性也越大。区域内可能参与合作的各地方治理机构首先是位于同一行政区划级别的地方国家机关,如长三角两省一市的政府之间,它们的行政级别是相同的,所掌握的资源配置规模与种类是相似的,而且三个地方在自然资源、产业结构或市场关联等方面存在较强的互补性与依赖性,它们可以通过合作的方式生产出新的公共服务项目,或者生产单方无力提供的公共产品,或者增进各自的工作效能,以获取更大的共同利益。

其次,合作行为的合法性判断涉及到地方治理权合作是否具备相应的制度(主要是法律制度)依据。诚然,我国宪法和地方组织法并没有明确规定地方治理权合作行使制度,这使得地方治理机构的合作出现合法性困境:即使合作可以更好地解决区域内公共问题或获得更大的收益,也存在着触犯法律或制度的风险。但是,正如马伊里指出的那样:"在政府机关的横向合作过程中,合法性的标准并非恒定不变,合法与非法的界定往往是资源、信息索取者与提供者在一定的政策、法规、制度范围内,通过谈判、游说而生产出来的一种象征性符号。从这个意义上说,合法性困境既可以是资源、信息提供者构建出的藩篱,也有可能因索取者的策略性行为而消弭。"①的确如此,区域内地方治理机构的合作虽然缺乏明确的法律或制度依据,但是我国相关的宪法和法律并没有予以明确禁止,这其实为其合作提供了作为的空间,同时,只要这种合作得到了合作各方,以及合作行为所指向的社会主体的共同认可,那么就可以摆脱合法性困境而获得合法的地位或认同。

再次,任何合作都是建立在一定的社会交换基础之上的,而且交换的进

---

① 马伊里:《合作困境的组织社会学分析》,上海人民出版社 2008 年版,第 168 页。

行也要经过讨价还价的过程并在有所妥协让步的基础上实现。地方治理机构的合作,前提是它们存在着需要通过合作才可实现的利益需求,基础是进行资源的交换。不过,机构间的这种资源交换与市场条件下的资源交换有很大的不同,其中一个主要差别是前者"缺乏明确的交易制度作保证,其更多地是依赖于社会性较强的协商机制"。① 如果合作各方无法就如何进行资源交换达成一致,合作就难以实现。这需要建立相应的协商或协调机制,实践中也存在这样的机制。如区域内地方立法合作过程中,有关各方已经建立起诸如利益共享和补偿机制、联席会议机制等协调机制,来协调各方的合作行动。而只要合作的收益足够可观,各方对于合作有着共同的心理期待,那么资源交换过程中的协商与谈判不会成为阻碍合作实现的因素,反而是为了促使合作的更好实现。

最后,合作规则的形成其实贯穿于合作的全过程,既是合作的产物,也是促进和保障合作顺利进行的必要工具。当然,并不排除合作规则自身是不公平的,或者存在阻碍合作深入开展的各种问题。合作规则类似于契约条款,规定着合作各方的权利义务,它的形成在某种意义上是合作各方合力作用或谈判的结果。我们知道,合作各方的谈判实力多少是有差异的,而且对于合作的需求程度也会有所不同,这些都可能反映到最终的合作规则中去。结果往往是那些谈判实力相对较弱,或者对合作需求更为强烈的合作者会作出更多的妥协,相应的合作规则或契约条款对其也相对不利。但是,只要合作是建立在自愿基础上,不存在对方或第三方的强制,同时也不违反宪法和法律等强制性法律规定,那么合作就应该是有效的并受到相应保护的。区域内地方治理机构的合作同样也伴随着相应的合作规则。尤其是作为地方治理权合作内容之一的区域立法,其本身就是创制规则的合作行为,而这种合作行为以及经由其所创制的规则又都会以促进和维护区域立法合作为其内在目标之一。

总之,从理论上讲,地方治理权的合作是可行的,在某些情形下也是必

---

① 马伊里:《合作困境的组织社会学分析》,上海人民出版社 2008 年版,第 172 页。

要的。这也为区域立法的运行与发展提供了理论支撑或合理性基石。我们甚至可以期待,在未来某个时期,区域立法权作为地方治理权的内容之一,它摆脱地方立法权而独立存在和运行,而无论是由新设立的区域立法机关来行使,还是继续由区域内现有的地方立法机关以合作的方式来行使。

四、区域立法所面临的制度问题及改进建议

区域立法是可行的,其未来发展的前景也非常值得期待。区域经济、社会一体化实践的不断发展,将为区域立法提供更为广阔的作用空间。但当前,区域立法在实践中依然面临着许多制度性问题,需要认真加以研究和改进。

一是区域立法的合法性依据问题。当人们在询问或讨论某一法律事物或现象的合法性(Legitimacy)时,其意主要包括两个层面:一是指该法律事物或现象在道义上的合理性,它最终往往要与主体的承认、赞同或接受相关联。即主要是在道德哲学或政治学意义上使用的,如马克思·韦伯认为,若要维持统治的持久存在,必须唤起合法性的信仰。[①] 合法性的这层涵义也可理解为合理性(reasonableness);二是指该法律事物或现象是否有现行的国家制定法依据,即合法律性(legality),它主要是在实证意义上使用的。若从合理性和合法律性这两个层面考察区域立法的合法性依据,我们可以得知:区域立法虽然具备相对充分的合理性依据,但缺乏直接而明确的合法律性依据。

从合理性层面来看,区域立法具有相对充分的合法性依据:(1)权力来源的合理性或政治合理性。区域立法建立在地方立法权基础之上,后者的合法性也正是区域立法权的合法性的来源,至于地方立法权的政治上或道义上的合法性从何获得在此不再多论;(2)制度合理性。区域立法从形式上看是介于中央立法和地方立法之间的一种立法模式,并且区域立法无论

---

① [德]马克思·韦伯:《经济与社会(上卷)》,林荣远译,商务印书馆1997年版,第239—241页。

是立法权的行使的基本内容(制定、修改、认可或废止)、还是最终的立法表现形式(法规或规章),都依托于我国现行的立法体制而少有抵触;(3)实践合理性。区域立法在我国具有现实的需要和实践上的合理性,这一点也无需赘述。

在合法律性层面上,我们却无法从我国现行的宪法、立法法和地方组织法等相关法律中找到直接而明确的依据。尽管宪法和相关法律也没有明确禁止地方立法权的合作行使,这为区域立法运行提供了一定的空间,尽管《立法法》第72条规定,"涉及两个以上国务院部门职权范围的事项,应当提请国务院制定行政法规或者由国务院有关部门联合制定规章",似乎从中可以为区域立法推出合法律性依据,但实际上我国地方组织法在规定地方各级人大和政府职权时,都突出强调了"在本行政区域内"这样的限定,所以这些都无法为区域立法带来正式的法律"名分",也即都无法作为区域立法合法律性的直接依据。这显然严重阻碍了区域立法顺利实施和有效开展。为此,有必要对我国现行宪法或者立法法等相关法律进行修改,明确地方立法权可以进行横向合作,或者直接承认区域立法的正式法律地位。

地方立法权的合作与国家立法权的配置并无多大关系,承认这种模式的区域立法对我国现行的立法体制并不能产生根本性的冲击,所以这是一项成本较低、风险较小的制度变革,值得推行和改进。其实早在民国时期的《1946年宪法》中,就规定了地方立法权的合作,即其第109条规定:"下列事项,由省立法并执行之,或交由县执行之:一、省教育、卫生、实业及交通;二、省财产之经营及处分;三、省市政;四、省公营事业;五、省合作事业;……十二、其他依国家法律赋予之事项。前款各项,有涉及二省以上者,除法律别有规定外,得由有关各省共同办理。……"①既然先前的立法者早已意识到地方立法合作的必要性,并已经明确规定了该项制度,那么今天我们继续沿用该制度以满足区域社会发展的需要又有何妨呢?毕竟在实践中,不仅

---

① 参见《中华民国1946年宪法》:http://www.globalcon.cn/Asia/China/text/20080818/112054.shtml(访问日期:2009年12月22日)。

存在像《立法法》第72条所规定的涉及两个以上国务院部门职权的事项需要立法,更是存在大量跨地方行政区划的事项需要进行立法调整。既然前者可以通过联合制定部门规章的方式来调整,后者为何就不可以呢?

　　二是区域立法与我国现行立法体制的融合问题。将区域立法定位为地方立法合作,并不意味着区域立法就自然融入现行的立法体制,特别是在中央和地方立法关系存在诸多问题的情况下,区域立法的实施依然面临许多问题或障碍。这表现在:(1)中央和地方立法只有权限大小之别,而缺乏调整事项之差异,几乎所有可以由地方立法来调整的事项,中央立法都保有介入权。这大大削弱了地方立法的独立性和积极性,也使得建立在地方立法权合作基础上的区域立法的实际作用空间很小。(2)地方立法的形式主义和保护主义也严重影响了区域立法的实施。地方立法形式主义倾向,"一方面表现为地方立法从内容和形式上'照抄照搬'和'机械套用'中央立法,即从文本上大量'复制'和'克隆'中央立法;另一方面表现为地方立法从立法体例、结构和规模上盲目追求'大而全'和'面面俱到'。"[1]这非但浪费了地方立法资源,也导致地方立法缺乏足够的权威和实效性。地方立法的保护主义更是我国长期以来难以克服的顽疾。从地方立法存在的形式主义问题反映出地方立法质量与积极性都不高,那么对于区域立法的质量,以及地方立法机关参与立法合作的积极性同样很难报以很高的期望。而地方立法保护主义的存在也不免令人产生新的区域性的地方立法保护主义的担忧。同时,由于我国《立法法》仅规定了中央和地方立法相关制度,如立法主体、立法程序、法律解释和法规备案等制度,区域立法虽然以地方立法合作为表现形式,但它毕竟不同于一般的地方立法,关于区域立法的主体、程序、效力、解释和备案等一系列制度都有待于进一步研究和明确,显然这不是一项简单的工作。由此可见,区域立法并非简单的地方立法权合作行使的问题,如何使其真正与现行立法体制相融合涉及到一系列复杂的制度问题。

　　当然,并不能因为上述问题的存在而放弃区域立法。不要忘记,区域立

---

① 封丽霞:《中央与地方立法关系法治化研究》北京大学出版社2008年版,第449页。

法作为一种新事物,它产生于我国社会转型背景之下,受着传统的计划体制和正在推行的市场体制的双重影响,其与我国现行立法体制的融合问题反映的是如何在双层体制摩擦中实现制度创新的问题。对此,有学者分析道:"立法既要保持稳定,保留旧体制中某些尚不能触及的东西,又要保护新生的社会力量,为新的社会关系创造良好的环境,这种需要兼顾新旧社会关系的立法工作,远比单一经济体制下的立法复杂,往往使立法中的新举措不得不选择一条中间道路,力图兼顾两类"。[①] 在处理区域立法与现行立法体制的融合问题时,我们应尽量在不从根本上改变现行立法体制的前提下,通过对现行立法体制的改进与完善来确立区域立法的法律地位和作用空间。针对上面提到的问题,可尝试作出如下改进:(1)将立法事项在中央和地方立法之间进行明确划分,尤其要确立专属于地方的立法事项。如同我国现行《立法法》中对中央专属立法事项进行列举一样,建议在相关法律中对地方专属立法事项也加以明确列举。唯有赋予地方立法更大的自主权,区域立法才能获得更大的作用空间。(2)加强立法审查制度的适用,或者建立司法审查制度。对于地方立法合作可能出现的保护主义,或者中央和地方专属立法可能出现的冲突,以宪法或立法法等相关法律为依据进行裁决或解决。(3)加深对区域立法及相关制度的理论研究,为区域立法实践提供充分的理论支撑。同时也要采取相关措施,改进地方立法的质量,杜绝那种立法抄袭等不良现象。

三是地方立法权缺乏足够的独立空间以及配置上的不均衡问题严重制约了区域立法的开展。地方立法权的自主性不够,抑制了建立在地方立法权基础上的区域立法的积极性和创造性,这是制约区域立法发展一个非常致命的瓶颈。同时,地方立法权在地方立法机关之间的配置也存在很大的问题,尤其是在"较大的市"这一级的地方立法权配置上更是弊端凸显,非但无助于推进区域立法,反而会严重阻碍区域立法的进展。

"较大的市"这一概念在《宪法》中仅出现了一次,即第30条第2款规

---

① 刘莘主编:《国内法律冲突与立法对策》,中国政法大学出版社2003年版,第83页。

定的"直辖市和较大的市分为区、县"。从是否享有立法权来看,"较大的市"在《宪法》中显然并无此项制度意义。1986 年修订的《地方各级人民代表大会和地方各级人民政府组织法》(以下简称《地方组织法》)却赋予了"较大的市"更多的制度性涵义,即规定较大的市具有地方立法权,但同时较大的市的范畴却大大缩小。根据《地方组织法》第 7 条第 2 款的规定,省、自治权的人民政府所在地的市和经国务院批准的较大的市的人大根据本市的具体情况和实际需要,可以制定地方性法规,但需要报省、自治区的人大常委会批准后后才能施行。该法第 60 条又规定了省、自治区的人民政府所在地的市和经国务院批准的较大的市的人民政府,可以制定规章。而到 2000 年,《立法法》对"较大的市"的涵义又做了新的规定,其中第 63 条第 4 款明确规定:"本法所称的较大的市是指省、自治区的人民政府所在地的市,经济特区所在地的市和经国务院批准的较大的市",而且较大的市都享有地方立法权,包括地方性法规和地方政府规章的制定权。

　　对于"较大的市"的涵义或范围在不同法律中的不同的界定,尽管我们可以从制度变迁的角度来分析这种差异的内在合理性,但地方组织法和立法法中的规定因其与宪法规定相抵触而不时地遭人诟病,毕竟宪法是国家的根本法,任何法律法规都不应与之相违背,这在立法法中也予以确认。较大的市及其立法制度主要涉及两个问题:一是较大的市的涵义或范围;二是较大的市的立法权。既然宪法中规定了"较大的市"的基本涵义,无论其规定如何简略也都应该给予尊重并遵守,那么将较大的市的范围界定为辖有区、县的地级市是最符合宪法规定的。然而,由于较大的市及其立法制度出现的主要原因是中央和地方立法资源的重新配置,尽管《宪法》未规定较大的市的地方立法权,后来的《地方组织法》和《立法法》规定其享有立法权还是具有实践合理性的,这一制度变迁是应该给予制度肯认的。因此,在较大的市享有地方立法权这一问题上需要作出改变的是《宪法》而非后面的两部法律。虽然这一变革同样会带来许多新的问题,但依据一个简单的经济学原理来看则是可取的:对于稀缺性资源(立法权)的优化配置,引入竞争机制是必要的,而增加竞争者(较大的市)则是其有效途径之一。

对此,笔者提出两点改进建议:一是将较大的市的涵义或范围统一,回归至《宪法》关于较大的市的规定,即较大的市指的是辖有区、县的地级市。同时依《立法法》规定,所有较大的市都享有地方立法权。二是加强并充分发挥较大的市在区域立法中的作用。以较大的市立法合作为基础的区域立法,可以有效地打破现行行政区划对市场经济发展的制约瓶颈。众所周知,当前行政区划尤其是省级行政区划对我国市场经济的发展形成了诸多负面影响。许多省份通过地方立法实行地方封锁、地方保护等,阻碍了生产要素的自由流通和全国或区域统一市场的形成。较大的市尽管也存在行政区划的制约问题,但它可以突破省际行政区划而实现更为灵活的区域合作。同时,与区域内的省际立法合作相比,较大的市之间的立法合作显然更具针对性,合作的效益也会更高。这是由于较大的市内部不同地区的同质性更强,联系更紧密,对外所表现出的特色也更为单一,这样更易于同其他较大的市形成互补,而较少考虑较大的市自身内部差异。在区域立法合作相关制度的运作上,较大的市具有更强的机动性,其实践的效率也会相对更高。

四是我国立法决策制度所存在的缺陷影响到区域立法的质量。立法决策是立法机关就是否立法以及如何立法作出决定的过程与结果。立法决策的民主与科学程度直接决定立法的质量和可适用性。当前,凡是根据我国立法法规定享有立法权的主体,都可以视为立法决策主体,所以区域立法的决策主体主要是区域内可能参与立法合作的地方立法机关。我国地方立法决策实践中存在许多缺陷,这也影响了区域立法最终的质量。

例如,我国地方立法决策主体结构比较单一,受地方政府主要负责人态度或意志的影响较大。虽然省级和较大的市的人大及其常委会都享有立法决策权,但实际上真正对立法决策起决定作用的是省级和较大的市的政府,前者更多的是扮演一种"橡皮图章"和"表决机器"的角色。即使近年来这种局面有所改观,也难以改变地方政府在立法决策中的主导地位。尽管我们不否认地方政府在立法决策中的积极作用,但其所带来的或者潜在的负面影响同样是不可忽视的。政府作为行政机关,实行的是行政首长负责制,这反映到立法中(无论是行政立法还是地方政府作为立法提案主体的人大立法),会使得立法决策受政府主要负责人态度的影响太甚,从而导致立法决策带有很强的主观色彩,难以保障立法的科学性。这对于区域立法的负面影响同样是明显的,且不论区域立法过程及最终的结果离不开政府主要负责人的参与和协调,单是是否进行地方立法合作,以及如何进行立法合作,也即区域立法能否成行都在很大程度上取决于政府主要负责人的态度。造成这种状况的主要原因除了受传统计划体制影响,行政权的强势地位很难再短时间内改变外,人民代表大会制度的不完善,尤其是人大代表在选举制度和实践中的缺陷也是重要原因之一。

要解决立法决策主体的结构单一问题,真正确立地方人大在立法决策中的主导地位,就必须完善地方人大制度,让人大及人大代表真正发挥其作用。对此,有学者建议要全面推行专职代表制,实现人大代表的专职化,以优化立法决策主体。并主张在以下方面有所作为:确定人大代表的政治代表身份;压缩代表名额;进一步推行竞选机制;建立激励约束机制;给予专职代表职业待遇。[①] 笔者对上述建议表示赞同。此外,立法参与的广度与深度是衡量立法决策是否民主与科学的重要指标。而在我国地方立法决策实践中,社会公众对立法的参与明显不够,这既有社会公众自身的因素,更与我国现行立法参与制度不完善有很大关系。区域立法作为地方治理权合作的表现之一,它更加注重社会公众对立法的参与,并追求在社会公众接受的基础上来向社会输出法律规则,以更好地实现社会治理。所以,建立和完善各种公众参与立法制度对与区域立法而言至关重要。

总之,区域立法是可能且必要的,这可以从理论予以阐述或证明。但是区域立法在实践中依然面临着许多制度障碍。这需要我们从理论上进行系统而深入的研究,并提出相应的改进建议,以推进区域立法这一新的立法模式不断完善。

---

① 于兆波:《立法决策论》,北京大学出版社 2005 年版,第 96—98 页。

第二节 区域立法协调机制的涵义

协调对于任何国家机关工作的正常开展都非常重要,立法也不例外。区域立法在理论上是可行的,也是必要的,但这并不意味着区域立法能够非常流畅地自行运转。协调对于区域立法更是不可或缺。在这里,凡是能够用来协调立法活动及其结果的各种原则、制度或措施都可以被视为协调机制的范畴。虽然无论是根据法律规定,还是在立法实践中,都存在许多协调机制,如上位法优于下位法的原则、法律案的统一审议制度,以及联席会议等,但是当前学界尚未形成系统的立法协调理论,对于立法协调机制体系的构建也缺乏系统地总结与研究。

一、立法协调机制的含义与种类

(一)立法协调的含义与内容

"协调"一词既可以作名词使用,也可作动词使用。前者指一种没有冲突、和谐有序的状态,后者则是指为实现这种状态而采取相应措施的活动或过程。对于何为立法协调,万其刚认为,立法协调可在静态和动态两种意义上使用,其中前者是指立法的结果(法律)处于一种和谐、有序的状态,它又包括立法内部协调和立法外部协调。立法内部协调是指一国(或地区)的法律体系内部处于和谐、有序的状态;立法外部协调是指法律与经济基础及其他上层建筑之间处于和谐、有序的状态。后者指的是实现或达到法律(体系)和谐、有序的过程。[①] 立法协调的内容非常广泛,既包括立法活动自身协调,也包括立法结果在立法体系中的协调,还包括立法结果与社会现实及发展需要之间的协调等。

首先,立法活动也即立法过程中的每一个环节或阶段都离不开相应的协调。与立法活动密切相关的因素主要有三个:主体、文本和程序。立法主

---

① 万其刚:《立法理念与实践》,北京大学出版社 2006 年版,第 189—190 页。

体又包括提案权主体、审议主体、表决主体和公布主体等。立法文本指的是
具体的法案内容,包括文本草案、提案、送审稿和表决稿等多种。立法程序
更是被划分为提案或送审、审查或审议、表决或批准等多个环节。在不同的
立法环节中,该由哪些立法主体进行怎样的立法行为,以及相应的立法文本
又怎样拟定等,都需要进行协调。

　　以全国人大及其常委会的立法审议环节为例,《立法法》第 13 条规定:
"一个代表团或者三十名以上的代表联名,可以向全国人民代表大会提出法
律案,由主席团决定是否列入会议议程,或者先交有关的专门委员会审议、
提出是否列入会议议程的意见,再决定是否列入会议议程。专门委员会审
议的时候,可以邀请提案人列席会议,发表意见。"该规定至少反映出这样
三点立法协调信息:

　　(1)根据该条规定,有权向全国人大提案的代表团数量较多,也就意味
着每次全国人大开会时收到的来自代表团的法律议案的数量也不在少数,
而由三十名以上的代表联名向全国人大提出的议案的数量同样如此,由于
全国人大的会议期限和日程安排较为紧张,需要对相关提案权主体的提案
在正式开始审议前进行一定的规范和协调,以分出轻重缓急。于是,全国人
大主席团就依法承担起这项协调工作。同时,《立法法》的这一规定还体现
了法律对于不同立法提案权主体关系之间的协调。虽然一个代表团或三十
名以上的代表与全国人大主席团都享有提案权,但是这两个提案权的权限
范围存在差异,即主席团有权决定是否将一个代表团或三十名以上代表联
名的提案列入会议议程。主席团的这一权力也是立法审议阶段的立法协调
表现之一。

　　(2)鉴于主席团受人员数量、知识结构和工作安排等因素的影响,在审
议代表团或人大代表联名提出的法律案时可能存在的不足,立法法又规定
在主席团决定是否将法律案列入议程前可以先交由各相关的专门委员会进
行较为专业和细致地审议,然后再由主席团根据专门委员会的意见来作出
最终的决定。也就是说,专门委员会在立法审议阶段也扮演着重要的立法
协调角色。它们通过对主席团交付的代表团或代表们提出的法律案进行甄

选,保障全国人大对法律案审议工作的顺利而高效地进行。

(3)为了保证专门委员会审议的科学性和民主性,立法法同时又规定了在专门委员会审议是否将法律案列入议程时,可以邀请提案人列席会议并发表意见。这又体现了对专门委员会和提案人工作的协调。与全国人大主席团的这种立法协调相类似的还有全国人大常委会委员长会议的立法协调。如第 33 条规定:"专门委员会之间对法律草案的重要问题不一致时,应当向委员长会议报告。"此外,国务院在审议行政法规草案时也需要加强协调工作。国务院法制机构承担着主要的立法协调工作,但有时对于行政法规草案审议中的一些重大问题的协调,甚至需要国务委员、副总理,乃至总理亲自出面来进行。与中央立法一样,地方立法审议阶段同样立法不开立法协调。

其次,立法结果自身以及其在立法体系中的协调,也可称之为体系性协调。立法的体系性协调又包括立法结果的内部协调、纵向协调和横向协调。

立法结果的内部协调要求:(1)立法语言表述要协调,不能存在逻辑问题或其他语病。这是一个非常基本的立法技术问题。如果仔细研读我国现行的立法文本,会发现不少因立法语言表述存在语病而导致立法规范自身的不协调、不规范现象。如《国家赔偿法》第 14 条第 1 款规定:"赔偿义务机关赔偿损失后,应当责令有故意或者重大过失的工作人员或者受委托的组织或者个人承担部分或者全部赔偿费用。"在该条规定中"连续出现的四个'或者'不在同一个层级上,但这不是问题。关键的错误在第一个'或者'处,依其结构前半部分可有两种理解,即'有故意过失'和'有故意的工作人员',显然荒谬之极,影响了整个句子的意思表达。"[1]同时也影响了该规范自身的协调性。

(2)立法所设置的法律规范的逻辑结构要协调。对于法律规范逻辑结构的要素,有学者主张包括假定、处理和制裁三个,有的主张包括行为模式和法律后果两个,但无论是三个要素还是两个要素,各要素之间要保持协

---

① 刘红婴:《法律语言学》,北京大学出版社 2007 年版,第 140 页。

调。

（3）立法结果的名称要协调。不同立法机关制定的规范性法文件要使用不同的名称，而不能随意使用，如全国人大制定的规范性法文件称为法律、国务院制定的行政法规称为法规或条例等。《行政法规制定程序条例》第4条规定："行政法规的名称一般称'条例'，也可以称'规定'、'办法'等。国务院根据全国人民代表大会及其常务委员会的授权决定制定的行政法规，称'暂行条例'或'暂行规定'。国务院各部门和地方人民政府制定的规章不得称'条例'"。

（4）立法的体例与结构要协调。立法的体例问题一般是指最终的立法结果或法典的各个部分以什么样的先后顺序和分类标准来编排和展开。"古今中外，曾经出现过的法典体例大致有：古代体、编年体、字典体、官制体、主题体、学理体等。"①现代各国通用的体例一般为学理体，即分为总则、分则和附则三个部分，这也是立法的内容结构。每一部分所规定的内容和发挥的作用是不同的，在条款设置上不能出现混乱。如总则主要规定对整部法律具有统领和全局意义的内容，诸如立法目的、立法依据和基本原则等，分则是对所要调整的内容的具体规定。不能将属于总则部分的立法目的和依据等内容规定在分则部分。立法的形式结构除了前面提到的法的名称之外，还包括编、章、节、条、款、项、目等结构单位的设置与排列。法的结构单位构成是由高位次向低位次的顺序排列，不能颠倒，而且不同的结构单位所使用的标号也不同。《立法法》第54条规定："法律根据内容需要，可以分编、章、节、条、款、项、目。编、章、节、条的序号用中文数字依次表述，款不编序号，项的序号用中文数字加括号依次表述，目的序号用阿拉伯数字依次表述。"这一条既是对我国立法最终结果形式结构的规范，也是立法者所要从事的基本的协调工作。

立法结果的纵向协调是指不同的立法机关制定的规范性法文件，其在整个法律体系中具有不同的效力位阶，不同的立法机关所制定的规范性法

① 封丽霞：《法典编纂论——一个比较法的视角》，清华大学出版社2002年版，第312页。

文件所规定的内容不能超出其所在的位阶或等级要求,尤其是不能与其上位法的规定相抵触或相背离。立法结果的横向协调是指不具有上下效力位阶关系规范性法文件之间要协调一致,无论是同一法律部门内部还是不同的法律部门之间同样也不能存在直接的冲突。例如,在法律术语的使用上,针对同一种法律事物或法律现象,在不同的规范性法文件中不能使用相异的法律术语。对此,一个典型的反面实例是我国现行《刑法》已经取消了"反革命罪"这一罪名称谓,而2012年修改前《刑事诉讼法》并没有随之进行修改,依然保留有"反革命罪"这一罪名,这显然是二者之间未能及时进行协调的表现。因不同的立法文本在内容表述上的不协调或冲突而导致的现实尴尬同样存在。如2000年发生在江苏邗江公道卫生院的钱婉玲死亡案就向我们诉说了因《献血法》和《执业医师法》在条文表述上的不协调而发生的法律适用上的尴尬。[①] 此外,虽然在同一法律部门内部存在一般法和特别法之分,允许特别法在某一事项的规定上作出不同于一般法的规定,但是这种差别规定要么为一般法所认可,要么与一般法的基本原则相一致。立法实践中对于这种情况的协调方式一般是在一般法中设置例外条款,如常见的"其他法律有特别规定的除外(或依照其规定)"。

最后,立法与社会现实及发展需要之间的协调,简称为现实性协调。立法的现实性协调既是针对立法活动或立法这种国家职能而言,也是针对立

[①] 该案及相关两部法律规定的基本情形是这样的:2000年2月22日,钱婉玲因脾蒂破裂紧急入院,卫生院医生未同意由亲属输血的要求,而是向有供血资格的市中心医院求助,而血站送血因道路、交通工具等原因延时过长,病人死亡。关于此案的讨论焦点,集中在医生是否应当及时给病人输血上,而关于应急输血有不一致的法律依据。其中,《献血法》第15条第2款规定:"为保证应急用血,医疗机构可以临时采集血液,但应当依照本法规定,确保采血用血的安全。"而《执业医师法》第24条又规定:"对急危患者,医师应当采取紧急措施进行诊治;不得拒绝急救处置。"这两条规定基本具有一致性,出入在于"但书"所设定的临时采血的条件,而相关条件在《医疗机构临床用血管理办法(试用)》第19条中更加苛刻,即规定:医疗机构因应急用血需要临时采集血液的,必须符合以下条件:(一)边远地区的医疗机构和所在地无血站;(2)危及病人生命,急需输血而其他医疗措施不能替代;(三)具备交叉配血及快速诊断方法检验乙型肝炎病毒表面抗原、丙型肝炎病毒抗体、艾滋病病毒抗体的条件。这样,无论医生输血与否,都是有法律依据的。显然,这是法律的尴尬。就立法的本意而言,绝不是要故意制造这种冲突,该冲突的产生主要就是立法技术尤其是立法协调技术不及的问题。参见刘红婴:《法律语言学》,北京大学出版社2007年版,第170—171页。

法结果的要求。具体而言,立法的现实性协调内容包括:

(1)立法与否要与社会现实及其发展需要相协调。随着社会的迅猛发展,许多新事物不断出现,新的利益关系不断形成,原有的利益关系也渐趋复杂,对此,国家的立法要随之进行调整并予以回应。立法回应的方式包括积极回应和消极回应两种。积极回应是指对于新的社会事物和变化了的利益关系需要制定新的法律予以调整和规范的,国家立法机关应该及时地进行调研并颁行相应的规范性法文件。例如随着电子网络的发达,许多电子商务交易大量涌现,但是由于在缺少相关法律保护和调整之前,网络世界的协议不受法律保护,而没有法律保护的商业规则显然无法确立其中的经济秩序,所以许多通过电子商务平台交易的人都有着同样的尴尬:他们本来是把电子商务用作解决交易烦琐环节的工具,但往往没法突破最后的关键环节。针对这种情况,全国人大常委会于2004年及时制定出台了《电子签名法》,使电子交易活动有法可依,也大大促进了电子交易的繁荣。这样就实现了立法与社会现实及发展需要之间的协调。消极回应是指对于一些社会事物或社会关系,相关社会主体能够自行处理的,国家立法不应干预过多或不再进行立法调整,而是交由社会实行自我治理。立法是国家权力的产物,当代社会文明的发展并非要求国家权力无所不在、无孔不入,对于社会的正常发展而言,立法同样是过犹不及。

(2)如何进行立法也是立法与社会现实及其发展协调所必须要考虑的问题。例如针对少数民族在婚姻家庭方面的特殊情况,全国人大在制定《婚姻法》时授予民族自治地方人大"立法变通权",也即允许民族自治地方立法机关根据当地的实际情况对《婚姻法》的有关规定作出变通,以协调立法的普遍性与社会现实多样性的矛盾。当然这种变通立法也要受到相应的规范和限制。于是,我国《婚姻法》第50条规定,"民族自治地方的人民代表大会有权结合当地民族婚姻家庭的具体情况,制定变通规定。自治州、自治县制定的变通规定,报省、自治区、直辖市人民代表大会常务委员会批准后生效。自治区制定的变通规定,报全国人民代表大会常务委员会批准后生效。"再如,对于社会发展所需要的法律是由中央立法还是地方立法,对此

《立法法》等相关法律并没有一个明确的标准,但是《立法法》规定了"地方先行立法"及其与中央立法的关系,即第64条第2款规定:"除本法第八条规定的事项外,其他事项国家尚未制定法律或者行政法规的,省、自治区、直辖市和较大的市根据本地方的具体情况和实际需要,可以先制定地方性法规。在国家制定的法律或者行政法规生效后,地方性法规同法律或者行政法规相抵触的规定无效,制定机关应当及时予以修改或废止。"该制度既可以用来协调针对某一社会事物的中央和地方立法之间的关系,又可以满足社会发展的法律需求,实现立法同社会现实及其发展需要之间的协调。

(3)立法结果也即所颁行的规范性法文件要及时的进行修改或废止,以与社会现实及其发展需要相适应。立法与法律需要保持稳定,这是法治的一个基本要求。但是由于法律是存在于社会之中的,要受到社会经济、政治和文化等各种因素的影响,并服务于社会发展,因此立法和法律的稳定性是相对的。正如李林教授指出的那样:"由于社会变迁、经济发展、政治改革、文化运动等的运动本质,势必影响到依存于它们之上的法律,要求法律做出相应运动,以立、改、废等方式来不断适应已经变化的客观环境。"[1]同时"由于立法者不可能正确预见未来社会生活的所有可能情况,并作出完全理性的规划与调控,这导致法律文件及法律规范本身必然存在诸多缺陷。所以,在此之后有必要对立法进行相应地完善"。[2] 立法完善的主要方式包括法律修改、补充和废止;立法解释和法律清理等。立法完善的主要目的在于保持立法和法律同社会现实及其发展的协调一致。

(二)"机制"的含义

立法协调的实施与实现需要借助于相应的机制,这些机制便被称之为立法协调机制。对于立法协调的内涵,前文已经做了非常详细的阐述,接下来我们了解一下"机制"的含义。

《辞海》中对"机制"的解释是:"原指机器的构造和动作原理,生物学和

---

① 李林:《立法理论与制度》,中国法制出版社2005年版,第217页。
② 张永和主编:《立法学》,法律出版社2009年版,第113页。

医学通过类比借用此词。生物学和医学在研究一种生物的功能(例如光合作用或肌肉收缩)时,常说分析它的机制,这就是说要了解它的内在工作方式,包括有关生物结构组成部分的相互联系,以及其间发生的各种变化过程的物理,化学性质和相互联系。阐明一种生物功能的机制,意味着对它的认识从现象描述进到本质的说明。"①

《古今汉语词典》中解释为:"机制,一是有机的构造、功能和相互关系等;二是泛指一个工作系统的组织或部分之间的相互作用或方式。"②

从词典中的界定可以得知,"机制"一开始主要用于自然科学,其基本含义是指有机体内部各部分之间的组合、联动或制约关系。与机制的这种含义直接相关的一门学科理论是系统论。简言之,系统论是研究系统的一般模式,结构和规律的学问,其核心思想是系统的整体观念。系统论者强调任何系统都是一个有机的整体,而不是各个部分的机械组合或简单相加,也即系统的整体功能是各要素在孤立状态下所没有的性质。根据系统论的观点,所谓机制,是指系统内各子系统、各要素之间相互作用,相互联系,相互制约的形式和运动原理,以及内在的、本质的工作方式。③

与机械学、生物学,乃至系统论等学科不同的是,"机制"一词被引入社会科学后,被赋予了更多的含义或属性。"机制"与心理学、社会学、经济学、管理学等学科中的一些概念结合便产生了许多新的学科用语,如心理机制、社会机制、市场机制、管理机制,等等。而且在这些人文社会学科中,机制具有了制度层面的属性。如罗伯特·基欧汉认为,所谓"机制",是正式或非正式组织起来的一般行为模式或行为规范,也可以说成某种特殊的人为安排。④

综合以上关于"机制"的说明,本书对"机制"作如下界定:机制是指组

---

① 辞海编辑委员会编:《辞海》,上海辞书出版社1979年版,第1250页。

② 商务印书馆辞书研究中心编:《古今汉语词典》,商务印书馆2000年版,第642页。

③ 中国社会科学院语言研究所词典编辑室编:《现代汉语词典》,商务印书馆1985年版,第523页。

④ 张永忠:《中国——东盟政府间经济合作机制:区域公共治理的法制化路径》,暨南大学出版社2007年版,第11页。

成事物或有机体的各部分之间相互联系和制约的结构和运作原理,以及承载或作用于这些运作原理的自发形成的或人为设计的各种规则或制度。对此可从两个方面进行阐述。

一方面,"机制"包含两层含义:原理和制度,二者缺一不可。机制最初的含义就是强调事物的内在规律,而且这种规律又表现为事物或有机体的各组成部分之间的联系与结构方式,是对各部分组合与互动原理的描述。同时,机制又被引申为承载或作用于个中规律或原理的各种规则或制度。规律或原理本身就是一种规则形式,而且是具体规则与制度形成的基础,但规则和制度一旦被确立,又反作用于事物或有机体内部各组成部分的结构方式与运行模式。换言之,机制本身包含着某种原理和作用于这种原理的制度功能。对此,系统法学论者的相关研究颇有见地,他们对"机制"的理解与本文的界定不谋而合。系统法学论者尝试在传统法学的"本质"研究方法之外,另辟"机制"研究方法,即不是问"法是什么?"而是研究"法做什么?"及其"如何做?"具体而言,"机制"研究就是从法的构造和动作原理,从法的各子系统之间,以及法和社会环境的联系等方面进行研究,从而从"形态－性质"的描述,过渡到"结构－功能"的研究。①

另一方面,当"机制"在规则或制度含义层面上使用时,它既可以因事物或有机体自身的发展而自发形成,也可以是人为设计或安排的结果。前者往往被称为非正式规则或非正式制度,后者则称为正式规则或正式制度。但无论是何种方式形成的规则或制度,都要接受事物或有机体自身运行规律或原理的检验,尤其对于那些人为安排的规则或制度,符合或顺应事物或有机体运行规律或原理的,便会得到保留和发展,而违逆者往往都会被摈弃或淘汰。所以,这就要求我们在设计或实施某种规则或制度时,要尽可能地去发现并遵循该规则或制度所要作用对象的内部运行规律或原理。当然,规则与制度对事物或有机体自身的发展规律或原理会产生反作用力,从而维护、促进甚至改变事物或有机体内部各组成部分的运作模式。

---

① 熊继宁:《系统法学导论》,知识产权出版社 2006 年版,第 47 页。

此外,"机制"一词之所以衍生出规则或制度这层含义,主要与社会科学研究者对"机制"的泛化使用有关。虽然规则或制度的含义是从"机制"的原始含义中引申而得,但是随着"机制"在社会科学领域的广泛使用,人们更多地仅是在规则或制度的层面来使用"机制"这一概念,而逐渐淡忘了其原始含义。即使"机制"在许多场合或语境中的使用不是很恰当,如"机制"在许多学者那里被等同于"制度",但是由于这种使用为更多的人所接受和理解,那么也无需再去辩驳或指正。而且本书中"机制"的含义也主要在规则与制度的层面上来使用的,且主要是指正式规则或制度,它们既包括一些具体的法律规则,也包括建立在规则结合基础上的各种人为设计的制度。

(三)我国立法协调机制的种类

有学者认为,"所谓立法协调机制,就是为促成立法处于一种和谐、有序的状态而建立的一些制度与采取的一些方式的总称。"①虽然这一界定较为简略,但它指出了立法协调机制的基本内涵和基本功能。结合立法协调的基本内容,立法协调机制指的是用来协调立法活动自身、立法体系以及立法与社会现实和发展关系的各种原则、规则和制度。我国立法协调机制的种类和内容主要规定在《立法法》之中,同时在宪法和组织法等相关法律、法规中也有所涉及。

1. 立法权的差别配置机制

由于我国立法机关的数量较多,预先规定各立法机关的立法权限非常必要,这有助于从源头上来控制立法冲突,协调立法权的行使。《立法法》对立法权的差别配置,主要从权力位阶、事项划分、权力效力范围,以及特别立法权四个方面作了规定。因此,立法权限的差别配置机制又包括立法权力位阶机制、立法事项的划分机制、立法权力的效力范围机制和特别立法权设置机制。

---

① 石佑启、杨治坤:《试论中部地区法制协调机制的构建》,载《江汉论坛》2007 年第 11 期,第 42 页。

在我国,不同的立法机关制定不同形式的规范性法文件,而立法权力的位阶主要体现为这些规范性法文件具有不同的效力位阶或等级。《立法法》第78条、79条、80条和第82条具体规定了这一制度。具体而言:(1)全国人大制定宪法。宪法具有最高的法律效力,一切法律、行政法规、地方性法规、自治条例和单行条例、规章都不得同宪法相抵触;(2)全国人大及其常委会制定法律。法律的效力高于行政法规、地方性法规、规章;(3)国务院制定行政法规。行政法规的效力高于地方性法规、规章;(4)省级和较大的市级人大及其常委会制定地方性法规。地方性法规的效力高于本级和下级地方政府规章;(5)省级人民政府制定地方政府规章。地方政府规章的效力高于本行政区内的较大的市的人民政府制定的地方政府规章;(6)国务院各部、委员会、中国人民银行、审计署和具有行政管理职能的直属机构(统称为"国务院部门")制定部门规章。部门规章之间具有同等效力,在各自权限范围内施行;(7)部门规章和地方政府规章之间具有同等效力,在各自的权限范围内施行。《立法法》关于立法权力位阶制度的规定,既协调了各立法机关的立法活动,从源头上降低了不同规范性法文件之间发生冲突的可能性,同时也为立法结果的体系性协调提供了依据或准则。

立法事项的划分制度从不同的立法机关及其制定的规范性法文件,有权对哪些事项进行立法调整的角度来规定和配置立法权限。

宪法之所以是国家的根本法,具有最高的法律效力,是因为它"以法律的形式确认了中国各族人民奋斗的成果,规定了国家的根本制度和根本任务"(《宪法》序言)。也就是说,宪法所规定的立法事项是国家的根本制度和根本任务。

法律在《立法法》上又被区分为"基本法律"和"其他法律",但宪法和立法法并没有对二者的区分标准作出规定,尤其是如何从立法事项上来明确二者的界限,全国人大常委会也没有给出相应的司法解释。《立法法》对于"基本法律"仅有的修饰或限定是"刑事、民事、国家机构和其他的",立法实践中,全国人大和全国人大常委会的立法事项经常出现混同的情况。对此,有学者做过较为详细地考察。① 所以有必要修改《立法法》,或者通过全国人大常委会法律解释的方式,对"基本法律"和"其他法律"的区分标准作出明确规定,以此来协调全国人大和全国人大常委会之间的立法权限。《立法法》除了将法律区分为"基本法律"和"其他法律"外,还规定了"专属立法权"。所谓专属立法权,"是指一定范围内规范社会关系的事项,只能由特定的国家机关制定法律规范的权力"。② 我国立法法所讲的专属立法权主要是指全国人大及其常委会对某些社会事项的专属立法权。根据《立法法》第 8 条的规定,这些专属立法事项主要包括国家主权事项、各级国家机关的组织和职权,以及基本的民事、刑事和经济制度等共十个方面的内容。由于这些立法事项属于法律调整的范畴,也就意味着除非经全国人大及其常委会授权国务院对其中的部分事项可先制定行政法规予以调整(《立法法》第 9 条),不得再由其他立法机关以其他的立法形式进行调整。《立法法》关于专属立法事项的划定进一步明确了法律与其它规范性法文件在立法权限上的差异,这也是协调立法权行使的表现之一。

行政法规可以就以下两类事项进行立法:一是为执行法律的规定需要制定行政法规的事项;二是宪法所规定的属于国务院行政管理职权范围内的事项(《立法法》第 56 条)。部门规章规定的事项应当属于执行法律或者国务院行政法规、决定、命令的事项(《立法法》第 71 条)。地方性法规可以作出规定的事项主要包括两类:执行法律和行政法规的规定,根据本行政区域的实际情况作具体规定的事项,以及属于地方性事务需要制定地方性法规的事项(《立法法》第 64 条)。不过,虽然省级和较大的市级的人大及其常委会都有地方性法规制定权,但两者之间的权限还是有一定区别的,这有点类似于全国人大与全国人大常委会之间的关系,而且《立法法》对此也有相应的规定,即"规定本行政区域特别重大事项的地方性法规,应当由人民代表大会通过"(《立法法》第 67 条)。地方政府规章可以作出规定的事项

---

① 封丽霞:《中央和地方立法关系法治化研究》,北京大学出版社 2008 年版,第 371—372 页。

② 张春生主编:《中华人民共和国立法法释义》,法律出版社 2000 年版,第 28 页。

则包括:为执行法律、行政法规和地方性法规的规定需要制定规章的事项,以及属于本行政区域的具体行政管理的事项(《立法法》第73条)。

尽管《立法法》关于立法事项的划分不是很清晰,尤其在中央和地方立法事项的划分方面,存在着为学者们所诟病的"平面切割"与"职能同构"现象,即虽然存在专属立法权的规定,但是中央立法权对所有需要通过立法来调整的社会事项都保留了立法的权利,地方立法并不存在自己的专属立法权,更多地是在重复或机械地执行中央立法,但是从立法协调的角度来看,立法法关于不同立法机关立法事项的规定,是立法权差别配置的又一种体现,同时也是对立法权行使的协调。至于其间所存在的一系列问题,需要结合我国立法实践和理论的发展,以及国家政治、经济制度的变革而不断进行完善。

立法权的效力范围是不同的立法机关所享有的立法权在怎样的范围内有效,也即不同的立法文件在什么范围内有法的约束力。在这里,效力范围主要包括空间范围和职权范围两个方面。根据《立法法》的规定,中央立法机关的立法权力在效力空间上及于全国,即宪法、法律、行政法规和部门规章在全国范围内都有效,甚至还及于不在我国境内但属于我国的船舶与航空器等(如《刑法》第6条第2款的规定)。在职权范围方面,宪法、法律和行政法规可以对任何社会关系进行调整,而部门规章只能在本部门的权限范围内,对属于本部门职权范围的事项进行立法,而不能越俎代庖。如属于医疗卫生领域的事项需要制定部门规章时,应该由卫生部来行使立法权,除非涉及到教育部的职权范围内的事项,否则教育部不能制定涉及医疗卫生领域事项的规章。当然如果有的事项涉及到两个以上的国务院部门而需要制定规章时,《立法法》第72条规定:"涉及两个以上国务院部门职权范围的事项,应当提请国务院制定行政法规或者由国务院有关部门联合制定规章。"该条规定连同职权范围的规定可以视为对立法权主要是部门规章立法权限的规范与协调。对于地方立法而言,立法权的效力范围制度的协调意义主要表现为地方性法规和地方政府规章只在本行政区域范围内有效,也即地方立法只能"各人自扫门前雪"。

特别立法权设置机制是国家基于历史、民族和经济发展等因素的考虑，而对立法权在特别行政区、民族区域自治地方和经济特区等地区所进行的特别配置，由此分别产生了特别行政区立法权、自治条例和单行条例的立法权、立法变通权和授权立法权等特别立法权力类型。除此之外，一般地方立法机关对于那些专属立法权之外，中央尚未立法的事项所享有的先行立法权也可以视为特别立法权的种类之一。这些特别立法权的设置，是在维护我国法制统一原则的前提下，对立法权配置及行使的一种内部协调，同时也是立法同社会现实和发展需要之间协调的表现。

以授权立法权为例，其存在的主要目的之一便是促使立法权的行使以及立法结果与特定的经济、社会现实与发展的需要相协调。就我国立法法关于授权立法的规定来看，它主要是指"全国人大及其常委会专门作出决定，授权有关国家机关立法和有关国家机关依据授权决定行使立法权的活动。"①从我国授权立法的实践来看，无论授权主体是全国人大还是全国人大常委会，无论授权对象是国务院，还是省级人大及其常委会或者经济特区所在地的地方立法机关，有一点是共同的，即"这些授权决定都是根据改革开放和现代化建设的具体情况和实际需要，并且在制定法律条件尚不成熟的情况下作出的。"②

2. 立法程序协调机制

立法程序协调机制是专门针对立法活动而设置的协调机制，目的是保障立法工作的顺利开展，立法程序各阶段的有效衔接，以及规范性法文件的最终完成。关于立法程序协调机制的规定，除了《立法法》之外，还有国务院颁行的《行政法规制定程序条例》（2001年）和《规章制定程序条例》（2001年）。《立法法》规定的立法程序一般包括法律案的提出、审议、表决和公布四个阶段。具体到行政法规和规章，根据《行政法规制定程序条例》和《规章制定程序条例》的规定，又可具体分为立项、起草、审查、决定与公

---

① 乔晓阳主编：《中华人民共和国立法法讲话》，中国民主法制出版社2008年版，第94页。

② 张春生主编：《中华人民共和国立法法释义》，法律出版社2000年版，第73页。

布等五个环节。但无论对立法程序做怎样的划分,立法的每一个以及前后两个阶段或环节都需要进行相应的协调。根据上述法律、行政法规的规定,存在于立法活动过程中的协调机制也即立法程序协调机制有年度立法计划机制、起草协调机制、法律案的筛选机制、统一审议(查)机制、咨询与说明机制、公众参与机制、多数决机制和批准机制等。

当前主要的立法计划形式是年度立法计划。编制年度立法计划是立法协调的重要重要内容和方式之一。虽然《立法法》并没有对立法计划作出规定,但是《行政法规制定程序条例》和《规章制定程序条例》中都有明确规定,并将编制年度立法计划作为立法程序中立项环节的重要工作内容。全国人大常委会每年也要编制年度立法工作计划,以作为当年全国人大常委会的立法工作指导。如在全国人大常委会 2009 年立法工作计划中,有这样一段表述:"2009 年全国人大常委会的立法工作,……按照确保 2010 年形成并不断完善中国特色社会主义法律体系目标、任务的要求,坚持科学立法、民主立法,抓紧制定在中国特色社会主义法律体系中其支架作用、现实生活迫切需要、立法条件比较成熟的法律,及时修改与经济社会发展不相适应的法律规定,抓紧做好法律清理工作,统筹做好法律配套、法律宣传、法律培训等工作。"①从这段论述中可以看出,年度立法计划对于立法的协调意义主要表现为:(1)协调立法工作与社会现实和发展需要之间的关系,通过立法计划,可以将现实生活迫切需要,而且立法条件比较成熟的法律、法规早日提上立法日程,或者将已经同社会发展不相适应的法律尽早的予以修改,以避免立法过分地滞后于社会发展的需要;(2)立法计划中不仅包括制定新的法律和修改现行的法律,还包括进行法律清理工作。法律清理的主要目的之一在于将那些存在冲突的规范性法文件,根据一定的原则或标准进行审查,重新界定和明确其效力,要么进行修改使之继续有效,要么予以废止,终止其效力。通过法律清理,可以增进立法体系自身的协调性;(3)

_____

① 《全国人大常委会 2009 年立法工作计划》,资料来源:中国人大网:http://www.npc.gov.cn/npc/xinwen/syxw/2009 - 07/03/content_1509248.htm(访问日期:2009 年 7 月 13 日)

通过立法计划,将那些迫切需要进行制定、修改或清理的法律列入当年的立法工作日程,这是启动立法程序的必要前提。在《行政法规制定程序条例》和《规章制定程序条例》中都将编制年度立法计划作为立法程序中立项环节的基本内容来规定,而且实践中立法工作的开展基本上都是根据已经编制好的年度立法工作计划来进行的,此亦为年度立法计划的程序性协调功能。

起草协调机制是立法必不可少的程序性协调机制。所谓起草协调是指与法律案的拟定工作相关的协调,包括法律案由谁来负责起草,在起草过程中应该遵循哪些原则或规则,以及应该注意哪些问题等。起草阶段的协调效果如何直接关系到法律案,乃至最终法律文本的质量。《立法法》并没有对立法中的法律起草作出直接规定。关于起草环节的协调主要规定在《行政法规制定程序条例》和《规章制定程序条例》中。如根据规定,行政法规和规章的起草协调机制的具体内容有:(1)起草行政法规时,除遵循立法法确定的立法原则外,还要符合一些具体的要求,如符合精简、统一、效能的原则,体现行政机关的职权与责任相统一的原则等,这主要是对行政法规内容的规范与协调;(2)起草过程中,要做好调查研究工作,并广泛听取各方的意见。听取意见的方式有很多,如座谈会、论证会、听证会等,特殊情况下还应该向全社会征求意见,这又被称为立法的公众参与机制。如果起草由国务院部门负责,而所起草的行政法规或规章涉及国务院其他部门的职责或与其它部门关系密切的,起草单位应当充分征求其他部门的意见。存在不同意见的,应当充分协商;(3)几个单位共同起草的行政法规或规章,在报送送审稿时,应当由该几个起草单位主要负责人共同签署,等等。

法律案的筛选机制主要是协调将哪些法律案列入全国人大或者全国人大常委会的会议议程,这主要是针对法律的制定而言的,主要规定在立法法中。根据立法法的规定,享有法律提案权的主体有很多。其中,全国人大主席团、全国人大常委会、国务院、中央军委、最高人民法院、最高人民检察院、全国人大各专门委员会、一个代表团或者三十名以上代表联名,可以向全国人大提出法律案。委员长会议、国务院、中央军委、最高人民法院、最高人民检察院、全国人大各专门委员会、常委会组成人员十人以上联名可以向全国人大常委会提出法律案。如此多的法律提案权主体,如果没有一定的协调,那么每次全国人大或者全国人大常委会召开会议时,就要拿出大量的时间用来处理或审议这些法律案。我们知道,全国人大和全国人大常委会每年召开的会议是有限的,尤其是全国人大,每年只召开一次会议,每次会议不到半个月的时间,还要审议一府两院的工作报告等,会议内容非常繁多,精力有限,加之不同的提案主体所提出的法律案的出发点、质量,以及社会需求的强烈程度等都有差别,所以有必要进行事先的筛选和协调,为此立法法规定,向全国人大和全国人大常委会提出的法律案,分别由全国人大主席团和委员长会议进行研究筛选,以决定是否列入会议议程。

统一审议(查)机制指的是在制定规范性法文件时,由一个专门的机构对所有的立法草案依据一定的标准,进行统一的审议或审查,统一提出审议或审查的报告和草案修改稿。该机制的存在,避免了法出多门,有助于保持同一机关制定的法律、法规或规章等相互衔接,是一项重要的立法协调机制。根据立法法等有关法律、法规的规定,凡是列入全国人大及其常委会会议审议的法律案,一律由全国人大法律委员会根据代表或者常委会组成人员的意见、有关专门委员会意见和其他各方面的意见,提出审议结果的报告和草案修改稿。地方性法规草案则由法制委员会负责统一审议,提出审议结果的报告和草案修改稿。国务院制定行政法规,由国务院法制办负责对所有行政法规草案进行统一审查,向国务院提出审查报告和草案修改稿。根据《行政法规制定程序条例》第17条的规定,国务院法制机构主要从以下几个方面对行政法规送审稿进行审查:(1)是否符合宪法、法律的规定和国家的方针政策;(2)是否符合该条例对行政法规内容的特定要求;(3)是否与有关行政法规协调、衔接;(4)是否正确处理有关机关、组织和公民对送审稿主要问题的意见;(5)其他需要审查的内容。国务院各部门和地方人民政府制定规章,由法制机构对所有的规章草案进行统一审查,提出审查报告和草案修改稿。规章审查的内容中也包括与有关规章协调、衔接等。

咨询与说明机制是在立法审议过程中,提案主体与审议主体之间,就审议中的法律案所涉及的特定问题进行沟通和交流的一种机制。不同的法律案涉及到不同的专业领域或不同的社会问题,审议主体未必对所有提案内容尤其所涉及的专业问题非常清楚,这就需要加强与提案主体的联络,就与法律案相关的一些问题,如专业知识、制定法律的背景及必要性、如果进行法律规范等,咨询提案主体,由提案主体作出详细地说明或解答。对于咨询与说明机制,《立法法》的规定有:(1)全国人大专门委员会审议法律案的时候,可以邀请提案人列席会议,发表意见,或者根据需要,要求有关机关、组织派有关负责人说明情况;(2)全国人大各代表团或全国人大常委会分组会议审议法律案时,提案人应当派人听取意见,回答询问,或者根据代表团或常委会分组会议的要求,有关机关、组织派人介绍情况。总之,咨询与说明机制是保障立法审议顺利进行的必要手段。

立法主体包括职权主体和参与主体两大类。立法过程中要注意协调好这两类主体的关系。一般而言,除立法职权主体外,其他任何公民或组织都可以成为立法参与主体。立法实践中,常见的立法参与主体主要有立法机关之外的其他国家机关、专家学者和一般的社会公众。其中,后两类主体对立法参与的方式及制度称为立法的公众参与机制。在立法过程中,公众参与机制逐渐发挥着重要的作用,尤其所要制定的法律、行政法规、地方性法规或规章等与社会公众的利益直接相关时,充分保障社会公众对立法的参与,反映并体现他们的意见,对于增强立法的科学性有着重要的意义。对于公众参与机制,立法法等相关法律法规作出了如下规定:(1)立法应当体现人民的意志,发扬社会主义民主,保障人民通过多种途径参与立法活动(《立法法》第5条);(2)列入常委会会议议程的重要的法律案,经委员长会议决定,可以讲法律草案公布,征求意见。各机关、组织和公民提出的意见送常委会工作机构(《立法法》第35条);(3)行政法规在起草过程中,应当广泛听取有关机关、组织和公民的意见。听取意见可以采取座谈会、论证会、听证会等多种形式(《立法法》第58条、《行政法规制定程序条例》第12条);(4)重要的行政法规送审稿,经报国务院同意,向社会公布,征求意见(《行政法规制定程序条例》第19条第2款);(5)行政法规送审稿直接涉及公民、法人或者其他组织的切身利益的,国务院法制机构可以举行听证会,听取有关机关、组织和公民的意见(《行政法规制定程序条例》第 22 条);(6)起草规章,应当深入调查研究,总结实践经验,广泛听取有关机关、组织和公民的意见。听取意见可以采取书面征求意见、座谈会、论证会、听证会等多种形式(《规章制定程序条例》第 14 条);(7)起草的规章直接涉及公民、法人或者其他组织切身利益,有关机关、组织或者公民对其有重大意见分歧的,应当向社会公布,征求社会各界的意见;起草单位也可以举行听证会(《规章制定程序条例》第 15 条)。

法律案经过审议程序后,进入表决程序,即决定法律案是否被通过。《宪法》第 64 条规定:"宪法的修改,由全国人大常委会或者五分之一以上的全国人大民代表大会代表提议,并由全国人民代表大会以全体代表的三分之二以上的多数通过。法律和其他议案由全国人民代表大会以全体代表的过半数通过。"无论是三分之二以上多数还是过半数通过,都被称之为立法表决通过的多数决机制。立法法和其他相关法律、法规都规定了我国法律案的表决采多数决机制,该机制建立在少数服从多数原则基础上,解决了法律案以什么方式通过的问题,避免了因意见不同而迟延法律案的及时通过。更为重要的是,该机制的存在促使了相应的协调方式的出现,如为了保障法律案表决的多数原则,立法机关在审议过程中要多次征求代表们的意见,并根据征求到的意见对法律案进行反复修改,最后再提出法律草案的表决稿。如果意见分歧过大,无法通过修改等方式形成多数一致的意见,那么可暂不付表决。《立法法》第 38 条还规定:"法律案经常务委员会三次会议审议后,仍有重大问题需要进一步研究的,由委员长会议提出,经联组会议或者全体会议同意,可以暂不付表决,交法律委员会和有关的专门委员会进一步审议。"多数决机制对于立法表决环节的协调功能可见一斑。

批准机制是针对一些特殊的规范性法文件的通过,必须经过上级或法定立法机关的审查批准后,才能正式生效施行。批准机制的主要目的是对部分规范性法文件进行事先审查,避免立法冲突的出现。根据《立法法》的规定,需要适用批准机制的规范性法文件主要有民族自治地方制定的自治条例和单行条例,以及较大的市的人大及其常委会制定的地方性法规。其中,自治条例和单行条例必须报上级人大常委会进行批准。主要原因在于,自治条例和单行条例可以变通法律行政法规,如果不对其进行一定的约束,就有可能出现随意变通,或者违反基本法律原则等情况。所以《立法法》规定了批准机制,即自治条例和单行条例要报请省级人大常委会或全国人大常委会批准后才能生效。这在我国部门法中也有明确规定,如《刑法》第90条规定:"民族自治地方不能全部适用本法规定的,可以由自治区或者省的人民代表大会根据当地民族的政治、经济、文化的特点和本法规定的基本原则,制定变通或者补充的规定,报请全国人民代表大会常务委员会批准施行。"由于我国较大的市的立法力量较为薄弱,加之立法权力集中的传统,致使上级立法机关对较大的市立法的质量和效果等并不放心,为此也设置了批准机制,以避免较大的市制定的地方性法规同宪法、法律、行政法规和本省、自治区的地方性法规相抵触。虽然对于这种规定的必要性或是否适当有待商榷,但立法实践中这一机制也的确发挥了一定的协调功能。如"实践中,许多地方在省、自治区人大法制委员会审查阶段发现抵触时,往往采取与较大的市沟通的做法,由较大的市撤回自行修改后再报批。也有些地方认为由较大的市撤回修改或者由常委会作出不予批准,由市里修改后再报上来,时间太长,为了提高效率,有的采取直接修改,有的采取批准时附修改意见等做法。"①

3.立法体系协调机制

立法体系协调包括内部协调、纵向协调和横向协调,所以立法体系协调机制也主要针对这三个方面。

立法法等相关法律法规关于立法体系内部协调机制的规定,主要是从规范性法文件的名称使用、立法语言的运用,以及体例结构的安排等方面来进行的,这些具体的规定也即规则便可视为立法体系内部协调机制。如在名称使用方面,"暂行条例"或"暂行规定"用来指称国务院根据全国人大及

---

① 刘莘主编:《国内法律冲突与立法对策》,中国政法大学出版社2003年版,第151页。

其常委会的授权决定而制定的行政法规,规章的名称一般称"规定"、"办法",而不能称为"条例"。在立法语言的运用上,《行政法规制定程序条例》规定,行政法规应当备而不繁,逻辑严密,条文明确、具体,用语准确、简洁,具有可操作性。规章的制定也有类似的要求。在体例结构的安排上,根据内容需要可分为章、节、条、款、项、目,且不同的结构单位使用不同的数字类型来表述。《规章制定程序条例》中还规定,法律、法规已经明确规定的内容,规章原则上不作重复规定。除内容复杂的外,规章一般不分章、节。应该说,立法体系内部协调机制大都属于一些最基本的立法技术,但即使如此,我国立法实践中依然存在不少问题,需要系统地总结并运用这些协调机制或立法技术,以提升立法的质量。

立法体系的纵向协调机制包括两条基本原则:一是不得同宪法相抵触的原则。该原则在《宪法》和《立法法》中都有规定,后者的规定更为具体和明确,即"宪法具有最高的法律效力,一切法律、行政法规、地方性法规、自治条例和单行条例、规章都不得同宪法相抵触"。二是上位法效力高于下位法的原则,如《立法法》第79条规定:"法律的效力高于行政法规、地方性法规、规章。行政法规的效力高于地方性法规"。这既是一条法律适用原则,也是立法者所要遵循的立法协调原则。这也就是说,立法机关所制定的规范性法文件的内容不能违反上位的规范性法文件的规定。根据这两条基本原则,一旦立法机关制定的规范性法文件与宪法或者上位法存在相抵触的规定,那么就会导致该规定乃至整个规范性法文件的无效。

立法体系中也存在大量的横向冲突或不一致,需要相应的机制予以协调。从协调的对象来看,既包括对同一立法机关的不同立法,也包括不同立法机关的相关立法。从协调的内容来看,既包括对立法权和整个立法过程进行的协调,也包括对立法实施或适用中的协调。由于许多协调机制本身发挥着多方面的协调功能,这前文中已经有所论述,如立法计划机制、统一审议(查)机制以及批准机制等,所以立法法等相关法律法规不可能也没有必要针对不同的协调需要都设计专门的协调机制。立法体系的横向协调机制,与前面介绍的一些协调机制就是重合的,如立法权力的效力范围机制,这既协调了不同立法机关的立法权力的行使,也对立法体系的横向协调直接发生作用。对此,《立法法》第82条有着明确的规定,即"部门规章之间、部门规章与地方政府规章之间具有同等效力,在各自的权限范围内施行。"

　　此外,《立法法》中所规定的部分适用规则,如新法优于旧法和特别法优于一般法等,以及裁决机制也可以视为立法体系的横向协调机制。虽然适用规则主要是关于在法律规范存在不一致规定或者冲突时如何选择适用的一些原则或规则,也即主要出现于法律适用过程中,但是部分适用规则对于立法体系的横向协调也起着另类意义。这表现为:新法和旧法、特别法和一般法指的都是由同一立法机关制定的,具有同等的法律效力位阶,但是新法优于旧法、特别法优于一般法的原则表明,立法体系中允许不一致情形的存在,而且这种不一致是立法体系内部构成及发展需要所形成的,是立法体系不断地进行自我完善,以及保持与社会发展相适应的体现,这些适用规则的存在有助于减小立法体系内部规定的不一致对立法体系协调性的影响,同时也是立法体系保持与社会现实及其发展需要相协调的重要机制。当新法优于旧法和特别法优于一般法这两项适用规则仍然无法解决法律规范的横向冲突时,就需要再借助于裁决机制。所谓裁决机制,就是处于同等效力位阶的法律规范之间的规定不一致或者发生冲突,不知如何适用时,由特定机关予以裁决,以确定最终所应适用的法律规范的制度或机制。与适用规则一样,都是在针对立法完成后适用过程中的协调。

　　4.立法完善协调机制

　　立法程序的结束并不意味着立法工作的完结。由于立法者不可能准确预见未来社会生活中所有可能发生的情况,并作出完全理性的规定或调整,不同立法机关制定的规范性法文件之间也时常会出现冲突,这导致规范性法文件或具体的法律规范本身会存在许多缺陷,有必要对立法进行相应地完善,以保持立法体系自身的协调,以及同社会现实和发展需要之间的协调,我们将立法法中为实现此目标而规定的相关制度称为立法完善协调机制。这些机制主要包括备案审查机制、改变或撤销机制、立法解释机制、法律修改机制和法规清理机制等。

备案审查机制是指有关立法机关将自己所制定的法规、规章按照规定报送有关机关备份在案,以便审查的一种机制。根据立法法的规定,需要进行备案的规范性法文件包括行政法规、部门规章、地方性法规、自治条例和单行条例、依授权制定的法规和地方政府规章等。接受备案的机关则包括全国人大常委会、国务院、省级人大常委会、省级人民政府和较大的市的人大常委会。备案的目的不仅在于收集立法信息,了解下级立法机关的立法情况,更重要的是为了进行审查,实现立法监督。因此,备案审查机制又属于立法监督机制的范畴。根据《立法法》的规定,接受备案的机关并不必然进行审查,而且实践中也很少主动进行审查,多是在有关主体提出审查要求或审查建议时才启动审查程序。虽然备案审查机制有待于进一步完善,但是它对于减少和纠正规范性法文件之间的冲突有着重要监督和协调意义。

与备案审查机制密切相关的是改变和撤销机制,但并非所有的改变和撤销都是经由备案审查机制引起的,因为享有改变权和撤销权的主体范围要远远大于接受备案的主体。具体而言,全国人大有权改变或撤销其常委会制定的不适当的法律,有权撤销全国人大常委会批准的自治条例和单行条例;全国人大常委会有权撤销行政法规、地方性法规,以及省级人大常委会批准的自治条例和单行条例;国务院有权改变或撤销不适当的部门规章和地方政府规章;省级人大有权改变或撤销其常委会制定或批准的不适当的地方性法规;地方人大常委会有权撤销本级人民政府制定的不适当的规章;省级人民政府有权改变或撤销下一级人民政府制定的不适当的规章;授权机关有关撤销被授权机关制定的法规,必要时还可以撤销授权。改变或撤销机制主要是用来矫正立法过程和立法体系中存在的一些不协调情形的,因此本文将其称为立法完善协调机制。根据《立法法》的规定,造成这些不协调的原因包括:超越立法权限;下位法违反上位法规定;规章之间对同一事项的规定不一致,经裁决应当改变或撤销一方的规定;规章的规定被认为不适当,应当予以改变或撤销;违背法定程序。由此可见,改变或撤销机制是在前面所提到的一系列协调机制无法保证立法的程序协调或体系协调等的情况下,而进行的一种立法后的协调,也即立法完善性的协调。但是,改变或撤销机制的启动也具有被动性,即需要在有关国家机关或社会主体提出审查要求或审查建议时,才能在审查基础上行使改变权或撤销权。

立法解释机制也是一项重要的立法完善机制。《立法法》第42条第2款规定:"法律有以下情形之一的,由全国人民代表大会常务委员会解释:(一)法律的规定需要进一步明确具体含义的;(二)法律制定后出现新的情况,需要明确适用法律依据的。"虽然该条规定只针对全国人大及其常委会制定的法律,但它同样适用于行政法规、地方性法规和规章等规范性法文件的解释。无论是进一步明确法律规定的具体含义,还是针对新情况明确适用法律依据,都是在立法之后,根据社会现实和发展的需要,对立法内容所作的进一步完善,以保证立法同社会现实和发展需要之间的协调。

从广义上讲,法律修改包括修改、补充和废止,也即是指有关立法机关对已经颁行的规范性法文件进行删减、替代现行规定,或增加新的规定,或终止某些规定乃至整个规范性法文件的效力的立法活动。引起法律修改的原因有很多,主要可归结为三个方面:一是新的法律的出现而引起先前施行的法律需要进行修改;二是现行的立法存在漏洞或者已经不适应社会现实及其发展的需求,需要通过修改来弥补或改进;三是相关法律的修改而引起的法律修改。无论是基于何种原因而引起的法律修改,进行修改的目的要么是为了立法体系内部的协调,要么是为了促使立法同社会现实和发展需要之间的协调,而且这种法律修改在任何国家、任何时期都是一种必需的立法完善和协调机制。

法律清理是立法机关对一定时期和范围内的规范性法律文件进行审查、整理,以重新确认其法律效力的专门活动。法律清理机制是重要的立法完善协调机制。具体而言,法律清理机制的协调意义表现为:一方面它是完善立法体系的重要方式,通过有效的法律清理,能够及时地减少和避免立法体系内部存在的冲突或不一致现象,增强立法体系协调。另一方面随着社会经济、文化的快速发展,许多过去制定的法律法规已经失去了有效存在的社会条件,有些非但不能有效保障和促进社会发展,反而会对社会发展产生消极影响,而通过对这些规范性法文件的定期或专项清理,有助于保障立法体系的活力,尤其是与社会现实及其发展需求之间的适应力。如 2003 年国务院对行政法规进行的清理,其主要目的是为了实施行政许可法,清理的对象是行政法规中不符合行政许可法的规定。

二、区域立法协调机制的界定

(一)区域立法协调的必要性

协调性是区域立法的基本属性,也是区域立法存在并发挥作用的根基。如果缺乏协调,区域立法则无从谈起。在这里,虽然"协调"一词的含义与立法协调之"协调"的含义相同,都是指一种和谐有序、没有冲突的状态,但是由于区域立法的特殊性,因此区域立法之协调的对象或范围要比一般的中央或地方立法协调的内容要广泛。从广义上讲,区域立法协调既包括某一区域内的立法协调,也包括不同区域间的立法协调。区域立法协调指的是为了区域立法的顺利实施及其功能的有效发挥,而进行的一系列协调活动,以及由此所追求的或实现的立法协调的状态。

区域立法协调的必要性体现为:一是我国《宪法》和《立法法》这两部调整立法关系的基本法律都不曾确立区域立法的正式地位,尽管区域立法仍在我国现行立法体制的框架中活动,并未违反上述两部法律所规定的基本原则,但是毕竟区域立法缺少正式的"名分",并且将区域立法局限于现行的立法体制无法发挥其更大的作用,因此若要赋予区域立法正式的法律地位并使其的功能得以充分发挥,必须强化区域立法的协调性。二是就区域立法的内部构成来看,无论是立法主体还是立法所要调整的事项和社会关系都不是单一的,即区域立法最终结果的作出不是某一主体能够单独决定的,需要在协调各区域立法主体的基础上,就关涉各方利益的事项或社会关系寻求公认的或一致的法律规则,这也是区域立法协调的目的所在。对此,王春业的论述非常精辟,他认为"通过具有规范、强制性和稳定性的法制协调形式,把区域经济一体化的目标、原则、方法、成员、组织和权利义务以法律的形式固定下来,给区域内经济主体活动规定一个基本框架和必须遵守的行为规则,在区域内部使社会资源与社会利益得到合理分配,保障生产要素流通和商品流通的自由以及投资者、经营者待遇的平等,在更高层次上协调区域内各行政区划的政府行为。"①总体而言,区域立法协调的目的是在充分协调各区域立法主体基础之上,对涉及共同的利益事项或社会关系制定并实施统一的法律规则,即在保证区域立法协调的基础上增强区域性法文件制定和实施的整体效益。

(二)区域立法协调的内容

区域立法协调是建立在立法协调理论基础之上的,同样也包括立法活动的协调、体系性协调,以及立法结果与社会现实和发展需要的协调三个方面。由于区域立法的特殊性,其在具体的协调内容方面又有着自身的特点:(1)区域立法过程中,在各立法主体之间,以及就其所要调整的共同社会事务该如何立法,而进行的内容上、程序上和结果上的沟通和协调活动,这是区域立法协调的主要涵义;(2)区域性法文件体系内部的协调,也即体系性协调。区域性法文件的法律效力或效力位阶,视参与区域立法合作的地方立法机关的类型而定,要么与地方性法规相同,要么与地方政府规章一致。但无论以怎样的法律形式存在,都必须与现行的中央立法和地方立法体系相融合;(3)区域性法文件颁布实施后,其在现实中的可行程度,以及对区域经济、社会发展的推动力度也需要协调,这反映的是区域立法同社会现实及其发展需要之间的协调。

首先,立法主体包括立法职权主体和立法参与主体。从立法职权主体来看,区域立法协调指向区域内所有参与立法合作的一般地方立法机关,主要包括省级人大及其常委会、较大市的人大及其常委会,以及省级和较大市的人民政府。当然,民族区域自治地方的立法机关(主要指自治区和自治州的地方立法机关)在行使一般地方立法权时也可以参与区域立法。由此,从数量上可以看出,参与区域立法的地方立法机关数量较多,在进行区域立法时必须首先针对这些机关的合作立法行为进行协调,以保障区域立法的有

① 王春业:《长三角经济一体化的法制协调新模式》,载《石家庄经济学院学报》2007年第6期,第82页。

序进行。但应注意的是,需要协调的情形应该发生在同级地方立法机关之间,包括两个或两个以上省级人大及其常委会或人民政府之间,或者两个或两个以上较大的市人大及其常委会或人民政府之间,而不包括省级地方立法机关和较大的市级的地方立法机关之间。立法参与主体之间以及立法参与主体同立法职权主体之间的关系也都需要进行协调。

其次,区域立法的内容需要协调。区域立法的内容主要涉及到:(1)哪些属于区域共同事务。这是进行区域立法需要首先明确的内容。区域经济、社会发展过程中会涉及到许多社会事务,有些属于区域内某一省区特有的事务,有些则具有区域普遍性,涉及到区域内所有的或部分省区,属于区域性公共事务。区域立法调整的对象自然是具有区域性的社会事务,如需要进行区域性管理的公共事务或者具有区域性的公共服务;(2)哪些区域共同事务需要通过区域立法的方式进行调整,哪些则不需要进行立法调整。并非所有的区域性社会事务或公共服务都需要进行立法调整,有些能够通过社会自治方式解决的,法律无需干预,也即不需要进行区域立法;(3)区域立法具体采取何种形式,是制定区域性法规还是区域性规章需要协调。在区域立法中主要存在两种类型的地方立法机关——作为权力机关的省级和较大的市级的人大及其常委会,以及作为行政机关的省级和较大的市级的人民政府。参与区域立法的地方立法机关的类型不同,最终的法律形式也有所差异。因此,究竟由何种类型的立法机关进行区域立法需要协调好;(4)区域立法的目标、原则和基本内容等都需要进行协调。这涉及到区域立法的实质性内容,从区域立法草案的提出到内容的最终确定,这是区域立法的核心阶段,也是区域内各立法参与主体不断进行讨论、协商,甚至是讨价还价和相互妥协的利益博弈关键过程,协调自然不可缺少。

再次,区域立法的程序需要协调。区域立法的程序并没有直接的法律规定可供遵循,但是由于它依托于地方立法,因此区域立法的基本立法程序应参照《立法法》关于地方立法程序的规定,要经过法律案的提出、审议、表决和通过,以及最终公布法律等几个基本环节或阶段。但是,区域立法毕竟缺少一个统一的立法机关,无法像地方立法那样仅在一个立法机关内开展相应的立法程序。至于区域立法究竟该通过怎样的程序来进行,在每个阶段需要注意哪些问题等,都需要各立法参与机关之间进行协调。这种关于立法程序的协调既包括具体的立法工作的合作与协调,也包括立法权行使的协作,但二者是有所不同的。其中前者是指"有关立法工作机构在具体承办立法事务层面上的协作,包括立法工作经验的交流、立法信息交流、立法技术的统一,甚至包括法规条文的借鉴",后者"是有关立法机关之间实际行使立法权活动的协作,主要任务是保证各地的具体法律制度在出台时机上或内容上的协调或一致"。① 对于区域立法程序中的协调而言,这两种内容的合作与协调都是不可或缺的。

最后,区域立法完成后,区域性法文件不能与宪法、法律和行政法规等上位法相抵触,同时也不能与同位阶的地方性法规或规章发生龃龉。这是区域立法的体系性协调。区域性法文件在实施过程中同社会现实的契合程度,以及与区域社会发展的适应程度也都需要进行相应的协调,也即区域立法的现实性协调。如果区域立法中的某些规定与上位法的相关规定相抵触,那么该规定是无效的,需要进行修改或废止,以使其与上位法规定保持一致。区域性法文件在实施一段时间后,同样需要根据社会现实的变化及发展的需要进行修改,或者通过其他方式进行完善,以使其同区域社会现实及其发展的需要相协调。除此之外,有些区域性法文件在实施一定时间后,可能会因上位法的修改或者新的相关区域性法文件的出现,而出现相关规定与上位法抵触或者与新的区域法文件相冲突的现象,此时也需要对已有的区域性法文件进行修改或补充等,以消除抵触或冲突。总之,无论从区域性法文件与上位法的关系来看,还是就区域立法体系自身完善而言,都需要进行协调。

对于区域立法协调而言,其主要的协调内容应该是有关区域立法活动的协调,包括区域立法主体的协调、区域立法内容的协调和区域立法程序的

① 丁祖年:《关于我国地区间立法协作问题的几点思考》,载《人大研究》2008 年第 1 期,第 37 页。

协调三个方面,只有实现了这三个方面的协调,区域立法才能正常地开展与实现,也才涉及到区域立法的体系性协调和现实性协调。

（三）区域立法协调机制的特征

区域立法作为一种特殊的立法模式,并没有从根本上脱离我国立法法关于立法权力、立法程序和立法完善等规定,因此,立法协调的相关理论和机制同样适用于区域立法。区域立法的开展与实施也要借助相应的协调机制,这些用来协调区域立法活动及其结果的机制便被称为区域立法协调机制。具体而言,区域立法协调机制具有以下特征:

一是,区域立法协调机制既包括立法协调机制,也包括合作协调机制。虽然从广义上讲,区域立法协调机制属于立法协调机制的范畴,但是现有的立法协调机制主要是立法法等相关法律、法规所规定的,是适用于中央立法和地方立法的协调机制。区域立法是一种地方立法合作,因此对于区域立法的协调既包括关于立法的协调,也包括关于区域合作的协调。其中关于立法的协调包括针对区域立法活动、区域立法体系和区域立法与现实及其发展需要之间关系的协调,协调机制的种类也包括立法程序协调机制、立法体系协调机制和立法完善协调机制等。这就意味着所有的立法协调机制都可以用来协调区域立法。但是仅有立法协调机制是不够的,区域立法能否实现以及取得怎样的效果还取决于地方立法合作能否实现及其合作的程度,所以区域立法协调还包括一般的中央立法和地方立法所不需要的关于合作的协调机制。此类机制主要是用来促进和保障区域内地方立法主体进行有效合作的,包括如何进行立法、就哪些事项进行立法等。

二是,区域立法协调机制中关于立法的协调机制也不同于一般的中央立法和地方立法的协调机制。区域立法毕竟有自己的特别之处,尤其是与中央立法和地方立法相比,它既没有独立的立法机关和立法权限,也缺少明确的立法程序,在立法法没有进行修改予以明确规定之前,只能依托于地方立法合作,而地方立法合作能否顺利进行又主要依靠协调机制的作用。因此,区域立法协调机制对于区域立法而言更为重要和关键,它们承担了更重的协调任务,而且它们在具体的内容和协调的对象等方面也有着自己的特点。

三是,区域立法协调机制主要停留在理论与实践层面。当前学者们所讨论的区域立法协调机制主要是区域立法实践中逐渐形成的、且取得一定效果的一些制度或措施。区域立法协调机制在法制层面尚缺乏明确的依据,这与前文所介绍的立法协调机制直接源自立法法等法律法规显然是不同的。随着区域立法实践的深入,区域立法协调机制体系的不断完善,区域立法及其协调机制也会最终取得相应的法律地位,从而更好地发挥其积极作用。

总之,区域立法协调机制有着自己的特征,在区域立法实践中,既要以立法法等有关法律、法规关于立法协调的规定为依据,又不能局限于此,而应根据区域立法的具体情况或实践需要,不断进行探索和创新,建构更为有效和系统的协调机制。

三、区域立法协调的机制与机构之争

尽管当前研究区域立法的学者不多,而且对于何为区域立法尚未形成较为一致的看法,但是对于区域发展过程中需要立法协调这一观点几无异议,争议主要在于由谁来协调以及如何进行协调。综观诸位学者关于区域立法或区域发展所需立法协调方式的论述,其中主要存在两个侧重:有的侧重于主张设立某种形式的区域立法机构或协调机构,来实施区域立法或进行区域立法协调,如宣文俊针对长三角的法制协调提出应建立长三角区域统一的立法机构,可将其定名为长三角立法协作会,由长三角各省、市的人大负责人、人大代表和政府代表组成。由各地的人大负责人组成理事会。其职能应包括:与中央立法机构紧密联系,推动改善长三角协作发展的法制环境;与区域内各地方立法机构紧密联系,共同制定长三角地方法制建设战略框架。并就理事会认为的任何重大问题提出立法协议,以其制订的"法

案"作为各省、市相应立法的"蓝本",等等。① 有的则侧重于论述通过某些立法协调机制的建构来对区域立法进行协调,这些协调机制包括签订协议、召开联席会议和实行立法信息共享与交流等。

对于这种情况,叶依广称之为"机制与机构之争",并且他以长三角区域合作(包括立法合作)协调为例,阐述道:"机构重要论"突出强调必须由国务院出面,组建具有权威性、指导性、有效的"超过省级"的协调机构,甚至提议称之为"长三角一体化促进委员会",而"机制决定论"倡导者的立论建立在对"跨省协调机构"提议的批判上,认为跨省协调机构的作用不可高估。② 这一阐述基本上可以概括当前学者们在区域立法协调该以何种协调方式(机构抑或机制)为主这一问题上的两种主要观点,以及各自的理由或依据。需要注意的是,无论是"机构重要论"还是"机制重要论",任何一方都不曾明确地排斥对方的存在及其意义,所不同的是对机构还是机制的强调程度不同而已。正如叶依广指出的那样:"机构重要论对机制的重要性没有提出任何反对。在他们看来,尊重市场规律是所立协调机构的'铁律'"。③ 因此,"机构重要论"和"机制重要论"二者之间并非一种非此即彼的对立关系。

就区域立法协调而言,究竟该如何认识并处理机构与机制的关系呢?无论是机构协调还是机制协调,二者所指向的对象是确定的:特定区域内地方立法主体关于区域共同事务而进行的立法合作的行为及其结果。那么,机构协调与机制协调的差别及其原因何在,又该如何评价这两种观点呢?

首先,从词义上看,"机构"强调区域立法协调的组织性,而"机制"强调协调的制度性。"机构"是由一定数量的人为特定目的结合而成的组织,机构可以是正式的,也可以是非正式的,可以是较为松散的,也可是组织严谨

---

① 宣文俊:《关于长江三角洲地区经济发展中的法律问题思考》,载《社会科学》2005年第1期,第65页。

② 叶依广:《长三角政府协调:关于机制与机构的争论及对策》,载《现代经济探讨》2004年第7期,第7页。

③ 叶依广:《长三角政府协调:关于机制与机构的争论及对策》,载《现代经济探讨》2004年第7期,第8页。

的。机构应该有其保障自身正常运转的经费、办公场所和设施,以及章程和规则等。当前,区域立法协调中的机构主要指的是由特定国家机关(如国务院或省级政府)批准设立的,公权力色彩浓厚的正式组织。如刘水林针对西部大开发提出:建立西部开发委员会,作为西部开发而特设的专门机构。由西部开发委员会主席在国土开发整治委员会主席及相关部委首脑参与,并听取国土开发整治的审议机关意见的基础上,制定西部开发基本方针。①韩佳也主张在长三角地区"由中央政府设立跨行政区的负责区域协调管理的综合性权威机构——区域协调管理委员会,以及区域经济联席会议、区域经济联盟或协调委员会等机构,并赋予相应的规划和调控权,由它来处理解决单一地方政府无力解决的问题。该机构的一项重要职责便是制定并监督统一的市场竞争规则和政策措施及其实施。"②而"机制"指的是在把握并尊重事物发展规律或机理的基础上,自发形成或人为设计出的各种制度或规则。区域立法协调机制则是在把握区域立法自身及其作用于区域经济、社会发展的基本原理的基础上,人为设计出的各种制度或规则体系。区域立法协调机制"体现并作用于整个区域立法过程中的各个阶段。如进行区域立法之前,我们可以通过订立区域协议、制定区域立法规划和进行区域立法论证等机制加以协调;在区域立法过程中可以构建区域立法听证、广泛吸收社会公众参与和区域成员分别通过区域立法结果等机制,而司法审查、区域法律评估和区域规范性文件清理等则可以作为区域立法之后的协调机制。"③

王春业在区域立法协调问题上持机构论,即"由区域内各行政区划政府有关人员在协商自愿的基础上组成区域行政立法委员会,作为区域行政立法机构",但是他所主张建立的区域行政立法委员会已经不限于立法协调的

① 刘水林:《对促进区域协调发展的一些法律问题的探讨》,载《经济法论坛》2005 年版第 3 卷,第 97 页。
② 韩佳:《长江三角洲区域经济一体化发展研究》,华东师范大学 2008 年博士论文,第 137 页。
③ 陈光:《论我国区域立法协调的必要性与可行性》,载《齐齐哈尔大学学报(哲学社会科学版)》2009 年第 5 期,第 2 页。

功能,而享有了实体立法权,也即"经中央国家权力机关或国务院授权,就同样的或类似的事项制定能适用于各行政区划的统一的区域行政立法",①这使得该机构成为国家立法机关之一。笔者对此表示异议。区域行政立法委员会从人员组成和组织化程度上看,它只是区域内各行政区划政府有关人员在自愿基础上组成的一个松散性组织,并不具备一个完整的机构特别是作为正式国家机构的所有要件,同样也无法独立承担一个国家机构所应承担的法律责任。因此,由区域内各行政区划的政府有关人员在协商自愿基础上成立一个区域立法协调委员会,然后辅之相应的立法协调机制,远比组成一个区域立法委员会行使区域立法权更合实际,也更为实用。

其次,从思维方式和理论基础上来看,"机构论"延续了"权力干预、上级指导和行政协调"的传统思维,也即一旦经济、社会发展过程中出现了一些较为棘手的问题,便立即期待或者要求政府或有关公共权力机关的干预与解决,如果某一级政府对有的问题难以处理,就会继续寻求该级政府的上级政府通过某种方式,尤其是行政干涉或协调的方式来解决。依据经济学的理论,这是一种典型的政府干预论,即期待政府这支"有形的手"在经济、社会发展过程中发挥着更大的甚至主导性的作用。而"机制论"则淡化了区域立法中的权力或行政干预色彩,主张在一种平等自愿基础上,通过协商或讨价还价地方式来促成合作,最终实现共同的和各自的利益追求。尽管区域立法协调中的许多机制都是人为设计的,但是它强调在设计和运用这些协调机制时要尊重区域经济、社会发展的基本规律,并尽可能地将区域立法过程中出现的合作问题或协调问题经由各种具体的机制来完成。相比较于"机构论",它更重视制度和规则在区域立法协调中的作用,权力与行政干预只能在必要的情形下且在遵守相应规则的前提下才可以被使用。显然,这种思维方式更为理性,也更具制度文明。

再次,任何制度的建构与运行都是需要成本的,尤其是对于一种新制度

---

① 王春业:《区域行政立法模式研究——以区域经济一体化为背景》,法律出版社 2009 年版,第 2 页。

而言,它至少包括两种类型的成本:制度变革的成本和制度运行的成本。机构在某种意义上也可以视为是制度运作的表现。尽管我们无法从量上来比较"机构"与"机制"在区域立法协调中各自所需投入成本的大小,但是如果以王春业的设想为例,设立区域行政立法委员会至少会产生两项难以估算的成本:一是修改《宪法》和其他相关法律、法规等所需要支出的成本。王春业主张区域行政立法委员会应该由中央国家权力机关或国务院授权,同时"在宪法中应当将跨省级行政区划的联合立法的形式写入宪法,这将使区域行政立法模式在宪法中具有更权威的依据",宪法的修改是需要成本的,其中有些成本可以计量,而有些是无法计量或预测的;二是授予区域行政立法委员会以立法权并对宪法作相应的修改,这仅是最基本的两项工作。如何将区域行政立法委员会及其立法同我国现行立法体制相融合,这其中所要支付的成本恐怕更难估算与计量。诚然,机制的设计与运行也需要成本,但是我们可以在现有的制度框架内来设计区域立法协调机制,以尽可能地降低制度设计与运行的成本。这相对于机构协调而言,显然可以节省许多额外的支出。当然,这里所谓的机构协调主要指的是王春业所建构的具有实体立法权的区域性立法机构,笔者并非一概地反对机构协调在区域立法协调中的地位与功能。

最后,要想更好地实现区域立法协调,机构与机制都是不可或缺的。问题的关键在于如何处理好机构与机制的关系,或者说我们该创设或利用怎样的机构与机制。对此,区域立法协调应主要以机制协调为主,即建构系统的区域立法协调机制,同时也应设立一个协调机构——区域立法协调委员会,作为某些区域立法协调机制运行的承载者,以此来更好地发挥机制的协调功能。此外,区域立法协调方式的选择与区域立法的发展一样,都要经历一个过程,这要求我们在研究区域立法理论尤其在建构相关的制度时,不能操之过急。设立区域行政立法委员会这一建议,尽管在制度设计上有其创新与合理之处,但它容易与现行的立法体制和行政体制产生太多的龃龉,从而削弱其实践可行性。与其如此,不如先设立一个专门从事区域立法协调工作或者承载区域立法协调机制运行的机构,而暂不赋予其立法权。如果随着区域经济、社会发展的深入,客观上需要成立一个享有立法权的区域性立法机构,并且我国立法体制也能够随之进行调整,那么届时再成立一个相应的区域立法机构也便顺理成章。

第三节 我国区域立法实践中的协调机制及思考

区域立法协调机制的完善与否同区域立法实践的发展程度直接相关。同时,区域立法协调机制在区域立法实践中的完善与运转情况,也可以作为衡量区域立法水平高低的一个重要指标。我国区域立法依然处在探索中,成效并不十分明显。区域立法的这种实践境况直接决定了区域立法协调机制也难以系统和健全,并印有较为浓重的时代特征。当然,区域立法协调机制并非被动地依赖于区域立法实践的发展程度,其自身具有一定的相对独立性,且对区域立法有着直接的作用,系统而适当的协调机制可以有效地推动区域立法实践的深入。建构与完善区域立法协调机制,或许是实现区域立法制度创新和实践飞跃的重要突破口。

一、尴尬与希望并存的区域立法实践
(一)我国区域立法实践的尴尬

区域立法的实践情况取决于区域合作的广度与深度。近年来,随着国家对区域合作与发展的重视,尤其是一系列区域发展规划的出台,区域立法迎来了实现自身突破的良好时机。即使如此,我们仍应保持冷静而客观的态度。从理论上看,区域立法相关理论尚不完善,其与现行立法体制如何融合等问题都未真正从理论上解决。实践中,区域立法缺乏明确的法制支持,区域合作更多地反映在一些具体的事务性工作上,或者主要集中在行政领域,立法层面的合作非但未能普遍开展,反而处于一种徘徊与观望状态,其对区域合作及发展的贡献也较有限。换言之,区域立法在当前既面临着理论与体制上的障碍,又遭遇着实践的尴尬。

一方面,虽然近年来区域合作与发展得到了充分的重视,一系列区域发

展规划出台和区域合作协议得到签署,关于区域合作的各种会议也纷纷召开,各区域也尝试在不同的领域或事务上进行实质性的合作,但是在这些热闹的场面当中却很少觅得立法和法律的踪影。也就是说,立法和法制合作不仅没有成为区域合作的主要内容,而且被边缘化。即使在某些区域合作中,合作者意识到了区域立法和法制合作的重要性,也进行了或拟进行某些立法和法制合作,但总体而言,这种合作是非常有限的。下面来分别考察一下泛珠三角和长三角区域合作的主要内容,以此对区域立法的现状有一个更清晰的认识。

泛珠三角区域①是我国区域合作与发展程度最为和深入的一个区域,也是我国第一个制定了发展规划纲要的区域。2008 年底国务院批准的《珠江三角洲地区改革发展规划纲要(2008 - 2020)》中是这样定位珠三角区域的:"珠江三角洲地区是我国改革开放的先行地区是我国重要的经济中心区域,在全国经济社会发展和改革开放大局中具有突出的带动作用和举足轻重的战略地位。"迄今为止,泛珠三角区域内各省区已经签署了几十项合作协议,在诸多领域和事项上进行区域合作。其中,2004 年 6 月 3 日在广州正式签署的《泛珠三角区域合作框架协议》中列举了十个合作领域,包括基础设置、产业与投资、商业与贸易、旅游、农业、劳务、科教文化、信息化建设、环境保护和卫生防疫。2004 年 9 月 17 日在广州正式签署的《泛珠三角区

---

① 珠江三角洲本身是一个地理学概念,从地理范围上讲,自然的珠江三角洲总面积为 8601.1 平方公里,是华南最大的冲积平原,从人文社会角度讲,它是广东省经济的核心地带,经济比较发达,人口密度也较大。研究的角度不同,珠江三角洲也有着不同的称谓,并对应着不同的地理空间。一般而言,珠江三角洲存在着"小珠三角"、"大珠三角"和"泛珠三角"三种称谓。其中,"小珠三角"主要是一个行政区地理的概念,是指包括广州、深圳、珠海、佛山、江门、东莞、中山、惠州(市区)、惠阳县、惠东县、博罗县、肇庆(市区)、高要市、四会市等 14 个市县的珠江流域沿线的冲积平原;"大珠三角"的概念是由"小珠三角"外加香港和澳门而得来,侧重于人文地理方面,即强调小珠三角和香港、澳门之间在血缘、历史、语言和习俗等方面的天然联系,皆属于同根同脉的岭南社会区域;"泛珠三角"突出的是经济地理的涵义,是在经济全球化和区域一体化背景下,为整合区域经济竞争力而提出的,是指直接或间接、或多或少与珠江最后流入南海而形成的经济流向和文化有关的一个相对宽泛区域,包括福建、江西、湖南、广东、广西、海南、四川、贵州、云南九个省区和香港、澳门两个特别行政区(简称"9 + 2")。若无特别说明,本书所讲的珠江三角洲地区主要是指泛珠三角洲。

域省会城市合作协议》中,明确了将在信息、交通、经贸与物流、产业与投资、金融、旅游等服务业、科教文卫和人力资源开发与管理七个领域展开合作。从这两个重要的合作协议中,我们并没有发现立法和法制方面的合作,区域立法在泛珠三角区域合作中的被重视程度可见一斑。

虽然在区域合作和发展进程上落后于泛珠三角地区,但长江三角洲①地区却是我国综合实力最强的区域。作为经济发展的另一重要引擎,也始终在不断地探索和强化区域合作与发展的各项机制。2008 年 9 月,国务院出台了《关于进一步长江三角洲地区改革开发和经济社会发展的指导意见》,明确了长三角今后的发展原则和发展目标等。《长江三角洲地区区域规划》也于 2010 年 6 月为国家发改委所批准。在具体的合作领域方面,长三角区域内的省市之间已经分别就现代服务业、环境保护工作、医疗保险经办管理服务和水上旅游等事项签署了合作协议,进行区域内的合作,其间同样缺少关于立法或法制合作的协议。

与泛珠三角和长三角区域合作的内容相类似,我国正在进行的其他区域的合作也同样侧重于事务性的合作,而非立法和法制等制度性的合作。②造成这种情况的原因有很多,除了区域立法等制度性合作缺乏足够的制度依据外,还与我国区域合作与发展的现状有关。尽管当前的区域合作与发展看似繁荣,但是这种繁荣中其实夹杂着许多非理性的因素,在促进政治、经济和社会等制度变革方面的影响力非常有限。具体表现为,一来区域规划的编制存在诸多问题,缺乏足够的理性。不仅不同类型、不同层次的规划

---

① 长江三角洲是指长江和钱塘江在入海处冲积成的三角洲。它地跨江苏、浙江、上海二省一市,包括江苏省的南京、苏州、无锡、常州、镇江、扬州、泰州、南通,浙江省的杭州、宁波、嘉兴、湖州、绍兴、舟山 14 个地级市和上海市。下辖 40 个县级市,31 个县和 44 个区。土地面积近 10 万平方公里,人口 7000 多万。长江三角洲同为太湖流域,同属吴文化,在历史发展中形成了特殊的地缘关系和紧密的社会经济联系,是一个相对完整和独立的区域经济单元。改革开放以来,该区域发展迅速,逐渐成为全国最具实力的经济核心区。

② 本书在这里将区域内各方在经济、社会和文化等具体领域或事务方面的合作称之为事务性合作,即使这种合作以书面协议的形式出现,而将关于立法和法制的合作,以及以立法或法律的形式表现出来的事务性合作称之为制度性合作。

内容交叉、冲突较多,而且规划内容偏重经济、物质建设,受"政绩考核"影响较大。二来伴随这些区域合作与发展的政治、经济和社会体制并没有实质性地突破,并未涉及中央和地方权力结构的调整,区域内地方治理权的自主范围依然有限。

另一方面,区域合作与发展依然主要依靠政策来助推,立法和法制未能获得足够的重视,发挥其应有的作用。登陆"中国西部开发网",在其"政策规划"一栏中详细汇总了自 1998 年以来从中央到地方各级政府或政府工作部门关于支持和推进西部开发,针对各领域所实施的有关政策或采取的有关措施。尽管其中不乏如《新疆维吾尔自治区安全生产条例》(2008 年 1 月 1 日)和《内蒙古自治区人才市场条例》(2008 年 2 月 1 日)等地方性法规,但这些只是西部各省区内部的规范性法文件,无法用来调整西部开发过程中的相关事项。同样的做法还体现在东北地区的振兴上,国务院针对东北地区的振兴和发展,于 2009 年 9 月 9 日出台了《国务院关于进一步实施东北地区等老工业基地振兴战略的若干意见》的政策文件。甚至可以这样说,当前的区域合作与发展都首先是建立在政策助推基础之上的。

固然政策可以为区域合作与发展指明方向,但却无法满足区域合作与发展的规则要求。尽管与立法或法律相比,政策有着指导的宏观性与调整的灵活性等优势,但它同样存在着难以掩饰和克服的缺陷。这些缺陷至少表现为:(1)政策的明确性不够。法律和政策虽然都具有概括性和抽象性,但是由于政策包含了太多原则性的表述,使其缺乏足够的可操作性,而这正是法律所反对和极力避免的。(2)政策的刚性不足。导致政策缺乏足够刚性的原因主要有两个:一是口号性或诺言性语言构成了政策的内容。刘军宁关于宪法的这一论述非常精彩:"宪法不应该是诺言汇编,因为任何诺言都摆脱不了空话的嫌疑"。[①] 这句话同样适用于政策。遗憾的是,我们的政策性文件中充斥着太多的诺言。二是政策缺乏相应的制裁或惩罚机制予以

①   刘军宁:《导论:立宪与政体竞争》,载冯兴元等:《立宪的意涵:欧洲宪法研究》,北京大学出版社 2005 年版,第 15 页。

保障。(3)政策的稳定性不够。政策会随着社会的发展,乃至执政当局注意力的转移而不断发生调整或变化,难以对特定社会事项进行持续而稳定的调整。

即使抛开政策自身的缺陷不论,那么依靠政策刺激和助推的区域合作与发展的思维本身也是有问题的。就区域合作与发展而言,立法和法律强调区域合作中的平等参与和普遍保护,而政策则强调区域主体的特殊性或者发展的选择性。不仅如此,与其说政策为区域合作与发展提供规则,不如说是为区域合作与发展提供某些特殊的(如金融和财税方面)保护性或优惠性的措施。如果过于强调政策的主导地位,最容易出现的问题便是厚此薄彼,引发区域内不同领域或社会事务发展的失衡,以及不同区域之间新的摩擦与不协调。再者,政策思维更多地是在延续着计划体制逻辑,往往期待着上一级政府或国家机关的照顾,从而削弱区域内各主体的自主性与创造力,而且政策维系下的区域合作与发展依然未摆脱"粗放型"发展模式,对于我国经济、社会发展方式的转变所起的作用是有限的。即使区域之间的合作包括了政策合作以及通过政策而推动的合作,那么这种合作的任意性仍要远远大于基于立法和法律来保障的合作。虽然政策和法律在区域合作与发展中可以扮演各自不可替代的角色,但是政策的过分强势而立法和法律的过分边缘化,却是不正常的。立法和法律在区域合作与发展中所面临的这种尴尬,难道不正是立法和法律在我国整个经济、社会发展中所处地位的一种写照吗?

(二)我国区域立法实践的可取之处

当然,区域立法的尴尬并不致于使其限于绝望的境地,希望之光也从来没有远离区域立法。毕竟,区域合作与发展的趋势是不可逆转的。区域合作与发展在我国仅仅处于起步阶段,受到政治、经济和社会等各种因素的影响,注定其从事务性合作向制度性合作的发展要经历一个较为漫长的过程。令人欣喜的是,区域合作与发展过程中,合作的参与者及研究者也从未放弃对区域制度性合作与发展的探索、研究以及取得成功的信念。

首先,立法和法制对于区域合作与发展的重要意义已逐渐为区域合作各方所意识到,并在不同的层面和程度上进行了区域立法和法制的合作。如在深圳召开的第二届"粤港澳法学论坛"上,学者们就"健全粤港澳合作防治职务犯罪机制的思考"、"关于实行粤港澳法院执行案件无缝对接实现区域案件执行一体化的新构想"、"'三地'反黑法律比较分析"、"两岸三地劳动力流动有关法律问题探讨"、"合作开发横琴中的法律协调问题"等进行了深入探讨。这对进一步消除妨碍三地合作的各种壁垒尤其是制度壁垒,完善法律合作机制,提供了很有价值的意见和建议。

　　2006年7月,辽宁、黑龙江、吉林三省法制办在沈阳签署了《东北三省政府立法协作框架协议》,这开启我国区域立法之进程。该协议出台后,三省政府便确定当年在9个立法项目上进行协作:黑龙江省完成的立法项目是《行政许可监督条例》、《国家机关机构和编制管理条例》,论证项目是《黑龙江省公民医疗权益保障条例》;吉林省完成的立法项目是《行政决策实施办法》、《鼓励、扶持非公有制经济若干规定》,论证项目是《促进就业条例》;辽宁省完成的立法项目是《企业信用信息管理办法》、《辽宁省个人信用管理办法》,论证项目是《突发公共事件应急条例》。此外还决定在鼓励和保障非公有制经济发展、构建社会诚信、应对突发公开事件、国家机构和编制管理和行政执法监督五个领域开展立法协作。从2006年起,东北三省的立法合作逐年深入,迄今已围绕促进东北振兴的主题,在科技进步、装备制造业和非公经济发展、农民工权益保障等方面促成了22个立法项目。更为重要的是,东北三省在进行立法合作的同时,还注重制度的创新与完善。如经会议讨论商定,三省的立法协作采取紧密型协作、半紧密型协作和分散型协作三种方式。对于政府关注、群众关心的难点、热点、重点立法项目采取紧密型协作方式,三省成立联合工作组;对于共性的立法项目采取半紧密型联合方式,由一省牵头组织起草,其他两省予以配合;对于三省共识的其他项目由各省根据本省实际条件成熟急需制定的,独立进行立法,立法结果三省共享。除了立法合作之外,东北三省还开展了其他领域的法制合作,如在2009年召开的东北三省首届政府法制工作协作会议上决定,2010年东北三省法制部门将协调三省交通、公安部门,联合开展规范交通执法,建立公路执法协作机制,开辟东北三省绿色通道。

环渤海区域①一直都是同泛珠三角和长三角区域被同时提及的三大经济圈之一,但无论从区域合作的深度与广度,还是从区域内部整合力和聚合度来看,环渤海区域的合作与发展都不及泛珠三角和长三角。虽然如此,环渤海区域在区域立法,也即区域内的立法与法制合作方面却走在了泛珠三角和长三角的前列,采取了一系列促进立法和法制合作措施,并将其付诸实践。2009 年 12 月,由北京市政府法制办发起,北京市、天津市、辽宁省、河北省、山东省共同签署了《环渤海区域政府法制工作交流协作框架协议》,为今后环渤海区域立法和法制合作明确了原则和目标,同时也迈出了环渤海区域立法和法制合作的重要一步。根据这一协议,今后,环渤海区域 5 省市将就区域内重大问题、热点问题和难点问题展开研讨,协调具有共性的重大法律问题,并进一步加强在制度建设完善与对接、行政执法协调与合作等方面的沟通,逐步清理阻碍区域共同发展的法规规章和规范性文件,为实现环渤海区域经济一体化创造良好的法治环境。此外,津、京、冀、鲁、辽五省市以及管辖区内的 12 个环渤海地区城市的公安刑侦部门,还确立并启动了环渤海地区建立刑侦工作协作联席会议制度,以有效打击发生在环渤海地区的各类刑事犯罪。②

其次,区域合作的实践参与方与研究者一直都比较重视对区域立法和法律合作与协调的探讨或研究。如今泛珠三角、长三角、环渤海区和东北地区等主要区域的政府法制机关或法学会都定期召开区域法治(学)论坛,就各自区域内的立法和法制合作等问题展开理论探讨,为区域立法和法制的合作提供理论指导或参考。为了更好地规范和完善各区域法治论坛,中国法学会还专门制定出台了《关于进一步办好区域法治论坛的意见》。当前

---

① "环渤海地区"亦或是"环渤海经济圈",狭义上是指辽东半岛、山东半岛、环渤海滨海经济带,同时延伸辐射到山西、辽宁、山东以及内蒙古中东部,分别约占全国国土面积的 13.31% 和总人口的 22.2%。区域内包括北京、天津、唐山、沈阳、大连、太原、济南、青岛、保定、石家庄等多座城市。

② 《环渤海地区建刑侦工作联席会议制度》,来源:法制网——法制日报:http://www.legaldaily.com.cn/misc/2006 - 10/16/content_430156.htm(2009 年 12 月 10 日)

我国主要存在六大区域法治论坛,分别为长三角法学论坛、泛珠三角合作与发展法治论坛、东北法治论坛、西部法治论坛、环渤海区域法治论坛和中部崛起法治论坛。这些论坛的功能不仅是学者们就如何促进区域合作与发展进行理论研讨的场所,同时也是一些具体的区域合作协议商讨和签订的平台。

长三角法学论坛是2004年创办的,由江苏、浙江、上海两省一市法学会共同主办,轮流承办的区域法学研究的合作平台。论坛共同对长三角区域经济、社会、法制建设中具有全局性、战略性和前瞻性的重大课题进行了有针对性的研究和探讨。其中,第一届论坛围绕长三角法制协调机制问题,从立法、司法、执法等法律实务工作以及产业经济、知识产权、海关、交通设施、人事管理等多方面展开了研讨,既有理论方面的深刻思考,也有务实方面的建议和对策。接下来的五届论坛又分别集中深入研究了"非公有制经济发展的法律保障"、"长三角区域保护知识产权法律问题"、"长三角法治协调中的地方立法"、"流动人口权益保障及服务管理"和"国际金融危机与区域经济发展"等问题。长三角法学论坛在区域立法和法制合作与建设方面取得了丰硕的成果,是诸多区域法治论坛中学术性最强的一个,许多研究成果也都已经结集出版,为我们研究区域法治提供了丰富的理论支撑。

泛珠三角法治论坛由泛珠三角洲地区的九省区法学会共同举办。自2005年在香港、澳门和广东三地成功举办了首届"泛珠三角合作与发展法治论坛"后,迄今又分别在四川、云南、湖南和贵州举办了四届,并且自第五届起,该论坛更名为"中国·泛珠三角合作与发展法治论坛"。不仅如此,2008年3月和2009年9月,泛珠三角各省区又分别在珠海和深圳召开了两届"粤港澳法学论坛",其主要目的是要加强泛珠三角地区的法律合作,特别是加强内地与港澳法律制度的衔接与融合,为构建法律协调机制提供法学理论支持。

由辽宁省法学会牵头,吉林、黑龙江、内蒙古三省一区共同举办的首届东北法治论坛于2006年6月在大连召开,然后又分别在哈尔滨、长春和呼和浩特举办了三届。从东北地区地方立法协调,到建立司法、执法联动协调机制等,学者们展开了深入探讨。这对于推动东北地区加快市场经济法律体系建设,使振兴东北老工业基地的战略在法治的保障下健康有序地进行,产生了积极的影响。

立足西部大开发的"西部法治论坛"聚集了西北、西南十省(区)市法学会和新疆生产建设兵团法学会,首届论坛于 2006 年 9 月在西安召开,接着又分别在重庆、兰州和成都举办了三届。自第四届起,该论坛更名为"中国·西部法治论坛"。该论坛围绕西部开发过程中的相关法律问题展开讨论,其中包括如何促进西部各地区之间的立法和法制建设的合作。

首届"环渤海区域法治论坛"由北京、天津、河北、辽宁、山东、山西和内蒙两市四省一区法学会主办、天津市法学会承办,于 2006 年 12 月在天津召开,后又分别在北京、石家庄、济南、沈阳和呼和浩特举行了五届。论坛同样围绕环渤海区域合作与发展的法律问题,包括立法和法制合作问题召开探讨,并强调研究成果在立法、司法和执法等实践中的应用,以及为有关部门的决策提供法学理论上的支持。

2007 年 5 月,首届"中部崛起法治论坛"在武汉召开,第二届和第三届则分别在太原和郑州举行。来自湖北、山西、河南、安徽、江西、湖南等中部六省的法律工作者和研究者围绕中部地区经济社会协调发展的法律机制、中部崛起的司法保障、城市圈建设中的法治问题,以及中部地区社会治安综合治理的合作机制等问题展开热烈探讨。提出建立中部地区立法协调联席会议制度和立法信息交流平台,促进共同市场、共同规则的形成,实现中部地区无壁垒、无障碍、各地利益最大化等建议。

最后,一些区域合作正在尝试将现行的关于促进区域合作与发展的政策或合作协议,通过各自立法或者合作立法的方式转换为法律文件,使其具有更强的实施效力。

当前几乎每个区域内参与合作的省市之间尤其是行政主体之间都达成许多涉及区域内科技、教育、卫生、环保等方面的合作协议、倡议等。但是这些行政协议性质的文件与相关政策一样,往往由于缺乏法律效力,既不稳定也无约束,一旦领导人员发生变动,已经形成的合作意向或政策共识也会摇摆起来。因此,如何将那些用来促进区域合作的优惠政策或相关政策、协议上升为法律,一直都是学者们所期待和呼吁的事情。

　　区域合作实践中,部分区域也在不同程度上进行着尝试,如据报道,当前环渤海区域合作中,许多领域或事务的合作都将围绕立法合作展开,也即凡是涉及环渤海区域地方经济发展、公共事务管理、社会关系调节等事项,在地方立法权限范围的,都将作为区域政府法制协作的选择事项。比如,有关区域共同利益的大气污染和水污染防治问题,省市之间道路交通等基础设施建设、资源配置、市场流通、市场准入、资讯共用、人才互认、劳动用工、旅游衔接、产业结构布局政策以及公共安全管理等形成区域统一市场、促进区域经济一体化问题等。① 再如针对渤海环境的保护问题,经国务院批准的《渤海碧海行动计划》中包含了《渤海环境保护管理条例》等一批立法项目。遗憾的是,这些立法合作仍主要停留在纸面上,尚未付诸实践。类似的情况也存在于泛珠三角地区,2010 年初,广东省人大常委会副秘书长、法制委员会主任委员金正佳在接收记者的集体采访时表示,2010 年广东将有 9 部新法提交审议,其中包括《广东省珠江三角洲地区改革发展规划实施条例》。② 不过在接下来召开的广东省人大会议上,以及与会议相关的报道中我们并没有发现该地方性法规的踪迹。

　　也许,作为一种可能对我国立法体制,乃至政治体制产生重要影响的新型立法模式,其在实践探索中保持谨慎地发展是一种无奈的,也是必然的选择。即使这样,我们依然对区域立法的前景感到乐观。

二、区域立法实践中的协调机制及其问题

　　区域立法协调机制的内容非常宽泛,它包括关于立法的协调机制和关于区域合作的协调机制两大类。区域立法可以视为区域合作的表现之一,

---

① 《环渤海区域 5 省市签署框架协议将展开政府法制大协作》,来源:法制网——法制日报:http://www.legaldaily.com.cn/0801/2009 - 12/05/content_1192323.htm(2009 年 12 月 10 日)

② 《今年 9 部新法提交审议 < 珠三角纲要 > 实施将立法》,来源:南方报网—南方日报:http://epaper.nfdaily.cn/html/2010 - 01/27/content_6816047.htm(2010 年 1 月 28 日)

所以那些用来促成和维护区域合作的协调机制,只要不同我国现行立法体制相抵触,只要不违反宪法和相关法律规定,都可以纳入区域立法协调机制的范畴。鉴于我国区域立法实践尚浅,并未形成系统而独特的协调机制,因此,我们在考察区域立法协调机制时只能放大视角,将那些凡是有助于协调区域合作和立法的机制都纳入分析的范畴,在此基础上研究和建构区域立法协调机制。

例如,在《泛珠三角区域合作框架协议》中规定了多种泛珠三角区域内各省区之间的合作机制,尽管协议中没有明确指出这些可以用于区域立法,但是就这些机制本身而言,它们是可以用来作为泛珠三角的区域立法协调机制的。这些合作机制具体包括:(1)建立内地省长、自治区主席和港澳行政首长联席会议制度。每年举行一次会议,研究决定区域合作重大事宜,协调推进区域合作;(2)建立港澳相应人员参加的政府秘书长协调制度。协调推进合作事项的进展,组织有关单位联合编制推进合作发展的专题计划,并向年度行政首长联席会议提交区域合作进展情况报告和建议;(3)设立日常工作办公室,负责区域合作日常工作。九省(区)区域合作的日常工作办公室设在发展改革委(厅),香港、澳门特别行政区由特区政府确定相应部门负责;(4)建立部门衔接落实制度。各方责成有关主管部门加强相互间的协商与衔接落实,对具体合作项目及相关事宜提出工作措施,制订详细的合作协议、计划,落实本协议提出的合作事项。

总之,区域合作中属于区域立法协调机制,或者可以纳入区域立法协调机制范畴的主要有以下几种:

1. 区域规划。从经济、社会发展的角度来看,当前已经形成的主要的区域,无论是之前的"四大板块",还是如今像雨后春笋般涌现出来的诸多区域,几乎都是在以发展经济为核心追求而建立在规划基础之上的。区域规划不仅为区域立法的开展提供了政策或制度上的依据,而且也可以用来协调区域立法。其协调功能主要表现为:区域规划中明确了该区域今后若干年所要进行合作或发展的重点领域或事项,这就为区域立法指明了所要调整的社会关系或所要服务的对象。参加合作的各方可以根据区域规划来确定所要进行立法合作的领域或事项,包括具体来编制区域立法规划、如何起草区域立法的内容,以及立法合作所要遵循的原则和追求的目标等。

近年来,随着国家陆续批准了一系列区域规划和区域性文件,极大地助推了我国各地对区域规划的热情度。各地纷纷寻求将一些原来由地方政府主导的区域发展规划上升为国家战略层面的区域开发规划。仅在2009年一年的时间里国务院就批准或发布了十二个区域发展规划,数量之巨,令人咋舌,用"一夜之间、遍地开花"来形容一点也不为过。这十二个区域规划具体是指:《珠江三角洲地区改革发展规划纲要(2008 – 2020)》、《关于支持福建省加快建设海峡西岸经济区的若干意见》、《江苏沿海地区发展规划》、《关中 – 天水经济区发展规划》、《辽宁沿海经济带发展规划》、《横琴总体发展规划》、《促进中部地区崛起规划》、《中国图们江区域合作开发规划纲要》、《国务院关于进一步促进广西经济社会发展的若干意见》、《鄱阳湖生态经济区规划》、《黄河三角洲高效生态经济区发展规划》和《国务院关于推进海南国际旅游岛建设发展的若干意见》。尽管对此现象有着不同的解读和评说,但是这些区域规划对于推进区域立法的快速发展无疑有着积极意义,同时还发挥着重要的区域立法协调功能。

如《中国图们江区域合作开发规划纲要》中提出在我国图们江区域发展过程中要"大力提升现代服务业层次,拓宽产业领域,着力发展现代物流、特色旅游、文化创意、服务外包、商务会展以及金融保险业。"那么,在开展区域立法时,应该以该规划所明确的发展目标和对象为依据,来确定立法合作的主要内容,比如要注重在现代物流和特色旅游等方面的立法合作,以及在立法规划和立法程序等各方面的协调。再如,在《辽宁沿海经济带发展规划》中将"加快社会信用体系建设,建立健全信用制度及有关法规体系"作为辽宁沿海经济区域今后重要的发展目标和举措之一,那么在进行区域立法时就应该对此重点并优先进行论证与合作。

2. 区域性合作协议。区域合作的一个重要表现是区域内所有合作主体共同签署一个总的或者某一具体领域或具体事务的合作协议,或者区域内的任意两个或两个以上的合作主体就某一领域签署合作协议。当前,不同的区域以及不同区域内的不同合作主体根据自己的或者共同需要,已经签署了数量众多的合作协议,几乎涉及到经济、社会和文化等各个方面。如辽宁中部城市群(沈阳经济区)七个城市①之间共同签署了《辽宁中部城市群(沈阳经济区)合作协议》,约定了合作原则、合作内容和合作机制。再如,关中—天水经济区内部的西安和天水两市政府之间签署了《关于进一步加强两市战略合作的框架协议》和《旅游合作协议》,就如何强化两市之间的战略合作和旅游合作进行了约定。东北三省政府签署的《东北三省政府立法协作框架协议》和环渤海区有关各省区共同签署的《环渤海区域政府法制工作交流协作框架协议》更是直接将合作的内容或对象指向了立法和法制。

这些合作协议可以被用来作为区域立法的协调机制。一方面,无论是何种类型或者涉及何种领域的合作协议,也都可以发挥与区域规划相类似的协调功能,即为区域立法指明所要调整的社会关系或所要服务的对象。另一方面,关于立法和法制合作的协议中大都明确了合作的原则、目标、负责机构、合作模式和法律效力等,这些都可以直接用来作为区域立法的协调依据。除此之外,许多合作协议中都约定了相应的合作机制,而这些合作机制中的某些机制又可以用来协调区域立法,如《辽宁中部城市群(沈阳经济区)合作协议》中规定的三种合作机制:七城市联席会议制度、协调联络制度和衔接落实制度都可以用来协调区域立法。

3.联席会议。通过召开联席会议来协调区域合作中的问题,是区域合作过程中使用频率最高的一种协调方式。1992年,上海、无锡、宁波、舟山、苏州、扬州、杭州、绍兴、南京、南通、常州、湖州、嘉兴、镇江14个城市的经济协作办公室为加强区域合作,发起成立了以经济为纽带的区域性经济合作组织的长江三角洲城市经济协调会,开创了长三角经协(委)办主任联席会议,并推选上海作为常务主席方,定期协调长三角城市间经济合作的重大事宜。1997年,江苏省泰州市加入后,15个城市通过协商,一致同意将联席会

---

① 这七个城市具体包括沈阳市、鞍山市、抚顺市、本溪市、营口市、辽阳市和铁岭市。

议升格为市长级协调组织,更名为长江三角洲城市经济协调会,每两年召开一次,即现在的市长联席会议。① 如今,不同形式的联席会议在区域合作中被广泛采用。由于参加联席会议的大多都是区域合作各方有关部门的负责人或者其委派的代表,他们都享有一定的决策(定)权,或者说他们的意见对于促进区域立法的顺利进行会起到至关重要的影响,所以通过联席会议的方式来协调各方的行动较为可行,尤其当区域立法过程中出现了不一致的观点或者利益冲突时,通过联席会议来协商、协调,是非常有效的一种解决途径。与此同时,几乎所有的区域合作协议中也都将召开联席会议作为重要的合作机制之一,如前面提到的泛珠三角和辽宁中部城市群合作协议。联席会议机制对于区域立法的协调意义是不言而喻的。

　　4.专门协调机构。区域合作过程中,合作协议签订时以及履行中的磋商、信息的汇总与发布,以及联席会议的召开等都需要一个相对固定的专门机构进行协调,为此,许多区域都在合作协议或者合作实践中都决定设立这样一个机构,专事区域合作中的协调工作,如泛珠三角设立的日常工作办公室。再如,在《长江三角洲地区环境保护工作合作协议》中约定:"设立联席会议办公室,负责执行联席会议作出的决定,制定年度工作计划,推进合作协议的具体落实。"而在2006年东北三省政府立法协作座谈会上,参与合作的各方约定对于政府关注、群众关心的难点、热点、重点立法项目,采取紧密型协作方式,由三省成立联合工作组来进行区域立法。随着区域合作的深入,尤其是区域立法的发展,成立一个类似的区域立法协调机构,无论是作为一个长期存在的机构还是临时性的协调工作组,都是必要的。

　　5.信息交流和共享机制。区域合作建立在相互了解基础之上,区域立法协调同样离不开信息的交流与共享。为此,区域合作过程中,合作各方都非常重视区域信息的交流与共享,并建立起了相应的制度或机制。如在《长江三角洲地区环境保护工作合作协议》中,将完善区域环境信息共享与发布

---

① 参见顾兆农:《围绕"世博经济"推进八方面合作长三角市长会议今召开》,载《人民日报·华东新闻》2003年08月15日第1版。

制度作为一项重要的合作内容。该协议约定:编制实施《长三角区域环境监测网络规划》,整合资源,合理布点,建设完善长三角地区水和大气环境自动监测网络,合作开发区域环境监测信息共享平台,逐步实现环境监测数据的互通和共享。2009 年上半年,首先建设完成长三角城市空气质量发布系统,通过两省一市环保部门网站,向社会统一发布长三角城市每日空气环境质量。定期发布两省一市拥有环评、污染治理设施运营等资质的环保中介机构信息,打破地区壁垒,促进环保服务市场的开放。

信息交流与合作机制的另一个重要表现是,如今几乎所有的区域合作与发展都建立了相应的网站。诸如:(1)"振兴东北网",网址为:http://www. chinaneast. gov. cn/,网站上及时发布东北地区的重要新闻、政府工作动态和区域合作情况等信息;(2)"泛珠三角合作信息网",网址为:http://www. pprd. org. cn/,该网站是众多同类型网站中,有关区域合作和发展信息提供量最为充足的网站,该网站除了介绍泛珠三角的区域合作情况,如设有"论坛暨洽谈会"、"落实合作规划"、"珠三角一体化"和"大珠三角合作"等专栏,还开辟有"重点推荐"、"焦点关注"等专栏,对泛珠三角的区域合作及相关的区域合作与发展信息进行总结,并进行相应的理论分析。与此同时,几乎泛珠三角合作各方所签署的各种合作协议都能够在该网站上查询得到,实现了充分的信息交流和共享;(3)"中部崛起网",网址为:http://www. zhongbu18. gov. cn/和 http://midchina. xinhuanet. com/,介绍了中部地区的概况、经济和社会发展信息,以及相关的政策法规等;(4)"环渤海区域信息网",网址为:http://www. huanbohai. gov. cn/index. asp,该网站除了介绍环渤海区域概况、经济和社会信息和相关的政策法规外,还开设了"市长联席会"和"信息联席会"两个专栏,对环渤海区域合作中的市长联席会议和信息交流会议的具体情况进行详细介绍。(5)"苏北发展网"(http://www. sbfz. gov. cn/fzgh/fzgh_yhkf. htm),介绍了苏北地区的概况、发展规划、工作动态和政策措施等信息。

在此,尤其需要注意的是环渤海区域所建立的信息合作联席会,这可以视为一项重要的信息交流与合作机制。为了规范和保障该机制的顺利运作,环渤海区域合作各方和制定实施了《环渤海区域信息合作联席会章程》。该章程是这样定位信息合作联席会的:"环渤海地区信息中心、企事业单位、社会团体在平等自愿基础上组成的区域性信息合作组织。"该联席会的重要宗旨是:"加强环渤海地区信息资源开发、利用、交流与共享,推进环渤海区域包括信息领域在内的全面合作,为环渤海区域经济腾飞、促进区域协调发展服务。"

6.公众参与机制。该机制既是促进和完善区域合作的重要机制,也是重要的立法协调机制。公众参与机制是一个复合概念,它具体又包括许多特定的制度,常见的如听证会、座谈会和论证会等。在区域合作与发展中,公众参与机制又表现为多种不同的样态,而且合作各方也逐渐重视社会公众对区域合作的参与。无论是在具体的事务性合作方面,还是在立法或法制合作方面,区域合作实践中已经出现了许多灵活多样的公众参与机制。诸如,公开向社会公众征集区域合作或区域立法项目;将已经拟定的合作协议或法律草案向社会公布,征求公众的意见;召开合作论坛会议,邀请有关学者或者社会公众参与讨论,等等。

通过定期召开论坛的方式,对区域合作与发展中的热点问题或理论问题进行讨论,是许多区域合作各方经常采用的一种吸引公众参与的方式。如泛珠三角的"第五届泛珠三角社科界合作论坛"(2007 年 5 月 15 – 16 日)、、"二〇〇八粤港澳台航空产业论坛"(2008 年 11 月 5 日)和"《推进粤港澳更紧密合作》大型研讨会"(2009 年 5 月 12 日)等;长三角的"2007 年长三角市场营销论坛"(2007 年 11 月 4 日)、"第五届长三角科技论坛"(2008 年 10 月 20 日)和"2009 首届长三角新闻与传播创新共享论坛"(2009 年 11 月 7 日)等,以及前文提到的各种区域法学或法治论坛。这些论坛所讨论的话题涉及泛珠三角区域经济、社会和文化等各个领域,能够充分调动区域内不同领域的专家或社会公众参与其中,为区域合作与发展献计献策。不仅如此,许多论坛还被放置到区域合作与发展的相关网站上,社会公众可以通过网络来表达自己对区域合作所涉及的各种问题的观点或意见。如"振兴东北"网站上就专门开辟了"专家献策"和"网友建言"两个栏目,以供社会公众建言献策,参与到东北区域合作与发展进程中来。通过这些形式不同的论坛,无论是专家学者,还是一般的社会公众,都可以来发表自己的见解,甚至提出自己的要求或期望。这对于保障区域合作的顺利进行将起到重要的促进作用,同样也是协调区域立法顺利开展并实现其目的的重要机制。

以上几种促进和协调区域合作的制度,只是我国区域合作过程中最为常见的几种。其实,在区域合作与发展实践中,许多制度或机制都可以用来协调区域立法。但是,由于区域立法实践不够深入,许多协调机制更多地停留在理论或尝试的层面,其协调功能的形式意义要远远大于实质意义。具体来讲,可将区域立法实践中的协调机制特点与问题归结为三个方面:

一是借鉴性较强,不够纯正。那些所谓的区域立法协调机制大多借鉴于其他的区域合作,而非区域立法实践中自发形成或者自觉建构的协调机制,也即不是纯正的区域立法协调机制。究其原因,无非是区域立法未能深入开展和普遍实施,致使相应的协调机制无从建构或产生。尽管如此,这些协调机制是可以适用于区域立法的,而且有些已经用于区域立法的实践之中,如省(市)际协议机制、联席会议机制和公众参与机制等。

二是分散性较强,不够系统。区域立法协调机制应该包括合作协调机制和立法协调机制,分别用来协调各区域立法主体的合作关系和立法行为。无论是区域合作还是立法合作,在各个阶段、许多细节上都需要有相应的协调机制,区域立法协调机制应该是一个健全的体系,它们有机地融合并作用于区域立法实践中。显然,当前区域立法实践中的协调机制较为零散,远未达到系统或完善的程度。

三是任意性较强,不够规范。区域立法过程中,在什么情况下该适用怎样的协调机制不是任意的。同时,区域立法协调机制本身也属于某种制度,其运转要遵循相应的规则。但是当前的区域立法协调实践并没有做得如此精致和规范,尽管在有的区域中针对某些协调机制制订了相应的章程予以规范,如环渤海区制定了《环渤海区域信息合作联席会章程》,详细规定了区域信息合作联席会议的运行所要遵守的规则,使该项机制具有可操作性,但是这样的情形在区域立法协调机制中并不常见。

总之,与区域立法的实践现状相对应,区域立法协调机制的建构与运转也只停留在探索阶段。理论要服务于实践。如何从理论上来建构有效的区域立法协调机制体系,并明确相应的运转或操作规范,以真正推动区域立法实践的深入,是我们必须给予重视并认真解答的问题。

三、建构区域立法协调机制应注意的问题

区域立法协调主要包括立法活动的协调、体系性协调,以及立法结果与社会现实和发展需要之间的协调三个方面。那么,围绕这三个方面的协调机制的建构,该注意哪些问题呢?

首先,由于区域立法是区域内经由地方立法权合作开展的立法,所以区域立法协调机制应主要围绕区域立法活动,也即围绕着如何促使和维系这种合作的实现,以及如何协调合作立法的顺利完成来开展,这两个方面的协调效果直接关系到区域立法活动自身的成败。与此同时,区域立法规范同社会现实和发展需要之间的协调同样不能忽视,毕竟区域立法是要服务于区域合作与发展的,做不到这一点,区域立法便失去了意义。至于区域立法结果的体系性协调,主要属于立法协调的范畴,立法法等相关法律法规已有了相对具体的规定,其相应的立法协调机制也较为完善,前文已有过详细地介绍,只需要在区域立法过程中遵守相关规则即可。不过,由于区域立法的效力等级在我国立法法中缺乏规定,所以如何协调其与现有的法律形式,尤其是与部门规章、地方性法规和地方政府规章等的关系也应值得注意,需要相应的机制予以协调和明确。

在围绕区域立法活动建构协调机制时,还应注意的是,现有的协调机制往往只注重区域合作或立法某一方面的协调,也即要么侧重于促进区域内地方立法权的合作,要么侧重于立法活动自身的协调,而很少有意识地将这两个方面融合到一起进行统一的协调。这就要求我们在建构或运用相关协调机制时,注意到区域立法不同于一般的区域合作和一般的立法活动之处,尤其是在进行区域立法过程中,不同的立法阶段或立法程序,所需要协调的

内容和对象较原来单一的立法主体的立法活动要复杂得多,既涉及到原立法工作中的协调,也涉及到相互合作之间的协调。以区域立法活动中的审议程序为例,《立法法》所规定的那些协调方式或机制,虽然仍适用于区域内参与合作的每个立法职权主体,却不能用来协调区域立法的审议,所以需要建构一种新的协调机制来协调区域立法的审议程序顺利进行,而这种新的协调机制既要能够协调区域立法的审议程序,也要兼顾对单一立法职权主体审议的协调。

其次,要注意区域立法协调机制体系的逻辑性,以及机制自身的可操作性和规范性。区域立法从活动开始到结束,再到区域立法规范的适用,几乎每个阶段、每个环节都需要借助相应的协调机制,因此,如果说区域立法是一个完整的系统,那么区域立法协调机制同样也应该是一个完整的体系,并且与区域立法形成一一对应的逻辑关系。区域立法协调机制的建构应该遵循这一逻辑关系,而且不同的协调机制要实现不同的协调目的。为此,本书将区域立法划分为时间上具有逻辑先后的三个阶段:区域立法准备阶段、区域立法确立阶段和区域立法完善阶段。然后就每个阶段有针对性地建构相应的协调机制。如区域立法准备阶段的协调目的是如何实现和推动区域立法方面的合作,为正式开展区域立法活动做好准备。对此设计了省(市)际协议、区域立法规划和区域立法起草论证三种机制。

构建区域立法协调机制的目的在于将其用于区域立法实践,以更好地实现区域立法,因此,在建构协调机制时一定要注意该机制的可操作性,明确其适用的程序和规则。许多学者在研究区域立法协调机制时,只是非常粗略地提出要建构何种协调机制,很少对其所建构的协调机制应该如何运作,其协调功能如何发挥等做进一步阐述,这直接影响了区域立法协调机制的适用。同时,任何协调机制的运行都不是随意的,某种协调机制该由那些主体来负责操作、在运行过程中要遵守怎样的规则等也都需要进行详细地研究和说明。唯有如此,才能真正使区域立法协调机制发挥应有的协调功能,从而切实推进区域立法实践的发展。

最后,区域立法协调机制理论应随着区域立法实践的发展而不断进行提升与完善,同时更要注重借鉴国外的相关做法和经验。立法协调机制理论是非常重要的一种立法理论,区域立法协调机制理论同样如此。遗憾的是,很少有学者关注并深入研究该理论。立法实践出现的许多问题,固然与我国的政治和立法体制、经济和社会发展等因素有关,也与立法理论研究不够深入有着密切关联。作为理论研究者,应该尽量保持一个相对理性而客观的头脑,对社会发展实践中的一些现实性的问题进行及时的理论分析、总结和提升。在区域合作与发展大潮中,法律工作者和研究者不应再"姗姗来迟",尤其是对于已经开展并正在不断探索的区域立法实践,立法学研究者应适时地担负起理论研究的职责,为区域立法实践提供有效的理论支撑。

区域立法可以采用不同的模式,而并非与我国一样,都是建立在地方立法权合作基础之上的,我们在考察国外区域立法实践,借鉴相关的协调经验时,也要将视角适当地放宽,根据我国区域立法所采取的模式,从区域合作协调和立法协调两个角度去考察,并且以区域合作的协调为主。总之,不仅是我国的区域立法实践要多多吸收国外相关的成功经验,理论工作者更应保持一种开放的心态与视野,广泛地考察与研究国外区域立法的成功经验,在此基础上结合我国区域立法现状,来完善我国的区域立法理论,包括区域立法协调的相关理论。

第二章 欧盟立法与美国区域
合作协调的经验借鉴

他山之石,可以攻玉。区域立法协调机制的研究及其建构,应该注意借鉴和吸收国外相关经验。由于区域发展模式、政治制度和立法体制等方面的差异,不同区域发展所需法制的供给方式也有着很大区别。区域立法在我国主要表现为地方立法合作,域外的区域立法却并非全然如此。但这并不意味着国内外的区域立法之间不存在相通之处,尤其在立法协调方面,域外的许多立法协调机制乃至区域合作机制,都可以作为我们建构区域立法协调机制的参考。基于研究的方便,本书主要以欧盟立法和美国区域合作中所存在或适用的协调机制为考察对象,分析其对于我国区域立法协调机制的构建可能的启示。

第一节 欧盟立法及其协调机制

从 1951 年 4 月 18 日签署《巴黎条约》,到 2009 年 12 月 1 日《里斯本条约》的正式生效,在不到六十年的时间内,欧盟经历了 6 次扩大,发展成为了一个涵盖 27 个国家总人口超过 4.8 亿、国民生产总值高达 12 万亿美元的当今世界经济实力最强、区域一体化程度最高的国家联合体。就区域合作与发展而言,欧盟不仅可以作为各种国际区域合作的蓝本,也可以为一国范围内的区域合作与发展提供丰富的参考经验。从制度层面看,欧盟可以视为一个政策与法律共同体,而欧盟的政策又大多是通过立法来实施的,立法甚至被视为欧盟一体化的核心,因此立法在欧盟运转过程中发挥着非常关键的作用。欧盟有着自己独特的立法体制,立法权力为几个机构所共享,不同领域或事务的立法对应着不同的立法程序。为了更好地完成立法,欧盟在立法实践中逐渐形成了一套较为完整和有效的立法协调机制体系,其中的许多制度及理念都值得我们借鉴。

一、欧盟的法律渊源

欧盟法是一种比较系统和完整的法律制度体系,其法律渊源可分为成文法渊源和不成文法渊源,其中成文法渊源主要包括欧盟的各种条约、欧盟机构颁布的法律和国际协定三种,不成文法渊源则包括一般的法律原则和欧洲法院的判例等。可见,欧盟法的法律渊源兼具大陆法系和英美法系的特征,但成文法在欧盟法中占主要地位。笔者在此关注的主要是欧盟成文法的制定。

欧盟成立过程中所签署的各种条约,是欧盟法中最重要、最根本的内容,它们规定了欧盟的根本目标、基本任务以及一般原则,确立了适用于共同体范围内的法律制度及各项方针政策,设立了各种机构并明确规定了它们的权限。它们是欧盟规范和协调内部与外部关系、确定权力行使范围、制定和执行其他各种内部法律规范的根本依据。它们构成了欧盟法的基础,是相对于欧盟其他法律渊源的原始法和第一类法律渊源。鉴于这些基础条约在欧盟法中的重要性和最高法律效力,它们被称为"共同体宪法"性条约或基础法。这类条约包括两大类,一类是欧盟成员国签订的条约(包括条约的附件、细则、议定书以及对条约的修改等),另一类是欧盟与非欧盟成员国,即所谓的第三国或其他国际机构签订的条约。其中,欧盟成员国签订的条约又分为三种:(1)成员国之间签订的关于建立欧洲联盟的各种基础条约,主要包括《建立欧洲煤钢共同体条约》(即《巴黎条约》)、《建立欧洲经济共同体条约》和《建立欧洲原子能共同体条约》(即《罗马条约》)、《欧洲联盟条约》、《阿姆斯特丹条约》、《尼斯条约》和《里斯本条约》等。(2)关于上述各种基础条约的补充性公约,如《关于能源问题的议定书》、《关于成员国关税当局间相互合作的协定》等,以及根据《欧洲联盟条约》签订的新的司法和内务合作方面的公约。(3)各成员国代表在部长理事会内以各国政府的名义签订的条约,这类政府间行为在欧盟中具有重要地位,特别是在外交与安全政策以及司法与内务合作事务方面。[①]

欧盟机构所制定的法律,又称二级立法或派生立法,是依据欧盟各条约规定享有立法权的欧盟机构在其立法权限范围内负责或参与制定的各种形式的法律规范。根据法律效力的范围不同,派生立法又可分为条例(regulation)、指令(directive)和决定(decision)。其中,条例具有普遍适用性,有整体约束力,可以直接应用于各成员国。"普遍适用性"是指其包含着普泛与抽象的规定,可以适用于个别的对象与场合;"整体约束力"是指其将权利和义务赋予所针对者,各成员国必须充分按照条文加以遵守;"直接应用"是指一经颁布立即生效,无须成员国的实行措施。[②] 作为欧盟法派生立法的主要部分,条例是把基础条约付诸实施所必需的措施,所以它在整个欧盟法体系中占据重要地位。指令(directives)是由欧洲议会、欧盟部长理事会和欧盟委员会作出的对特定成员国有拘束力的,并责成该特定成员国通过国内程序将其内容转换为国内立法,以履行其所承担的条约义务的立法性文件。《欧洲共同体条约》第189条第3款规定,指令在其所欲达到的目标上,对它所发向的成员国具有约束力,但在方式与方法上留待各国当局决定。[③] 决定类似于为执行法律而制订的行政措施,是欧盟主要机构而且主要是欧委会,对特定的成员国、成员国的一个或数个法人或自然人作出的。决定不具有普遍约束性,但对接受者具有完全的约束力,且不允许接受者在执行形式和方法上享有自由裁量权。

此外,建议(Recommendations)或意见(Opinions)也可以纳入派生立法范畴,因为它们在某些场合下也会为欧洲法院参考适用。但严格来说,建议

---

① 刘光华等:《运行在国家与超国家之间——欧盟的立法制度》,江西高校出版社2006年版,第46—49页。

② 参见 Neill Nugent,"The Government and Politics of the European Community", Duke University Press, 1989, pp. 144 – 145.

③ 谢罡:《欧盟法中的指令》,载《人民法院报》2005年7月日第B04版。

或意见并不构成欧盟法的渊源。建议或意见只是表明欧盟机构对所涉及问题的一种态度或倾向,并没有法律约束力。

国际协定是欧盟成文法渊源的第三种类型,它是欧盟作为一个具有完全国际法人格的实体与其他国际法主体之间签订的协定,以及欧盟成员国之间签订的协定。由于国际协定并非本文论述的重点,所以在此不再详述。

二、欧盟的立法机构与立法程序

(一)立法机构

欧盟的立法权主要由三个机构共享,即欧盟委员会(European Commission,简称欧委会)、部长理事会(Council of Ministers)和欧洲议会(European Parliament)。此外,还有一些相关的机构或特殊的团体参与到立法中来,如经社委员会、区域委员会和跨国党团等。

欧委会的全称是"欧洲诸共同体的委员会",从性质上讲,它是欧盟的行政部门,即通常所说的"政府"。从2005年起,欧委会由25名委员组成,其中包括主席1人、副主席5人,分管不同政策领域的委员19人,他们由共同组成了欧委会的内部最高执行机构——委员院。欧委会下设23个总司(The Directorates General, DGs)、14个服务机构和总秘书长办公室。欧委会独立运行,委员虽然经成员国政府的共同同意而产生,但一经任命,在任期内就不得为成员国撤换,而且委员在行使职权时,既不接受成员国政府的指示,也不听命于部长理事会。欧委会的这种独立性有效地保障了其在行使职权时能够站在全局的高度,维护欧盟的整体利益,而不受或尽量避免各自所在的成员国的影响。

根据相关条约,欧委会主要享有监督、创议和执行三方面的职权,其中创议权是欧委会所享有的一项重要的立法权。"在欧盟的立法决策程序中,欧委会负责起草立法草案,并向欧洲议会和部长理事会提交立法建议。部长理事会只能依据欧委会的立法提案做出决定。立法议案正式登上日程后,欧委会仍持有一定的控制权,若无欧委会的同意,部长理事会和欧洲议会均无权修正议案;除非部长理事会采取行动,欧洲议会也只能在有限的情况下并且只能在绝大多数成员的支持下对议案进行修正。"①

　　部长理事会,又称欧盟理事会,简称为理事会,相当于两院制代议民主政体下的上议院,是欧盟主要的立法和决策机构。部长理事会由不同领域的部长级代表组成,代表成员国的利益。它具体又是由5个部分构成的:各部门部长理事会、常设代表委员会、工作小组、理事会主席和秘书处。部长理事会主要负责政策的制定和立法,所有政治意义重大或者敏感的立法均须经部长理事会批准后才能进行,它是欧盟最重要的立法机构和决策机构。此外,协调和预算决策也是部长理事会的两项重要职能。部长理事会有权协调成员国的经济政策,同时与欧洲议会共享预算的决策权。在司法和内务合作领域内,部长理事会还享有协调成员国的行动和通过有关措施的权力。

　　欧洲议会是欧盟的监督和咨询机构,并享有部分参与立法的权力,它相当于西方两院制代议民主政体下的众议院。欧盟议会每届任期5年,议员由欧盟25个成员国普选产生。设议长1人、副议长14人,都由议会选举产生。下设政治、法律、经济和货币等18个常设委员会。"欧洲议会自从成立以来,其权力经历了一个逐步扩大的过程。在建立欧洲煤钢共同体(EC-SC)、欧洲经济共同体(EEC)和欧洲原子能共同体(EAEC)的条约中,欧洲议会起初仅被赋予一定的监督权(主要是《欧洲经济共同体条约》第144条)和十分有限的立法权(只有咨询程序)"②随着欧盟的发展,欧洲议会的权力得到了不断地扩大。尤其是1997年结束的阿姆斯特丹政府间会议扩大了欧洲议会的权力,议会开始享有与部长理事会的共同决策权,而且共同决策权的适用范围从单一市场政策协调等15个领域扩展到社会政策、运输、统计和公共卫生等38个领域。如今,欧洲议会则享有监督、立法和批准预算等三项基本权力,代表着全体欧洲公民的民主意志和共同利益。欧洲

　　① 刘光华等:《运行在国家与超国家之间——欧盟的立法制度》,江西高校出版社2006年版,第16页。
　　② 阎小冰、邝杨:《欧洲议会:对世界上第一个跨国议会的概述与探讨》,世界知识出版社1997年版,第36页。

议会的参与立法权主要体现在各种立法程序之中,如在咨询程序中,如果部长理事会在欧洲议会发表意见之前便通过某项立法,欧洲法院将会裁决该项"法律"无效。

除了上述三个主要的立法机构外,还有两个重要的咨询机构会参与到欧盟的政策制定和立法中来,对欧盟的决策和立法产生重要的影响。它们是经济社会委员会(the Economic and Social Committee)和区域委员会(the Committee of the Regions)。二者是欧盟法定的两个决策咨询机构,享有咨询权并就提案发表自己的意见,以影响欧盟的决策和立法。其中,经社委员会是根据《罗马条约》所设立,其设立的目的是"为了反映代表经济和社会活动的各个阶层,如工业生产者、农业生产者、运输业者、劳动者、商人、手工业者、自由职业者和一般公众的意见,将社会各部门代表集中在一起对欧盟的法律和政策进行讨论,并向部长理事会的委员提供咨询、提出议案和建议。"①区域委员会是1994年根据《欧洲联盟条约》成立的另一个咨询机构,它由来自于各成员国地区和地方当局的代表组成,如地区首脑、地区议员、市议会议员等民选政界人士。设立区域委员会的目的在于,保证欧洲地区和地方当局在欧盟政策制定和立法中拥有发言权,以此来尊重、反映和保障地方或地区的特性及特殊的利益需求。

(二)立法程序

根据1993年的《欧洲联盟条约》(即《马斯特里赫特条约》),欧洲联盟由三大支柱构成:欧洲共同体、共同外交与安全政策、司法和内务合作。由于后两个支柱更多地属于"政府间合作",其决策主体与欧洲共同体的决策主体有所差异,立法活动也不是很活跃,所以本书所讨论的欧盟立法主要指欧洲共同体的立法。根据基础条约的规定,欧盟派生立法的一般程序为:欧委会动议、欧洲议会提供咨询和部长理事会决议通过。就立法程序而言,自《欧洲联盟条约》生效以来,共有四种不同的立法程序:咨询程序(consulta-

---

① 吴志成:《治理创新——欧洲治理的历史、理论与实践》,天津人民出版社2003年版,第227页。

tion procedure)、合作程序(cooperation procedure)、共同决策程序(co – decision procedure)和同意程序(assent procedure)。这些立法程序虽然适用于不同的政策领域,但是相互之间又有着很大的关联。尤其是咨询程序、合作程序和共同决策程序三者可以结合到一起而成为一个完整的立法程序,并且在这三个程序中欧洲议会的权力或影响是不断增大的。

咨询程序是单读程序,是部长理事会在对某些领域进行立法的过程中向欧洲议会征询意见的程序。在这一程序下,理事会只有在获知欧洲议会的意见后才能作出最终决策。欧洲议会的前身是煤钢共同体的代表机构——共同大会(the Common Assembly)①,最初它只是一个由各成员国议会选派代表组成的选派机构,在很长一段时间内都被排斥在欧共体的决策中心之外。直到1979年的直接选举起,欧洲议会由一个选派机构变为一个民选代表机构,并开始在欧共体的决策中发挥着越来越大的作用。"长期以来,议会一直不能充分行使它的咨询权和监督权,其原因是部长理事会对议会在立法过程中的咨询意见不重视,有时在不采纳议会提出的咨询意见时连解释都不作。1980年,议会以选民代表的身份采取了过去从未采取的行动,对理事会违反《咨询程序》的行为进行了起诉。欧洲法院在裁决此案时宣布,今后凡是违反程序的立法决策都是无效的。"②至此,欧洲议会正式获得了参与欧共体以及后来欧盟立法的实质性权力。咨询程序的具体步骤如下:(1)部长理事会将欧委会的议案送交欧洲议会征求意见;(2)欧洲议会主席将该提案交与议会的某一专门委员会,由其负责对提案在立法上的正当性与合适性进行检查;(3)专门委员会将对议案的意见以立法决议草案的方式交付欧洲议会讨论并表决。如果获得多数通过,则形成欧洲议会的

---

① 1958年3月30日的共同大会决定改名为欧洲大会。1962年的3月30日,在扩权努力中一再受挫的欧洲大会决定正式改名为"欧洲议会"。易名的目的非常明确,即为了最终将自身发展成为一个具有国家议会权力和地位的欧洲级立宪议会。参见阎小冰、邝杨:《欧洲议会:对世界上第一个跨国议会的概述与探讨》,世界知识出版社1997年版,第11页。

② 阎小冰、邝杨:《欧洲议会:对世界上第一个跨国议会的概述与探讨》,世界知识出版社1997年版,第17页。

正式意见,告知部长理事会。① 虽然现在咨询程序在某些方面被新的立法程序所代替,但在一些重要的政策领域仍然适用,如关于货物的自由流动、共同农业政策和环境政策等。

合作程序是一种二读程序,它由《单一欧洲法案》引入,该程序的实施使欧洲议会在立法中获得了新的权力。具体而言,合作程序包括这样几个阶段:(1)欧委会把立法提案送交欧洲议会征求意见(此为议会一读,类似于前面提到的咨询程序);(2)部长理事会在得到欧洲议会的意见后,经资格多数表决同意后,对立法提案采取一项共同立场,并将其共同立场及其理由通告欧洲议会。欧委会也应将其对欧洲议会意见的立场告知欧洲议会;(3)在部长理事会向欧洲议会转达了自己的看法后三个月内,如果欧洲议会(a)同意了部长理事会在一读中的立场,或者未予表态,则议案视为业已通过;(b)以组成议会全体议员的多数否决部长理事会在一读中的立场,则议案视为未通过;(c)以组成议会全体议员的多数,对部长理事会在一读中的立场提出若干修正议案,并将这样修改过的法案文本送达部长理事会和欧洲委员会,让他们就这些修正案发表意见;(4)在收到欧洲议会的修正案后三个月内,如果部长理事会以合格多数作出决定,(a)同意所有修正案,则有关法案即被视为业已通过;(b)未同意所有修正案,则部长理事会主席同欧洲议会议长研究协商,成立一个为期六周的调解委员会。合作程序适用的政策范围主要包括与反对国籍歧视有关的规则;工人的迁徙自由、开业自由、保健与安全;各成员国相互承认文凭、证书及其他正式资格证明;协调各成员国对待非共同体外国人的有关规定,以及对发展中国家的援助等。

共同决策程序,又可视为三读程序,最初规定在《欧洲联盟条约》第 G 条 61 款中,后来的《阿姆斯特丹条约》予以了修正和发展,该程序使欧洲议会在立法过程中获得了比"合作程序"更强大的影响力。根据规定,共同决策程序的基本步骤是:(1)"合作程序"的步骤依次进行,直至部长理事会未

---

① 刘光华等编著:《运行在国家与超国家之间——欧盟的立法制度》,江西高校出版社 2006 年版,第 72 页。

同意欧洲议会的所有修正案,此时成立一个调解委员会;(2)调解委员会拟定一个双方同意的共同法律草案,该草案以二读中欧洲议会和部长理事会的见解为基础,在自召集开会时起六个周内由调解委员会内的部长理事会成员或其代表以合格多数通过,并同时由代表欧洲议会的议员以多数通过。如果调解委员会成立六周过后未能就共同草案达成一致,则法案即被视为未通过;(3)如果调解委员会如期通过了一个共同草案,则欧洲议会和部长理事会各自分别进行审议。在自提交审议之日起六个周内,根据共同草案,通过有关法案。欧洲议会以投票的多数、部长理事会以合格的多数,分别作出自己的决定。否则,法案视为未通过。"这样,经由合作程序和共同决策程序,欧洲议会在某些特定事务上拥有了否决权,但是它仍然缺乏作为一个'议会'的最基本的立法提案权。"[1]共同决策程序主要适用于教育、文化、公共卫生、消费者保护和研究与技术开发等领域的政策或法律的制定。

同意程序与上述三个程序关联不大,它是一种形式较为简单的单一阶段的程序。适用该程序的立法提案需要由部长理事会和欧洲议会两个机构通过。通常在理事会需要全体一致同意,而议会在某些情况下多数票表决结果即可,但在另外一些情况下则需要绝对多数的同意。同意程序用于一些特殊类型的决策,不用于"一般的"立法。所谓特殊类型的决策包括某些国际协议、欧盟扩大、结构基金的框架等。在同意程序下,欧洲议会仅能就最后提案发表意见,不能提出修正案。虽然从某种意义上讲,欧洲议会被限制在相当有限的确认提案或保留意见的角色,但是欧洲议会的影响依然是不可低估的。[2]

除了上述四种类型的立法程序外,还有另外一种可以称之为立法协调程序的立法程序——调解程序。当然,此处的调解程序不同于共同决策程序中的调解,而是欧盟立法中的一种特殊程序,又被称之为协调程序。它是

---

[1] 吴志成:《治理创新——欧洲治理的历史、理论与实践》,天津人民出版社 2003 年版,第 219 页。

[2] 参见刘秀文、埃米尔·J. 科什纳等:《欧洲联盟政策及政策过程研究》,法律出版社 2003 年版,第 50—51 页。

由 1975 年 3 月 4 日签订的《欧洲议会、理事会和委员会关于建立协调程序的联合声明》确定设立,是欧洲共同体机构之间的协议,旨在协调欧洲议会与部长理事会两个机构在一些领域的立法活动,增加议会的预算权力。联合声明规定,建立由委员会积极协助的议会和理事会的调解程序,凡涉及重要财政问题的具有普遍意义的共同体决议,如该决议的通过不受先前决议的强制性约束,应适用调解程序;委员会在提交提案时,应根据自己的意见指出有关决议是否适用调解程序,当议会提出自己的意见,或当理事会打算放弃由议会通过的意见时,应开始进行调解;调解在理事会和议会代表组成的调解委员会之间进行,委员会参加调解委员会的工作。调解程序的执行时间一般不超过 3 个。当两个机构的立场非常接近时,议会可以提出新的意见,然后由理事会正式通过。①

总之,无论哪种立法程序中都离不开相应的协调,或者说这些立法程序本身就是为了更好地在协调中去完成欧盟立法。当然,在这些立法程序中又包含着许多具体的立法协调机制,而且正是这些协调机制有效地协调了欧盟立法过程中所牵涉的立法机构、程序选择和利益分配等各种需要协调的事项或关系,从而确保欧盟立法的顺利实现。

三、欧盟立法过程中的协调机制

派生立法属于欧盟独立的立法,虽然它是通过具体的机构来进行的,但每个立法机构的运转都离不开相应的协调。这是由于,一方面组成这些机构的人员来自不同的成员国或成员国的地区,他们代表着不同的利益,另一方面欧盟立法权力被分配给多个机构,而每个机构的权力运作都需要其他相关机构的配合。欧盟的立法协调是通过一系列机制来实现的,根据这些协调机制所协调的内容及发生的阶段不同,可将其归为两大类:欧盟立法过程中的协调机制和与欧盟立法有关的协调机制。其中前者指的是欧盟立法

---

①　参见欧洲共同体官方出版局:《欧共体基础法》,苏明忠译,国际文化出版公司 1992 年版,第 217—218 页。

每个阶段或步骤中发挥协调功能的一系列机制,如磋商机制、调解机制和公众参与机制等,后者则是指与欧盟立法的权力和机构,以及欧盟立法的适用等相关的协调机制,典型的如权限界分机制和司法裁决机制等。此外,欧盟派生立法所适用的立法程序制度在某种意义上也可以视为立法协调机制,但是鉴于立法程序的程序性功能,笔者并不打算将其纳入欧盟立法协调机制的范畴。接下来,本书选取那些不同层面的且非常典型的立法协调机制,进行重点论述。

(一)权限界分机制

欧盟的立法权是建立在成员国权力让渡和认可基础之上,尽管从欧盟的派生立法来看,它是一项完整而独立的权力,但同时它又与成员国的立法权有着密切的"血缘"关系。因此,欧盟立法首先要协调好欧盟与成员国之间在立法权限的界分,各司其职的同时还要明确各自的适用范围及如何适用等问题。笔者将此类立法协调机制称之为权限界分机制。欧盟立法权力的界分表现在两个层面上:一是欧盟立法权主要由三大机构分享,相互配合与制约,权限的范围与运行规则都有具体的规则;二是欧盟与成员国之间的立法权限的界分,即欧盟立法可以就那些事项进行立法,以及所立之法与成员国立法的关系怎样等。在此,我们仅讨论第二个层面上的权限界分机制,它主要包括三个重要的原则,即授权原则、辅助性原则和比例适度原则。

授权思想在西方宪政理论中占据重要位置,它至少可以追溯到洛克,即天赋人权,政府的产生是个体为了更好地保护自己的财产权和人身安全而将本属于自己的部分权力授予了政府。在欧洲宪法中,授权原则的具体含义是,"欧盟为实现宪法所设定的目标所采取的行动,只能限于各成员国在宪法中所授予的权限,宪法没有授予的权限依旧归各成员国所有。"[1]授权原则的基本作用是限制欧盟的权限。反映到立法权上,那就是成员国未授予欧盟的立法权限,欧盟不能进行相关的立法,而只能由各成员国自主进行

---

① Draft Treaty establishing a Constitution for Europe, as submitted to the President of the European Council in Rome, Brussels, 18 July 2003, p. 9.

立法。成员国进行授权的主要方式是签订各种条约也即欧盟的基础法。这样就从根本上明确了欧盟的立法权与成员国立法权的关系。但是,由于"欧盟与各成员国政府的权力无论在行政层面还是立法层面上都相互纠缠、相互依赖,想要清晰界定各自的权力几乎是不可能的"①,这在很大程度上影响了授权原则的适用。为了更好地落实这一原则,欧盟各成员国在合作(包括立法合作)过程中又确立了两个重要的原则:辅助原则和比例适度原则。

　　辅助原则是界分欧盟与成员国权力及其行使关系的一项非常重要的基本原则,它承载着授权原则的精神并将其具体化。"辅助原则代表一种自下而上的权力分配方法,即总是把权力置于相应的最低政权层次,较高层次政权对较低层次政权只起辅助性的或从属性的作用"。② 当然,辅助原则并非意味着在所有领域或公共事务上,成员国的立法都要优先于欧盟立法。根据被否决的《欧洲宪法条约草案》(尽管在共同一致的表决机制下,该宪法草案最终未能获得全部通过,但其中的许多制度或机制依然是有效的)的规定,欧盟立法在某些领域或事务上享有专有立法权能,这些领域包括:(1)货币政策,此仅针对采用了欧元的成员国;(2)共同商业政策;(3)关税联盟;(4)根据共同渔业政策而保护海洋生物资源。除此之外,该宪法草案还对欧盟专有立法权的范围作了一个原则性的规定,即"如缔结某项国际性协定是联盟的合法行动范围内、且系联盟行使其内部权能或影响内部某一联盟行动所必需者,则联盟应拥有缔结该协定之专有权能。"这在很大程度上拓展了欧盟的立法权限范围。因此,对于辅助性原则的含义及其目的,如下表述或许更为准确:"在欧洲一体化的情境中,辅助原则意味着必须确保决策尽可能地接近公民,并且不断地从成员国、地区和社区层面是否可采取行动来衡量欧盟行为的正当性。质言之,依据此原则,在欧盟独享的权力范围之外,除非欧盟的行动比成员国、地区和社区层级的行动更有效,欧盟不被

---

　　① 龚虹波:《欧洲宪法的原则及其意蕴》,载冯兴元等:《立宪的意涵:欧洲宪法研究》,北京大学出版社2005年版,第77页。
　　② 王鹤:《评欧洲共同体的辅助性原则》,载《欧洲》1993年第2期,第21页。

允许采取任何行动。"①

　　为了再进一步具体落实授权原则和辅助原则,欧盟各国在合作过程中又发展出了比例适度原则,该原则要求欧盟所采取的任何行动都不应超出事先宪法所设定的目标,以使欧盟的行为符合欧盟所追求的目标。在《欧洲宪法条约草案》中,辅助原则和比例适度原则被明确规定。具体而言,其第Ⅱ-51规定:"本宪章的各项规定针对应正当地尊重辅助性原则联盟各机构、实体和独立机构及仅在实施联盟法律之时的成员国。因此,它们应依照各自的权力、尊重本宪法其他部分授予的联盟的权力之界限,尊重这些权利,遵守这些原则,推动它们的适用。本宪章不将联盟法律的适用范围扩展到联盟权力之外或为联盟创建任何新的权力或任务,也不改变本宪法其他部分所明确规定之权力和任务。"在第Ⅱ-52条中还规定,根据比例适度原则,只有在限制是必要地、并确实能满足联盟所认识到的普遍利益之目标或保护其他人的权利和自由的需要之时,才可施加限制。尽管该宪法条约最终未获通过,但这两项原则已经在欧盟的立法实践中被严格遵守。不仅如此,欧盟各成员国之间还专门签订了欧盟运用辅助原则和比例适度原则的协议,来进一步强调这两项原则在界分欧盟与成员国权力尤其是立法权力时的重要性及其不可违背性。如该协议第4条规定,欧洲委员会必须以遵从辅助原则和比例适度原则为其立法建议的正当性标准。任何立法建议都必须就该建议是否符合辅助原则和比例适度原则做一个评价性的陈述。②

　　总之,由上述三项基本原则构成的立法权限界分机制,较为明确地界定了欧盟立法和成员国立法的权限范围及其相关关系,这样从源头上协调了欧盟立法与成员国立法的关系。如果欧盟立法有违该机制中的三项原则之一的现象,那另外一种协调机制便会被启用,即司法裁决机制。当然,司法

---

　　①　龚虹波:《欧洲宪法的原则及其意蕴》,载冯兴元等:《立宪的意涵:欧洲宪法研究》,北京大学出版社2005年版,第77页。

　　②　Draft Treaty establishing a Constitution for Europe, as submitted to the President of the European Council in Rome, Brussels, 18 July 2003, p.230.

裁决机制的对于欧盟立法的协调意义不限于此。①

(二) 磋商机制

磋商机制是欧盟立法过程中,用来协调欧洲委员会、部长理事会和欧洲议会就某项立法案所产生的不一致意见,促使各方达成共同立场,以推动立法的顺利完成的一种重要的协调机制。磋商机制存在于立法程序中的各个环节或步骤中。这里所谓的磋商机制,指的是参与欧盟立法的机构及其工作人员,就欧委会提出的立法草案,在不同的程序或不同的环节中,尤其是出现意见分歧时,而进行沟通、协商的一种机制。磋商的目的是消除分歧,就不同时期的立法案的内容及相关问题达成一致意见,最终完成欧盟立法。

例如,在咨询程序中,欧委会要将其起草的立法议案送交欧洲议会征求意见。当欧洲议会对立法议案倾向于否决时,可以要求欧委会撤回或者提出自己的修正意见。欧盟立法实践中,欧洲议会更多的是提出修正意见,并推迟立法决议草案的表决时间,以向欧委会施加压力。如果修正意见被拒绝,欧洲议会则将该意见交回负责的专门委员会重新考虑,同时与有关各方进行磋商,进行调研或举行听证会等,再次形成修正意见。通常情况下,欧洲议会会加强与欧委会的磋商,尽可能争取使自己的修正意见在议案中得以体现。

除了欧盟三大立法机构之间的磋商外,欧盟立法过程中,经社委员会和区域委员会作为欧盟两个法定的决策咨询机构,它们享有咨询权并有权就提案发表意见,欧洲委员会、部长理事会和欧洲议会在许多情况下还必须就立法议案的某些内容或涉及的相关问题,同这两个机构进行磋商,并尽可能

---

① 法院裁决机制指的是通过欧洲法院对欧盟法律和立法实施或执行过程中出现的问题进行处理和裁决的一种机制,因此它可以被视为欧盟立法的体系性协调机制。有学者总结了欧洲法院在欧盟权力体系中承担的三种职能:(1)解释各种条约,包括对欧盟法和机构能力的裁决;(2)对机构之间,或机构与成员国之间的冲突进行裁决(例如,用跳跃条款作提案基础而产生的争议,因为不同条款对合法的多数选票的规定不同);(3)对欧盟立法的执行进行裁决(欧盟委员会、成员国政府、公司、利益群体或个人都可以请求裁决)。参见[挪威]斯万 S. 安德森等:《正式进程:欧盟的机构和执行者》,载 Svein S. Andersen, Kjell A. Elisassen 主编:《欧洲政策制定》,陈寅章等译,国家行政学院出版社 2003 年版,第 29 页。

地寻求它们的支持。这在《欧洲宪法条约草案》中有着明确的规定,即第Ⅲ
-294 条第 1 款规定:"在宪法规定的情况下和其他任何情况下,尤其是涉
及跨国合作事宜时,地区委员会接受欧洲议会、部长理事会或欧洲委员会的
咨询。这三个机构中的任何一个,只要认为适当,即可向地区委员会进行咨
询。"既然区域委员会在某些情形下享有强制咨询权,那么欧盟有关立法机
构在制定相关法律或政策时就不能忽视区域委员会的意见或建议,一旦区
域委员会对于有关立法草案存在不同意见或建议,那么相关立法机构就应
该及时有效地同区域委员会进行磋商、交流,争取就立法草案达成最终的一
致立场。

其实,磋商不仅存在于不同的立法机构之间以及立法结构同决策咨询
机构之间,同样也存在于同一机构的立法工作过程中。原因在于,欧盟本身
是一个区域合作组织,每个立法机构或可能对欧盟立法产生影响的主体几
乎都是由来自不同成员国,或不同地区,或者不同利益群体的人员所组成,
同时每个立法机构也都由不同的工作部门组成,无论是起草立法议案,还是
对该议案提出咨询意见,还是最终的表决通过,都首先要在每个机构各自的
内部达成一致意见,而这种一致意见的达成也离不开相应的协调,其间同样
存在若干相应的立法协调机制,磋商机制便是其中之一。当然,这种磋商机
制可以不同的形式表现出来。例如,欧委会在提出立法议案过程中,委员们
常会通过召开每周例会或者其他形式的会议等方式,就立法议案的内容及
所涉及的问题等进行交流和磋商,以寻求达成一致的意见。具体而言,"磋
商的过程主要体现为以下形式:(1)与提案有关的委员们预先进行正式和
非正式的磋商每周举行各委员会办公室主任之间的例会,这些会议通常由
委员会秘书长主持,一般在委员会会议召开的前两天举行。主要目的是借
此机会尽量缩小分歧,在更多的技术条款和一般条款上达成一致。(2)在
办公室主任会议之前,委员会主席办公室的相关政策专家还会主持召开其
他委员办公室有关成员的会议,就某一提案进行讨论,目的在于促使更多的
总司关注该提案,并且尽量在委员会的整体政策框架下修改该提案。(3)

不同办公室的成员经常在非正式场合交换意见,进行早期的磋商。"①由此可见,单单是欧盟委员会内部的立法提案过程便是一个复杂而周密的协调过程。但通过一系列协调机制的运作,可以尽可能地兼顾各方面的利益和意见,使最终的立法议案具有可操作性,并最大限度地避免引起欧洲议会和部长理事会的强烈反对。

(三)调解机制

这里的调解机制主要指的是共同决策的立法程序中,由部长理事会、欧洲议会和欧洲委员会三个机构的成员或代表组成调解委员会,对部长理事会和欧洲议会在未能达成一致意见的欧洲议会所提出的修正案,再次进行研究与协商,争取达成一致的意见或立场的协调机制。

具体而言,部长理事会在收到欧洲议会关于欧洲委员会的立法议案的修正案后的三个月内,如果其未能以合格的多数作出决定,同意所有的修正案,那么此时经部长理事会与欧洲议会的议长研究协商,可以成立一个为期六个周的调解委员会。调解委员会包括部长理事会成员或其代表,以及同样多的欧洲议会的议员,欧洲委员会也派代表参加调解委员会的工作。调解委员会的基本任务是拟定一个部长理事会和欧洲议会都同意的共同法律草案。这个共同草案以合作程序中欧洲议会和部长理事会的见解为基础,在自召集开会时起六个周内,由部长理事会成员或其代表以合格多数通过,并同时由代表欧洲议会的议员以多数通过。欧洲委员会则在其权限范围内提出一切可能的或必要地动议,来促使欧洲议会和部长理事会的立场逐步靠近,并最终达成一致意见。当然,如果这些努力够未能使各方在调解委员会成立的六个周过后就共同法律草案达成一致,那么该法案便被视为未获通过,相应的调解工作也宣告失败。

(四)有差别的表决机制

虽然在欧盟立法中的每个阶段都存在相应的表决机制,如欧洲委员会

---

① 刘秀文、埃米尔·J.科什纳等:《欧洲联盟政策及政策过程研究》,法律出版社2003年版,第126页。

在提出立法议案时就需要首先就该议案在委员会内部进行表决通过,欧洲议会对于部长理事会在一读中的立场可以提出若干修正案,而这些修正案也需要欧洲议会以全体议员的多数来表决通过,但是欧盟立法最终通过的表决权则是由部长理事会来行使。而无论是欧委会和欧洲议会的表决,还是部长理事会的表决,这一程序或环节同样离不开相应的立法协调机制,尤其在最终的部长理事会的表决过程中,协调机制的功能如何发挥直接关系到欧盟立法能否最终获得顺利通过。为此,欧盟立法过程中,在部长理事会表决这一环节中设计了不同的表决机制,来协调立法表决,笔者称这种立法协调机制为有差别的表决机制。

顾名思义,所谓有差别的表决机制,是指部长理事会在最终表决欧盟立法决议案时,针对不同领域或事务的立法事项设置了不同的表决方式,以此来协调欧盟立法表决的一种机制。几乎欧盟各基础条约中都对部长理事会的表决方式作了规定,其基本的表决方式可归结为三种:简单多数、有效多数和一致通过。

简单多数表决方式主要适用于对程序性决定进行投票表决。其中欧盟每个成员国只有一票,一项决定以赞同票的多少决定其是否被通过。自1994年以来,该表决方式也适用于共同商业政策中的反倾销和关税补贴问题。在一些意义重大的问题上,部长理事会则通常采用一致通过的表决方式,此类问题主要包括:外交与安全、内务和司法、税收、宪法事务、社会保障机制、能源、文化、工业和与发达国家签署协议等。2000年12月7日至11日在法国尼斯召开的欧盟首脑会议为了避免中东欧构架入盟后决策机制滞后甚至失灵的问题,一致同意减少一致通过表决方式的表决范围,并决定扩大有效多数的表决方式。有效多数表决方式,也称为特定多数或合格多数表决,目前除了在一些特定的领域或事务上适用简单多数和一致通过表决方式外,都采用有效多数表决方式,因此此种表决方式在部长理事会的立法表决中适用的情形最多。

在部长理事会表决时针对不同的立法事项采用不同的表决方式,这不仅仅是如何更好地协调立法表决的技术性问题,同时也反映了欧盟在立法过程中,注重协调各成员国相互间的利益分配与合作关系。尤其对于那些关系到成员国切身利益和影响欧盟发展的重大问题的立法,采用一致通过的表决方式,既是对各成员国态度和利益的尊重,也是欧盟追求"多样化的团结"(unite in its diversity)的具体体现。

(五)公众参与机制

欧盟的缔造者和推动者们一直信奉着修昔底德的那句话:"我们的整体……之所以被称为民主制度,是因为,权力不是掌握在少数人手里,而是掌握在最大多数人的手里。"尽管欧盟的发展历程中,各类政治、经济和社会精英们一直发挥着主导性的作用,但作为欧洲一体化的结晶同时也是发动机的欧盟,它从来都宣称欧盟是全欧洲人民的欧盟,欧盟存在与发展的目的都是要更好地实现每个人不可侵犯、不可剥夺的权利,为其所有的居民造福,包括最弱者和最穷者,欧盟的所有机构以及所有的公共活动都要建立在这个基础之上。为了更好地实现这一目的,欧盟愿意深化其公共生活的民主与透明度。

遵循这一理念,"欧盟的决议制定程序相比大多数成员国更为公开,并多元化,包括其接触点、各部门以及政府和企业界参与者的多元性。欧盟决策制度在所有的三个阶段中都体现出广泛的影响机会:(1)议程设置;(2)提案形成;(3)机构间决议制定。"[①]也就是说,欧洲的人民或社会公众可以更为自由和充分地参与到欧盟的各项活动,包括立法活动中来。由此也产生了一整套系统而完善的公共参与机制。就欧盟立法而言,公众参与机制发挥着重要的协调功能:通过各种具体的公众参与机制,生活于欧洲的人民或社会公众可以以不同的方式参与到欧盟的立法中,表达他们的诉求与立场,这样既能协调欧盟的立法机构与立法调整对象或所涉及的利害关系主体之间的关系,又可以为涉及不同利害关系的社会公众进行立法博弈提供一个较为自由、平等和公开的平台,尤其是相互冲突和对立的利益主体之间

---

① [挪威]斯万 S. 安德森等:《正式进程:欧盟的机构和执行者》,载 Svein S. Andersen, Kjell A. Elisassen 主编:《欧洲政策制定》,陈寅章等译,国家行政学院出版社 2003 年版,第 29 页。

可以借此进行沟通、协商与让步,从而使最终通过的欧盟立法有着更坚实的民意基础,更易于被民众接受和实施。根据公众对欧盟立法参与的形式不同,可将公众参与分为直接参与和间接参与两种类型。

公民的直接参与包括通过集会、游行或者新闻媒体表达自己对某项欧盟立法的意见等方式,而且欧洲公民个人或法人机构向欧洲法院的诉讼活动以及由此形成的判例法,也可以视为欧盟公民参与和影响欧盟立法的一种表现形式。在某些情形下,欧盟公民也可以通过全民公决的方式来决定某项立法是否被接受,典型的例子就是 2005 年 5 月 29 日,法国就《欧洲宪法条约》举行全民公决,结果有 52% 的选民投了反对票,而三天后,即 6 月 1 日,荷兰民众也通过全民公决的方式以 63% 的投票比例否决了该宪法条约。对此,法国前总统德斯坦说到:"这部宪法的初衷就是想制定一部欧洲人民的宪法","既然是人民的宪法,我们当然要把决定权交给法国人民"。而时任荷兰首相巴尔克嫩德也在电视讲话中表示,虽然他对此公决结果非常地失望,当时他建议他的政府"完全尊重"民众的选择,并表示将不允许荷兰议会推翻这一公决结果。[①]

当然,公民的直接参与对欧盟立法的影响实际上是有限的,并非所有的民众都能对欧盟的每一项立法都能直接产生影响,因此,更为有效的公众参与往往是公民通过相应的社会组织或团体来对欧盟立法施加影响,即公众的间接参与。欧盟立法中公众间接参与的形式或机制很多,比较典型的表现是公众通过各种类型的协会进行宣传或游说,以此来对欧盟立法施加影响。除此之外,跨国政党的出现以及对欧盟立法的参与也可以视为公众间接参与欧盟立法的表现形式,只不过它是一种高级的公众参与形式。"欧洲的跨国政党是在欧洲联合背景下形成的一种特殊类型的政党组织,它由欧盟范围内各国政党的国际组织即各类政党的跨国政党联盟和欧洲议会中的以个人身份组成的跨国议会党团两部分组成。"[②]跨国党团在欧洲议会中是

---

① 刘光华等:《运行在国家与超国家之间——欧盟的立法制度》,江西高校出版社 2006 年版,第 230—232 页。

② 王明进:《欧洲联合背景下的跨国政党》,当代世界出版社 2007 年版,第 35—36 页。

一级非常重要的决策层次,欧洲议会的活动主要表现为议会党团的活动,这些代表着不同阶层或集团的利益的跨国党团通过其在欧洲议会中的地位,影响着欧盟的立法内容与立法活动。从一般的欧洲公众来讲,他们可以根据自己的利益需要或者价值偏好选择加入某个跨国政党,成为党团中的一员,通过党团的活动来参与并影响欧盟的立法。

(六)欧盟立法适用中的协调机制

在这里所讲的欧盟立法适用,指的是欧盟基础法与派生立法的适用。欧盟立法适用过程中同样离不开相应的协调机制,原因在于,尽管"欧盟决策机制的特殊性维护了一体化框架内成员国国家主权独立平等与超国家权力之间的某种平衡,但是并没有缓减国家主权与超国家权力之间的斗争",①所以通过某些协调机制的设立来明确欧盟立法和成员国立法的效力大小或适用上的先后非常必要。欧盟立法适用中的协调机制属于与欧盟立法有关的协调机制的范畴,它们主要是用来协调解决欧盟立法与欧盟成员国立法之间,在适用中的先后顺序或效力大小的关系问题。此类立法协调机制除了相应的适用原则外,还包括法院的裁决适用机制等。

具体而言,欧盟基础法即各种欧盟条约与欧盟派生立法中的条例都遵循着优先于成员国立法而直接适用的原则,其中优先于成员国立法的原则明确了欧盟条约和条例效力的优先性,也即在欧盟的条约和条例在与成员国立法存在不一致情形时,前者具有优先适用的效力。直接适用原则是指欧盟的条约和条例可以直接适用于成员国的个人或法人组织等,该原则最初"是由欧洲法院在共同体建立的初期,通过它的具体判决创造出来的。"与此相对应的结论或其理论基础为:"共同体构成了一种新的国际法律秩序,为了整个共同体的利益,成员国限制了她们的主权,尽管是在有限领域之中,这种秩序不仅包括成员国也包括成员国的国民。"②

---

① 吴志成:《治理创新——欧洲治理的历史、理论与实践》,天津人民出版社 2003 年版,第 406 页。

② 史国普:《"超国家法"与"国家法"——欧盟法与欧盟成员国国内法的关系》,载《安徽师范大学学报(人文社会科学版)》2007 年第 1 期,第 21 页。

对于派生立法中的决定而言,在通常情况下,如果决定传达给成员国,成员国将通过国内立法赋予其在该成员国境内的法律适用效力。但是实践中,根据欧洲法院的裁决,决定在某些情形下是具有直接适用的效力的。至于在哪些情形下可以直接适用。这个需要由欧洲法院在个案中根据条款的法律性质、制定背景和措辞来进行具体的判定。指令同样也需要成员国通过国内法来赋予其效力。但是在 20 世纪 70 年代后,欧洲法院在 Van Duyn v Home Office 等案件中对指令的效力有了发展性的结论,认为指令在其自身具备某些特点或属性的情况下也可以具有直接适用的效力。[①] 由此可见,法院的判决或裁决在协调欧盟立法的适用,尤其是其与成员国立法之间在适用方面的关系上发挥着重要的作用。

总之,从动态的欧盟立法活动,到静态的欧盟立法权限的界分以及效力大小的确定,都存在着相应的立法协调机制。正是这些立法协调机制功能的发挥,使得欧盟立法可以正常的实现运转,从而赋予了欧盟立法真正的生命力。

第二节　美国区域合作及其协调机制

美国政府在协调区域经济、社会发展方面卓有成效。在区域开发过程中,无论是法制供给还是机构设置,联邦立法机构或联邦政府都在其中发挥着主导作用。与区域开发相比,区域合作与发展应该是一国经济、社会发展的常态。在美国,以促进经济、社会发展为目标的区域合作与发展也得到很大重视,并形成了自己的特色。美国的地方政府结构较为复杂,其区域规划、区域合作和区域发展可以从不同视角进行探讨。根据研究需要,笔者主要就美国政府的区域性合作及其中存在并有效运行的协调机制进行了考察。

---

① 方智峰:《欧盟法在成员国境内适用问题研究》,厦门大学 2002 年硕士毕业论文,第 18—22 页。

一、美国的区域划分与区域开发法制供给

美国从建国伊始,就呈现出政治、经济和文化等的区域性特点,并延续至今。"早在 17 世纪中叶,北美 13 个殖民地就已形成了 3 个独特的区域:新英格兰、大西洋中部殖民地以及南部殖民地。每个地区都有其独特的经济基础,与欧洲在政治和经济上也有着不同的联系,并最终形成了具有各自明显地域特征的政治文化。"[①]这里所称的区域是指在经济、社会或历史传统等方面具有内在的同质性或关联性,包含两个或两个以上相互毗邻的州或地方政府的地理空间,在此空间中的各州或地方政府通过某种形式的合作,共同提供公共服务或进行社会治理。

在美国,经济区域的划分存在多种方案。一般来讲,"美国划分经济地区的基本空间单元是县,并以通勤量、报纸发行量、人口规模为重要指标,按照工作地和居住地尽量一致的原则,同时综合考虑行政区划分传统、历史文化习俗、自然资源和环境特点等因素,建立不同等级和层次的经济区划体系。"[②]美国联邦统计局和农业部据此将全国划分为东北部省、中西部省、南部省和西部省四大经济省区,每个经济省区又包括 2 到 3 个经济区,如中西部省区包括中央西北区和中央东北区 2 个经济区;南部省包括太平洋沿岸区、中央东南区和中央西南区 3 个经济区。除了这种划分外,还存在另外两种重要的划分:一是以区域开发为内容的区域类型,如西部区域、田纳西河流域和阿巴拉契亚地区等;二是由中心城市和毗邻县构成的,基于经济、社会联系或者提供公共物品或服务的需要而形成的都市区,如纽约大都市区、亚特兰大标准都市区和达拉斯标准都市区等。

以区域开发为内容的区域已成为过去式,它主要是在联邦政府的参与和主导下,通过某些优惠政策和立法措施等来推动该区域的开发。区域开

---

① 任军峰:《地域本位与国族认同——美国政治发展中的区域结构分析》,天津人民出版社 2004 年版,第 9 页。

② 高国力:《美国区域和城市规划及管理的做法和对我国开展主体功能区划的启示》,载《中国发展观察》2006 年第 11 期,第 52 页。

发过程中的法制主要来自于联邦政府,其目的主要是协调不同区域之间的发展,使各区域间的经济、社会发展趋于均衡。

西部开发运动是美国区域开发的典范。美国的"西部"是一个动态的概念,有"旧西部"、"新西部"和"远西部"之别。美国的西部最初是指从阿巴拉契亚山到密西西比河之间的地带,即"旧西部"。随着美国领土的扩张,又把从密西西比河到落基山脉之间的地带称为"新西部"。19世纪末,美国领土越过落基山脉向西扩张到太平洋沿岸,因此把落基山脉到太平洋沿岸的地带称为"远西部",通常意义上所说的西部是泛指从阿巴拉契亚山到太平洋沿岸的广阔地区。美国开发西部的过程在历史上被称为"西进运动"。其间有两个大规模集中开发的时期:第一个时期是1860年至1890年之间,这一期间建立小麦王国、兴起淘金热、开发大草原,在西部土地上成立起10个新州;第二个时期是1930年至1970年,自罗斯福新政以来,美国政府成立专门机构,实行优惠政策,进行流域综合治理,发展军工企业和高新技术企业,极大地改变了西部的经济结构,东西部经济趋于平衡。[①] 为了推进西部开发,在联邦政府主导下通过了一系列立法,如《宅地法》、《地区再开发法》和《公共工程和经济开发法》等。

进入20世纪70年代以后,美国对区域经济的干预逐步减弱,绝大部分区域援助被取消,区域发展支出大大削减。自20世纪80年代中期以来,美国区域差异再度呈现扩大趋势,贫困地区人口增长过快,人们的不满情绪增加。处于国内政治压力和全球经济竞争的考虑,区域发展政策在沉寂多年后重新受到联邦政府的重视。克林顿政府组织制订和实施了对欠发达地区的援助计划,并于1993年8月颁布了《联邦受援区和受援社区法》。该法是美国第一个比较系统解决欠发达地区发展问题的法案。[②]

显然,美国联邦政府在区域开发的法制供给方面扮演着主要角色。鉴于本书所要研究的是区域合作与发展中的立法,也即立法所要促进和保障

---

① 参见黄伟:《中国区域协调发展法律制度研究》,中央民族大学2007年博士学位论文,第21页。

② 殷洁:《区域经济法论纲》,北京大学出版社2009年版,第83—84页。

的主要是区域合作与发展中的问题,而非与开发有关的问题,并且我国语境下的区域立法指的是区域内地方立法机关的合作立法,因此,美国区域开发中的法制供给模式与我国的区域立法属于不同层面上的两个问题,前者对于区域立法协调的借鉴意义也非常有限。相比较而言,以州政府和地方政府为主体的区域合作,与我国的区域立法则有着更多相似之处,其中的许多协调方式或机制也具有较强的借鉴意义。

二、州政府和地方政府参与的区域合作

美国是一个多政府的国家。美国的政府种类和数量分别如下:"一个联邦政府、50 个州政府、87849 个地方政府。在如此数量庞大的地方政府中,县政府为 16506 个,市政府为 13522 个,镇政府为 3034 个,学校特别区政府为 19431 个,特别区政府为 35356 个(US Census Bureau, 2003)。"①不难看出,美国的州政府和地方政府是两个相互独立的概念,这显然不同于我国。我国是单一制国家,国务院为中央政府,省级及以下的政府都被称为地方政府。美国实行联邦制,联邦政府为中央政府,地方政府是各州政府按照法律创立的。州政府来制定适用于地方政府的法律规章,规定地方政府的权力,以及制定更改地方政府行政区划边界的措施,如并入、合并、甚至解散或将一级地方政府降级。所以,美国的地方政府非但不包括州政府,反而从属或受制于州政府,这与我国地方政府中包括省政府有着很大的不同。不仅如此,美国地方政府的内部结构也有着很大的不同,每个地方政府都有它独特之处。不过,大多数地方政府都可以被看成是一个独立存在的机构。每一个地方政府都可以依靠赋予它的权威执行一定的行政管理职能、拥有一定的资产、负有一定的责任,并在总体上代表着自己管辖范围内大众的利益。

根据美国宪法规定,州政府享有较为广泛的权力。一般来说,完全在州界之内的事务只归州政府处理。联邦宪法第 10 条修正案规定,宪法未授予

---

① [美]文森特·奥斯特罗姆、罗伯特·比什、埃莉诺·奥斯特罗姆:《美国地方政府》,井敏、陈幽泓译,北京大学出版社 2004 年 4 月版,中文版序,第 2 页。

联邦也未禁止各州行使的权力,均由各州或人民保留。各州行使联邦宪法规定保留给它的权力时,联邦政府不得擅自干涉。随着联邦政府权力的不断扩大,州的权力有所削弱,州的管辖权与联邦管辖权之间有许多重叠,但联邦政府在各州履行责任时,通常基于两级政府之间的合作,而不是从上而下的强制命令。各州有自己的宪法和法律。各州宪法都规定,州政府机构由立法、行政和司法三个部门组成。地方政府的设置及运转规则取决于其所在的各州。虽然各州的一般规则经常有一些变动,但是从其立法地位方面来讲,美国的地方政府又可以分为市政府(Municipal Government)和准市政府(Quasi – Municipal Government)。其中市政府包括城市、村、村镇和镇(在新英格兰地区的州除外),准市政府又包括县、乡、镇(在新英格兰地区的州)。当然,美国的地方政府构成非常复杂,即使冠以同样名称的地方政府在不同的州也可能存在很大的差异。在权限和职能方面,地方政府享有规则制定和决策等立法性权力和行政或公共管理权力,其职能则主要包括政府性职能和自治性职能两种类型。其中,"政府性职能是由作为州下属机构的地方单位来执行,而自治性职能是由作为自治机构的地方政府来执行,在性质上更倾向于个性化或者说更具自治性质。一些公认的一般政府职能包括:公共安全、公共卫生、教育、福利;而地方自治职能包括:供电、供气以及公共设施等。"①

地方政府虽然享有很大的自治空间和独立空间,但是它们从未放弃相互间的合作。由此,在美国出现了主要由各地方政府组成,或建立在地方政府合作基础上的都市区发展模式。都市区,又被称为标准都市统计区(Standard Metropolitan Statistical Areas,SMSAs),是当今美国区域合作与发展的一个重要特色。目前关于都市区的定义普遍接受的是:"一个标准都市统计区包括达到规定人口数量的一个城市(或若干城市),这些人口构成中心城市和其所在的县(若干个县),它也包括当中心城市和毗邻县的经济和

---

① [美]乔治·S.布莱尔:《社区权力与公民参与》,伊佩庄、张雅竹编译,中国社会科学出版社2003年版,第27页。

社会关系达到所规定的都市特点和一体化的标准时的毗邻县。标准都市区有可能跨过州的边界线。在新英格兰地区,标准都市区由城市和镇而非县组成。"①在一个 SMSA 内,经常还要确定中心城市(central city)和郊区圈(suburban ring)的范围。中心城市就是在 SMSA 内的大城市,这个大城市的名字也就是 SMSA 的名字。在中心城市以外的地区被称作郊区圈。② 从政府结构上看,都市区主要是由若干不同类型的地方政府(主要是市、县,在新英格兰则是镇而非县)构成的城市群。都市区之所以形成的一个重要原因是,构成该都市区的市或县、镇之间在经济、社会发展或者提供公共物品或服务方面存在密切的联系或者相互合作的需要。

尽管存在争论,而且许多都市区已经跨越州的边界,大多数州的宪法或者法律还是对都市区或者地方政府之间的合作行为给予了肯认甚至支持。如《伊利诺伊州宪法》第七条第 10 款(A)规定,"地方政府单位或学区可以与本州另一个地方政府单位或学区、本州政府、其他州的政府或其辖区内的地方政府单位或学区签订合同或其他协议,以法律和条例不禁止的任何方式进行合作,以获得或分享服务,行使权力履行职责,联合行使权力或履行职责或转交部分权力和职责。"(C)规定:"州政府应鼓励政府间合作并使用其技术资源和财政资源予以支持。"③这就为地方政府间的合作以及都市区一体化的发展提供了相应的法律依据。

对于都市区政府组织结构及其运转体制的优劣,许多美国学者都进行过详细而深刻的分析。有学者将具有多种政治管辖权的大都市地区的传统政府模式称之为"多中心政治体制"(polycentric political system),虽然这种形式上相互独立的决策中心是否能形成一种相互依赖的关系体制,是一个需要视特定情况而定的经验问题,但是这种政治或关系体制所能发挥的积

---

① [美]乔治·S.布莱尔:《社区权力与公民参与》,伊佩庄、张雅竹编译,中国社会科学出版社 2003 年版,第 176 页。

② [美]文森特·奥斯特罗姆、罗伯特·比什、埃莉诺·奥斯特罗姆:《美国地方政府》,井敏、陈幽泓译,北京大学出版社 2004 年 4 月版,第 64 页。

③ 转引自刘建兰、张文麒:《美国州议会立法程序》,中国法制出版社 2005 年版,第 212 页。

极作用也是得到认可的,即"在他们于竞争的关系中相互考虑、从事各种各样的契约及合作事务或者诉诸中介机构以解决冲突的程度上,大都市地区的多种管辖权也许以一种具有一致和可预知互动行为模式的连贯方式发挥作用。"①

都市区内地方政府的合作可以视为都市区迈向一体化进程的表现。当然这一过程中,还面临着都市区的一致性追求和各个自成一体的地方政府机构之间的矛盾。这些问题也是任何一种类型的区域一体化进程中所必然面对和需要解决的。为此,那些意欲推动都市区一体化的人们(包括地方政府自身)在实践中设计并推行了一系列的协调或深化合作的机制,如签订政府间的合作协议、职能上的移交、进行都市规划等,甚至还包括了进行市县合并和建立综合性特别区等针对地方政府本身的变革。

除地方政府外,一些州政府也在寻求类似的区域性合作,许多州际契约的签订便是其重要表现之一。尽管美国宪法第一条第 10 款规定:"没有国会的同意,州与他州之间不得签订协议或者缔约",该规定主要目的是借此约束州际协作的滥用,以确保没有任何州际协议能够反对国会的立场。②质言之,州际契约之所以要经过国会批准,根本目的在于防止州政府通过契约或联盟的形式改变联邦与州的权力平衡。显然,该条款有着特定的历史背景和目的。后来随着社会的发展,州政府之间在协商一致基础上的缔约行为只要不违反宪法规定,并经国会批准,都是被允许的。而且如果州际契约所约定的事项涉及州权优先问题,如教育问题,促进州际交流问题等,那么该契约甚至不必非经国会批准即可生效。

根据州际契约内容的不同,有学者将将其分为四种类型,即州际边界协议、州际分配或发展协议、州际规制协议和州际再分配协议。目前,这些类型的州际协议共有 300 多份,涵盖的领域包括边界、重大基础设施建设、流

---

① [美]文森特·奥斯特罗姆:《美国联邦主义》,王建勋译,上海三联书店 2003 年版,第 142—143 页。

② Zimmermann, Frederick L., and Wendell, Mitchell. The law and Use of Interstate Compacts. Lexington, KY: The Council of State Governments, 1976. p. 22.

域水资源管理、环境污染共同防治、区域经济发展、大都市区治理、共同资源开发和突发事件应急管理等。① 总之,作为一种政府间关系形式,州际协议具有政府间的政策内容和特点,并且它也已经成为各州之间进行区域合作的一个重要表现。

三、促进区域政府间合作的三种协调机制

有了合作的需要、意愿和行动,并不意味着合作一定能够顺利进行,并达到最终的目的,因为合作过程中会牵涉到诸多需要协调的事项或关系。由州政府或地方政府参与的区域合作,同样会面临着许多合作的障碍,从成本的考量、利益的分配等实质性因素,到合作的方式、纠纷的解决等技术或程序性事项等,都需要借助于相应的协调机制予以解决。也许这些协调机制不是必然有效的,却是不可或缺的。

(一) 政府间契约或协议

在美国的日常社会治理中,以不同目的和形式出现的各种契约或协议也是比比皆是。例如,20 世纪 80 年代中后期以来,愈来愈多的地方政府采用合同外包(contracting out)方式来安排地方公共服务。地方政府的部门和机构并不直接负责公共服务的生产,它们越来越多地与公共服务的独立生产者签订合同,由后者按一定的价格向公众提供服务。那些生产者既可能是临近或更高一层次的地方政府单位,也可能是私人性的公司。契约同样可以在不同的美国政府之间签订,联邦政府与州政府或地方政府之间、州政府之间、州政府与地方政府之间,以及地方政府之间都可以通过契约或合同的形式进行某种合作。由此可见,无论契约签订者之间的地位是否平等或对等,只要它有助于实现缔约者的某种目的,且不违反宪法和法律的规定,都是一种可以借助的手段。区域合作与发展中,这种手段更是被频繁使用。

以都市区内的地方政府合作为例,许多地方政府都参与签订了某种形

---

① 吕志奎:《州际协议:美国的区域协作性公共管理机制》,载《学术研究》2009 年第 5 期,第52 页。

式的契约或称为辖区间协议,以合作解决某个或某一领域所面临的共同问题。作为一种合作形式,辖区间协议有其大受欢迎的特点。例如,它允许缔约方政府对于共同关心的问题采取共同行动,并且通常都意味着比各自独立解决的效率要高,且节省费用等。签订辖区间协议对于改善区域内共同问题的效果是明显的,同时它对于区域的发展也有着积极的意义,所以它广受欢迎。"1973 年的一项研究表明,市政府是地方政府间签署这种协议最多的缔约方,并且一个城市的人口数量与该城市签署的辖区间协议的数量和质量之间存在着直接关系。"①州与州之间同样可以通过签订协议的形式进行合作,即所谓的州际契约或州际协议,这在前文中已经提及。

　　无论是地方政府间签订的辖区间协议,还是州政府间签订的州际协议,都既可以看作是区域内地方政府或州政府进行合作的表现,也可以作为具体合作过程中的协调机制。

　　尽管签订政府间协议意味着某种合作的达成,但签订协议本身不是合作的目的,真正目的是希望通过该协议来明确合作的内容和目标,以及参与合作的政府在合作过程中各自的权利和义务,以此来协调具体合作中的各自行为和共同行为。在地方政府之间签订的契约中,有一种契约类型被称为服务契约,即两个或两个以上地方政府共同签订购买和销售服务的契约,由某一地方政府向其他地方政府提供某种服务。例如,"作为一个新成立的城市,雷克伍得市与洛杉矶县政府签订了由县政府负责该市所有行政事务的一揽子契约。该市地方官员的主要职责是与县政府谈判,并与县政府的各个部门联系安排地方市议会所要求的服务项目。"②一旦在履行协议过程中发生了纠纷,如提供服务的地方政府未能按约定提供服务,或者应该采取的共同行动未采取等而违反了协议,那么合作各方还可以依据协议的内容来确定责任,或者进行协商赔偿,或者寻求司法的救济等。

---

　　① 〔美〕乔治·S.布莱尔:《社区权力与公民参与》,伊佩庄、张雅竹编译,中国社会科学出版社2003 年版,第 185—186 页。
　　② 〔美〕乔治·S.布莱尔:《社区权力与公民参与》,伊佩庄、张雅竹编译,中国社会科学出版社2003 年版,第 187 页。

　　政府间协议的协调作用还表现在,它可以协调不同的州或地方政府之间在法律或规章规定方面的冲突,尤其是在区域合作过程中出现了法律适用上的冲突时,政府间协议可以提供如何选择适用法律的标准。如果州政府的法律或者地方政府的规章的有关规定与协议的有关条款冲突,那么此时的政府间协议类似于国际条约而优先适用。如果缔约方意欲不遵守政府间协议的约定,那么联邦国会和法院可以强迫其遵守。因此,政府间协议可以视为协调和保障区域内政府间合作的一项重要机制。

(二)区域委员会或联合会

　　组建某种形式的区域委员会或联合会,是美国区域内地方政府间合作的又一种重要的协调机制。"区域委员会是由县、自治市以及特区等组成的自愿性区域组织,主要目的是加强地方政府之间的交流、合作与协调,以解决美国大都市区所面临的一些区域性问题。全国区域委员会协会(NARC)代表美国450多个区域委员会,它对其成员的界定为:由地方政府创立的多重目的、多重管辖权的公共组织,它们将多个层级的政府成员聚集在一起进行总体规划、提供服务,并培育区域合作精神。"①当然,区域委员会只是相关组织的一种称呼,类似的组织还使用很多其他的名称,如政府联合会、大都市规划委员会、政府协会、规划区及地方开发区协会等。这些区域委员会的规模从3名雇员到超过3000名雇员,大小不等。

　　从形式和功能上来看,区域委员会又主要包括两种类型:区域规划委员会(Regional Planning Commissions,简称 RPCs) 和政府联合会(Councils of Governments,简称 COGs)。其中,区域规划委员会是区域委员会最早的发展形式,其主要职责是进行区域规划,就某一功能领域如空气污染、固体垃圾处理、运输、法律执行、土地利用、人力资源以及经济发展等为大都市区内的地方政府制定规划和提出建议。政府联合会是"由民选官员或由民选官员加以代表的地方政府组成的多功能自愿性区域协会。政府联合会的管理

---

　　① 刘彩虹:《区域委员会:美国大都市区治理体制研究》,载《中国行政管理》2005 年第 5 期,第67 页。

机构主要由成员政府的重要民选官员组成,其资金至少部分来源于成员政府。"①政府联合会的基本功能是协调成员政府之间的利益,并使他们能够行动一致。政府联合会本身为成员政府之间的交流和协调提供了一个平台,其成员政府可以通过这个平台讨论大家共同关注的问题,对那些有着广泛影响的联邦、州和地方合作项目进行协调。

华盛顿大都市区政府联合会(Metropolitan Washington Council of Governments,简称 MWCOG)是美国众多区域委员会之一,它由 21 个地方政府组成,分别来自哥伦比亚特区、马里兰州和弗吉尼亚州。MWCOG 的使命是:通过提供一个政策讨论的论坛,提升华盛顿大都市区居民的生活质量以及在全球经济中的竞争优势;执行政府间的政策、计划和规划;为区域的专家提供信息资源。MWCOG 的政策由董事会制定,董事会每月召开一次会议讨论区域问题。董事会在政策和技术委员会建议下召开,讨论当前和即将出现的区域间问题,并接收关于区域面临问题的简报。通过 MWCOG 的工作,使得大都市区内的地方政府能够通过这一平台讨论协商区域问题,解决彼此共同关注的问题,包括规划、环境、交通等。②

总之,区域委员会是美国区域合作与发展过程中自发形成的组织,它们既承担着一些区域性公共物品的生产或公共服务的提供,又发挥着信息交流、行动沟通等合作协调功能,是一种非常有效的区域合作协调机制。

(三)公众参与机制

由州政府和地方政府参与的区域合作与发展必然离不开辖区内的公众参与。原因在于,美国政府建立的基础是公民的天赋权利,政府运转的最终目的是要保障和更好地实现这些权利,公民参与到区域合作与发展中来可以为区域合作带来太多的东西,诸如合作的目的、内容、形式,以及怎样更好地实施各种合作的措施和解决合作中出现的问题等。因此,各种形式的公

---

① Howard W. Hallman. Small and Large Together: Governing the Metropolis. Berverly Hills: Sage Publications, Inc. 1977. p. 68。

② 参见孙兵:《区域协调组织与区域治理》,上海人民出版社 格致出版社 2007 年版,第184—186 页。

众参与机制也是重要的区域合作协调机制,离开了这些机制,公众无法参与到区域合作中来,那样,区域合作也失去了它的意义。

早在 1776 年的《独立宣言》中就明确了美国基本的公共权力哲学,那就是:为了保障这些权利(生命权、自由权和追求幸福等造物主所赋予的权利),人们才在他们之间建立政府,而政府之正当权力,是经被治理者的同意而产生的。当任何形式的政府对这些目标具有破坏作用时,人民便有权力改变或废除它,以建立一个新的政府。政府赖以奠基的原则,其组织权力的方式,务使人民认为唯有这样才可能获得他们的安全和幸福。① 这一理念成为美国宪政的基石之一,各州的宪法几乎都直接将上述内容予以重述。如今,美国公民可以通过各种机制和途径参与到政府的日常治理,包括区域合作事务中来。几乎政府的每一项公共政策的出台都离不开公众的参与及其影响。当然,"今天的公民在联邦、州和一些大型地方政府中参与治理过程的机会是有限的。他们需要求助于各种活跃的制度机构,它们包括以组织形式出现的各种志愿协会,各种功能性组织如利益集团、政党、种种市民协会以及传播公共事务信息的新闻媒体。"②

公众参与对于区域合作的协调作用表现在:各个政府在进行区域合作时该采取怎样的立场在很大程度上取决于辖区内公众的意见,社会公众对合作的态度及要求决定着合作能否实现或在多大程度上实现,以及政府在合作中的立场和策略。区域政府合作的内容要根据公众的需要来确定,社会公众的充分参与可以让政府在进行合作时,更加明确应该在那些领域进行合作,以及采取怎样的方式来进行合作等。

除此之外,州政府或地方政府在进行合作时,还会借助许多其他的一些协调机制来协调相互间的合作关系,比如州际示范法。"州际示范法是指由美国各州法律统一事务委员会(National Confcrence of Commissioners On Uniform State Laws)和美国法学会起草,供各州采用,旨在推进各州法律统一的

---

① 参见赵一凡主编:《美国的历史文献》,三联书店 1989 年版,第 16 页。
② [美]文森特·奥斯特罗姆、罗伯特·比什·埃莉诺·奥斯特罗姆:《美国地方政府》,井敏、陈幽泓译,北京大学出版社 2004 年 4 月版,第 213 页。

法律草案。迄今为止,美国已经制定了包括＜美国统一商法典》和《美国各州标准行政程序法》在内的数百个示范法案,为各州法律的一体化做出了重要的贡献。"①

第三节 经验借鉴:理念与制度

无论是欧盟立法协调还是美国区域合作协调,都可以对我国的区域立法协调产生重要启示。而在可能借鉴的内容上,那些具体的协调机制固然重要,制度背后所蕴含的理念同样不应被忽视。

一、借鉴的可能性

从表面上看,欧盟立法、美国的区域合作与我国的区域立法,三者之间似乎风马牛不相及,很难谈得上什么经验借鉴的问题。其实不然,欧盟立法、美国区域合作与我国的区域立法,三者都可以视为由相对独立的地理单元或政治实体的合作而形成的制度性事实。我国的区域立法协调一方面指向合作基础上的立法活动及其结果,另一方面则指向为完成共同立法任务所进行的合作行为。简言之,区域立法过程中的立法行为与合作行为都需要协调。欧盟立法与美国区域合作中的许多协调机制,也是针对合作性立法或者各类事务性合作而存在和运行的,因此二者能够为我国区域立法协调提供相应的借鉴经验。

欧盟立法已不同于一般的国家间(inter - nations)的立法合作,而更类似于一个联邦制国家的内部不同地方之间的立法合作。但不管怎样界定,欧盟立法要充分体现并协调好各成员国的利益需求和立法主张。虽然欧盟立法由专门的立法机构负责,但实际上这些立法机构由各成员国选派或委任的人员组成,这也就意味着欧盟立法本身就建立在各成员国合作基础上。这一点与本书所讲的区域立法极为相似,二者都是以立法为内容的区域合

① 何渊:《区域性行政协议研究》,法律出版社 2009 年版,第 28 页。

作。所不同的是,欧盟立法的基本参与者为各成员国,区域合作的内部界限为主权,而我国区域立法的基本参与者为特定区域内各地方立法机关,区域合作的内部界限为地方治理权。二者在区域合作内部界限上的差别,并不影响立法协调机制作为技术性制度在许多情形下的共通与相互借鉴。

美国的区域合作与发展很有特色,但由于立法体制等方面的差异,在区域政策或法制的制定或供给方面,我们无法通过与我国区域立法所采取的立法模式直接比照的方式获得有关经验。不过,区域立法在我国具有合作属性,而区域立法协调的一项重要内容是对立法的合作行为进行协调。美国也存在区域合作发展现象,比如说大都市区治理模式,其中在区域性公共服务的合作提供、区域性公共管理的合作实施,甚至区域性政策或规则的合作制定等过程中,也离不开对合作行为的协调。因此,我国的区域立法协调与美国的区域合作协调之间并非毫无比照与借鉴的可能。从这个意义上讲,我们考察和总结美国区域合作中所存在的各种协调机制,同样会有所收获。

二、理念借鉴
(一)权力的让渡与共享

从欧洲一体化历程来看,欧盟合作的每一次深化都伴随着各成员国主权的让渡,一体化程度越深,意味着主权让渡越多,对各成员国的主权限制也越多。在国际法上,主权作为国家的基本属性,它又被划分为身份主权和权能主权两类。其中,"身份意义上的主权指的是国家在国内社会及国际社会中的法律地位,它是国家在共同体中与共同体其他成员的关系在法律上的集中和概括,是一种质的规定性。权能意义上的主权(即主权权能)在国内社会关系中体现为对本国内外事务和本国人民及在本国领土上活动的外国人的控制力和支配力,并且是一种最高的政治权威。权能主权并非国家的本质属性。在国际社会交往中,各国更多地是强调身份意义上的主权,即处理本国国内外事务时不受外来干涉。因此,通常所说的主权让渡主要指的是权能意义上的主权的让渡。"①对此笔者表示赞同。国际合作中的主权让渡指的就是权能意义上的主权的让渡与共享,也即各国在协商一致基础上,将原本属于在一国范围内行使的某项权力,如行政权或立法权等,有条件地予以让渡,将其交由各国共同参加或认可的国际组织来统一行使,对于该国际组织在让渡权力范围内的权力行为,各让渡国有义务接受相应的约束或限制。主权让渡和共享的目的,在于使有关国家共同面临的某些国际性或地区性的问题得到更有效地解决,以更好地满足各国治理或发展的需要。

　　欧盟立法是各成员国将各自的立法权共同让渡,并将其交由专门成立的欧盟立法机构来行使,因此,欧盟派生立法权的大小取决于各成员国立法权让渡的多少。至于为何欧盟各成员国愿意让渡自己的主权,建立欧盟各组织机构并接受相应的限制,其背后有着复杂的历史、政治等原因。如果欧共体成立的初衷是避免欧洲再次陷入世界大战的灾难,那么当这一组织演变至今日的欧盟时,其存在和运转的目的早已远远超出了其成立的初衷。当前,经济全球化背景下,许多经济问题、社会问题、环境问题,乃至政治问题,都已经在不同程度上超出了仅凭某一个国家就能独自掌控或解决的范畴,加强国际性或区域性的合作,以应对区域内各国所面临的共同危机或寻求区域性问题的更好解决,就成为各国必然的选择。这其中的原理不仅适用于国际性的区域合作,同样适用于一国范围内的每一个已经形成或正在形成的经济、社会性区域。

　　如果欧盟所提供给我们的主要是一副国家主权让渡和共享的画面,那么美国在区域合作与发展中所呈现的则主要是国家权力向社会让渡的情势。尤其是20世纪90年代以来,随着"新区域主义"的兴起,改革者们不再试图建立一个区域型政府,而是更关注合作和网络化的大都市区治理,将注意力更多地集中于过程而非结构,试图建立一种包括私营和非营利部门在区域性问题中与政府合作的过程。新区域主义理论中有两个重要的概

---

① 张军旗:《主权让渡的法律涵义三辨》,载《现代法学》2005年第1期,第98—102页。

念:合作与协作。其中,合作主要发生在政府之间,而协作则主要发生在非政府间,一般是形成公共和私人的伙伴关系甚至是部分公有事业部门私有化的途径来解决区域问题。而这又是建立在这样的信念基础上:在一个分散化的、多中心的体系中单一政府很难有效地应对区域性挑战,如果要成功解决区域性问题,所有相关方面的参与是很重要的。① 美国威斯康星大学教授唐纳德·凯特尔(Donald F. Kettle)在其1993年出版的《权力共享:公共治理与私人市场》一书中,针对政府改革的民营化和合同外包问题,他强调政府应该提高合同管理能力,做"精明的买主"。对于政府民营化改革,他指出"民营化意味着公共部门与私人部门分享权力,而不是公共部门将权力拱手让给私人部门,撒手不管。民营化意味着政府责任的增加,面对不同的市场。政府要提高管理能力,成为精明的买主,从而实现良好的治理。"②

　　权力的让渡与共享是区域内权力合作得以实现的前提,也是影响区域合作协调机制功能发挥的基础性因素。区域合作的发起者、主导者或参与者多为政府或享有公共权力的部门,如果要使区域性事务通过一个持久的合作机制获得处理,那么有关政府或公共部门就应该接受并实践权力让渡与共享这一理念。对于我国的区域立法协调而言,权力让渡与共享理念至少应该反映在两个方面:一是区域内各地方立法机关在进行立法合作时,愿意在哪些领域及多大程度上实现立法权区域内共享;二是在构建和运行有关区域立法协调机制时,社会组织或有关社会主体在其中处于怎样的地位,将会发挥多大的作用。

　　例如,为了协调区域立法职权主体之间的行为关系,我们可以引入区域立法联席会议机制,即由各地方立法机关的负责人或有关代表,就某领域的立法合作或区域立法中的某些具体事务等,进行交流或磋商。联席会议的召开能否真正取得相应的协调效果,与各有关地方立法机关是否愿意让渡

---

① 洪世键:《大都市区治理:理论演进与运作模式》,东南大学出版社2009年版,第96—105页。

② 储亚萍:《论政府"做精明买主"的重要性——评唐纳德·凯特尔的<权力共享:公共治理与私人市场>》,载《云南行政学院学报》2010年第3期,第107页。

自己的立法权,以及在多大程度上让渡直接相关。立法权的让渡和共享关系到各地方利益的得失,如区域内各地方关于土地价格、部分税种的税率,以及有关优惠政策等的立法调整,有的地方可能会基于本地方利益的考虑而拒绝让渡自己在这些领域的立法权。这种情况下,即使将这些领域的合作列入了有关区域性协议中,一旦在真正开展有关区域立法时,有的地方立法机关就可能会对此采取消极态度。此时,无论召开怎样的联席会议进行磋商,恐怕都很难取得实质性成果。这也为我国区域合作实践提供了警示:许多地方政府热衷于参加各种区域性合作洽谈会,会在许多领域签订合作意向书,但是如果有关地方政府没有做好让渡有关权力的准备,所谓的合作洽谈会或意向书就会流于形式。

再如,公众参与机制是协调区域立法职权主体和参与主体行为关系的一项重要机制。公众参与区域立法的途径或方式有很多,在有些地方也正逐步进行制度建构和完善予以保障,但是,如果区域立法中各地方立法机关缺乏权力向社会让渡,在某些层面上实现与社会公众的共享的观念和行动,那么任何看似美妙的公众参与机制都很难发挥其应有的协调功能。此外,在区域立法的各个阶段,为了增强区域立法协调的科学性和有效性,许多协调机制的设置和运转都应适当引入相应的社会中介组织,如学术团体、科研单位或行业协会等,同样道理,如果各地方立法机关无意将其部分权力让渡给社会,那么这些社会中介组织在立法协调中就很难有自主的或更大的作用空间,而相应的协调机制实际上也难以发挥出预期的协调功能。

(二)契约理念

无论是欧盟立法,还是美国的区域合作,无不渗透着浓厚的契约理念。权力的让渡和共享也首先是通过各种契约的方式予以固定和规范。欧盟各成员国将自己的部分立法权予以让渡和共享,由根据条约所组建的立法机构行使相应的立法权,这可以视为卢梭社会契约论在人类社会中的一种实践表现。"证诸历史,我们看到,欧洲一体化是通过缔结条约,使若干领域纳入共同体/联盟机构的权限范围,从而把相关的权力让渡给共同体的机构;或是对条约进行修改,来改变规定的共同体机构体系、运作规则,加强其超国家性质,扩大其权限。"①在美国,契约理念是与深刻的政治哲学联系在一起的。从建立这个国家的第一批清教徒,到国家政治体制或结构形式的选择,再到具体的社会治理和社会交往,无不渗透着契约的意蕴。新英格兰的清教徒是坚持联邦神学的公理会教友,他们共同签订了"'五月花号'契约",并在契约中承诺在建构民治政治体(civil bodies politic)时相互订立圣约。"这种承诺被认为是联邦治理体制的一个基本的预先承诺(precommitment)。它为联邦制增加了一个重要特点,即众多的政府单位。"②巧合的是,美国的政治体制——联邦制(federalism)一词源于拉丁语 foedus,意即圣约(covenant)。

　　契约理念同样反映在欧盟立法协调和美国区域合作协调机制及实践中。例如,欧盟立法中的权限界分机制,它所包含的三个基本原则内含着复杂的契约理念。根据权限解纷机制三原则的要求,各成员国未授予欧盟立法机构在某些领域或事务上可以立法,那么后者就不享有的立法权。如果在某些领域或事务的法律调整上,成员国立法比欧盟立法更为适宜的话,欧盟立法对此无权涉足。欧盟立法不应超出欧盟宪法所设定的共同体的目标。这些要求反映出这样的契约理念:欧盟立法机构的设立及权力的享有和行使,建立在各成员国通过缔结条约、让渡权力基础上,欧盟立法应该服从并服务员各成员国缔约合作的目标。照此理念所形成的权限界分机制,有效地协调了欧盟与各成员国立法权限的划分与行使问题。在美国,用来协调区域合作的州际协议,同样是契约理念的直接产物。

　　契约理念在人类社会发展过程中发挥着重要的功能,因为从这一理念中可以衍生出许多先进的交往原则和社会制度。对于我国的区域立法协调而言,契约理念内含的两个基本原则,即合作原则和平等原则,具有重要的借鉴意义。

　　根据合作原则,人类社会中任何两个或两类以上的主体之间都可以实

---

①　黄正柏:《权力的让渡和主权的坚持:略析欧洲一体化中的"主权让渡"》,载《史学集刊》2009 年第 2 期,第 52—53 页。

②　[美]文森特·奥斯特罗姆:《美国联邦主义》,王建勋译,上海三联书店 2003 年版,第 8 页。

现合作,只要存在合作的需要或者有关主体认为合作是必要的。当前,我国区域立法中的合作主体主要为区域内各地方立法机关,这对于区域立法及其协调而言显然是不够的,应该扩大参与合作的主体的范围。换言之,区域立法及其协调中的合作应该在多个层面上展开,既包括地方立法机关之间的合作,也包括立法机关与社会组织之间的合作,以及社会组织之间的合作等。无论合作发生在哪些主体之间,表现为怎样的内容,指导或调整合作的主要规范应该是各种协议或契约。这就意味着即使合作发生在地方立法机关与社会组织或其他社会主体之间,它们之间的地位应该是平等的,意思是自治的。

除了服务于人自身生存和发展的需要,政府及其掌握的权力不应有属于自己的私益和目的,政府组织或权力结构之间的关系同样也要服从这一宗旨。遗憾的是,政府的权力派生于公民天赋的权利,并为保障和实现公民权力所服务,这样的理念未曾出现在我国的传统政治理念中。非但如此,一方面,中央集权的政治体制,权力优越的民族心理仍然影响和塑造着当下的政府组织形式和权力结构体系。立法和法律被视为一种工具,首要的不是服务于社会公众,而是作为一种政治统治的工具而存在。国家权力主要集中于中央,社会中一旦出现带有一定普遍性的问题时,民众更多地都是期待中央政府或更高权力的干预和解决,而且似乎后者也充满着敢于担当的勇气,尽管实际上早已力不从心。这样便愈发使得权力结构的失衡:地方政府缺乏应有的自主空间,无力也少有动力去主动提供某些公共服务或解决一些社会问题。另一方面,国家权力严重挤占了社会权力的运行空间,致使社会权力在推动社会发展方面的活力不足,尤其是社会中间组织缺乏足够的发展空间和自治权利,一旦某一领域的社会矛盾被激化,政府将更直接地面对一群集体非理性的"乌合之众"。这种情况下,我国的区域立法协调仍主要采取政府主导、权力干预的模式,许多较为有效的协调机制几乎都是建立在这样的模式基础上,其间很少有较为完备的制度规制或规则惯例,从而使得区域立法的协调工作及其效果任意性和主观色彩较强。尽管近年来政府呼吁公众提高对包括区域合作和立法在内的许多权力行为的参与,但是我们的现有参与机制很不完善,效果并不突出。要想走出这一困境,在某些公共管理或服务的提供领域按照契约理念,在上下级立法机关之间、区域内同级的立法机关之间,以及地方立法机关与社会组织或公众之间建立起平等的合作关系,十分必要。

(三) 协调的制度化

区域立法的协调应该通过相应的制度或机制来实现,尽管实践中许多非制度化的或非正式的协调方式亦常见于区域合作中,但为了规范区域立法协调,增强协调的可操作性和可预期性,应该努力将各种有效地协调方式或措施予以制度化,构筑系统的区域立法协调机制。同时,协调机制本身还应该根据区域立法实践的推进及其需要,不断地进行制度创新。这些体现在欧盟立法和美国区域合作协调实践中的理念,值得区域立法有关主体在进行区域立法协调时予以借鉴。

在欧洲一体化进程中,各成员国之间通过各种制度或机制来不断地表达各自的以及共同的利益追求和关系立场,由此也形成了诸多规则与制度。"国家间的多边合作是一个规则制定的过程,包括约束性协议的谈判、相互的监督、条约的解释和争端的解决。"[1]欧盟立法的运转建立在一系列具体制度基础之上,这其中就包括一套较为系统的立法协调机制。至少从当前来看,这套制度与机制是有效的,它们基本上满足了欧盟各成员国在区域合作与发展过程中对立法和法律的需求。从欧盟立法相关制度来看,它们并非一开始就是非常完备和有效,而是经历了一个不断在立法实践中完善的过程,而且这个过程还将持续下去。这一点无论从欧盟立法的程序制度的演变之中,还是从欧盟立法的具体协调机制,如权限界分机制和公众参与机制等的发展之中都可以得到印证。

不仅如此,欧盟在立法制度的创新方面从未停止其探索和改进的脚步,尤其在如何更好地增加欧盟立法的透明度和民主合法性方面,欧盟立法的

---

① Shah M. Tarzi, The Role of Norms and Regimes in World Affairs: A Grotian Perspective, in the International Relations, Vol, XIV, No. 3, December 1998.

实践者和推动者们一直在作着新的尝试。在立法程序的制度创新方面,所谓的"社会伙伴程序"或"社会对话程序"的立法程序地引入便是这种尝试的表现。这里的"社会伙伴"特指代表劳资双方利益的社会伙伴,它被视为西方政治制度中除政党外最重要的利益协调者之一。1992 年签署的《马斯特里赫特条约》的《社会政策议定书》中将"社会伙伴程序"纳入了欧盟立法和社会政策的决策程序,1997 年的《阿姆斯特丹条约》再次确认了部长理事会将社会伙伴关系的协议转化为欧盟立法的可能性。具体而言,社会伙伴程序是指欧委会提交有关社会政策议案之前,应就拟提案的内容向劳资双方提出咨询。劳资双方应向委员会提出意见或适当时提出建议。如果劳资双方愿意,劳资双方共同体级的社会对话可导致包括签订协定在内的契约关系的建立。部长理事会将适用特定多数表决机制来批准劳资双方达成的协议。将社会伙伴纳入立法程序,使其成为重要的立法参与者,增强了欧盟立法和政策决策的民主合法性,同时也改变了欧盟主要机构的权力分配,尤其对欧委会和欧洲议会的影响最大。① 显然,欧盟立法制度创新的目的在于保持欧盟立法自身的活力,使其能在欧盟一体化进程中发挥应有的推动作用。社会伙伴程序制度的建立,有机地融合了原来的欧盟立法程序与作为立法协调机制的公众参与机制,无论这种制度创新的思路还是其中所反映出的理念,都值得我们在建构区域立法协调机制时加以学习和借鉴。

在我国,无论是区域立法,还是区域立法协调机制的建构,在制度上都尚未定型,都有着很大的制度创新空间。这就要求区域立法的理论研究者与实践推动者在宪法和法律规定的范围内,大胆地从理论和实践两个层面进行制度创新。在进行制度创新过程中,要注重借鉴欧盟立法在程序制度的设计上,既有着一般的程序性功能,又可发挥相应的立法协调功能,将各立法协调机制融合到区域立法的具体程序或具体制度中去。例如,我们可建构一种咨询机制,用来协调区域立法职权主体之间及其与区域立法参与

---

① 参见周弘、[德]贝娅特·科勒-科赫主编:《欧盟治理模式》,社会科学文献出版社 2008 年版,第 92—93 页。

主体之间的关系,但同时我们也可将该立法协调机制设计为一种立法程序,即在进行区域立法时有关区域性立法议案必须或者可以选择适用咨询程序,向有关立法机关或社会团体等咨询意见或建议。

理念与传统的改变不是朝夕之事,而通过制度上的改进来载入这些先进的理念在短时间内却是可行的。我国区域立法制度的完善尤其是协调机制的建构,应该借鉴和吸收欧盟立法和美国区域政府合作中协调机制所承载的那些理念,然后再围绕这些理念建构相应的区域立法协调机制,以及在政府体制和立法体制等方面开展相应的改革,从而切实发挥区域立法的积极功能。

三、制度借鉴:区域立法协调委员会的设立与运行

在吸收欧盟立法和美国区域合作协调的个中理念时,许多具体的协调方式或制度,也可以根据我国区域立法的具体情况进行修正性的借鉴,作为区域立法的协调机制。例如,我国区域合作中也存在着大量的政府间协议,也较为重视区域合作中的公众参与,这些协议及公众的参与同样也发挥着协调合作的功能。但这些机制在制度设计的完备性和运转的有效性上仍存在较大的缺陷,表现为:政府间协议的法律属性或效力如何,一旦出现了纠纷或违约行为该如何调处等都缺少明确的法律依据或规则惯例。公众参与的形式意义要大于实质意义,也影响了这一机制的制度效果。对于这些问题,都可以通过比照欧盟立法或美国区域合作中的相关协调机制,予以改进和完善。

欧盟立法和美国区域合作中,各种形式的委员会除了承担规定的职责外,还发挥了重要的协调功能。例如,欧盟立法中的区域委员会,它在从事职责性工作,为欧盟立法提供相应的咨询意见同时,还会及时地将各区域内的社会组织或公众的意见反映给立法机构,让后者更全面、更准确地了解各区域社会公众的意见,有助于加强欧盟立法机构与区域组织或公众这两类主体之间的协调。美国的区域委员会同样也发挥着类似的协调功能。由区域内的各地方政府所成立的政府联合会,是区域委员会的具体形式之一,其

管理机构主要由成员政府的重要民选官员组成,其资金至少部分来源于成员政府。对于区域合作与发展而言,政府联合会的主要目的是为其成员政府提供一个论坛以讨论大家共同关注的问题,对那些有着广泛影响的联邦、州和地方项目进行协调。在某些必要情况下甚至还可以制定解决特定问题的政策,然后通过其成员政府负责执行。[1]

通过设立某种形式的委员会或机构的方式来协调区域立法,这一建议或设想从未被学者们所放弃。王春业就主张由区域内各行政区划政府有关人员在协商自愿基础上组成区域行政立法委员会,作为区域行政立法机构。[2] 实践中也的确出现过各种形式的委员会或协调机构,被用于推动和协调区域合作与发展。早在 1983 年,所谓的"上海经济区规划办"就在上海建立,其主要职责是研究阻碍苏、沪、浙三地发展的主要障碍,协调三地在发展中的合作等问题。虽然该"规划办"成立五年后就被撤销,但是这种协调方式依然没有为各区域合作的参与者所放弃。根据我国的政治和立法体制,结合区域立法实践现状,笔者主张:为了更好地促进和协调区域立法的开展和实施,有必要借鉴欧盟和美国的相关经验,设立区域立法协调委员,专司与区域立法协调有关的各项工作。

(一)区域立法协调委员会的人员构成与基本职能

由于区域立法是一种权力行为,区域立法协调委员会的主要成员也应该具有国家工作人员的身份,但区域立法协调委员会毕竟不是依据法律设立,不具备纯粹的作为国家机构的法律属性,而且区域立法必将随着区域经济、社会的一体化发展程度的加深而愈加成熟,并随之对我国现行政治或立法体制产生反作用,因此,区域立法协调委员会在人员构成上不必拘泥于现行的政治或立法体制框架,而应保持灵活和开放的态度,以能够更好地实现区域立法协调为其最终目的。

---

① 刘彩虹:《区域委员会:美国大都市区治理体制研究》,载《中国行政管理》2005 年第 5 期,第67 页。

② 王春业:《区域行政立法模式研究——以区域经济一体化为背景》,法律出版社 2009 年版,第 2 页。

在我国,参与区域立法的地方立法机关为省和较大的市的人大及其常委会及其人民政府。区域立法协调委员会的主要成员应来自于这些机关。在人员数量上,区域内每个参与立法合作的省(或较大的市)以 3 人为宜。在人员来源上,这三人中应该至少有两位分别来自权力机关和政府,以便今后分别对应各自的机关开展相应的协调工作,另外一人不必非得具有国家工作人员身份,也可从社会中选任。鉴于立法决策的民主性和科学性有待完善,无论是地方权力机关还是行政机关中,具有领导职务的人员比一般的工作人员进行立法协调或其他相关工作协调会更有效果,因此,组成区域立法协调委员会的各地方三名成员中,应至少有一名为权力机关或行政机关的主要负责人。为保障区域立法协调委员会的工作效率,各地方的三名委员中,应该至少有一名专职委员,同时每个地方的权力机关或政府还应各配备 1 至 3 名协助人员。这种人员构成的设计是在对我国地方国家机关的实情,特别是权力机关与政府人员组成特点的充分把握基础上确立的。

当然,上述人员结构下的区域立法协调委员会具有强烈的时代特点和阶段特征,今后随着区域立法的深入,区域立法协调委员会可能发生重大变革,包括人员构成方面的调整。纵观国外成功的区域立法尤其是欧盟立法经验不难发现,成立一个专门的机构非常必要,但此类机构的性质或职能定位,以及人员构成并非固定不变,也都经历了一个由初级到高级,由制度尝试到制度成型的过程。我国区域立法以及区域立法协调委员会同样如此,区域立法尽管尚处于发展初期,许多制度都在摸索中建立,但是它对于我国立法体制乃至政治体制变革的影响将是深远的,而其发展也将是一个不断探索和完善的过程。区域立法协调委员会的属性,及其人员构成等问题同样应被视为一个动态问题,应以一种发展的、面向未来的眼光来探讨这些问题的答案。

区域立法协调委员会的基本职能是协调区域立法或从事与区域立法协调有关的工作。具体包括三个方面:一是专门针对区域立法活动的协调;二是承载某些区域立法协调机制的运作;三是与区域立法有关的其他协调工作。

　　由于区域立法是两个或两个以上的地方立法机关的合作立法,无法完全按照《立法法》所规定的立法程序来实施,需要在立法程序每个阶段乃至每个细节上都进行程度不同的合作性协调。区域立法依托于地方立法权的合作,同样也需要借助于现有的立法程序。无论是广义上的还是狭义上的立法程序,都是区域立法必经的程序,也都需要针对各程序中的合作行为进行相应的协调,而承担这些协调工作的正是区域立法协调委员会。以区域性法规或规章案提出为例,区域立法协调委员负责收集和汇总有关区域性公共事务的立法议案,然后将立法议案分发给区域内各地方立法机关的有关负责部门,如果各方就某些立法议案的必要性与可行性达成初步共识,区域立法协调委员会可以组织由各地方立法机关代表参加的协调会,进行区域立法规划的立项,然后再负责协调有关起草工作。

　　区域立法的顺利开展和有效实施离不开相应的协调机制,而区域立法协调机制的运作又是以区域立法协调委员会为其载体的。区域立法协调委员会的载体功能主要表现在两个层面:一是某些区域立法协调机制需要附着于区域立法协调委员会这样一个特定的机构方能实施和运作;二是某些协调机制的运作则需要区域立法协调委员会的辅助。就区域立法准备阶段的协调机制而言,省(市)际协议签订过程中的协调工作,以及省(市)际协议在发挥协调功能过程中,区域立法协调委员会都起着辅助性作用。区域立法协调规划的编制以及区域立法论证的开展,都离不开区域立法协调委员会的组织和参与。

　　此外,区域立法协调委员会还承担着其他方面的协调工作,例如"交流各成员地区立法机关的立法信息、立法工作经验等;研究分析立法中已经出现或可能出现的不协调或冲突,并提出相关解决方案;根据需要,组织研究起草统一的法规草案示范稿;对成员地区有关法规草案进行论证,或将其向其他地区立法机关进行推荐",[①]等等。

───────────

　　① 丁祖年:《关于我国地区间立法协作的几点问题思考》,载《人大研究》2008 年第 1 期,第 38页。

(二)区域立法协调委员会的运行

区域立法协调委员会立足于协调功能的发挥,贯穿于区域立法从立法准备到立法完善的整个过程。由于区域立法协调委员会是依据省(市)际协议而设立,并非纯正的官方组织(但由于其成员身份可称其为准官方组织),而且其运行尚无完备的法律或规供遵循,所以它的运行方式可以根据区域立法协调工作的需要来灵活地确定,相应的运作模式和运行规则也有待于在实践中摸索和总结。

首先,建立和完善区域立法协调委员会的各项基本制度,是保证其正常运行的基本前提。对于区域立法协调委员会的组织属性、职能定位、工作方式以及经费保障等基本制度的确定与建构,我们可借鉴美国的区域委员会或联合会制度。在美国,区域联合会是一个多功能的区域性自愿组织,由某区域内的地方政府选派代表参加,联合会定期举行会议,讨论本区域内共同问题,拟定计划向参加联合会的政府提出。联合会不是一个政府单位,没有行政权和立法权,只有建议权,参加联合会的政府可以接受或不接受。它的活动经费由地方政府、州政府和联邦政府提供。区域联合会开展区域性行动,不损害成员政府的政治传统和独立地位。它的作用是调和地方政府的独立和区域内部存在的相互依赖关系。① 区域立法协调委员会的组织属性亦可暂定为区域自愿性准官方组织,核心职能是从事与区域立法有关的协调工作。该委员会日常运转所需要的经费由参与区域合作的各地方国家机关从财政中拨付。

会议制是我国各种机构最常采用的工作方式,区域立法协调委员会亦可设立定期会议和临时会议制度。其中,定期会议包括由全体委员参加的年会,或者根据区域立法的需要所确立在在每年某个时期固定召开的会议。定期会议所要讨论的问题应该是关涉区域立法以及区域立法协调工作重要事项,或者具有全局意义的事务,例如总结年度区域立法协调工作的经验与不足、讨论区域立法规划的编制,以及制定区域立法协调委员会自身的运作

---

① 参见王名扬:《美国行政法》(上),中国法制出版社2005年版,第285页。

规则等。临时会议则是根据区域立法协调的需要,不定期就区域立法中的特定事项所召开的碰头会或协调会。全体会议应该以现场会议的方式召开,全体委员面对面地就某些问题进行磋商,会议的程序较为正式,并且要形成相应的会议文件。临时会议则可以通过视频会议或电话会议等形式召开,会议的程序可灵活把握,以达到特定协调目的为目标。

其次,平等、公开与效率是区域立法协调委员会在开展协调工作过程中所要遵守的三个基本原则。区域内参与立法合作的地方立法机关之间是平等的,尽管不同的省或较大的市在经济总量、人口规模或自然资源等方面存在差别,但是合作必须以平等为基础,在自愿的前提下进行。尤其在制定和磋商某些区域性法规或规章草案内容时,每位成员享有同等的发言权与否决权。也许平等原则在实践中会遭遇挑战,任何契约的签订都是建立在各方实力基础上,强势一方在多数情况下都会为自己争得更多的利益,但平等作为一项基本原则应该被强调,并且要据此设计某些制度或机制,如在重要事项的立法或重要的立法条款上实行全体一致的表决方式,并且要确立不合作和自由退出等机制。

公开原则主要指的是与区域立法协调委员会相关的工作信息要公开。区域立法是为区域经济、社会发展服务的,而后者又以增进区域内民众的社会福利为最终目标,故区域立法及其协调工作不存在不可以对社会公众的事务。信息公开原则要求区域立法协调委员会要将其机构自身的基本情况,如组成人员、机构职责和工作制度等,以及会议信息和其他与区域立法协调工作有关的信息,都要通过特定渠道尤其是网络的方式予以公开。这就要求每个区域立法协调委员会建立其相应的官方网站,及时地发布其各种工作信息。同时,区域立法协调委员会也可进行网上办公,包括网上召开临行性协调会议、网上进行立法信息交流,以及回答社会公众对区域立法及区域立法协调工作的提问等。

进行区域立法协调目的之一是尽快完成并实施区域立法,因此效率原则是区域立法协调委员会运行必须遵循的原则。它要求区域立法协调委员会在从事立法协调工作时要尽可能地提高工作效率,设定并遵守相应的期限,做好不同区域立法不同程序或阶段协调工作之间的衔接。由于区域立法协调委员会是由区域内各省或较大的市的委员组成,平时委员们都在自己所属单位工作,因此如何使他们更快地坐到一起或者就某些问题进行更快的交流,以提高协调的时间效率,是今后在建立和完善区域立法协调委员会工作制度时所必须要考虑的。当然,随着区域立法的深入及制度的完善,有必要在区域内某地为区域立法协调委员会进行挂牌,使其有自己专门的办公场所和专职工作人员。

最后,根据广义上的区域立法程序,我们来梳理一下区域立法协调委员会在区域立法各程序中是如何运行的,尤其是其承担着怎样的协调任务。

在立法准备阶段,区域立法协调委员会主要从事:(1)从各种渠道汇总和整理有关区域立法的建议或提案,这些渠道包括区域内已经签署的省(市)际合作协议、各省或较大的市每年召开两会时人大代表提交的议案、政府工作报告,以及其他社会团体或公众以书面形式提出的关于某一事项开展区域立法的建议等;(2)将有关建议或提案转送区域内各地方立法机关,并汇总和整理其反馈意见,在此基础上协调组织或者参与区域立法规划的编制;(3)将编制好的区域立法规划转送各地方立法机关,在意见反馈基础上,就当前区域合作与发展过程中面临的急需立法调整的区域性公共事务,组织开展与起草有关的立法论证工作,并形成相应的论证报告。

区域立法协调委员会在立法确立阶段,主要开展如下协调工作:(1)根据区域立法论证结果,若有启动区域立法的必要性和可行性,可组织、参与或委托有关人大代表、专家学者或社会组织起草区域立法草案。具体由谁来负责起草以及其他参与合作者各方的意见如何体现等,都需要借助区域立法协调委员会从中协调;(2)区域立法草案成稿后,协调区域内各省或较大的市享有提案权的主体或者政府相关机构,在相同的时间段内向各自的立法机关提出立法案;(3)委员会中的各委员可参与到本省或较大的市立法机关对区域立法议案的审议中,并可以应要求单独或辅助提案人对立法案的内容及相关情况作出说明;(4)立法案在提请审议及审议过程中,及时地收集、汇总并向提案人或审议机关反馈社会公众对该立法案的观点和建议；（5）就区域内各省或较大的市立法机关对区域立法案的审议情况，包括审议的进展及表决的结果等及时地汇总，并传达给各方，以作好对各种突发情况的应变；（6）如果立法案在各方都得以通过，或者至少在两方通过，即可协调区域性法规或规章的公布时间与方式，同时就未通过的展开新一轮的磋商与协调。

在区域立法完善阶段，区域立法协调委员会要作好如下协调工作：（1）就区域性法规或规章的备案工作进行协调；（2）关注区域立法文件的实施，收集和整理立法实施的相关信息，如是否存在与其他法律、法规或规章相冲突的情形，以及法律条款的规定是否与现实发展需要相脱节等；（3）在区域立法实施一段时间后，组织或者提请各地方立法机关开展立法后评估，系统而科学地掌握区域性法规或规章的实施情况，为接下来采取怎样的完善措施提供参考或作好准备；（4）如果区域性法规或规章在实施过程中出现了新的情况需要进进一步明确法律适用，或者立法本身某些条款需要进一步明确其含义的，可协调有关各方启动立法解释程序；（5）协调各方对区域性法规或规章、地方性法规或规章，以及其他具有约束力的规范性文件进行定期清理，消除或减少各规范性法文件之间的冲突，保持立法体系的内部协调等。

第三章 区域立法准备阶段的协调

　　一项法案在被正式提交给立法机关之前,需要进行大量的准备工作,与这些工作有关的制度被统称为立法准备制度。对于立法准备阶段究竟存在哪些具体的制度,学者们有着不同的看法。汪全胜教授认为立法准备工作指的是立法的预测、立法的规划、立法的论证以及立法草案的拟订等工作。① 王爱声博士将立法准备阶段又称为法的创生阶段,并认为:"在这多种多样的立法准备活动中,立法规划的编制和法案起草,尤具实在意义。"② 而张永和教授在其主编的《立法学》中则指出:"就整个立法准备阶段的活动主旨而言,立法准备的任务主要有两项:(1)对是否将特定事项纳入立法调整范围这一问题作出初步判断;(2)对应当予以立法规范的事项形成初步的规范文件形式。从这个意义上讲,作出立法决策、进行立法预测、编制立法规划以及起草法案草案就成为立法准备阶段至关重要的活动。"③我国一些地方立法性法规,如《甘肃省人民代表大会及其常务委员会立法程序规则》和《重庆市人民代表大会及其常务委员会地方立法程序规定》等,也都设有专章规定立法准备制度。不过,这些法规主要就立法准备中的立法规划和立法计划制度,以及法案起草制度作出相应规定。

　　那么,区域立法准备阶段的工作内容和制度又包括哪些呢? 区域立法具有合作属性,这使得其准备阶段的工作内容和制度也有着独到之处。具

---

　　① 汪全胜:《试论建构我国的立法准备制度》,载《福建政法管理干部学院学报》2002 年第 1 期,第 59 页。
　　② 王爱声:《立法过程:制度选择的进路》,中国人民大学出版社 2009 年版,第 60 页。
　　③ 张永和主编:《立法学》,法律出版社 2009 年版,第 69 页。

体表现在两个方面:一是区域立法准备工作内容上的特殊性。区域立法建立在地方立法权合作基础上,而地方立法合作又是以省(市)际协议为依据,因此,对于区域立法而言,省(市)际协议的签订是开展区域立法的重要前提,也是区域立法准备阶段的重要工作之一;二是区域立法文本起草程序划分上的特殊性。在中央或地方立法程序中,立法提案或送审之前的工作都属于立法准备工作,法案起草也由此被纳入立法准备阶段,对于区域立法而言,区域立法文本内容的起草和确定,直接关系到区域内各地方及相关主体的利益分配,关系到立法合作能否实现或在怎样的程度上实现,换言之,区域立法文本草案的拟订是区域立法的关键程序或环节之一,故可将其划为区域立法确立阶段而非准备阶段。就立法任务而言,区域立法准备阶段的工作应主要围绕区域立法项目的确定,以及论证某项区域立法的起草时机是否成熟来展开。这些准备工作的顺利开展,离不开这样三种协调机制:省(市)际协议、区域立法规划和区域立法起草论证。其中,省(市)际协议的签订是区域立法活动得以开展的基本前提和依据,区域立法的编制为区域立法活动确立了目标或对象,而通过区域立法起草论证,则可以为某项区域立法是否可以起草,以及如何起草提供决策依据。

第一节 省(市)际协议

区域立法非但无法摆脱现行的行政区域划分和立法权配置的约束,而且有关区域立法的讨论都要以此为逻辑起点。如何协调区域内不同的行政区划以及区域立法职权主体之间的关系便成为区域立法工作的重要内容。正如州际契约在美国的州际合作过程所发挥的协调功能那样,通过签订省(市)际协议来协调区域立法工作是较为可行的做法之一。2006 年初签订的《东北三省政府立法协作框架协议》也为我国以省(市)际协议的方式进行区域立法协调提供了成功的范例。那么,该省(市)际协议的法理依据和签订程序是什么,如何认识省(市)际协议在区域立法过程中的协调功能,以及省(市)际协议存在怎样的制度缺陷以及如何完善等,这些问题都需要做进一步探讨。

一、区域立法中的省（市）际协议

（一）如何理解省（市）际协议

改革开放以来,我国区域发展至少呈现三个显著特点:一是区域发展不均衡,如东部、中部和西部之间因地理环境、自然资源和政策扶持等差异而产生了很大的差距;二是经济要素从根本上决定着我国区域的划分及发展程度,典型的如长三角、珠三角和环渤海三大经济圈的划分及发展;三是行政区划对区域经济、社会的发展形成基础性的影响或制约。由上观之,区域发展的历程及现状从根本上仍未摆脱行政区经济的发展模式。所谓"行政区经济",是由于行政区划这一"看不见的墙"对区域经济的刚性约束而产生的一种区域经济现象。它是中国在改革开放以来在由传统计划经济体制下区域经济的纵向运行系统向社会主义市场经济体制下区域经济的横向运行系统转变时期而出现的一种奇特的区域经济类型。[①] 简言之,经济要素与行政区划构成我国区域经济、社会发展的基本要件,这同时也是我们探讨区域立法无法回避的逻辑前提。

从立法权的配置和运行来看,地方立法权的行使主体除特殊主体外,主要是省级和较大市级的人民代表大会及其常委会和人民政府等一般主体。区域立法主体不是单一的,而是各地方立法主体(包括一般主体和特殊主体)的组合。正是由于区域立法主体构成的复合性、立法权的多元性以及调整事项跨行政区划的复杂性等特点,协调便成为区域立法工作尤为重要的内容。省(市)际协议恰恰是针对区域立法这一特点所建立的一种事前协调机制。对于省(市)际协议的涵义,我们可从以下三个方面来理解:

一是省(市)际协议的签订主体主要是享有地方立法权的一般地方立法机关,即省级和较大市级的人大及其常委会和人民政府,不享有地方立法

---

① 刘君德、舒庆:《中国区域经济的新视角——行政区经济》,载《改革与战略》1996年第5期,第1页。

权的地方权力机关或行政机关之间,以及享有和不享有地方立法权的地方权力机关或行政机关之间,亦可成为省(市)际协议的签订主体。根据省(市)际协议是否以立法或法制合作为主要内容,可将其分为法制类省(市)际协议和非法制类省(市)际协议。对于区域立法而言,前者显然具有直接的协调意义。因为法制类省(市)际协议对各有关签约的地方立法机关在立法或法制合作中的行为等,作出了相应的约定,可以直接作为区域立法活动的依据。但正如前文指出的那样,现行的较大的市立法制度存在严重的缺陷,立法权在地方的配置很不合理,许多经济规模、人口数量和地理资源等与所谓的较大的市相差无几甚至有过之的市反而不享有地方立法权,这在很大程度上限制了特定区域内各行政级别相同的城市之间就立法或法制进行合作的空间。再者,区域合作实践中所签订的省(市)际协议,法制类的协议寥寥,更多的是关于某一建设领域或某一公共事务方面合作。此类协议对于区域立法而言,并非全无协调意义,因为它们同样可以为区域立法确定调整对象、调整原则及目的等提供相应的依据。

二是由于不同地方立法主体的性质不同且行政级别存在差异,如省(市)级人大及其常委会属于地方权力机关,而省(市)级人民政府属于地方行政机关,并且省级与较大市级人大及其常委会之间存在监督关系,人民政府之间存在领导关系,人民政府还要对同级人大及其常委会负责并报告工作,所以省(市)际协议只能在性质和行政级别相同的地方立法主体之间签订。换言之,省级人大及其常委会与较大市级人大及其常委会之间、省级人民政府与较大市级人民政府之间、省级人大及其常委会与较大市级人民政府、省级人民政府与较大市级人大之间,以及人民政府与同级人大及其常委会之间是不能签订省(市)际协议的。

三是从区域立法协调的角度看,省(市)际协议实质上是区域立法主体之间所签订的一种立法合作备忘录,它对签订协议的各方都具有法律约束力,但它本身不是法律,不能直接调整社会关系。原因在于,省(市)际协议是区域立法各构成主体在区域立法正式开始之前就有关事项所开展的事前协调,其目的在于保障区域立法的顺利开展而不是取代最终的区域性法文件。省(市)际协议的这一法律属性不同于与其具有类似功能的美国州际契约。后者指的是两个或多个州之间签订的协议,并且"州际契约具有制定法的效力,当它们与州法冲突时,它们优先适用,不管那些州法是何时制定的"。①

(二)省(市)际协议的法理依据

无论是区域立法还是省(市)际协议都缺少直接的法律依据,但就省(市)际协议而言,缺少直接的法律依据并不意味着此类协议缺乏法理正当性,更不意味着省(市)协议具有违法性。作为一种契约形式,我们可以为签订省(市)际协议以及省(市)际协议的法律效力找到相应的法理依据:

第一,从签订省(市)际协议的主体来看,无论是省和较大市级的人大及其常委会还是人民政府都是依法成立的,并且能独立承担责任的国家机关,这在民法上又被称为公法人或机关法人。尽管有学者认为,"机关只有在从事民事活动时,才称其为法人。机关不从事民事活动时,不为法人。"②但国家机关是否为法人关键不在于是否从事民事活动,而在于是否依法设立并对自己的行为独立承担责任。就两个法律主体签订契约而言,无论契约的法律性质为民事的还是非民事的,只要主体都是平等自愿的真实意思表示而且不违反法律强制性规定,能够以自己的行为承担相应的法律责任,那么该契约就应该是有效的。在这种意义上,省(市)际协议类似于一般的民事合同,也即签订协议或合同的主体都是适格的,即都具有完全的责任能力并出于真实的意思表示。

第二,根据宪法及其他法律规定,省级或较大市级的人大及其常委会以及相应的人民政府享有管理本行政区内有关地方事务的职权,这些机关行使职权的方式除宪法和法律明确规定的制定地方性法规或地方政府规章、执行有关法律和行政法规、发布决定和命令等之外,既未明确许可也未明确禁止上述机关以签订省(市)际协议进而实行区域立法的方式来行使职权。

---

① 崔卓兰等:《地方立法实证研究》,知识产权出版社 2007 年版,第 494 页。
② 魏振瀛主编:《民法》,北京大学出版社高等教育出版社 2000 年版,第 75 页。

实际上,省(市)际协议乃至区域立法体现的是地方国家机关欲突破现行行政区划对经济、社会发展的制约而采取的一种联合行使职权的策略,这种做法本身没有增加有关机关的权力(包括立法权和行政权),同时也并没有违反法制统一的原则,可以说是在宪法和法律允许的范围之内。《立法法》第72条规定了两个以上国务院部门可以联合制定规章,在此我们关注的不是涉及两个以上国务院部门职权范围的事项最终是制定行政法规还是部门规章,而是该规定所隐含的允许两个以上国务院部门通过联合制定规章来行使自己职权的方式。既然法律允许国务院部门可以通过联合的方式(而不论这种联合的具体内容是什么)来行使职权,那地方人大和地方人民政府为什么不能也通过这种方式来行使同样由宪法和法律规定的职权呢?

第三,从省(市)际协议本身来看,它可以视为一种特殊的契约形式,是合法的主体在合法的权限内,在平等自愿、公平协商的基础上所达成的合意,并且还应该经由有关机关依法定程序予以批准或通过。因此,无论从约定的还是从法定的角度,省(市)际协议都具有毋庸置疑的合法性。省(市)际协议首先是建立在约定基础之上的,因此称其为协议或契约,根据"约定必守"、"有约如令"乃至"诚实信用"等原则,只要是在平等自愿基础上订立的契约且内容不为法律所禁止,那缔约各方就有义务(已经超越法定义务的层面)遵守,这也是为什么同样作为约定的合同条款具有法律效力的原因所在。再以美国的州际契约为例,据介绍,州际契约受到契约法实质条款的限制,受到宪法禁止违反契约义务的法律的约束。这就意味着缔约州必须受到他们所同意的协议条款的约束,即使这些条款与其他州的法律不一致时也必须遵守。[①]

(三)省(市)际协议的签订程序

通过对省(市)际协议的法律属性以及法理依据的分析可以看出,省(市)际协议既具有契约属性又具有立法的某些特征。省(市)际协议从签订意向的达成到内容的确定都像是在订立一份合同或契约,而由于签订主

---

① 崔卓兰等:《地方立法实证研究》,知识产权出版社2007年版,第494—495页。

体和内容的特殊性,省(市)际协议的最终生效在形式上又必须通过特定的法律程序予以实现。具体而言,省(市)际协议的签订至少要经过如下步骤:

1. 发出合作意向。与订立民事合同相类似,省(市)际协议的签订同样首先需要区域内有关立法主体一方或多方向其他一方或多方发出签订省(市)际协议进行区域内合作的意向或要约(邀请)。不同的是,这种意思表示(1)既可以由一方单独发出,也可以由几方联合发出,对象是区域内的其他方;(2)表达方式或途径是灵活多样的,包括有关机关负责人的函件、电话、召集专门会议、共同参加某项会议时的交谈,或者在公共场合或通过媒体发出倡议等;(3)内容上不需要非常具体、完整,核心在于将签订省(市)际协议进行区域合作的意思表示表达清楚;(4)除非意向发出方明确表示有关方应该在特定期限内予以回复,或者表示撤回合作意向,一般没有期限限制。

2. 达成合意。对于区域内有关立法主体发出的合作意向,其他主体一般都会有所回应,即使某一方持否定态度或长时间不做明确的意思表示,只要有明确表示同意的,订立省(市)际协议的合意在明示同意的各方之间就可视为已达成。这种一致的意向应包括这样几个基本点:(1)对合作本身的同意;(2)期待就合作的内容作进一步协商、交流;(3)愿意将已经或者可能达成一致的合作内容形于纸面,即签订省(市)际协议。

3. 拟定协议草案。省(市)际协议草案的拟定是将所达成的合意及其进一步商讨的内容付诸文字以文本形式表现出来,这是签订省(市)际协议必经步骤。协议草案的起草主体既可以是省或较大市级人大的法制(政法)委员会或人大常委会的有关机构,也可以是政府专司秘书职能的机构或人员。这是由于,协议草案主要是将有关部门领导之间达成的合作意向以文件的形式表达出来,最适合负责这项工作的是有关部门中司职秘书的机构或人员。在起草方式方面,既可以由某一省(市)的有关机构或人员来负责,也可以共同组建专门的起草小组联合起草。当然,协议草案拟定过程中也可以根据实际需要让其他有关专业机构或专家参与进来。而在内容方面,协议草案至少要包括进行区域合作的目的、合作范围或立法调整事项、合作原则与机制,以及其他协商一致的内容。

4.确定协议内容。协议草案的拟定只是初步将区域合作立法的相关事项整理出来,最终内容的确定仍需要经过反复的讨论、修改、补充和完善。协议的起草可以由特定人员来负责,但确定协议内容必须严格遵守民主原则,进行充分的讨论和论证。具体要做到:(1)凡同意签订省(市)际协议的各省或较大市的有关立法机关都应该认真参与协议内容的确定;(2)协议所涉及的政府职能部门或其他有关机构要积极参与讨论;(3)通过座谈会、论证会或听证会等会议机制,或者向社会公布协议草案内容公开征询意见和建议等方式保障社会公众的充分参与;(4)在充分整理并反映各方意见的基础上,对原有的协议草案进行修改和充实,以形成最终的协议文本。

5.协议的审查与分别通过。协议文本确定后,要以提案的形式交由本省(市)人大及其常务委员会或者人民政府进行审查和表决通过。关于省(市)际协议文本的审查和决定所应遵守的规则,可以参照《立法法》、《行政法规制定程序条例》和《规章制定程序条例》等法律、行政法规的相关规定。省(市)际协议应该由区域内所有已经达成合意的省(市)的有关立法机关分别讨论通过。如果对协议内容仍有异议,可以提出修改意见,再次讨论确定,直至协议文本由所有省(市)的立法机关一致通过。如果分歧过大,有的省(市)可能不会通过协议文本,那么该文本对该省(市)便不生效。除非协议文本只在区域内的某一个省(市)获得通过,该协议因未能实现基本的立法合作目的而不生效,只要有两个省(市)批准接受该协议,那么就它在通过的省(市)之间发生法律效力。

6.批准与备案。在某些情况下,如果省(市)际协议所商定的内容非常重大或者为了防止省(市)际协议的内容与宪法和法律相抵触,可以建立批准与备案制度予以监督。但为了防止挫伤区域发展与合作立法的积极性,国家有关机关对此应持谨慎态度,不应干预过甚。

二、省(市)际协议的协调意义

省(市)际协议在区域立法过程中是如何发挥其协调功能的呢？尽管区域立法并不必然要以签订省(市)际协议为前提，但后者的存在为区域立法提供了合作基础、方针指导、调整范围和程序规范等诸多前提，这对于区域立法的正式启动乃至最终顺利实现都是非常重要的。

首先，省(市)际协议的签订迈出了区域立法具有实质性意义的第一步，为区域立法合作奠定了意向基础，这也是接下来正式开启区域立法程序的重要前提之一。对此可从两个方面来具体理解省(市)际协议的协调功能：一是尽管省(市)际协议不是发起区域立法的唯一途径，却是当前在我国进行区域立法最为可行的途径。从这个意义上讲，没有区域内省(市)际协议的签订就不会有区域立法的启动。二是省(市)际协议中所传达出来的立法合作意向也为今后在区域立法过程中的各种协调工作能够顺利开展奠定了基础。毕竟签订省(市)际协议本身不是目的，通过协议的签订实现区域立法合作从而促进区域协调发展，增进区域内各方主体的利益才是其真正意图所在。因此，即使在区域立法过程中有关各方对某些事项或问题存在不同看法和主张，也会基于共同的合作意向和目的就异议进行沟通乃至妥协，从而达成最终的一致而不是动辄放弃区域合作。

其次，省(市)际协议可以为区域立法提供方针指导，具体包括区域立法合作的目的、立法宗旨以及应该遵循的原则等。对于区域立法所遵循的指导方针、立法宗旨和原则等一般性问题，本应由宪法或立法法等基本法律来规定，但由于我国现行宪法和立法法等基本法律中缺乏此类规定，而这些规定对于区域立法而言又是至关重要的，因此将这些规定由省(市)际协议加以明确是一种必要的选择。如2008年底经国务院批复的《珠三角地区改革发展规划纲要(2008－2020年)》，其中就明确提出要通过区域内以及区域之间的立法协调，打破行政体制障碍，建立统一的区域市场，而这些目标便可视为珠三角地区今后进行区域立法时所要遵循的指导方针和立法宗旨。

区域合作或立法实践中,省(市)际协议的签订,尤其是协议中关于区域立法合作的目的和原则等方针性问题都需要通过召开联席会议等方式来进行,而参加确定方针性问题联席会议的人员大都是省(市)级权力机关的负责人或者是政府机关的负责人,或者它们委托的人员。在这一过程中,他们不仅参与省(市)际协议基本问题的讨论,而且同时会在协议达成进行区域立法过程中担任重要的领导和协调角色。换言之,省(市)际协议的签订者既是区域立法的决策者,又是区域性法律文件内容的制定者。这样无论从省(市)际协议签订主体构成来看,还是从协议所确立的一些方针性问题来看,都会对区域立法的开展起到重要的事前协调作用。

最后,省(市)际协议不但可以明确区域立法的调整对象或范围,还能为区域立法提供立法程序等方面的规范,这些都是区域立法准备阶段不可缺少的协调内容。省(市)际协议可以根据情况需要确立不同的标准,约定不同的内容。如以时间为标准,省(市)际协议既可以就本年度或下一年度的区域立法事宜进行协商,也可以就区域内未来五年、十年或更长期限的立法合作事宜进行规划协商。以内容为标准,省(市)际协议既可以纲领性地约定与区域合作立法有关的综合性事宜,包括区域经济、文化和社会等诸领域,也可以就区域内某一具体的领域或社会关系协商进行区域立法合作。因此,省(市)际协议所确定的内容可以在不同的层面上明确区域立法所要调整的对象或范围,为区域性法文件的起草明确目标。此外,省(市)际协议中还可以就区域立法协调委员会的设立和运行,以及区域性法文件如何制定、通过、公布和修改等程序性内容,在现有法律法规所允许的框架内作出约定,从而为区域立法协调提供相应依据。

三、省(市)际协议的制度缺陷及完善

省(市)际协议的协调意义是显著的,故将其作为一种协调机制来构建非常必要。但由于受到现行立法体制等的制约,加之省(市)际协议自身的原因,该制度在建立伊始便伴随着难以克服的制度缺陷。具体而言,其制度缺陷体现为以下三点:

　　一是地方立法权限的有限性和从属性，使得区域地方立法机关在签订省（市）际协议时缺乏足够的自主性，省（市）际协议所能约定的内容受到很大的限制。根据宪法和立法法有关规定，地方性法规和地方政府规章的制定主要包括执行性的和自主性的两种类型。其中，地方性法规的制定要遵循"不抵触"原则，而地方政府规章则是要"根据"法律、行政法规和地方性法规。但二者并无实质上的区别。以地方政府规章为例，"地方规章除了执行性的外，还有自主性的。自主性规章除了法律保留的事项外，可以先于法律、法规制定，但不能与宪法、法律的基本原则相抵触。那么地方规章的制定倒是既要'根据'，也要'不抵触'。"①因此，无论是"不抵触"还是"根据"都反映了我国地方立法权的从属性，这也导致了地方立法机关通过合作立法的方式来调整和管理本区域公共事务的有限性，从而直接影响到省（市）际协议签订内容的自主范围和自主程度。

　　二是地方立法权的配置尤其是较大市级立法权的分配存在不合理性，使得市际协议难以在更广泛的区域范围内签订，即市际协议的实践空间非常有限。根据《立法法》规定，较大的市人大及其常委会和人民政府享有地方立法权，但问题在于：（1）较大的市人大及其常委会制定的地方性法规需要报请省、自治区的人大常务委员会批准后才能施行，尽管立法的目的是为了对较大的市的地方性法规进行审查监督，但这种批准性监督的必要性与合理性到底有多大值得进一步探讨，显然这种批准性监督会影响到较大的市人大及其常委会立法的积极性、自主性和效率，也影响市际协议的签订；（2）立法法所称较大的市是指省、自治区的人民政府所在地的市、经济特区所在地的市和经国务院批准的较大的市。换言之，较大的市以外的设区的市的人大及其常委会和人民政府不享有地方立法权。这对于以打造城市群为基本目的的立法合作而言，几乎是难以实现的，因为每个区域内的享有立法权的较大的市非常有限，那些不享有立法权的设区的市难以通过立法的方式进行区域合作，即使相互之间可以签订市际协议，此时的市际协议也已

————————

①　刘莘：《行政立法研究》，法律出版社 2003 年版，第 69 页。

无协调区域立法之功能。

　　三是省(市)协议签订的基本主体是特定区域内的地方国家机关,即省和较大市级的权力机关和行政机关,这种政府主导的模式本身就是一个问题。其理由在于:(1)根据公共选择理论,政府在经济、社会管理活动中并非纯粹中立的,它们同样有着自己的价值偏好和利益追求。不仅如此,政府在进行区域立法过程中要支付许多合理的和不合理的开支,办事拖沓、效率低下的现象也较为常见。至少从当前看来,期待政府机关如设想中公正而高效地签订省(市)际协议,进行区域立法还显得过于理想化;(2)签订省(市)际协议进行区域立法的基础在于共同的利益需求,并且以合作方式能够实现各方更大的利益目标,但存在合作基础并不意味着合作一定能够实现,因为区域内不同地区的发展状况不同,在立法合作过程中的收益也必然有差异,甚至有的地方要为此作出一定的利益牺牲,加之我国长期以来形成的(行政区)地方保护主义等原因,都增加了省(市)际协议签订的难度。即使得以签订,其执行力度以及为各方所能带来的收益也将会所有折扣;(3)签订省(市)际协议是地方国家机关联合行使职权的方式之一,尽管其未被宪法和法律所明确禁止,而且也存在相应的法理依据,但中央国家有关机关对此会持有怎样的态度,以及应该采取怎样的态度和方式进行监督等都会对省(市)际协议的作用效果形成直接影响。简言之,现行的中央与地方立法关系是影响省(市)际协议的不确定因素;(4)政府主导签订的协议其与社会的密切程度,即能够在多大程度上真正反映区域内各社会主体共同的利益需求,促进区域经济、社会的发展等,这些既是省(市)际协议应该重视的内容,也是最容易出现问题的地方。也就是说,省(市)际协议如何协调好区域内不同的社会关系,体现整体的而非个别利益集团的利益,这对于省(市)际协议能否获得社会广泛认可而言至关重要。如果省(市)际协议因受部分社会强势利益集团或群体的影响过甚而有所偏私,必然会影响到省(市)际协议乃至接下来的区域立法的民主性和科学性。

　　针对省(市)际协议存在的制度缺陷,笔者建议:一方面在《宪法》、《立法法》或其他相关法律、法规中明确省(市)际协议的正式法律地位,或者制定专门的法律、法规来系统规范省(市)际协议的缔结、批准程序,规定其法律效力及履行过程中纠纷的解决机制等内容。实践中的省(市)际协议的缔结主体主要是各有关政府,也即各种省(市)际协议多属于区域性行政协议,对此,何渊建议立法机关及时制定行政协议法,其理由之一是,"在中国现行法律体制下,行政协议所涉及的法治基础、缔结、效力、履行以及纠纷解决机制等问题,其中很多不是行政协议缔结方所能解决的,而需要由立法加以规定。"①对此,笔者表示赞同。另一方面,扩大地方立法权的自主性及范围,扩大地方先行立法和变通立法的适用范围,在遵循法律保留的基础上进一步厘清中央与地方立法权限及调整事项。除对于国家根本问题或基本制度的事项实行法律保留外,充分赋予地方立法的自主性和创造性。地方立法权的扩大也会增强省(市)际协议的自主空间。改革较大的市制度,尤其是在立法权配置方面注意与非较大的设区的市之间的平衡,这在前文中已有所论及,不再赘述。除此之外,还应扩大社会公众对区域立法包括签订省(市)际协议的参与力度。在协议签定之前、协议内容的确定过程中以及最终的通过等阶段要充分听取社会公众的意见和建议,增强区域立法包括签订省(市)际协议的民主性,让社会公众充分参与并监督地方立法权的行使。同时还要不断完善我国的地方人民代表大会制度,提高政府立法水平,以保证省(市)际协议的质量。

第二节　区域立法规划

立法规划是立法准备工作的基本内容之一。从广义的立法程序来看,立法规划应该是立法程序启动的标志性程序或环节,真正意义上的区域立法活动也始自区域立法规划。除了保证立法工作科学有序开展的程序性意义外,区域立法规划还发挥着立法协调功能,即它可以协调区域立法与区域社会现实及发展需要之间的关系,可以使区域立法主体和立法需求者对立

①　何渊:《区域性行政协议研究》,法律出版社 2009 年版,第 169 页。

法权的行使有较为明确的目标或预期。为此,有关各方在开展区域立法过程中,应重视区域立法规划的作用,做好区域立法规划的编制工作。

一、怎样理解区域立法规划

区域立法规划是立法规划的种类或表现之一。立法规划"是指立法主体根据立法预测的结果在法定权限内依照一定的原则和程序所编制的关于立法目标、措施、步骤的基本设想与安排"。① 立法规划可以在动态和静态两种层面上使用,既可以指编制立法规划的活动,也可以指立法规划文件。② 对于立法规划的性质,周旺生教授认为,"立法规划属于一种准法性质的规范性文件:它具有法的性质,但又不是完全意义上或典型意义上的法,而是特殊意义上的法,即'准法'或'半法'。同立法规划的性质相适应,编制立法规划的活动,是准立法活动。"③此观点值得商榷,毕竟立法规划不同于一般的规范性法文件,它只针对立法机关自身具有一定的约束力,并且它只是为立法机关设定了指引性的行为模式,立法机关可以根据现实及发展的需要等因素对立法规划作出调整,而不必严格按照立法规划之规定开展立法活动,即使立法机关未能在规划设定的期限内完成某项立法,也不必承担相应的法律责任。

虽然《立法法》并未规定立法规划制度,但实际上从 20 世纪 80 年代起我国就开始重视立法规划。1981 年,经国务院批准制定了 1982 年至 1986 年的经济立法规划。1986 年,国务院又批准了"七五"立法规划,并按年度

---

① 张永和主编:《立法学》,法律出版社 2009 年版,第 74 页。

② 需要说明的是,有的学者将立法规划与立法计划相区分,认为立法规划着眼于中长期、立法计划则限于年度。(参见孙育玮等:《完善地方立法立项与起草机制研究》,法律出版社 2007 年版,第 27 页。)而且在有的地方性法规中也对此作了类似的区分,即所谓的"五年立法规划"、"三年立法计划",如《甘肃省人民代表大会及其常务委员会立法程序规则》(2007 年)第三条第一款规定:"省人民代表大会常务委员会主任会议根据本省经济建设、社会发展的实际需要和改革、发展、稳定的重大决策,编制本届五年立法规划和年度立法计划。"笔者认为,立法规划与立法计划的区别主要基于学者的使用习惯或立法技术性处理而致,两者并无实质意义上的区别,可以在一个意义上使用。同样基于使用习惯,本书将统一使用立法规划一词。

③ 周旺生:《立法学教程》,北京大学出版社 2006 年版,第 452 页。

制定了每一年的立法规划。1988年,全国人大常委会制定了五年立法规划。1993年八届全国人大常委会制定了五年立法规划,包括届内审议的法律草案115件,研究起草、成熟时安排审议的法律案37件。而且,全国人大常委会还根据该五年立法规划制定了相应的年度立法规划。以后每一届全国人大及其常委会都会分门别类地制定五年或更长时间段的立法规划。当然,完整意义上的立法规划包括中央立法规划和地方立法规划两大类,近年来各地方立法机关也逐渐重视立法规划的编制。

由于区域立法建立在地方立法合作基础上,所以区域立法规划同样要以地方立法规划为依托。只不过,区域立法规划针对的是特定区域内各方所共同关心的,或者具有区域性的公共事务。故区域立法规划指的是特定区域内参与合作的各地方立法机关,依据一定的原则和程序,就区域合作所需规范性法文件的制定、修改、补充或解释等作出的设想或安排。区域立法规划同样可以在动态和静态两种意义上使用,且对区域立法机关自身具有一定的约束力。对于区域立法规划,我们可从这样三个方面来理解:

首先,区域立法规划从属于区域性规划与协议。某一区域的形成除地理、历史和资源等客观因素外,人为地规划也非常重要。近年来我国所出现的各经济区域都与区域规划密切相关,也即各区域内的合作与发展都建立在有意识地合作规划基础之上。区域立法的基本依据是已经批准的发展规划和签订的区域性协议,在这些区域性规划与协议中,既有如《长江三角洲地区区域规划纲要》(2010年)、《泛珠三角区域合作框架协议》(2004年)和《苏锡常都市圈规划》(2001年)等综合性的区域发展规划,也有如《泛珠三角区域渔业经济合作框架协议》(2005年)和《东北三省政府立法协作框架协议》(2006年)等单一型的区域合作协议规划等。协议所确定的合作内容也涉及到各个领域,既有事务性合作也有法制性合作。区域立法从属于这些区域性规划与协议,是落实和保障各类区域性规划与协议所确定的合作内容的基本途径和具体表现。因此,作为区域立法重要组成部分的区域立法规划,当然也要从属于这些已经签订的区域性规划与协议,以各类规划与协议作为编制区域规划的基本依据。

其次,区域立法规划在区域立法协调委员会主导和协调下,经由区域内各地方立法机关联合编制。与一般的地方立法规划相比,区域立法规划的编制原则和程序更为复杂。不仅在规划的内容上,而且在制定规划的行动上都需要相应的协调,而承担协调工作的主要是区域立法协调委员会。从内容上看,区域性规划与协议是编制区域立法规划的主要依据,而当前大多数的区域性规划与协议要么是纲要性的或规划性的,要么是单一事务型的,它们固然可以用来作为确定区域立法规划内容的依据,使区域立法规划有的放矢,却并未明确标示出各项合作内容之间的轻重缓急关系,这就很难为区域立法规划内容的确立提供具体的指示。所以,在确定区域立法规划的内容时需要区域立法协调委员会在征集各方意见基础上,再行协调和总结。在编制区域立法规划的过程中,更是需要协调好区域内各地方立法机关之间,包括权力机关和行政机关之间的关系,唯有如此才能有效地完成区域立法规划的制定。

最后,区域立法规划的法律效力或规范效力不仅来自参与制定区域立法规划的各地方立法机关的权力行为,而且还来自各地方立法机关的区域性规划等协议,以及协议中所包含的一个古老的法律原则——"约定必守"原则。后者是区域立法规划不同于一般地方立法规划所在。尽管《立法法》中未对立法规划作出规定,但许多地方性法规中却较为明确地规定了地方立法规划编制和内容要求等,如根据《重庆市人民代表大会及其常务委员会地方立法程序规定》第5条和第6条之规定,"每届市人民代表大会常务委员会应当根据本行政区域的实际需要,制定本届立法规划。立法规划应当具有指导性和可操作性,并保持其相对稳定。"这就为地方立法规划确立了规范性效力。区域立法规划遵循区域立法程序的一般原则,在地方立法合作基础上开展,最后需要经过区域内各地方立法机关的共同批准后方能获得法律效力,这可以视为区域立法规划的规范性效力的间接来源。由于区域立法规划以区域性规划与协议为其主要依据,而各类规划与协议无论从批准程序上看,还是就达成协议本身的行为来看,它都有着无可置疑的法律效力,这可以视为区域立法规划规范效力的直接来源。

二、区域立法规划的协调意义

区域立法规划是区域立法活动的必经环节。这既与立法规划在地方立法中的作用有关,更由区域立法自身的特点所决定。根据孙育玮教授对上海市政府法制办工作人员的访谈可知,"在日常工作中已经形成了'未列入规划、计划的立法项目不能直接提请市人大常委会审议'的惯例"。①可见,立法规划已成为地方立法的基本程序之一,其在我国地方立法过程中发挥着重要的程序性功能。所谓"凡事预则立、不预则废"。立法规划的基本目的是保证立法工作有组织、有计划地开展,避免立法的盲目性。对于立法规划的意义,汪全胜教授总结道:"有了立法规划,能使我国的立法工作突出重点,保障立法更好地为社会经济发展服务;可以避免立法工作中出现重复、分散或遗漏立法的现象,减少不必要的立法活动;有助于各有关部门之间的协调和有准备地参加立法活动,克服立法工作中的草率现象,提高我国法治建设过程中的立法质量。"②合作与协调是区域立法两个基本特征,区域立法规划恰恰可以发挥协调功能,推进区域立法。

其一,区域立法规划可协调区域立法理论与区域立法实践的关系。理论与实践总是存在距离的,这也表现在理论研究者可以就某一问题或事务提出一套较为完整的理论,或拿出一套较为系统的解决方案,但是由于理论研究在多数情况下受限于对实践参与不深、了解不够,故其提出的理论或方案往往会在实践中遭受很大的阻力,甚至在有些情况下招致失败。当前,从严格意义上讲,区域立法仍主要停留在理论探讨层面,即使个别区域(如东三省)已经有所实践,但一来其实践的广度和深度有限,且成效并不明显,二来许多相关理论和制度都未完善和健全,区域立法在实践中处于止步不前的尴尬境地。究其原因,除区域经济、社会一体化发展程度不够,以及受现行的政治、经济体制限制外,还与未能做到在建立与完善区域立法相关制

---

① 孙育玮等:《完善地方立法立项与起草机制研究》,法律出版社2007年版,第188页。

② 汪全胜:《制度设计与立法公正》,山东人民出版社2005年版,第181页。

度的基础上,稳步推进区域立法实践的发展战略有关。固然,随着区域经济、社会一体化地不断深入,以及政治、经济等体制的调整与改进,区域立法将有着很大的发展空间,并发挥着重要的推动功能。但这并不意味着我们可以在区域立法理论准备尚不充分、制度设计远未完善的情况下,即可将其推向实践并期待区域立法发挥其应有的积极作用。区域立法的实践状况也一再地证明:现有的关于区域立法的理论研究远不能满足其实践发展之需,需要我们继续拓展并加深理论研究,并在此基础上尝试建立各种具体且不断趋于系统的区域立法相关制度,以拉近区域立法理论与实践的距离,协调二者之间的紧张关系。区域立法规划正是这诸多需要建立和完善的相关制度之一。

如果说区域发展规划及各类省(市)际协议的签订标志着区域合作的建立,区域立法由此获得了直接的依据和放矢之的,那么区域立法规划的编制则意味着区域立法迈出了实质性的一步,也是区域立法由理论或设想转为实践的第一步。区域立法规划的编制过程,既是落实区域合作与区域立法的过程,也是检验和调整区域立法理论的过程。在编制过程中,区域内各地方立法机关第一次开展实质性的合作,区域立法协调机构也首次进行运转,而这两者又都是区域立法理论所要研究的基本内容,其各自的运作情况或效果如何,将直接检验区域立法理论。当然,在这一过程中,区域立法的理论研究者和实务操作者,可以结合区域立法规划编制过程中出现的新情况、新问题,来修正区域立法理论,使其更符合立法实践的需要。这样,通过区域立法规划实现了理论与实践的互动、共进,也协调了区域立法理论与实践的关系。

其二,区域立法规划可协调区域立法与区域现实和发展需要之间的关系。区域立法是为区域发展提供法律服务的,要根据区域现实和发展之需要来制定、修改和废止相应的规范性法文件,而制定什么样的法规或规章,何时制定,以及如何来修改,或是否需要废止现行的区域性法文件等,都首先要通过区域立法规划来实现。具体而言:

(1)区域立法可以将区域发展规划及省(市)际协议所确定的发展规划

及合作内容,转换为法律条文或者以立法的形式予以推进和保障,区域立法规划是实施这一目标的第一步。并非所有的发展规划或合作内容都可以或都必须实施立法,而是应该首先对这些合作内容与发展规划进行法律审视,从法律规范的视角来选择和整合那些可以并需要进行立法调整和保障的合作内容与发展规划。区域合作与发展离不开法制保障,而缺乏立法和法制相随的各区域规划亦显得理性不足,那么该如何实现区域合作内容或发展规划与区域立法之间的衔接呢? 显然,区域立法规划在其间发挥着不可或缺的纽带作用。

(2)区域合作与发展对各项区域性法文件的需求程度有别,这就要求区域立法要准确把握区域合作与发展实践所需,科学、准确和及时地制定相关法规和规章。而各项需要制定的区域性法文件的立法日程及先后次序等,则正需要通过区域立法规划来确定和协调。各区域内部都制定了相应的区域发展规划,也都存在着许多区域合作协议,但是这些规划和协议大多缺乏相应的落实方案,这也使得尽管确定了合作内容与发展目标,却因缺少具体而有效的实施步骤,难以付诸实践,或者即使付诸实施也很难取得预期效果。区域立法规划的实施可以从法制角度在一定程度上弥补这种宏观设计美好、微观论证与实践不足的缺陷,促使通过区域立法的方式来推动各方的合作取得实效。

(3)区域性法文件的修改、补充、解释或废止等也要先经由区域立法规划来协调完成。区域立法规划不仅要明确区域立法主体在一定时期内要制定和颁行哪些区域性法文件,还要对已经施行的区域性法文件,根据有关的评估和需要,来安排相应的修改、补充、解释或废止等工作。虽然区域立法规划本身不能替代区域立法修改、补充、解释和废止等制度,但可以通过立法规划来有序地安排各项工作何时以及如何开展,以确保区域立法同区域经济、社会发展相适应。

其三,区域立法规划可协调区域立法活动自身。这表现在:一方面,从区域立法规划编制程序来看,它同样是建立在各方协商合作基础之上。这里指的各方既包括区域内各地方立法机关,也包括公民、法人或其他社会组织等地方立法的参与主体。各方基于不同的立场和利益需求，会通过各种途径或方式来对区域立法施加影响，包括对区域立法规划编制的参与和影响。如果区域立法规划编制程序设计合理，充分赋予拟参与合作各方表达自己需求和意愿的机会，并且对于出现的分歧存在一种有效磋商协调的程序性机制，那么就有助于编制一个科学合理的区域立法规划。又因编制规划是区域内拟参与合作各方，首次就实质性的甚至存在利益冲突和争夺的问题上进行探讨，最终若能达成一致也即成功编制出区域立法规划，那么这种成功的结果本身以及促成这种成功的相关程序或机制，对于接下来的区域立法各项程序的进展会产生积极的指引和激励作用，促使区域立法各项程序的开展更为顺畅。

另一方面，区域立法始自区域立法规划，除非出现特殊情形需要调整立法规划或进行紧急区域立法，之后的一切区域立法程序，无论是制定、修改、补充、解释、还是废止等程序，都要围绕区域立法规划所确立的立法项目或任务，以及所设定的立法进程时间表来开展。区域立法规划将今后一定时期(1年,3年或5年)内需要制定、解释、修改或废止的区域性法文件草案的名称、简要论证和时间安排等予以明确，既为区域立法机关包括区域立法协调委员会的日常工作提供指导，又可以让社会公众了解区域立法的各项内容及进程，便于其参与立法。

总之，无论是编制区域立法规划的行为本身，还是规划所确定的内容，对于区域立法而言，都发挥着重要的且基础性的协调功能。

三、区域立法规划的编制

区域立法规划的编制是一个非常系统而复杂的问题，尤其是在立法规划制度尚不完善的情况下，许多制度的设计和程序的设定都主要停留在理论探讨层面。不过，我们依然可以从现行法律、法规中找到有关立法规划的规定，如《行政法规制定程序条例》(2001年)和《规章制定程序条例》(2001年)中都设有专章分别规定行政法规和规章的立项，也即立法规划的编制问题。在许多地方性法规中，也都有着关于地方立法规划编制的规定，如《甘肃省人民代表大会及其常务委员会立法程序规则》(2007 年,以下简称《甘肃省立法程序规则》)第二章"立法准备"中,设定了四个条文专门就甘肃省人大常委会的立法规划问题作出规定。这些都可以作为我们探讨和编制区域立法规划基本的法律依据。接下来,本书将从编制主体、依据和内容,以及基本步骤这样三个方面,来提出如何编制区域立法规划的建议。

(一) 编制主体

根据主体的身份以及所起的作用,可将区域立法规划的编制主体分为提议主体、协调主体和批准主体。其中,提议主体指的是可以提出立法规划项目议案或建议的主体。享有立法提案权的主体是当然的提议主体,而其他国家机关、公民或社会团体等也可以间接提出关于区域立法的建议案,并要求列入区域立法规划中。根据《甘肃省立法程序规则》的规定,省人民代表大会代表、各专门委员会、常务委员会工作部门、省人民政府及其部门、省高级人民法院、省人民检察院,可以向常务委员会提出制定地方性法规的建议项目。其他机关、企事业单位、社会团体、公民均可以直接或通过省人大代表、各专门委员会、常务委员会工作部门向常务委员会提出立法建议项目。这一规定是合理的,它同样适用于区域立法规划。特别在区域立法过程中,更应该重视社会公众的参与,因为他们才是区域立法真正的利益相关者。只不过在提议程序上,不享有立法提案权的主体应该通过人大代表或享有立法提案权的国家机关来实现,而在提议的方式上,可以通过广播、电视、报刊、电邮等各种方式,这样既有助于社会公众来表达自己对区域立法的意见和建议,使之反映他们的利益诉求,也便于立法机关更充分地掌握立法信息。

协调主体在这里特指区域立法协调委员会。在区域立法规划中,区域立法协调委员会的职责主要有:(1)收集、汇总和整理提议主体所提出的各种区域立法提案或建议,并依据一定的原则和标准(也即编制依据)进行初选和分类;(2)根据立法提案所涉及事项的性质、特点,以及地方立法机关的属性,分别针对区域内享有地方立法权的权力机关和行政机关编制区域立法规划征求意见稿。在编制过程中,区域立法协调委员会的各委员要事先在各自任职的立法机关或单位中,较为广泛地征询和收集代表、委员或其他公众的意见、信息,作好相应地调整、修改工作;(3)组织并参与对区域立法规划征求意见稿的初步评估或论证,并写出简要的规划评估或论证报告,以形成区域立法规划提请审议稿;(4)协调区域内地方立法机关分别对区域立法规划提请审议稿的审议、批准和通过工作,根据审议的需要提供相应的数据、信息或说明;(5)其他与区域立法规划编制有关的协调工作,如备案。

批准主体负责对区域立法规划提请审议稿进行审议、批准。批准主体应该是法律规定的享有地方立法权的省级或较大的市级的常委会,以及相应的人民政府。审议和批准的程序可参照地方性法规和地方政府规章的审议、批准程序。

(二)编制依据和内容

在这里,编制依据主要是指区域立法规划所确定的立法项目主要参照哪些文件,或来自哪些途径。区域立法有其针对性,它主要着眼于满足区域性利益或公共事务的法律需求,区域立法规划应该体现区域立法这一基本特点,合理确定立法规划的项目。具体来讲,区域立法规划的编制依据主要有四:一是区域发展规划及各类省(市)际协议,主要包括经国务院批准的具有战略指导性的发展规划、综合性合作协议、单一领域或事务的合作协议三大类。这些规划及协议对于区域立法规划的作用也是有区别的,需要根据各自的内容和区域立法自身的属性等,处理好整体与局部、长期与短期,以及立法调整还是不立法调整之间的关系;二是区域内各省或较大的市每年的政府工作报告,尤其是报告中关于其发展定位、发展战略、政府工作重点,以及对于区域合作与发展的参与领域和事项等内容。从中可以归纳出区域内各政府在之于区域合作与发展的各自目标和内容期待,以此来确定出可以纳入区域立法规划的项目,及其各自的重要程度;三是区域内各省或较大的市享有地方立法提案权的主体,每年向地方立法机关提出的立法提案,尤其是其中涉及区域合作与发展和区域法制建设的提案;四是社会公众或其他国家机关、社会团体通过某种途径或方式公开表达的关于区域立法的设想或建议等。

立法规划是由一个个具体的立法项目构成的,列入立法规划的立法项目应该具备相应的内容,而非仅列出立法项目的名称和日程安排。一般来讲,"立法项目的具体内容包括:立法的主要内容;立法所涉及的社会调查资料;立法的目的及有关可行性与必要性论证资料;国内外同类的立法项目资料等。"①笔者认为,区域立法规划的基本内容至少包括:(1)区域立法项目的名称;(2)立法日程安排;(3)由哪一主体负责起草和提请审议;(4)进行何种形式的立法,即是需要制定新的区域性法文件,还是对现行的进行立法评估、立法解释、法律修改还是废止等;(5)区域立法的可行性与必要性说明,可附相关的社会调查资料或参考资料。除此之外,区域立法规划中还应对区域立法过程中可能出现的特殊情况或突发情况,设定相应的应对方案。当然,上述内容仅是我们根据一般的立法规划所确定的,各区域在编制区域立法规划过程中,可以根据本区域的实际情况以及具体的立法工作需要,详细编制区域立法规划的内容。

(三)编制步骤

根据《甘肃省立法程序规则》,地方立法规划的编制大致要经过这样三个步骤:第一步,省人大常委会在全省范围内征集立法建议项目;第二步,各有关提议主体向常委会提出立法建议项目;第三步,常委会法制工作委员会拟定立法规划建议草案。区域立法规划的编制程序应主要参照地方立法规划的编制,但同时也可以借鉴其他各种规划的编制程序(如美国大都市区规划的制定),因为无论何种规划一般都要经过确立目标和原则、进行调查和论证、编制规划方案和提请审查与批准这样四个基本的环节。只是不同事务或内容的规划需要结合各自的特点和要求,作出有针对性的设定而已。

美国大都市区的区域规划的编制和运作比较成熟,可供借鉴。"从全过程来看,大都市区规划编制过程一般包括三个步骤:①第一部是建立一系列目标和指导原则,这需要广泛动员相关社会组织成员的参与,并且举办一系

---

① 汪全胜:《立法规划新论》,载《杭州商学院学报》2003年第2期,第11页。

列专题研讨会,使规划发展目标和指导原则得到广泛认同;②计算机支持下的数量模型为城市居民、商界领袖和相关群体提供支持,使他们能够直观感受不同的城市发展规划方案、不同城市政策所产生的城市形态和潜在影响;③在这些数据和计算机模型的支持下,对城市发展方案进行系统的综合评价和分析,最终制定城市发展纲要和实施建议。"①也许区域立法规划的编制程序与此不同,但其每一步骤中都有值得借鉴之处。

　　结合上面的论述,区域立法规划的编制应遵循以下步骤:第一步:由区域立法协调委员会向区域内的各国家机关、社会团体和民众征集区域立法建议项目,并将其进行整理和分类;第二步:区域立法协调委员会根据一定的原则和标准,包括编制依据,来初步确定可以纳入区域立法规划的立法项目,并由其起草或组织起草区域立法规划征求意见稿;第三步:将征求意见稿向全社会公布,广泛动员相关社会组织和公众的参与,并可举办一系列专题研讨会、论证会等,对区域立法规划征求意见稿及其确定的立法项目进行评估、论证,在收集和整理相关反馈意见以及作出进一步修正的基础上,制作区域立法规划提请审议稿;第四步:根据区域立法规划的属性,由地方立法机关中的法制工作机构,即人大常委会的法制工作委员会或政府法制办,对区域立法规划提请审议稿的合法性进行审查;第五步:由地方立法机关参照地方立法程序关于法律案审议和表决的规则,来审议和通过区域立法规划。最后,将获得批准的区域立法规划文本予以公布,并进行相应的备案工作。在区域立法规划提请审议稿的审议中,如果区域内各地方立法机关对其中的内容发生分歧,可由区域立法协调委员会进行说明和调整,以及开展其他协调工作。

第三节　区域立法起草论证

　　重视和提高立法质量应该是今后立法要努力的方向。一部法律的质量

---

①　洪世键:《大都市区治理——理论演进与运作模式》,东南大学出版社2009年版,第144页。

如何固然要经过实践的检验,若能在法律制定阶段严格把关,则可以尽量避免低质量的立法流入社会。立法起草论证机制是从源头上提高立法质量的一项重要的立法技术性制度,它同样适用于区域立法。因此,有必要在区域立法各项制度构建伊始,便重视立法起草论证制度的建立和实施。除了确保立法起草质量以提升整个区域立法的质量外,区域立法起草论证机制还发挥着重要的协调意义。

一、立法论证与区域立法起草论证

区域立法起草论证从属于立法论证制度范畴。立法论证是特定主体对立法制定和运行过程中的相关问题所进行的论述与证明,其目的在于更好地完成立法或实施立法。一般认为,"立法论证可以是指在立法之前对立法的必要性与可行性提供论述与证明,也可以是指在立法过程中对立法出现的内容与形式方面的问题提供论述与证明,还可以指在立法完成之后,对立法的实际可操作性以及立法的质量评价提供论述与证明。"[①]这里所谓的区域立法起草论证,特指区域立法正式启动之前,针对区域立法的制定、修改或解释等文本的起草所进行的论述与证明。对此,可从这样两个方面来理解:

一是区域立法起草论证发生在区域立法规划之后,区域立法文本起草之前,我们应从区域立法立法实践伊始就重视起草论证工作及相应制度的完善。区域立法过程中的许多环节,如规划、起草、修改和解释等都需要立法论证,这里仅指起草环节的论证。

《立法法》仅从狭义上来规定立法程序,即立法遵循提出法案、审议法案、表决和通过法案,以及公布法律这样四个环节。其实这并非完整的立法程序,这一规定体现了立法决策者对在短时间内满足社会之立法需求的急切心情,但从长远来看这种最初的制度设计因其忽略了许多精细的立法环节与技术,而无益于我国立法工作及质量的改进与完善。所幸的是,许多地

---

① 汪全胜:《试论立法论证》,载《河南省政法管理干部学院学报》2001 年第 1 期,第 16 页。

方性法规在广义上来使用立法程序这一概念,规定了立法准备和立法完善两个重要的立法环节与相关制度,在一定程度上纠正了立法法的不足。只是相关规定仍不够精细,并且在地方立法实践中也没有得到严格地遵守,这自然也影响了地方立法的质量。立法起草是影响(抑或决定?)整个立法文本质量高低及其实施效果的首要环节,但无论从立法法和各有关地方性法规等法律文本中,还是在立法实践中,在我国都未得到足够的重视。尤其改革开放初期所制定的规范性法文件中,存在大量的所谓"试行"或"暂行规定"等,这在一定程度上反映出立法者在"速度优先于质量"之立法指导理念下的某种不自信。尽管这种状况当下已有所改观,但许多立法环节和立法制度仍有待完善,这其中就包括立法起草论证制度。

就区域立法而言,起草论证上启区域立法规划,下接区域立法文本的起草,是将区域立法规划所确定的立法项目转变为科学合理的立法文本的关键环节。起草论证工作做得是否细致与科学,直接关系到区域立法文本质量的高低及起草工作的成败。在以往的立法起草中,立法者将更多的注意力放在由谁来起草、起草的指导思想,以及起草文本的改进等工作之上,尽管在一些地方性法规中规定了起草法规草案要注重调研和论证,如《重庆市人民代表大会及其常务委员会地方立法程序规定》(2001年,以下简称《重庆立法程序规定》)第10条规定:"起草法规草案,起草人应当深入调查研究,广泛听取各方面意见,对法规草案规范的主要问题进行论证,并符合立法技术规范",但立法起草论证实际上并未作为一项制度系统地运作于立法过程中,而导致立法起草文本的科学性、合理性和预测性等降低,影响其最终的实践效果和立法生命。在我国,区域立法无论从理论建构还是实践运转中都尚处于起步阶段,鉴于立法起草制度的重要意义,有必要在一开始就确立该制度在区域立法中的地位,使之发挥应有的作用。

二是区域立法起草论证的主要目的在于解决区域立法起草的必要性、可行性以及合理性问题,为文本的起草工作以及草案文本内容的确定提供科学的决策参考或依据。

立法文本的起草类似于司法裁判文书的撰写。法官在针对个案作出裁判前,应该结合案件事实和相关法律规定,对裁判结论作出充分的论证,其中有些论证是要写入裁判文书中的,而有些则无需写入,但它们都构成法官裁判的理由。立法者起草法律文本也不是一项随意的工作,其复杂程度要甚至要远远高出法官裁判案件,因为所起草的立法文本中的每一个条款虽然都看似相对确定,但其对社会生活的影响是立法者难以完全估计的。这就要求立法者在起草文本之前以及之中要对所要起草的立法文本,尤其要对立法所可能造成的负面影响以及该如何避免或抑制作出相应的预测和对策,而这些工作的完成则主要由立法起草论证制度来承担。美国立法学者安·赛德曼指出,起草者必须提出足以恰当说明该法案实质的研究报告,该报告目的是对法案的质量进行控制。同时,"它还为立法人员和其他人员提供了,评估法案有助于解决社会问题的可能性所需要的信息"①

对于区域立法这一新型立法模式而言,立法质量与实践效果是决定其存废与发展走向的关键所在,而立法质量与实践效果又是个一体两面的问题。从区域立法文本来看,立法质量的高低不单单体现为立法文本形式结构是否合理、立法语言是否精确上,更与区域立法文本起草前的论证与准备工作是否充分有关。欲拟订高质量的区域立法文本,必须在起草前有效解决和回答这样三个问题:(1)区域立法起草的必要性。区域立法规划虽然确定了今后一定时期所要制定(或修改等)的立法项目,但并不意味着规划中的每一立法项目在特定时期或条件下都是必要的,况且区域立法规划的编制仅是建立在有限的立法预测和立法论证基础上,在某一时期是否真正需要某一立法项目的立法程序则需要根据当下的条件与发展趋势来确定。而哪些区域性社会事务或公共服务真正需要通过立法来调整,并且这种调整具有现实的迫切性与必要性,需要通过起草论证给出准确的答案;(2)区域立法起草的可行性。即就某一领域的区域性社会事务或公共服务的立法调整而言,是否已经具备了较为成熟的立法起草条件。如社会公众尤其是

---

① [美]安·赛德曼、罗伯特·鲍勃、那林·阿比斯卡:《立法学理论与实践》,刘国福等译,中国经济出版社2008年版,第105页。

相关利益主体对起草法案的认可或期待程度;是否能与宪法、法律、行政法规或其他有关法规或规章相融合;以及与起草有关的准备工作是否较为妥当或可在短期内完成,如起草小组能否在短时间内组成、起草所需经费能否及时保障和可供参考的有关资料收集的是否充分等;(3)区域立法起草的合理性,又包括实质合理性和形式合理性。前者是指参与起草各方是否已就将要起草的区域性法文件所涉及的关键问题该如何进行立法规定达成较为一致的意见,起草过程中该如何实现与现行规范性法文件的衔接以避免冲突,以及如何才能使立法文本与区域社会发展现实相结合等;后者则包括起草工作组该如何成立、成员如何确定,起草文本的篇章布局、体例结构等该如何确定,某些关键性的条款或用语该如何选择等。要系统而科学地回答这三个问题,从而为区域立法的起草作好充足的准备工作,则离不开区域立法起草论证机制。

二、区域立法起草论证的实施

立法实践中,立法起草论证并未作为一项独立且完整的制度而存在。我国立法起草前期要作相应的准备工作,如"地方性法规草案起草前的准备工作,主要是调查研究与资料收集",①但实践中的立法准备工作大都是立法机关根据其立法工作习惯来进行,没有形成较为系统的制度,而且许多调研流于形式,未能起到应有的作用。这对于提升区域立法起草文本的质量来讲是不够的,我们应在现有的地方立法准备工作基础上建立区域立法起草论证机制。

(一)实施主体

首先需要明确的是由谁来负责区域立法起草论证。一般而言,立法起草论证主体与立法起草主体应该是同一的,这样有助于保持起草工作的连续性和提高立法起草的效率。这种做法同样存在弊端。虽然从理论上并且我国许多地方性法规中也规定,地方性法规或规章草案的起草主体既可以

---

① 陈洪江主编:《地方立法简本》,天津人民出版社2007年版,第108页。

是有立法提案权的机关,也可以是其工作机构,还可以是其委托的其他机构或人员。如《重庆立法程序规定》第9条规定:"法规草案的起草工作,既可以由有权提出法规案的机关、市人民代表大会代表或者常务委员会组成人员组织起草,也可以委托有关部门、单位和组织以及专业人员起草。"但地方立法实践中,"起草班子多数情况下由政府有关部门的工作人员组成,或者由政府有关部门、政府法制工作机构与人大专门委员会、工作机构的工作人员联合组成,或者由人大专门委员会或工作机构的工作人员组成。"[1]因此,当前地方立法的起草具有很大的封闭性。这也反映了很长时期以来我国在立法活动中重速度轻质量的倾向,而这种倾向又是立法工具主义的表现。其主要弊端是立法很难充分反映各社会组织或公众的利益需求,以及容易与社会发展实践相脱离并造成立法规范实效较低。

立法权是一个国家最重要的权力,它承担着向社会输出正式规则的重任。立法的质量及其实践效果如何,直接影响着某一领域内的社会关系或事物的发展走向。立法为司法和行政提供法律依据,且与后两者相比,立法可以为直接民主提供表演的舞台。总之,立法具有其不可忽略的独立价值,是一国民主与法治的首要载体。立法效率固然重要,民主与科学则应是先于效率的两种更为重要的价值。这也是我们在设计区域立法起草论证制度乃至整个区域立法制度时,必须意识到并予以贯彻的理论基石。基于此,在区域立法起草论证主体的选择上,应该注重起草论证的民主性与科学性,同时又不失合理性与效率。

在区域立法起草论证中,至少会涉及这样五类主体:(1)区域内享有地方立法权的各地方立法机关,包括省级和较大的市的人大及其常委会和政府。它们掌握着对区域立法草案最终的审议权和批准权;(2)区域内享有地方立法权的地方人大的各专门委员会、人大常委会的法制工作委员会和政府法制工作机构等人大和政府的工作机构及其工作人员,(3)区域内各地方立法提案权主体,他们有权向各自的地方立法机关提出属于自己职权

---

[1]　孙育玮等:《完善地方立法立项与起草机制研究》,法律出版社2007年版,第59页。

范围内的事务的立法议案,而区域立法议案和法律草案正式提出也需要经由这些提案权主体;(4)区域立法协调委员会,该机构专门负责与区域立法协调有关的各项工作,它主要由各地方人大代表或政府法制工作人员组成。区域立法起草论证的有关协调工作自然也离不开该机构;(5)区域内的有关社会组织、科研单位、专家学者、社会公众,以及新闻媒体。他们可以根据各自的角色和特点,在区域立法的起草论证过程中发挥相应作用。如何定位这五类主体在区域立法起草论证过程中的角色,使各自发挥适当的作用,是确立区域立法起草论证主体需要首先明确的。

笔者认为,区域立法起草论证可以由一个专门设立的委员会来负责。该委员会的成员则主要从上面五类主体中产生,其中这三类人员是必需的:一是区域内各地方立法机关分别推选的一名代表,而且该名代表应该符合这样的条件:(1)人大代表;(2)专门从事区域立法工作;(3)具备一定的法律知识。这样便于区域立法起草论证、正式起草和立法提案各项工作之间的衔接,同时人大代表的身份也方便他们与地方立法机关的工作沟通。二是由区域立法协调委员会委任或聘请的有关专家学者,其数量在三至五名之间。他们应该具备相应的法学、经济学或社会学等专业知识,以及立法所需的技术性知识。三是有关工作人员。他们主要从事区域立法起草论证过程中的辅助工作。此类成员可从政府法制工作机构的工作人员中产生,如果需要也可以从社会临时招聘,其数量应根据实际工作需要来确定。需要指出的是,区域立法起草论证委员会只是一个临时性的组织,它因特定的区域立法项目的起草论证工作而设立,在完成起草论证工作并形成书面起草论证报告后,该委员会便完成了它的使命即可解散。委员会的成员则应该根据接下来要进行的区域立法起草工作需要,向法案起草者提供有关咨询和说明。

作为实施主体,区域立法起草论证委员会的工作直接关系到起草论证的效果如何。从我们对该委员会成员的设定来看,能否取得较高的论证效果,很难让人产生太高的期待。原因在于,当前地方立法机关尤其是地方权力机关中,人大代表的产生、知识结构和工作方式等方面存在着较严重的体制问题。代表们并非由选民直接产生,也就意味着他们无需直接面对社会民众,其对区域内社会民众的真正需求的了解程度,以及将其反映至区域立法中去的那种责任心缺少制度性的激励和约束。当然,这一方面的制度变革不是一蹴而就的,我们应该从制度现实出发,即使无法达到理想中的效果,只要区域立法起草论证委员会的成员能够发挥一定的积极作用,那么其对区域立法的贡献也是值得称道的。

(二)实施步骤

对于该如何来实施区域立法起草论证,首先要参照地方立法起草论证的有关规定,遗憾的是,现有的相关规定较为简略,需要我们从理论和制度予以建构和完善。具体来说,区域立法起草论证的实施可遵循如下步骤:

1.成立区域立法起草论证委员会。该委员会的组成人员在前文中已经作过详细论述,它负责区域立法起草论证有关的各项工作的开展。由于不同的区域中参与立法合作的地方立法机关的数量不同,故该委员会人员的数量也是不等的。区域立法起草论证委员会对相关问题的讨论或决定的作出通过会议的方式来进行。委员会应该推选一名成员担任主任,负责召集和分配工作,其他成员应该根据安排从事相应的工作,如果对安排有异议可以向委员会主体提出并通过委员会会议解决。对于无正当理由不从服从相关工作安排,或存在其他玩忽职守行为情形的代表成员,经委员会全体会议表决,可要求区域立法协调委员会请求其所在的地方立法机关撤回对该代表的委任,且今后除非有特殊情况,不再允许其参与区域立法相关工作。

显然,我们所设计的区域立法起草论证委员会具有较强的时代特征和官方色彩。但一个可以预测的趋势是,随着我国区域经济、社会的发展,以及政治体制的改革与完善,区域立法起草论证委员会将逐步淡化其官方主导色彩,而逐渐将该项工作交由某些特定的社会团体,如科研机构、民间协会或利益集团等来实施。这样可以在更大程度上增强区域立法起草的科学性与民主性。这在当前的一些地方性法规中已经有所体现,例如《甘肃省人民代表大会及其常务委员会立法程序规则》(2007 年)第 7 条第 2 款规定:"省人民代表大会专门委员会、省人民代表大会常务委员会工作部门可以组织起草法规草案的有关调研论证活动,也可以参加由省人民政府部门或者社会团体组织起草法规草案的有关调研论证活动。"这一规定非常科学,既考虑了当下的立法体制和实践惯例,又对地方立法今后应强化社会参与、淡化官方主导色彩的发展趋势预留了制度空间。

2. 拟定区域立法起草论证工作方案。该如何具体开展区域立法起草论证的各项工作,应该由论证委员会预先拟定一个工作方案,以供参照。工作方案中应至少列明如下内容:(1)区域立法起草论证所要实现的目的,或需要论证什么;(2)围绕论证目的所要开展的各项调查研究工作,所要收集资料和信息,以及相应的方式、方法和途径;(3)每项工作具体由哪些成员来负责或参与,以及该如何进行工作上的配合;(4)各项工作的日程或进度安排,包括委员会的工作日程计划;(5)为完成相关工作所需要的物质保障或其他条件,以及相应的规章制度;(6)其他与完成区域立法起草论证工作有关的工作。立法起草论证工作方案应该在起草论证委员会全体会议上讨论通过,在实施过程中可根据实践需要予以适当调整。

3. 收集和整理有关区域立法起草的信息和资料。起草论证不是空泛的理论探讨,它要建立在充分掌握与区域立法起草有关的各种信息和资料的基础上"立法实践表明,立法前期深入扎实的搜集和占有资料、深入细致的调查研究,对于加快立法进度和提高立法质量具有重要作用和意义。"[1]一般来讲,需要收集和整理的信息和资料主要有:"一是有关法律、法规、规章、政策的规定;二是其他国家和地区的规定;三是实践中的做法;四是专家、实际工作部门的意见和建议,等等"。[2] 这些资料和信息是开展立法起草论证所必须依据或参考的。信息和资料的收集与整理应该由专门的成员负责,并且要尽可能地动员其他国家机关、人大代表、社会团体和公众等的参与。

收集的方式大致包括:(1)网上收集,包括在区域立法协调委员会开设

---

① 李培传:《论立法》,中国法制出版社 2004 年版,第 215 页。

② 乔晓阳主编:《中华人民共和国立法法讲话》,中国民主法制出版社 2008 年版,第 112 页。

的区域立法信息网站上,向社会公布所要起草的立法项目的基本信息,如名称、背景和所涉及的主要问题等,接受社会公众的来信、来电、来邮和网上建言等;登陆国外有关网站查阅、下载和翻译相关法律文书和经验介绍等;(2)实地调研,这是掌握第一手立法资料和信息的最有效方式。实地调研过程中,既要重视对区域立法所涉及的社会关系或公共事务的实践状况及立法需求进行实证考察,也要注意及时地在考察所在地召集相应的立法调查研究会,对所掌握的资料和信息予以汇总和归纳。对此,这一比喻非常生动:"调查研究会就像医院的门诊过程,只有发现更多的'病例'、整理更多的'病例',才能有更好的治疗办法。"①(3)召开听证会、座谈会等,广泛听取各方面对立法起草,包括立法所涉及的重要问题的意见和建议。要注意参与听证会和座谈会人员的广泛代表性,不能使之流于形式,尤其要保证一定数量的利益相关者的参与,允许并认真对待各种不同声音的存在。

4.开展论证。这是区域立法起草论证的核心环节。在收集与整理完相关资料与信息后,正式进入起草论证阶段。区域立法起草委员会应从整体和局部两个层面来进行论证。其中,整体论证是指关于区域立法起草背景、起草时机、起草定位和起草可能带来的影响等问题的论证。区域立法要为区域经济、社会发展服务,故在立法起草之前要首先搞清楚当下区域经济、社会发展的现状,及该立法所涉及或调整的社会关系或公共事务在其间的整体状况。如长三角的民间融资问题与长三角的经济发展有着密切关联,若要对此进行区域立法,就需要首先把握好当下长三角的经济发展现状,以及民间融资在实践中处于怎样的境况。起草时机是否成熟关系到立法完成后的实施效果,需要认真对待。起草论证委员会需要根据所掌握的信息,来审视所论证的立法项目所涉及的社会事务或公共服务对于立法的需求程度,对此可考察相关的指标,如社会公众或利益相关者的关注程度、纠纷或案件的发生数量和概率,以及替代性规则的数量及运行效果等,以此来判断立法起草的时机是否成熟。起草定位指的是该项区域立法建立在怎样的价

---

① 崔卓兰等:《地方立法实证研究》,知识产权出版社 2007 年版,第 361 页。

值基础上,如是为了更好地促进发展还是更好地加强管理,这些都要在起草前予以明确,为今后起草时相关内容的确定提供指导。至于该项区域立法一旦实施,其对所调整的对象会产生怎样的影响等也需要在起草前有所预测或评估。而局部论证则是在立法起草前对起草所涉及的局部性问题所进行的论证,它包括:(1)如何避免与现行上位法不相违背,并且与相关规范性法文件相融合,更好地实现立法目的;(2)区域立法所涉及的相关法律主体的主要权利和义务的确定,以及有关公共行政部门的职权与责任问题;(3)草案所要解决的主要问题及其解决的办法;(4)起草将涉及哪些方面的关系,该如何加以协调;(5)就某些主要条款的设定或主要对象的调整,是否存在可供借鉴的经验;(6)起草文本的形式结构该如何进行合理的设置;(7)其他需要预先解决和论证的重要的局部性问题。

区域立法起草论证委员会针对不同的立法项目,通过召开论证会的方式从整体和局部两个层面展开起草论证。论证会既包括全体论证委员会成员参加的全体会议,也包括部分委员参加的小组会,而无论何种形式的论证会,都应该是完全公开的。不仅会议的召开、讨论应该向社会公开,允许社会公众以各种适当的方式参与进来,而且会议相关信息和资料也应该及时在网络或媒体等上面予以公布。区域立法起草论证委员会在开展论证的同时,区域内各地方立法机关或者其他有关社会团体也可以根据需要,无论是基于利益需要还是兴趣使然,都可以自行组织起草论证,并将其有关论证结论和要求反映至区域立法起草论证委员会处,供其参考。起草论证应该在时间上有充分的保障,但又不能过于拖沓,对此可在区域立法论证起草委员会成立之初便设定该委员会的工作期限,也即应该在多长时间内完成此项立法起草工作的论证,逾期未能完成的,除非存在正当理由再延长一定的时期,应该自动解散该委员会。

5.形成区域立法起草论证报告。区域立法起草论证的工作情况、论证的内容及结论最终都要形成书面的起草论证报告。该报告应该由区域立法起草论证委员会独立完成,其内容至少包括:(1)区域立法起草论证委员会针对立法项目的论证部署及实际工作情况的介绍;(2)对区域立法起草的整体性论证,并着重回答起草的必要性与可行性问题;(3)对区域立法起草的局部性论证,总结立法起草所要解决的主要问题及可能面临的立法障碍,并尽可能地给出解决的方案或立法对策;(4)如果区域立法起草的时机成熟,论证得也较为充分,可拟定区域立法草案的主要条款或整部区域立法文本草案,将其作为起草论证报告的附录,供起草者参考。区域立法起草论证报告同样应在合理的时间内完成,然后再设置一个报告的社会评议期,即将论证报告公布于众,在一定时间里听取各方的意见和建议,来改进论证报告。社会评议期结束后,应将区域立法起草论证报告交由区域立法协调委员会保管,同时向区域内各地方立法机关备案,作为下一阶段立法活动的立法依据。

三、区域立法起草论证的协调意义

起草论证不同于起草,但在某种意义上讲,区域立法起草论证的重要性甚至要大于区域立法的起草。作为区域立法准备阶段的最后一个环节,区域立法起草论证发挥着重要的承接与协调功能。具体而言,其协调意义可归纳为内容性协调、程序性协调和主体性协调三个方面。

首先,区域立法起草论证直接指向的是区域立法的起草,也即区域立法规划中所确定的立法项目是否应该起草,以及该如何进行起草的问题。一般来讲,不同的立法程序对应着不同的立法工作内容和立法文本内容,并且立法工作的内容主要是围绕着立法文本内容来确定的。例如,编制立法规划的目的就是为了确定今后一定时期内的立法项目,从而初步确立立法文本的最基本内容,即立法的名称与立法的宗旨或目的等。立法起草则承续立法规划的工作,将其所确定的立法项目转变为具体的立法文本。接下来的立法审议、表决和公布等,则分别对应着相应的立法文本。区域立法同样如此,每个环节实际上都是为特定的立法文本内容来服务的。然而,除最终的立法表决通过和公布环节中立法文本的内容是一致的外,前后相连的两个立法环节,如立法规划和立法起草、立法提案和立法审议、立法审议和立法表决等,在大多数情况下都是有差别的,由此我们可以将立法程序视为一个立法文本内容不断变动和确定的过程。这样,如何协调前后两个立法环节在立法文本内容上的差异,就成为立法者必须解决的问题。

区域立法起草论证则正是用来协调区域立法规划与区域立法起草这两个环节立法文本内容的重要机制。虽然每个立法项目在被列入区域立法规划之前都曾有过相应的论证,但是彼时论证的主要依据是区域内各省市所签订的合作协议,并且着眼于该项立法在今后一定时期内是否有立法的必要性与可行性,至于立法的时机是否真正成熟、何时成熟,以及该如何立法方为合理等问题则在所不问。因此,区域立法规划所指向的区域立法文本内容仅仅是一些基本的信息,如立法文本的名称、立法机关的类型、立法的时间,以及立法宗旨等,并且这些基本内容也并非完全确定。区域立法起草的任务是要完成较为完整的立法文本,其内容早已远远超出立法规划所涉及的那些基本内容,对如何调整立法项目所指向的区域性社会关系或公共事务作出了全面而系统的规定。综观整个区域立法程序,区域立法规划与区域立法起草这两个环节在立法文本内容方面的差异,恐怕是最大的,也是最需要协调的。区域立法起草论证论则恰好扮演着协调者的角色。

通过起草论证,不仅系统而深入地回答了区域立法起草的必要性、可行性与合理性问题,还为接下来的立法文本——如果经过论证却为必要且可行——该如何确定其内容提供了具体的指导。表现为:(1)经过起草论证,基本上可以将区域立法文本的名称、立法日期和由哪一类型的地方立法机关来负责等基本内容予以确定;(2)区域立法规划中关于立法项目的立法宗旨或目的的表述是概括性的,经过起草论证,既可以进一步使其明确化,如围绕着该立法宗旨再确立几项原则等,更为重要的是,关于起草文本的权利、义务与职责等条款的论证中已经融入了该立法宗旨或目的;(3)关于起草合理性的论证,则从内容和形式两个方面为立法文本内容的起草提供了指导,而这些在区域立法规划中是不曾涉及的。

其次,区域立法起草论证还发挥着程序性协调意义。立法论证贯穿于立法的全过程,并在不同的环节中发挥着不同的功能。根据汪全胜教授的总结,立法论证在立法中主要发挥着这样四种功能:启动程序、确保条件、促进立法进程和保障立法实施。① 其中启动程序和促进立法进程两项便体现了立法论证的程序性的协调功能。在地方立法实践中也存在着类似的规定与作法,如根据北京市《关于开展法规立项论证试验工作的意见》(2008年)规定,"凡是正式进入立法程序的立法项目,都要先后经过两次立法论证,一是列入五年立法规划时的论证,二是列入年度立法计划时的论证。"并且,这些立法项目"如不具有合理性将不能进入立法程序"②此即为立法论证的启动程序功能。

区域立法起草论证的程序性协调意义表现在:凡是未经过区域立法起草论证环节的,区域立法规划中所列立法项目无法进入区域立法起草环节,此即上文提到的程序启动功能。及时启动区域立法论证程序,既是将区域立法规划中所列立法项目转为区域立法草案文本的必然选择,也是实施整个区域立法的关键步骤之一。若无起草论证,区域立法起草便无法启动,所谓的区域立法也将永远停留在规划层面而无法付诸实践。原因在于,区域立法规划毕竟还主要停留在纸面上,对许多与立法相关的事务未曾真正展开系统而深入地论证,其所确定的立法项目也主要建立在立法预测和较为有限的立法论证基础上。究竟这项立法项目是否具备转化为区域立法草案文本的必要性、可行性与合理性,从而实现最终的区域立法呢? 通过区域立法起草论证可以回答这一问题。如果答案是肯定的,便意味着区域立法已从预测和规划的层面正式进入实践操作层面,意味着区域立法开始进入实质性的立法阶段。总之,区域立法起草论证是区域立法准备阶段的最后一个环节。它既是对本阶段之前有关立法工作的一个总结和推进,也是是否开启区域立法确立阶段的决定者。此外,区域立法起草论证的实施中会涉及到一些内部协调,如起草论证委员会的成立、不同工作环节间的衔接,以及各地方立法机关或成员之间的行为协调等,这些活动过程中的一些协调经验或教训,可以作为今后区域立法其他程序的协调参考。

---

① 汪全胜:《制度设计与立法公正》,山东人民出版社2005年版,第156—157页。
② 董桂青:《北京"立法论证"应在全国范围内推广》,载《民主与法制时报》2008年12月22日第 A03 版。

最后,在区域立法起草论证过程中,区域立法不同主体之间的行为与活动也得到了协调。区域立法起草论证中既涉及区域内各地方立法机关及其代表、工作人员等立法职权主体,也有社会团体和社会公众等立法参与主体的参与。他们之间既存在合作关系,也存在竞争或利益博弈关系,而且如何协调好相互之间的关系,关系到合作能否实现,也即关系到区域立法能否顺利开展。就区域立法起草论证的实施而言,它较好地协调了这些主体间的关系,尤其是区域立法职权主体之间以及区域立法职权主体与区域立法参与主体之间的关系。这表现在:

(1)区域立法起草委员会的成立和成员的来源,本身就是对区域内各地方立法机关之间关系的协调。由各地方立法机关委任代表或工作人员参与到区域立法起草论证中来,便于其及时充分地了解区域立法起草论证的进展情况,并将各自关于区域立法起草的意见和建议及时地反映给区域立法起草论证委员会,使其在论证过程中就能充分地体现各自的立场,并且为已经或可能出现的利益冲突或立场冲突寻求适当的解决方案;

(2)区域立法起草论证并不反对区域内各地方立法机关结合本地方的实际,对所论证的立法项目的起草可能给自己带来的影响进行论证和评估,以预先确定自己对该立法起草的立场、态度或要求,如果该立法的起草可能给自己的利益造成较大的损害,可以要求与其他参与合作的各方进行磋商,要求获益方给予利益补偿并拟定补偿方案。对于区域内各地方立法机关所进行的立法起草论证以及相互间签订的利益共享或补偿方案,区域立法起草论证委员会在起草论证中以及撰写起草论证报告时应予以体现;

(3)区域立法起草论证同样为协调区域立法职权主体和区域立法参与主体之间的关系提供了可能。这表现为区域立法起草论证过程中,论证委员会的一切工作动态和信息都是公开的,且社会公众也可以通过各种途径和方式参与进来,直接向区域立法起草论证委员会反映其对立法起草的意见和建议,尤其是利益相关主体的立法需求。区域立法起草委员会收集并反映这些信息,也就代表着区域内各地方立法机关及相关人大代表或提案权人了解到这些立法需求和信息,为其在区域立法起草论证中所应采取的立场或态度提供了参照。并且,在社会公众参与到区域立法起草论证中时,他们已经在同区域立法的职权主体在进行沟通,相互表达自己的观点和立场,为最终达成一致立场提供了可能。

第四章 区域立法确立阶段的协调

立法确立阶段也即狭义上的立法程序,是通常所说的从法案到法的阶段。与一般地方立法一样,立法确立阶段也是区域立法活动的核心程序。在这一阶段,需要先后完成区域立法文本的起草、法案的提出或送审、法案的审议或审查、法案的表决或批准,以及法案的公布等诸项工作。区域立法确立阶段中需要协调的对象或内容有很多,从区域立法主体,到区域立法文本的内容,再到区域立法程序的运转等,都离不开相应的协调。为此需要分别针对区域立法的主体行为、文本内容和立法程序设置协调机制。其中,协调区域立法主体行为的机制有联席会议、调解和公众参与机制,三种机制分别针对区域立法职权主体和参与主体间的行为关系进行协调。协调区域立法文本内容的机制包括委托起草、利益共享与补偿、民间规范认可和文本预先审查机制。而同步提案或送审、表决期限和协商加入机制则被用于协调区域立法程序的运行。这些分别针对区域立法主体行为、文本内容和立法程序所建构的协调机制,其中有些机制的协调对象或协调功能并不是单一的,尤其是协调区域立法主体行为的机制,往往具有多种协调功能。例如联席会议机制既可以用来协调区域立法主体行为,也可以用于区域立法文本内容或立法程序的协调,调解机制和公众参与机制同样如此。

第一节 协调区域立法主体行为的机制

立法主体是区域立法活动的组织者和参与者,区域立法确立阶段首先需要协调的对象便是区域立法主体内部之间的关系。区域立法职权主体具有复合性,而立法的参与主体则具有不确定性,无论是职权主体之间,还是参与主体之间,以及职权主体与参与主体之间的关系都需要进行不同程度的协调。接下来,本书重点对立法联席会议、立法调解和公众参与三种协调机制进行探讨。

一、区域立法联席会议

联席会议这个名词和事物对于大多数人而言并不陌生。打开电视、网络或报刊等,我们会经常听到或看到关于各种类型的联席会议的报道。在百度上输入"联席会议"一词进行搜索,我们会发现联席会议的种类和名称可谓是花样繁多、不胜枚举,诸如校长联席会议、党政联系会议、担保机构联席会议以及科技合作联席会议,等等。从中亦可得出,所谓联席会议就是来自不同地区或不同部门的代表(如负责人或其他工作人员),为特定目的而联合召开的会议。联席会议既可以因个别事项而临时召集,也可以作为各方合作的一个长期机制而存在,其参与主体也视情况而定。

通过召开联席会议的方式来商讨和解决区域合作与发展中的问题,已成为当前各区域合作主体的常见做法。如 2010 年 6 月 9 日在福州召开的第六届泛珠三角区域劳务合作联席会议,是泛珠三角区域合作各方就金融危机下如何加强劳务合作,推进素质就业等问题所展开的探讨,会议还签署了《泛珠三角区域职业培训合作协议》,作为应对方案和合作成果。[①] 尽管联席会议制度在实践中存在很多问题,有待进一步完善,但它同样可以作为一项重要的协调机制,用来协调区域立法职权主体内部的关系。

(一)区域立法联席会议的类型与运转

在区域合作与发展过程中,联席会议作为加强交流、促进合作的一项有效制度已被各区域合作主体所广泛采用。以不同目的或内容的区域联席会议运行于各区域合作实践中,并且有些已经形成了较为稳定且有相应规章

---

① 《第六届泛珠三角区域劳务合作联席会议召开》,文章来源:http://www.pprd.org.cn/news/dongtai/201006/t20100610_97620.htm(访问日期:2010 年 6 月 17 日)

制度保障的长期合作机制。例如成立于 1986 年的环渤海地区经济联合市长联席会,它最初由环渤海经济区内的 15 个城市共同发起设立,每两年组织召开一次定期会议,就涉及到环渤海区内的共同事务尤其是经济事务合作问题,进行商讨、研究或决策,以推动环渤海经济区在合作基础上的发展。"环渤海地区市长联席会办公室"作为其常设办事机构设在天津市政府经协办,并且还制定了《环渤海地区经济联合市长联席会办公室章程》(2004 年),作为该机构的活动规章和依据。目前该市长联席会已有 32 个成员市,成立至今已召开了十六次会议。应该说,这一制度或机制在推进环渤海区域合作与发展过程中发挥了重要的作用。而在泛三角区域合作中,参与合作各方同样非常重视联席会议的功能利用与制度完善。如其共同制定的《泛珠三角区域合作行政首长联席会议章程》,非常明确而全面地规定了区域合作的行政首长联系会议制度,如其中规定了该联席会议的属性——泛珠三角区域合作的最高决策机构、各成员的权利和义务、年会制度、会议纪要制度和经费保障等,这为其他种类的联席会议(如区域立法联席会议)的制度完善提供了有益参考。

　　以联席会议的方式来协调立法合作主体的行为及相关事宜,在国外立法实践中并不少见。在美国,立法权由参众两院共同行使,任何一院通过的法案必须送交另一院通过,任何一院对另一院通过的法案都拥有绝对的否决权。两院如果在立法案内容上发生分歧,可以通过磋商解决。常见的方式是由两院同等数量的议员组成磋商委员会,提出妥协方案并经两院通过。在英国,"无论是提交下院还是上院的议案,经某一院'三读'程序通过后,必须交另一院以同样的'三读'程序通过。一院所作的修正案必须得到另一院的同意,否则应成立两院联席会议协商解决。"[1]欧盟立法中,由欧盟各成员国的首脑定期召开的欧盟峰会(也称欧洲理事会)则是一种典型的会晤型联席会议,它虽然不对具体的欧盟立法合作进行协调,但是它决定欧盟的大政方针和发展方向,也为欧盟立法合作中协调各自的行为提供了指南。

---

① 刘建飞、刘启云、朱艳圣:《英国议会》,华夏出版社 2002 年版,第 283 页。

而由各成员国不同领域的部长所组成的部长理事会,作为欧盟主要的立法和决策机构,在欧盟立法协调中更是起着主导性作用,部长理事会并非一常设机构,而是以联席会议的形式存在和运转。

区域立法中,各地方立法机关发挥主导作用,能否协调好各地方立法机关的合作行为关系到区域立法的成败。在借鉴现有的联席会议制度经验基础上,我们可以在区域立法活动过程中引入区域立法联席会议制度,作为区域内地方立法合作各方交流信息与观点、协商问题解决方案和实现某领域或公共事务合作的重要机制。其实,区域立法联席会议在地方立法实践中已经存在,如 2009 年底在北京召开的由环渤海区域内各地方政府法制办负责人参加的联席会议,就如何加强相互间的立法和法制合作进行了商讨。当然,具有代表性的应该是 2006 年初东北三省政府法制办在沈阳召开的立法协作座谈会或联席会,有关各方的代表和工作人员就东北三省区域立法协作问题展开交流,并签署了《东北三省政府立法协作框架协议》。对此,有学者进一步建议可"确立东北地区立法联络协调会议制度,由东北三省一区人大和政府分别定期召开区域立法联络协调代表会议,由各省、区的人大和政府分别组建东北地区立法联络协调委员会。"该会议的主要职责为"就有关立法事宜进行交流与协调,就区域经济建设协调发展的问题,通过区域代表会议达成立法上的共识,并由立法联络协调委员会来履行协调东北地区各行政区域立法的职责。"[1]尽管在实践中区域立法联席会议已经出现,理论上也有所探讨,但必须承认的是,与区域立法的发展现状一样,区域立法联席会议的制度构建处于相对停滞的状态,需要从理论上做进一步探讨。

区域立法联席会议的形式和内容可以根据合作与交流的需要灵活确定。从类型上看,它既包括一事一议的磋商型联席会议,如在区域立法起草过程中各方对某一条款的内容发生分歧,此时就可以针对该条款内容如何确定,尤其是如何消除分歧、达成一致召开临时性联席会议,进行磋商;也包括定期交流的会晤型联席会议,这种类型的联席会议的参加者一般为区域

---

① 王子正:《东北地区立法协调机制研究》,载《辽宁法治研究》2006 年第 3 期,第 49 页。

内各地方立法机关的负责人,他们定期会晤可以就区域立法的方针政策及区域立法规划等宏观性问题进行商讨确定。在参加会议的人员构成方面,既可以是区域内各地方立法机关的负责人,也可以是各地方立法机关的工作人员或接受委派的代表等,还可以是在区域立法中承担特定职责的其他人员。

区域立法联席会议的类型不同,在召开程序或运转上也会有所差异。其中,会晤型联席会议的运转涉及到这样五个问题:(1)时间与期限。虽然区域合作实践中有的会晤型联席会议每两年召开一次,如前面提到的环渤海地区经济联合市长联席会每两年召开一次,但大多数会晤型联席会议都是每年召开一次。笔者认为,对于会晤型联席会议而言,每年召开一次为宜,这样可以及时就上一年度的合作进行总结并规划下一年度的合作事宜。至于每次会议的期限,可根据会议所要讨论的内容之多寡来确定,一般以两至三日为准。(2)地点的选择。可借鉴当前各区域合作联席会议的做法,在区域内各有关城市之间轮流召开。(3)内容与日程安排。在联席会议召开之前,应该由各有关部门或工作人员就会议所要商讨的议题,及应实现的会议目标预先磋商,并编制会议日程书供与会者遵循。(4)会议资料的整理与信息发布。与会议召开有关的资料和信息,无论是会议所需还是会议所产生的,应该通过媒体、网络等途径及时向社会发布。(5)成果落实措施。尽管这不属于联席会议本身的一部分,却是保证联席会议取得成效的必然要求。区域合作实践中也非常重视建立这方面的制度,如在《泛珠三角区域合作框架协议》中规定了三种合作机制,其中之一便是建立部门衔接落实制度,以落实协议所提出的各种合作事项。因会晤型联席会议是一种长期性的合作机制,故会议程序或运转模式一旦形成即可一直延续下去,尽管不排除各方根据合作的需要进行相应的调整。

相较于会晤型联席会议,磋商型联席会议在运作上具有这样的特点:(1)它针对的是区域立法各环节中所出现的需要共同商定的内容或问题,或者需要磋商解决的意见分歧等;(2)它的召开视区域立法的需要而定,所以其召开时间是不确定的,而且在每次会议的期限一般也应该短些,以不超过两天为宜。若在规定的期限内未能达到磋商的目的,即可暂时搁置区域立法相关工作;(3)会议地点可根据工作需要临时选择,不必一定要采轮流承办制;(4)与会议有关的资料和信息在公开性要求上要低于会晤型联席会议,有些会议内容和信息可有选择性的不予公开,但涉及到社会公众切实利益的,应该及时公开;(5)磋商的结果可能是达成一致,继续进行相应的区域立法工作,也可能是未能消弭分歧,这样便影响到区域立法相关工作的开展,而只能在时机或条件具备时再行磋商。

区域立法联席会议的召开离不开区域立法协调委员会的协调。在区域合作实践中,会晤型联席会议召开的较多,制度相对也完善些,如在《泛珠三角区域省会城市合作协议》就规定了会晤型联席会议制度,即"每年定期召开九省(区)省会城市市长参加的联席会议,研究解决合作中的重大问题",同时"建立市政府秘书长协调制度,协调推进合作事宜",并且"设立日常办公室,负责合作的日常工作"。① 就区域立法而言,无论是会晤型还是磋商型联席会议,与会议召开有关的协调工作皆应由区域立法协调委员会负责,这些工作包括会议日期的商定、地点的选定、参会人员名单的确定、资料的准备、会议期间的信息发布,以及其他需要协调的工作等。尤其是磋商型联席会议的召开,更离不开区域立法协调委员会的协调,一旦区域立法过程中各方就某个问题发生了分歧而很难达成一致,此时区域立法协调委员会可应有关方的请求或者主体协调召开磋商型联席会议,使大家坐到一起,就分歧所在进行沟通并寻求解决方案。

(二)区域立法联席会议的协调意义

依据职权与角色的不同,可将区域立法主体分为职权主体和参与主体。其中前者指的是区域内享有地方立法权并参与立法合作的地方立法机关。区域立法联席会议是由区域立法职权主体或其工作人员参与召开的,指向的是参与合作的各地方立法机关的共同行为,因此它主要是一种主体性协

---

① 《泛珠三角区域省会城市合作协议》,资料来源:http://www.pprd.org.cn/ziliao/zhengce/qt/200701/t20070116_13859.htm(访问日期:2010年6月19日)

调机制。

一方面,区域立法联席会议为区域立法职权主体提供了交流的平台。区域立法能否顺利开展,以及能取得怎样的成效,在很大程度上取决于区域内个地方立法机关的合作意愿,而区域立法联席会议尤其是会晤型联席会议则为各方表达自己的这种意愿,使相互间了解对方的观点和主张,并为促成合作而协调各自立场提供了交流的机会与平台。

随着区域经济一体化发展的趋势不断增强,区域内的行政区划及相应的地方政府权力的"碎化"便成为阻碍这一发展的主要因素。在国外一些区域化发展程度较高的国家,许多学者已经对区域发展所面临的政治碎化问题展开过深入的讨论,实践中支持区域一体化的政治家或改革者也在推动相应的改革,其中具有代表性的是美国大都市区内的地方政府改革。在美国,"都市一体化的问题主要来自一个都市区的一致性与各个自成一体的政府机构之间的矛盾"。① 其实,这种矛盾不只存在于美国的都市一体化发展中,它几乎是任何一个国家在区域一体化发展中都要面临的问题。对此,美国学者切斯特·马克赛(Chester Maxey)分析并主张道:"由于大都市地区的政治发展滞后于经济和社会发展,地方政府权力的碎化状态损害了经济和社会发展所取得的成就,一个大都市区要发展成为工商业和社会事务的中心,就必须克服整个地区在政治上不统一的痼疾,建立权力更为集中的政府。"②当然,这里所谓的"更为集中的政府"并非我们平时所理解的集权政府,按照托马斯·里德(Thomas H. Reed)的主张,大都市政府统一负责区内的规划和分区、交通、高速公路建设和维护、给排水以及特定的治安、健康和慈善等公共服务,大都市政府的结构采联席会或委员会的方式,其成员应该直接从市民中选举产生,并且建立一套适宜的代表选举系统来开展工作。③

---

① [美]乔治·S.布莱尔:《社区权力与公民参与》,伊佩庄、张雅竹编译,中国社会出版社2008年版,第185页。

② Maxey, Chester. The Political Integration of Metropolitan Communities. National Municipal Review, 1922, 11(8). p. 229

③ Reed, Thomas H. The Region, a New Governmental Unit. National Municipal Review, 1925,14(7). pp. 413 – 423

　　显然,美国学者关于解决大都市区政治碎化的建议只能作为我们解决类似问题的参考之一,毕竟我国地方政府体制、运作传统,以及社会公众的心理结构与之相差很大,且我国的区域一体化发展尚处探索时期,许多问题解决方案的提出也只能囿于现有的制度框架之内而不能过分脱离。欲改变传统的各自为政式的地方政府权力运作模式,而根据区域合作与发展的需要实现权力的共享与合作行使,首要的工作是让区域内的各权力行使主体了解到合作所能带来的收益,意识到某些区域性的公共事务依靠单独的力量是无法解决的或者是不经济的,对此,我国大多数地方政府的权力行使者应该都有着一定的认知。接下来的工作便是让有意参与合作的各方坐到一起,表达合作的意愿和交流各自的合作主张,而这正是实现区域合作的第一步,区域立法同样如此。如今,在几个一体化进程发展较早并取得了一定进展的区域中,由区域内各地方政府或政府部门机构的主要负责人参加的联席会议,大多已经成为各区域合作的一个制度性惯例,而这也正是会晤型区域立法联席会议能够成行的实践与制度现实。区域立法的实质是区域内地方治理权的合作,而合作又是建立在相互信任基础之上。而信任又该如何建立呢? 在当前地方政府和立法体制下,地方立法机关的主要负责人的态度在很大程度上影响到区域立法能否实现,以及在多大程度上可以实施。而由区域内各地方立法机关主要负责人参加的会晤型联席会议,则可以促使他们之间及时交流立法信息、立法需求和立法意见等,增进相互间在立法合作过程中的信任度。即使是以消弭分歧、协调行动为目的的磋商型联席会议,同样也是各地方立法机关努力维系立法合作的体现,毕竟这类会议召开的主要目的不是为了扩大矛盾或停止合作,而是为了协调立场、维持合作的进行。

　　另一方面,区域立法联席会议尤其是磋商型联席会议为区域立法职权主体消除分歧、协调行动提供了可能。区域立法确定阶段中,磋商型联席会议更是协调各地方立法机关行为的重要机制。

　　尤其在区域立法审议阶段,各地方立法机关分别对区域立法草案内容进行审议和表决,此时产生分歧的可能性最大。假设参与合作的地方立法机关为省级人大常委会,其对区域立法草案的审议一般包括专门委员会的审议、法制委员会的统一审议和人大常委会的审议三个环节。每个环节中各地方立法机关都可能从不同的角度或基于不同的考虑而对草案提出不同的看法,尤其在涉及到利益分配或义务承担等实质性问题时,其对应的条款最容易发生意见分歧。当这些分歧达到一定程度,无法通过简单的沟通方式协调解决时,就需要通过召开磋商型联席会议的方式进行协商,就有关条款内容的确定及所涉及的利益分配进行谈判,以寻求各方都能接受的方案。当然,在立法实践中基于提高立法效率的考虑,专门委员会和法制委员会的审议结束后,可由区域立法协调委员会统一收集各方的意见,如果发现各方就区域立法草案内容存在较大分歧,可能影响最终人大常委会的审议和表决通过的,此时可再由区域立法协调委员会发起或者由各地法制委员会负责人共同发起召开联席会议,就有关分歧先行协调,如果经过磋商各方基本达成一致,或者虽未达成一致但都同意交由各自的人大常委会进行最后的审议和表决,那么就可以视为联席会议的目的已经达到。如果经过磋商和协调,各方的分歧依然较大而无法达成较为一致的意见,或者各方都同意暂缓最终的审议和表决,那么此时可以暂时停止区域立法工作。

在整个区域立法过程中,区域立法联席会议在协调各地方立法职权主体行为同时,也协调了区域立法的内容与程序。无论是区域立法规划的编制,还是区域立法起草和审议,甚或区域立法完善过程中,虽然有些工作可以委托给第三方来完成,但在区域立法实质性内容的确定尤其是涉及到各方重要利益的问题上,各方随时都可能发生分歧或者争执,此时便需要召开磋商型联席会议来协调各方立场,争取达成一致,此为内容性协调。区域立法在程序上该如何开展,要参照地方立法程序但又有所不同,一般地方立法是单独进行的,每一立法环节该完成什么立法任务并符合怎样的立法要求,都有相应的规则可供遵循。区域立法是合作实施的,虽然总的立法程序与地方立法大致相同,但是每个环节又都需要进行相应协调,不仅是立法文本内容的协调,还包括程序性工作的协调,如在何时成立区域立法起草论证委员会对区域立法规划中所列的立法项目进行立法起草论证。有些情况下关于程序的协调关系到区域立法能否顺利进行下去,所以必要时也可以通过召开磋商型联席会议的方式进行商讨确定,此则是程序性协调。

(三)对区域立法联席会议机制的反思

区域立法联席会议可以通过区域立法职权主体之间的交流与磋商,协调相互间的行为,以促成区域立法的制定与实施,但是受政治体制和区域一体化发展程度的制约,区域立法联席会议机制在制度上和实践中仍存在许多需要反思之处。其中,最主要的问题是参与区域立法的各地方立法机关及其主要负责人,有多大的兴趣和积极性去召集或参加区域立法联席会议,这又从根本上受制于当前的经济和政治体制。市场经济的不断发展,必然要求各市场要素在更大的地理空间内自由流动。新中国成立以来行政中心与经济中心的高度一致,使得改革开放至今计划经济向市场经济的转型过程中,行政区划对经济发展的影响并没有实质性的改变,因行政区划而导致行政壁垒和地域分割的现象,已经成为我国经济转型过程中的一大痼疾,学者们将这种经济现象称之为行政区经济。对此,刘君德教授分析道:"在我国,由于特殊的历史与体制背景,各级行政区的经济功能十分突出,在地方政府强烈追求自身利益最大化的动机驱使下,政府干预经济的行为十分严重,地方本位与保护主义盛行,从而使区域经济运行带有强烈的地方政府行为色彩,正是这种行为,使行政区划界线如同一堵'看不见的墙'对区域经济横向联系产生刚性约束,跨区域流动严重受阻,一体化难以实现。"[①]

地方政府或行政权力之所以干预甚至主导经济发展,又与地方政府的职能定位和主要负责人的政绩观直接相关。改革开放以来实行的以经济建设为中心的立国方针,在发展中逐渐演变为唯经济论乃至唯经济总量(GDP)而求之,地方政府的主要负责人的政绩考核及职务升迁也皆以此为凭。虽然这对于经济在短期内的快速增长很有助益,但看似不断繁荣的经济发展的背后掩盖了许多问题,诸如地方政府职能的转变、政府官员的权力

---

① 刘君德:《中国转型期凸现的"行政区经济"现象分析》,载《理论前沿》2004年第10期,第20页。

与权利观念、经济发展模式的改进及结构的调整等。近年来,中央政府逐渐意识到这一问题,意图从经济结构的调整入手,改变当前的行政区经济现象,从而带动相关政治、经济体制的变革。自2009年至今,十余个区域发展规划获得中央政府的批准,而这些区域规划所承载的一个使命便是转变经济发展方式。在这样的背景下,区域立法自然应该成为题中之义,尽管与事务性合作相比,立法和法制合作总是显得迟缓不前,但是以区域内地方立法权合作已经成为呼之欲出的事物,实践中也的确在此方面已有所探索,所以区域立法已成为实践性事实无需再证明。

但由于区域立法产生的特殊时代背景,特别是受传统经济、政治体制及其思维惯性所制,区域立法联席会议机制在协调区域立法职权主体行为,促进区域立法活动方面所能发挥的积极作用也是有限的。参加联席会议的有关人员缺乏足够的激励或动力,就立法合作中的实质性问题进行磋商与合作。纵观当前那些区域合作时间较久的区域,会晤型联席会议都很少就立法合作进行深入交流,实践中的地方立法合作也未取得实质性进展。如前面提到的环渤海地区经济联合市长联席会至今已运行二十余年,对于推动区域立法的实行并未作出实质性的或突破性的贡献,不知是联席会的参加者(同时也是重要的立法决策者)因意识到体制的障碍或条件尚不成熟,而有意回避立法合作问题,还是这种联席会议本身就是形式意义大于实质意义,权作各方可供炫耀的政绩而已。由于会晤型联席会议未能有效地推动区域立法实践,使得区域立法无论在制度上还是实践中都没有进入一个更为精细的实质运作阶段,所以以消除分歧、协调立场为主要目的的磋商型联席会议也少有用武之地。

再者,与区域立法一样,参与区域立法联席会议的地方立法机关主要是各地方政府,本应在地方立法中发挥主导作用的各地方权力机关则被边缘化。根据《宪法》的规定,人民行使国家权力的机关是全国人民代表大会和地方各级人民代表大会。地方各级政府是权力机关的执行机关,是地方国家行政机关。包括区域立法在内的各种形式的区域合作,都是以增进区域内民众的福利为根本宗旨,故区域立法应重视社会公众的意见表达或利益诉求,也即应确立并发挥享有地方立法权的地方人大及其常委会在区域立法中的主导地位。但实践并非如此,行政权和地方政府的立法权在区域立法中发挥着主导作用,作为民意表达机关的人大及其常委会则少有作为,尽管后者的表现可能是有意为之,但它无疑削弱了区域立法的民主性。现有的各类形式的区域合作性质的联席会议,也大多是地方政府主要负责人或各政府各机构的人员参与召开,地方人大及其常委会很少发出自己的声音,这意味着区域立法实际上已成为区域行政立法,立法联席会议实际上是行政立法联席会议,这对于区域立法和区域立法联席会议而言,无论从理论上还是制度上,以及在实践中都是不完整的,也是不应当的。

我国正处于社会转型期,区域立法联席会议机制仅仅是这个巨大的转型进程中一个非常小的制度类型,不可避免地会印有传统体制的印迹,而且这种印迹在短期内是无法彻底抹去的。区域立法的实践程度取决于区域经济、社会一体化的发展程度,尽管从上到下都非常重视区域规划,尽管有些区域合作已有多年,但不得不承认,国内区域一体化发展进程依然处于起步阶段。三十余年的改革开放和近二十年的市场经济发展,尚不足以从根本上改变行政区经济的发展模式,使各市场要素自由地超越现有的行政区划而在更大的区域范围内流动,况且我们的政治体制或上层建筑的改革依然在艰难中徘徊,各级政府的主要负责人或决策者的思维也很难在短期内有飞跃性的改变。因此,对于区域立法联席会议,乃至整个区域立法的制度建构和实践状况,我们应该保持充分的耐心。关于区域立法联席会议机制的有关理论和制度建构,即使在短期内无法完善施之于实践,却可为区域立法的实践及发展提供相应的参考或选择方案。

二、区域立法调解

区域立法职权主体并非单一的,它的正常活动建立在各地方立法机关协调一致基础上。但并非在任何区域立法中各地方立法机关的行为都是一致的,尤其在区域立法的内容设定上,相互之间往往会因为利益分配等因素而发生分歧。这样要么导致区域立法的调整范围和效力有限,因为对于那些发生冲突的领域或关系,各方可能会选择回避,要么部分地方立法机关退出该项区域立法,导致区域立法仅在区域内的部分地区实施,背离了区域立法推动区域经济、社会一体化的初衷。诚然,联席会议机制可以促使区域立法职权主体内部进行很好地交流,就区域立法有关问题展开磋商。但联席会议机制的功能也是有限的,如果区域内两个地方立法机关就区域立法文本内容或利益分配发生了分歧,仅靠相互之间的磋商与谈判有时很难达成一致。这时如果有第三方主体的介入,从中进行说和或调解,各方最终达成一致的可能性会大大增强,对此可建立区域立法调解机制。

(一)立法调解与区域立法职权主体

提到调解,人们首先想到的是解决民事纠纷或社会矛盾的一种机制。2010 年 8 月通过的《人民调解法》第 2 条规定:"本法所称人民调解,是指人民调解委员会通过说服、疏导等方法,促使当事人在平等协商基础上自愿达成调解协议,解决民间纠纷的活动。"该条虽然是关于"人民调解"一词含义的规定,但它准确地阐释了"调解"这一机制的基本内涵。一般而言,调解是指双方或多方当事人,在第三方或某特定的主体或组织的劝说、引导下,就所产生的分歧或纠纷在平等协商、自愿一致基础上达成协议,解决纠纷或实现合作。笔者认为,调解不仅适用于民间纠纷解决或司法过程中,区域立法中同样可以引入调解机制,用以解决各地方立法机关的意见分歧或利益纠纷,协调区域立法职权主体的内部关系。

其实,在一些域外立法中,调解机制早已被采用。在德国,联邦参议院参与全部联邦法律的制定,因此对于联邦议院通过的所有法案都要经过联邦参议院进行第二轮审议。如果联邦参议院否决法案或与联邦议院有意见分歧,法案就要交给专门成立的调解委员会作进一步努力。调解委员会是每届议会召集时成立的一个专门委员会,由 16 名联邦议院议员和代表各州的 16 名联邦参议院成员组成。它的基本任务是消除和调解两院对法案的意见分歧。① 欧盟立法中存在调解机制。如果部长理事会不赞成欧洲议会

① 甘超英:《德国议会》,华夏出版社 2002 年版,第 290—294 页。

的修正案,则理事会主席经欧洲议会主席同意后,可以召开调解委员会会议。调解委员会的参与者包括部长理事会和欧洲议会相等人数的成员或代表,欧委会也可以参加。调解委员会的任务是就一份联合文本达成协议。欧委会则可以在其中提出各种必要的创议以调和欧洲议会与部长理事会的立场。①

德国与欧盟立法中之所以存在调解机制,一个重要原因是立法权由不同的主体行使,或者说一项法案的制定与通过,需要由两个或两个以上、有着合作与制约关系的立法机构共同批准与通过。这与我国的区域立法非常相像。虽然调解委员会的成员基本上都来自于发生分歧的立法机构,这种组织形式类似于磋商型联席会议,但不同之处在于,调解委员会是一个专门的成立的组织,并且调解可以作为一个独立的立法程序而存在。结合区域立法的特点,我们对于区域立法调解机制可作如下理解:

首先,区域立法调解机制的主要目的在于协调区域立法职权主体的内部关系,也即化解参与区域立法合作的各地方立法机关,在区域立法文本内容或立法程序等方面已经发生的意见分歧。各地方立法机关之间的立法合作建立在平等自愿基础上,各方没有义务必须通过或批准某项区域立法草案,也不存在一种外在的强制力要求各方一定要完成已经参与的区域立法项目。区域立法可以为各方带来更多、更大的利益,这是各地方立法机关参与区域立法的根本动力。但是,利益的分配并非从一开始就存在一个妥当的、无争议的方案,在区域立法中各地方立法机关也多是以一个理性人的角色来争取有关利益、权衡相应的利益关系,这是一个讨价还价的博弈过程,围绕着区域立法文本中权利、义务和责任等条款的设定,各方会进行反复地争论与磋商,最终的结果要么达成一致,要么放弃或中止区域立法。

为了促使更多的立法合作能顺利实现,需要借助于立法协调机制来协调各地方立法机关之间的行为关系,比如磋商型联席会议机制。但磋商型

---

① 刘光华等:《运行在国家与超国家之间——欧盟的立法制度》,江西高校出版社2006年版,第77页。

联席会议机制有着自身的局限,会议的参与者仅限于发生意见分歧或者利益争夺非常激烈的两方或多方之间,虽然最终各方可能相互让步达成一致,但在许多情况下,如果没有第三方的介入,冲突的各方之间甚至难以坐到一起进行磋商与谈判。换言之,如果各方分歧过大并且都不愿意首先提出与对方或其他方进行磋商,那么磋商型联席会议便无从召开,相应的协调功能便也无从发挥。立法调解机制则可以弥补这一缺陷,有关第三方可以主动地介入到分歧或争议中来,促使各方就分歧与争议之处展开磋商与谈判,甚至还可以为其提供一套分歧解决方案,最终促成分歧的化解和区域立法活动的继续开展。

其次,主持区域立法调解的主体既可以是参与区域立法的其他一方或多方,也可以是不直接参与区域立法的其他立法机关,如省级地方立法机关或中央立法机关。当分歧发生后,经过磋商未能达成一致,或者有关分歧各方无意进行磋商时,可由调解主持者和分歧发生者共同组成一个区域立法调解委员会。调解主持者可由这样三类主体来充当:(1)参与区域立法且未与其他各方发生意见分歧的其他地方立法机关;(2)如果区域立法职权主体为较大的市级的地方立法机关,那么各相应的省级地方立法机关可以作为调解主持者;(3)如果区域立法职权主体为省级地方立法机关,那么可相应地由全国人大常委会或国务院及有关部委作为调解主持者。

区域立法主要属于地方性立法,如果有关地方立法机关未发起调解程序,中央立法机关不宜以调解者的角色首先介入区域立法中。并且,在以有关中央立法机关委派的代表作为调解主持人的区域立法调解委员会中,中央立法机关及其代表并不享有与调解工作无关的权利,更不享有迫使某方或各方接受其调解方案的权力。省级地方立法机关及其代表作为调解主持者时也是如此。

最后,立法调解并非区域立法活动的一个必经程序,而是一个选择性程序,发生分歧或争议的各方有权自主选择是否参与区域立法调解委员会。民间调解与司法调解莫不以平等自愿为其基本原则,区域立法调解同样如此。是否参与区域立法调解委员会,以及是否接受相应的调解方案或协议,最终的决定权仍掌握在各地方立法机关手中。对于调解的发起者或主持者而言,它们同样没有调解的义务,除非自愿,更无需为了调解成功而承担某种不利益。

(二)区域立法调解的实施

区域立法中有关地方立法机关就区域立法文本内容或立法程序等发生分歧时,如果经过磋商等方式无法达成一致,就会影响区域立法的正常开展,这种情况下立法调解程序可以被选择适用。发起成立区域立法调解委员会是立法调解程序的首要环节。区域立法调解委员会既可由调解主持者发起成立,也可以在发生分歧的一方或多方请求下成立。意见分歧或立法争议并非总是在所有地方立法机关之间发生,有的地方立法机关对于区域立法文本的内容和立法程序等表示完全接受,并且对于区域立法而言,只要有两个地方立法机关认可并通过区域立法,就可视为该项区域立法已经完成并可在该两个地方生效。但是,对于多数区域立法而言,其目的是为了更好地调整区域性公共事务或提供区域性公共服务,而每个区域中的地方立法机关至少都在三个或三个以上,如果区域立法仅在两个或其中一部分地方获得通过,就会影响区域立法宗旨的实现。区域立法只有在区域内最大范围内获得认可与实施,其所设定的许多目标和追求的利益才能为各方所获取或共享。各地方立法机关在这一点上是存在共识的。这也是其他地方立法机关可能发起立法调解,或者发生分歧的有关地方立法机关请求成立立法调解委员会进行调解和协调的基本动力所在。

但是,调解毕竟是要建立在平等与自愿基础上,并且调解程序仅是一种可选择的程序。如果有的地方立法机关认为有关分歧是难以化解的,或者其他有关各方无法满足自己的利益需求,或者在参与区域立法的积极性方面有了不同的态度等,它们都有可能对调解程序选择消极立场,或者不接受任何调解方案,或者根本不参加调解委员会。为了使区域立法调解机制发挥其相应的协调功能,笔者认为,只要有相关调解的主持者,以及至少发生争议的两个地方立法机关参与,就可以组成立法调解委员会。

就所发生的分歧或争议进行磋商、劝解,并寻求解决方案,是区域立法调解的核心环节。区域立法调解委员会成立后,在调解方的主持下,发生分歧的各方之间进行沟通与谈判,就可能达成一致的方案展开磋商,这一过程中需要各方保持冷静的心态和理性的头脑,以及远见的眼光,在可能的范围内相互作出妥协或让步。区分哪些是涉及各自关键或核心利益的分歧,哪些是非关键或非核心的争议,对于后者不再过多的纠缠,而对于前者也都应拿出足够的诚意来寻求解决的方案。调解过程中,调解方既可以保持一种相对超脱的姿态,主要由分歧各方自己磋商并拿出协商方案,也可能以一种积极的态度参与到磋商中去。

在德国,调解委员会的处理结果以"共同建议"的形式公布,按照决议的内容,其建议主要有三种:"第一,建议取消联邦议院已经通过的法案,或者提出具体的书面修改意见;第二,建议确认联邦议院已经通过的法案;第三,没有达成一致的建议。"①区域立法调解委员会的处理结果应该与此有所不同。德国立法调解处理结果受其立法体制、政党政治等因素影响,对于通过调解而达成一致的结果不如区域立法来得那么强烈。因此,区域立法调解委员会应努力寻求一种可为各方所共同接受的调解方案,促使区域立法能继续开展或实施。调解方案既可以是分歧各方在反复磋商基础上的自行拟定,也可以是调解方综合各争议方的意见而拟定。当然,调解方案最终能否获得一致认可,或者至少在两方之间得到认可,关键在于对利益分配和利益关系作了怎样的调整,有些情况下只需要有关分歧方之间进行利益交换或补偿等方式即可,而有些情况下则可能需要调解方也实质性地参与到有关分歧方的利益分配方案中,甚至要让渡自己的部分利益。只要调解方案或协议是在平等自愿基础上达成的,并且不违反法律、行政法规等的强制性规定,无论分歧方还是调解方在调解过程中对相互间的利益关系作了怎样的调整,都应该视为区域立法调解机制功能发挥成功的表现。

调解方案或协议达成后,各地方立法机关可以继续相应的区域立法程序。但为了避免久调不决,可以为区域立法调解程序设定相应的期限,要求

---

① 甘超英:《德国议会》,华夏出版社 2002 年版,第 294 页。

在区域立法进入表决程序之前必须完成相应的调解工作,在规定期限内仍有地方立法机关未接受有关调解协议的,则视为调解失败,区域立法将继续在未发生分歧或已经就分歧达成协议的有关地方立法机关之间开展。

三、公众参与机制

民主的形式以及实现民主的方式有很多,而参与是实现民主的基本前提,尤其在代议制大行其道的今天,能否尽可能地保障公民参与国家权力运作过程,是验证一国民主成色的重要标尺。各国都从宪法或法律上确认了公民参与权力(或政治)过程的正当性,如我国《宪法》第2条第3款规定:"人民依照法律规定,通过各种途径和形式,管理国家事务,管理经济和文化事务,管理社会事务。"立法是公民直接参与国家权力运行的主要场合,也是实现人民主权的根本机制。区域立法的调整对象主要是区域内的社会事务或公共服务关系,与区域内社会公众的利益更是直接相关,故区域立法不应忽视社会公众的参与。与此同时,公众参与作为一项协调机制,可以协调区域立法职权主体与参与主体,以及各参与主体之间的行为关系,增进相互间的沟通和信任,推动区域立法的顺利开展。当然,我国现有的公众参与立法的方式或制度还存在很多问题,需要在区域立法实践中不断地改进。

(一)公众参与区域立法的原因及其协调意义

1. 区域立法为何需要公众参与

立法中的社会公众参与问题是近年来讨论得非常热烈的话题之一。在这里,社会公众是一个非常宽泛的概念,它包括了一切不行使国家权力的社会组织和个体。无论是中央立法、地方立法还是区域立法,公众参与都是不可缺少的。所谓公众参与,指的是在立法过程中,与立法内容相关的利益主体和一般的社会公众,就立法所涉及的与其利益相关的或者感兴趣的问题,以提供信息、发表评论或表达诉求等形式参与到立法中来的各种行为和制度。对于区域立法为什么需要公众参与,可从以下三个方面进行阐述。

首先,立法活动离不开社会公众的参与,区域立法也不例外。立法权向来是一个国家最基本、最重要的权力之一,而且立法权的归属及其运行方式反映着一国的民主实践状况。孟德斯鸠曾指出:"民主政治还有一条基本的规律,就是只有人民可以制定法律。"①人民制定法律或行使立法权的方式有很多。在代议制出现后,人民主要通过间接的方式来行使国家立法权,必要时可以通过全民公决这一直接的方式来决定某项法律的存废。无论是间接还是直接方式,人民都应享有充分参与到立法活动中去的权利与自由。原因在于,立法的一个重要任务,"就是民主地、广泛地、正确地集中人民的意志,衡平、兼顾、全面地体现国家、社会和人民中不同群体的利益。这项任务,……更在于人民的立法参与。如果立法绕过这一程序,此项立法的生命力将大打折扣。"②对于立法过程中公众参与的必要性,姚岳绒认为公众参与立法是立法过程民主化与正当化价值之要求、信息不对称社会中解决信息采集问题之必然、立法结果之适当并且有效之前提,以及代议制度的特点及其缺陷所决定。③ 这些论述同样适用于区域立法。只不过作为一种特殊的立法类型,区域立法中的公众参与还有着更为特殊的意义。

其次,区域立法自身的合作性特点要求社会公众的参与。以区域内各地方立法机关合作为基础的区域立法,在本质上可以视为地方治理权的合作,它属于区域治理的范畴。其中,区域治理的主体也称为区域治理的参与者,它包括政府、企业、非营利组织和居民等。根据治理理论,治理公共事务是一个上下互动的过程,它通过协商、良好合作、确立共同目标等方式实现。以往的那种政府自上而下、单向度的管理模式被取代,转而寻求和强调政府与那些原先只能作为政府管理对象的企业或公民等之间的合作。正如奥斯本所指出的那样:"政府要在公共管理中扮演催化剂和促进者的角色,是'掌舵'而不是'划桨'。"④参与区域治理的政府又可称其为区域政府,它主要指的是区域内的各地方政府。地方政府对区域治理的参与主要表现为三

---

① [法]孟德斯鸠:《论法的精神(上册)》,商务印书馆1982年版,第12页。
② 姚岳绒:《立法过程中公众参与问题研究》,载徐向华主编《新时期中国立法反思》,学林出版社2004年版,第130页。
③ 参见姚岳绒:《立法过程中公众参与问题研究》,载徐向华主编《新时期中国立法反思》,学林出版社2004年版,第141–147页。
④ [美]戴维·奥斯本:《改革政府》,上海译文出版社2006年版,第1页。

个方面:一是通过向社会提供法律规范,约束人们的行为;二是向社会提供一些公共服务,包括公共管理和咨询等;三是承担组织区域活动的责任。[①]由此,根据区域治理的理论,区域立法活动应该是包括区域内享有立法权的机关和治理对象共同参与的合作行为。在这里,地方立法机关对所要通过的区域规范性法文件并没有绝对的决定权,它们要充分听取、尊重和体现原来被视为管理对象的社会组织或公众的意见和利益。区域立法在某种意义上已不再是单向的权力行为,而是一种相互认可的契约行为,因此,公众参与在区域立法活动中占据着极其重要的地位。

最后,区域立法存在和运行的目的决定了社会公众在区域立法中的地位。作为在国内区域经济、社会一体化发展背景中兴起的一种新型立法模式,区域立法从产生之日起便以增进区域内社会公众的福利为其根本宗旨。社会公众的福利表现为民众基于自身生存和发展的需要,而产生的各种具体的政治、经济和文化等利益需求。显然,对于需求的种类、内容,以及该通过怎样的方式才能更好地得到满足等,社会公众自身最有发言权。唯有让公众充分参与到区域立法活动中,表明自己的利益诉求及对区域立法的态度,才有可能制定出较为成功的区域立法。如果区域立法职权主体在立法实践过程中,依然固守传统的统治或管理的理念,排斥或忽视社会公众对立法的参与,那么它必然无法获得真正的成功。

2. 公众参与机制的协调意义

除了上面提到的原因外,区域立法之所以离不开公众参与,还在于公众参与可以作为一项立法协调机制,有效地协调区域立法不同主体之间的行为关系。区域立法主体包括职权主体和参与主体两大类,区域立法以职权主体合作为基础,同样也离不开职权主体与参与主体,以及各参与主体之间的合作。其中,区域立法联席会议机制主要承担着协调职权主体之间行为的职责,而职权主体与参与主体,以及各参与主体之间的行为关系的协调则主要通过公众参与机制来实现。区域立法从其准备阶段,到确立阶段,再至

①　孙兵:《区域协调组织与区域治理》,上海人民出版社格致出版社2007年版,第87页。

完善阶段,几乎每一个阶段的各环节都涉及到职权主体与参与主体,以及各参与主体之间的行为协调问题。尤其在区域立法确立阶段,区域立法由法律议案最终转变为有效的法律文本,立法所涉及的各利益主体的利益得失以及相互间的利益关系也在博弈中得以确立,因此这一阶段主体间的协调最为关键。

一方面,公众参与机制可以有效地协调区域立法职权主体与参与主体之间的行为和关系。公众参与可以协调职权主体与参与主体在利益分配上的正当性,避免或减少因职权主体的谋私行为而引发的其与参与主体之间的紧张关系。因区域立法权掌握在各地方立法机关手中,加之政府一直是各种立法的主要推手,故职权主体在区域立法过程中发挥着主导性的作用。然而,我国地方立法中存在的一些问题,也将不可避免地被带入区域立法中来,如地方立法机关为了维护和追求自己的地方利益或部门利益,而忽视地方发展的整体利益和民众的利益,这会影响到区域立法职权主体和参与主体之间的正常关系。例如,有学者作过统计:"在 1989 - 2000 年的 21 部电信立法中,规定行政机关享有许可审批权的有 20 部,规定公民、法人承担行政处罚责任的 13 部,规定政府责任的只有 6 部,且大多数还是笼统规定。"①这种硬性管理以及为自己设定权力多而提供服务和承担责任少的立法现象,在地方立法中并不少见。如果区域立法职权主体依然延续这样的立法思维和做法,势必引发其与区域内受到区域立法影响的社会公众的抵触与反对。为此,有学者指出:"建立和加强地方立法的公众参与,实现地方立法中利益主体的多元化,尤其是建立权力所有者与行使者的利益对抗与合作机制,可以有效地约束权力行使者的利益诉求,抵制部门利益。防止(公共)权力行使者谋私利不仅需要以(公共)权力制约(公共)权力,还需要以(公众的)权利制约(公共)权力。"②这一原理同样适用于区域立法。

区域立法的起草,无论是由某一职权主体负责还是共同委托某社会组

---

① 刘莘主编:《国内法律冲突域立法对策》,中国政法大学出版社 2003 年版,第 81 页。
② 饶世权、饶艾:《地方立法公众参与的概念、主体与价值》,载《西北大学学报(哲学社会科学版)》2008 年第 1 期,第 140 页。

织或学术机构负责,公众都有权利知晓所要起草的区域性法文件的立法目
的、主要的权利义务的设定等,对于如何起草公众也有权通过写信、网上评
论和参加起草听证会等方式来表达自己的意见和建议。起草结束后提交审
议前,对于起草文本应该通过某种方式予以公布,以供社会公众的评论。在
审议和表决阶段,社会公众也可以通过游说立法代表或有关人员等方式,来
影响区域立法文本的修改与最终的通过。一旦区域立法确立阶段,社会公
众的这些参与权利得到保障和实现,就可以有效地制约区域立法职权主体
的谋私行为,使区域立法在公开的状态下进行,从而避免或降低了因利益追
求的不同而在职权主体和参与主体间发生冲突的可能。不仅如此,区域立
法在起草和审议过程中,聆听社会公众的意见和建议,使其尽可能地参与到
立法过程中来,不仅可以协调相互间的利益关系,也使得区域立法的程序公
开化和正当化,公众对于通过这样的程序制定出的区域性法文件,自然在心
理上会给予更强的认同和接受感,也为今后区域立法获得更好地遵守和执
行奠定了基础。

　　另一方面,公众参与机制还可以协调各区域立法参与主体间的行为和
关系。立法过程是不同利益主体间相互博弈的过程,也是各利益主体不断
协调相互间的行为和立场的过程。为了争得更多的立法支持,各利益主体
都会试图通过各种方式来对立法过程施加影响。区域立法所调整主要还是
区域内不同的社会主体之间的利益关系,而这些社会主体又都是可以参与
到区域立法中来的社会公众的一部分。在绝大多数情形下,社会公众都是
基于自身的利益需求而非单纯的兴趣所致而参与区域立法活动的,它们的
目的同样是为了对立法者施加影响,使自己的利益诉求得到更多的立法确
认。尽管各利益主体将其努力的目标主要指向区域立法职权主体以及相应
立法活动,但基于同样的或相互对立的利益诉求,在区域立法确立阶段,他
们之间将不可避免地发生合作或冲突。通过立法职权主体及其所提供的活
动场所,如在区域立法草案的公开征求意见环节和立法审议正式开始前,各
利益主体之间可以相互传达自己的利益诉求及其对区域立法所持的立场,
如果相互间的利益分歧或冲突并不大,那么通过沟通和协商,各利益主体间

可以就各自在区域立法活动中该采取怎样合作立场达成一致,立法者据此亦可较为顺利地表决通过区域立法。反之,如果各方在利益分配方案上冲突过甚,都不愿意妥协让步,那么将会导致区域立法进程的夭折,即使在职权主体的推动下通过了区域立法,也很难发挥其预期的规范作用,甚至会引发更大的社会冲突。总之,公众参与机制的存在意味着区域立法并非单纯在职权主体操控下进行的,它为不同利益主体的交流与合作提供了机会与可能。

(二)公众参与区域立法的方式及存在的问题

在从理论上回答了区域立法为何需要公众参与后,下一步便是讨论公众如何参与区域立法,也即公众参与区域立法的方式问题,它包括社会公众以怎样的形式,以及通过什么途径来参与区域立法活动。

公众参与的形式主要是指参与主体是以个体的还是组织的、直接的还是间接的、合法的还是非法的等形式参与到区域立法中来。社会公众本身既包括单一的社会个体或自然人,也包括为各种目的并以各种形式组织起来的社会团体,如工会、各种协会等。从制度起源来看,公众对立法的参与早在古希腊和古罗马使其就已形成,并且是以公民个体直接参与的形式存在。其中最典型的当属在雅典共和国时期,"公民大会"成了唯一的、最高的立法机关,全国公民都要出席。后来随着代议制民主制度的建立和完善,人民很少再直接参与到立法中去,而是由人民选出的代表组成的代议机关来代表人民制定法律,因此代议制下社会公众对立法的参与主要是间接的。但这并不意味着人民失去了对立法活动的直接参与权和最终决定权,社会公众依然可以通过各种途径直接参与立法,如各种听证会、座谈会和论证会,或者对公开征求意见的法规草案通过信件或网络来表达自己的意见和建议等,从而对立法产生不同的影响。此外,在一些非常重大的问题上,还可以通过全民公决的形式来表达对该项立法的态度。相比较于公众以个体的形式参与立法,各种社会团体或组织对立法的参与所造成的影响则更为显著。尤其在一些民主制度比较成熟、社会团体较为发达的国家和地区,由不同行业或领域且有着大致相同的利益追求的公民个体所组成的各种协会或组织,在政治学上这些协会或组织被称为利益集团,在许多情况下它们甚至能够决定立法文本的内容。以至于美国学者杜鲁门这样来描述这些利益集团的行为和影响:"在美国,联邦、州、地方立法机关的大多数立法会议记录中,充斥着各种组织化集团的阴谋动机和不良行为。媒体也连篇累牍地报道一项立法议案如何由商业集团、教师组织、农民协会、消费者组织、工会或者其他的公民集团提出。"①此外,依据公众参与立法的行为是否符合法律规定,又可分为合法的参与和非法的参与。立法实践中,绝大多数情形下社会公众都是以法律允许的形式参与到立法中来,但也有个别的公民尤其是社会组织通过法律所禁止的或者不正当的形式来参与立法,试图对立法结果产生有利于其自身的影响,例如有的利益集团为了使某项立法能够满足自己更多的利益需求,而通过行贿或恐吓等方式来对参与立法表决的代表或工作人员施加影响,这显然是一种非法的参与,也是应予禁止的。区域立法中,只要社会公众不是以非法的或者具有破坏性的形式参与,无论是个体性参与还是通过组织来参与,无论是直接参与还是间接参与,都应该是被允许的并且应受到充分保障的。

公众参与立法的途径有很多,并且在许多地方立法性法文件中也大都有所规定,如《江苏省制定和批准地方性法规条例》第38条规定:"列入常务委员会会议议程的地方性法规案,专门委员会或者工作委员会应当听取各方面的意见。听取意见可以采取座谈会、论证会、听证会等多种形式。"有学者结合我国立法实践,将其总结为这样十种:(1)组织公民讨论、广泛征求意见;(2)举行座谈会;(3)来信来访;(4)进行立法调查研究;(5)列席立法会议;(6)举行听证会;(7)立法辩论;(8)立法提议;(9)进行全民公决;(10)立法质询。② 但总的来讲,地方立法实践中可以为区域立法所采用的公众参与途径主要有五种:

① [美]D. B. 杜鲁门:《政治过程——政治利益与公共舆论》,陈尧译,天津人民出版社2005年版,第3页。
② 朱久伟:《论公民立法参与制度的原则与地位》,载《华东政法学院学报》1999年第3期,第16—17页。

（1）公开向社会征求意见，即由立法机关将已经列入立法议程的法规草案向社会公布，公开向不特定的社会公众征求意见。尤其对于那些事关本地区人民切身利益、有重大影响的立法，立法机关通常会把立法案全文在报刊或网络上公布，提请或呼吁社会公众积极对草案文本的内容提出意见和建议。如2004年8月，济南市人大常委会在《济南日报》和济南市人大信息网站公布《新型墙体材料发展应用与建筑节能管理条例（草案）》，向市民征求意见。[①] 许多地方立法性文件中对此也都有着类似的规定，如《上海市制定地方性法规条例》第32条规定："列入常务委员会会议议程的地方性法规案，经主任会议决定，可以将法规草案在报纸或者其他媒体上公布，征求意见。各机关、组织和公民提出的意见送常务委员会法制工作机构。"

（2）座谈会，在我国这是一种传统的政府听取民意的方式，也被较多地运用于立法过程中的各个阶段。座谈的内容可以是就某一专门问题进行讨论，也可以是请一些专门人员发表看法。参加座谈的人员，可以是来自不同领域或据有不同身份的，也可以是某一特定领域或从事特定职业的人员。座谈会在主持人的引导下对某个立法主题进行讨论。

（3）论证会，它是根据需要而举行的，"主要是针对法律案中技术性较强的问题，邀请有关专家对其合理性和可行性进行研究论证，求得比较权威的意见，供常委会参考。"[②]从中可以总结出论证会的三个特点：一是专业性强；二是目的明确；三是权威性高。

（4）听证会，这种方式在西方立法尤其是美国立法过程中被广泛运用，并成为一个非常重要的立法程序和立法制度。在我国，听证在法律上最初出现在1996年的《行政处罚法》上，2001年的《立法法》中首次将听证引入立法程序。之后，许多地方省市相继制定了地方立法听证规则。听证作为

① 《济南市人大常委会就《新型墙体材料发展应用与建筑节能管理条例（草案）》公开征求市民意见》，信息来源：山东人大信息网 http://www.sdrd.gov.cn/shownews.asp?id=9134（访问日期：2010年6月28日）

② 乔晓阳主编：《中华人民共和国立法法讲话（修订版）》，中国民主法制出版社2008年版，第157页。

一项重要的公众参与立法制度,其功能表现在:收集信息;实现直接民主、体现民意;促进良法;协调社会利益;立法宣传。①

(5)书面征求意见,它是由立法机关将法律草案印发给特定的群体,如与该项法规有着直接利害关系的社会组织或利益团体等,有针对性地征求意见。

随着互联网的广泛使用,网络也逐渐成为公众参与立法的重要途径之一。

虽然上述参与途径都可以适用于区域立法,但问题的关键在于,社会公众在通过这些途径参与区域立法过程中,相关的制度保障是否健全,如公众的意见和建议以怎样的形式被反映出来,对于那些比较集中的主张立法机关应该给予怎样的回应,以及公众参与能在多大程度上对区域立法的文本内容产生实质性影响等。考察我国地方立法活动中公众参与的实践状况,可以发现,尽管公众可以通过多种方式参与到立法中来,并且发挥了一定的作用,但是依然存在许多问题,其主要表现是公众参与地方立法的制度不够精细,形式意义大于实质意义。

公众参与作为一种制度在我国地方立法实践中并不缺少法律依据,许多地方立法机关都在相应的立法性法文件中规定了公众享有参与立法的权利,但是考察这些规定,公众参与主要是作为一项立法原则而存在。如《北京市制定地方性法规条例》第4条规定:"制定地方性法规,应当体现人民的意志,发扬社会主义民主,保障人民通过多种途径参与法规的制定活动。"再如,《深圳市制定法规条例》第8条规定:"制定法规应当体现人民的意志,遵循社会主义民主和公开的原则。"除此之外,再无具体规定公众参与的条款。这就使得公众参与更多地停留在原则层面,即使地方实践中包括立法者和参与者都在努力尝试加强公众对立法的参与,但由于缺乏较完备的、可供参考的制度设计,效果并不理想。

例如,地方立法实践中最常见的一种公众参与方式是在地方性法规草

_____

① 参见汪全胜:《立法听证研究》,北京大学出版社2003年版,第13—21页。

案起草结束后,将其向社会公布,征求公众的意见,必要时会召集论证会就技术性或专业性问题进行论证。这在许多地方立法性法文件中都有所规定,如《海南制定与批准地方性法规条例》(2001 年)第 8 条规定:"起草地方性法规案应当深入调查研究,广泛听取各方面意见。对涉及较多数公民切身利益的地方性法规草案,起草单位应当征询有关有关社会团体、企业事业组织和公众代表的意见;对涉及专门技术或其他专业性强的地方性法规草案,起草单位应当听取有关科研机构和专家学者的意见。必要时,可以召开论证会论证。"但是,起草时的调查研究该怎样实施、如何才够得上深入、怎样算是涉及较多数公民切身利益、立法机关如果不征询意见要承担什么责任或后果、对于征求的意见(无论是一般公众的还是专家的)应该怎么处理,等等,这些问题不仅上述条文中没有明确规定,而且在整部条例中也无法找到答案。如此一来,即使立法机关依据该规定去听取意见或进行论证等,即使社会公众有着充分的参与积极性,但由于缺乏更为精细的制度指导和保障,也难以充分发挥出公众参与应有的功效。地方立法实践也证明了这一点。上海市第十一届人大常委会于 2002 年 3 月将《上海市历史文化风貌区和优秀历史建筑保护条例(草案)》全文公布于《解放日报》和《上海法治报》以及互联网,以广泛征求社会各方面的意见,在近一个月的时间内,总共收到来信来电 50 件,提出的意见也不过 200 余条。[①]

当然,近年来一些地方也意识到了公众参与不应仅仅停留在原则的层面,而着力于建立和完善各项与公众参与立法有关的制度,在规范公众参与的同时,也试图对公众参与的途径、立法机关应该从事的相关配合工作,以及对公众意见的处理等问题予以制度化。为此,广州市人民政府专门制定出台了《广州市规章制定公众参与办法》,不仅在公众参与立法的制度化上迈出了重要一步,而且在许多具体规定上也不乏创新。例如,该办法第一次将征求公众意见作为规章起草的强制性程序,即"列入年度规章制定工作计划的规章,起草部门在形成规章送审稿提交市政府法制机构审查前,应当向

---

① 蔡宝瑞:《立法:倾听公众的高见》,载《上海人大月刊》2002 年第 5 期,第 13 页。

社会发布公告,征求公众意见。"(第15条第1款);该办法还详细规定了征求意见的方式、期限以及其他具体程序,使得征求意见程序具有了很强的操作性。与此同时,在立法机关如何对待和处理公众意见方面也有着明确的规定,比如对公众反映的意见要及时向社会公开,即规章起草部门应当在收到公众意见之日起5个工作日内,通过规章起草部门的网站公开公众意见(第17条);要形成公众参与规章起草情况的书面说明,并在在向市政府法制机构报送规章送审稿的同时附具该说明等(第23条、第24条)。但由于该办法仍属于公众参与制度化的一种尝试,加之受到现行立法体制和传统立法习惯的制约,该办法仍然存在许多问题,如办法中更多的是程序性规定,即更多的是关于行为模式的规定,而缺乏相应的法律后果的规定,正如有学者指出的那样:"如果行政机关不按照规章规定的程序立法,公民有什么救济途径? 制定机关应该承担什么样的后果? 对制定出的规章效果会有什么影响? 对法院的司法审查会有什么影响? 这些问题都没有在规章中提及,更不必说解决。"①

(三)完善区域立法公众参与机制的建议

美国学者布莱尔曾指出:"地方政治体制中的政治参与是基层民主的实质。为了区分其扮演的两个基本角色,每个公民都要戴两顶不同的帽子:一顶是基层政治体制顺从的、心甘情愿的服从者……。另一顶则为该体制的积极参与者。戴着这顶帽子时,公民应表达其愿望以及要求改革的想法,并努力去实现其愿望。"②区域立法是地方民主实践的重要体现,公众参与的效果如何可以作为衡量地方民主水平高低的重要指标之一。有必要结合我国地方立法中公众参与的制度缺陷,有针对性地改进区域立法公众参与机制。

第一,围绕公众参与途径或方式,增强区域立法公众参与机制的可操作性。虽然社会公众可以通过上述方式或途径参与到区域立法中来,但是公

---

① 王锡锌主编:《行政过程中公众参与的制度实践》,中国法制出版社2008年版,第61页。
② [美]乔治·S.布莱尔:《社区权力与公民参与》,伊佩庄、张雅竹编译,中国社会科学出版社2003年版,第73页。

众在通过这些途径参与到区域立法中后该如何发挥作用、能发挥怎样的作用，以及该遵守哪些规则等都缺乏相应的制度性规定。这就使得实践中，即使公众参与到立法中来，由于其随意性仍较大，所反映的意见和建议最终对立法的影响也有限，导致公众参与立法的功效十分有限。为此，有必要通过地方立法或区域立法来制定专门调整和规范公众参与立法机制的规范性法文件，使公众参与区域立法具有直接的法律依据。在立法模式的选择上，既可以就公众参与立法的所有方式和途径统一作出规定，如前文提到的《广州市规章制定公众参与办法》，也可以就某项具体的公众参与机制进行立法，如《山东省人民代表大会常务委员会制定地方性法规听证规定》（2002年）。在具体的立法内容安排上，有两种思路可供参照，一是《广州市规章制定公众参与办法》所采取的，它根据立法的进程，即规章的立项、起草、审查和实施这样五个阶段，来规定各种类型的公众参与机制的内容和要求；二是可以围绕几种主要的公众参与立法机制，如公开征求社会意见、座谈会、论证会和听证会，来设计立法规范的内容安排。

无论采用怎样的模式和内容安排，为了增强区域立法中公众参与机制的可操作性，以下内容在立法规范中是需要明确的：（1）公众的含义、公众参与的种类及各种具体参与机制的含义；（2）区域立法的哪些阶段或环节中允许公众的参与，公众又可以通过哪些方式或途径来参与，以及对于参与者数量和身份等有特殊要求的，参与者如何产生；（3）公众参与区域立法中具体享有哪些权利；（4）公众参与区域立法时应该遵守哪些规则；（5）立法机关在公众参与过程中扮演怎样的角色，它与参与立法的公众之间是一种怎样的关系，以及立法机关该履行哪些义务以保障公众参与立法；（6）如何收集和处理公众参与所反映的各种意见；（7）公众参与对不同的立法阶段将起到怎样的作用，哪些阶段中公众参与是必不可少的，哪些又是可选择的；（8）鼓励或激励公众参与到区域立法中来的措施或制度；（9）如果公众参与区域立法的权利得不到实现，或者受到区域立法职权机关的侵犯时，他们可以通过哪些途径或方式寻求救济。违法者又该承担怎样的法律后果，等等。

　　第二,确立公众参与立法制度实质性意义。公众参与立法应该是一项基本的宪法性权利,它应该是一种主动的并能对立法产生实质性影响的参与,而非仅仅作为一种民主的装饰。但是,在我国公众参与立法实践中,无论是参与者还是立法者,似乎都缺乏这样一种意识,公众参与也很少能对立法产生实质性影响。以立法听证为例,正如有学者指出的那样:"目前,中国各地举行的听证会,严格来说并不属于一种正式的听证。听证会在很大程度上只起到了一种表达、咨询和讨论的作用。听证会中所表达的诉求及其事实、证据和理由,对于最终作出决定并没有法定的约束力。"①其实不仅是听证,其它如公开征求社会意见、座谈会和论证会等,如今都主要停留在收集和听取意见的层面。因为无论是哪一种公众参与机制,其运作的主动权都掌握在立法机关手中,非但公众的参与在多数情况下都是一种被动的参与,就连公众参与立法所表达或反映的意见和建议的命运也决定于立法机关。这显然严重背离了公众参与的制度宗旨。

　　诚然,公众参与立法的意识问题并非在短时间内能够解决,它是随着政治、经济和思想观念的不断发展而不断改变或增强的,但是我们可以通过制度设计的方式,将公众参与在某些情形下作为(区域)立法的一个法定环节或程序,一旦公众在参与立法过程中发现自己的意见和建议是立法机关不得不重视的,那样便会产生一种制度激励和扩展效应,使得更多的社会公众意识到参与到(区域)立法的有效性和有益性,从而更为积极主动地参与进来。对此,美国行政机关制定法规的两种重要程序,即正式程序和协商程序,就非常好的确立了公众参与机制的实质性制度意义。其中,正式程序要求行政机关在制定规章时应该首先举行听证会,参加听证的当事人可以围绕所要制定的规章陈述意见、提出证据,并且相互间还可以相互盘问和辩论,行政机关最终应以听证记录作为制定规章的依据。而"在一个最标准的协商程序中,法规的制定由受该法规影响的各种利益团体以及行政机关选派代表,在一个调解人的主持下举行会谈,制定法规草案,送交有关的行政

---

　　①　王锡锌主编:《行政过程中公众参与的制度实践》,中国法制出版社 2008 年版,第 14 页。

机关。行政机关按照行政程序法的规定,把这个草案作为建议,在联邦登记上公布,供公众评论,然后制定最后法规。"①虽然这两个程序各自缺陷明显,实践中适用的情形很少,但是两者对公众意见的重视,尤其是将公众参与作为立法的必需环节的制度设计值得借鉴。

为此,笔者建议将公众参与作为区域立法的必经阶段或环节。该建议包括这样几个要点:(1)这里指的公众参与方式主要包括四种,即向社会公开征求意见、座谈会、论证会和听证会。所谓的必经公众参与,并非指这四种参与方式都要出现在区域立法中,而是指不同的区域立法可以根据其内容和特点,来选择其中的一种或多种公众参与方式。比如,某项区域立法涉及到区域内民众的切身利益,那么就必须经过向社会公开征求意见这一程序;(2)无论采用何种方式的公众参与,区域立法职权主体都应确保公众参与的自主性,让公众在自愿、自主的基础上陈述自己的观点,然后通过合理的方式来处理公众的意见和建议,这些方式包括在区域立法草案说明中对是否采纳公众参与所反映的意见和建议及其原因予以解释,或者制作专门的公众参与区域立法情况说明书,或者针对某些参与主体的重要意见和建议分别给予书面答复等;(3)公众参与可以出现在区域立法任何阶段,无论是立法规划、起草论证,还是起草、审议阶段,只要必要就应该采取适当的公众参与方式,使公众参与进来。至于如何界定公众参与必要性的标准,可以通过立法的方式给出,也可以将这一问题本身经由公众参与来评判;(4)公众参与对区域立法的实质性影响表现在,区域立法职权主体必须在公众所提出的意见和建议基础上来从事相关的立法工作,如立法的起草、条款的修改,以及最终的表决等,如果在某一问题上公众达不成较为一致的意见,要么放弃该问题的立法乃至该项区域立法活动,要么通过其他的协调机制来协调各方的意见,寻求一套解决的方案;(5)如果区域立法职权主体无视公众参与的权利及公众所反映的意见和建议,那么公众可以通过一定的程序要求停止该项区域立法,并对主要负责人要求有关机关追究其行政责任或

① 王名扬:《美国行政法(上)》,中国法制出版社2005年版,第369页。

其他责任。

第三,改进公众参与的形式,尤其是加大公众组织性参与的比重。从公众的组成来看,它包括个体和组织两个基本单元。对于参与地方立法之"公众"的主体性质,有学者认为它属于私权利主体,"而私权利主体一般在民商法中界定,指自然人、营利性法人、非营利性的社会团体等。"[①]笔者认为,公众在从事民商事活动时属于私权利主体,但在参与立法活动时则不能再认定其为私权利主体,而应将其视为公权力主体。这里所谓的公权力并非是承载国家职能的公权力,而指的是社会公权力。国家公权力和社会公权力是两种不同的公权力,前者在国家未出现之前是不存在的,但社会公权力在人类社会形成伊始便随着人们之间的交往而产生。国家出现之后,原来一部分属于社会公权力范畴的权力分离出去,由专门的政治实体——国家——来享有,并由专门的人员来行使,这些分离出去的权力中最重要的有三种,即立法权、司法权和行政权。然而,国家公权力并非自为自洽的,之所以民主国家都宣称主权在民,是因为国家公权力需要社会公权力作为其存在和运行的正当性基础,社会公权力不仅从根本上支撑和限定着国家公权力,还在许多场合中直接参与并影响着国家公权力的运行。

然而,随着国家公权力的不断增强,社会公权力则随之式微,尤其是代议制的出现,使得一般的社会公众逐渐远离国家公权力并在许多场合下受到后者的侵袭。为此,公众需要通过某种形式或制度,借助于社会公权力来对抗国家公权力的可能侵害,而公众参与制度则是其表现之一。在不同的国家,公众开始通过不同的方式或途径参与到立法、司法和行政过程中来,试图对国家公权力的运行产生影响。立法过程尤为明显,并形成了一系列相应的参与规则和参与制度。在一些西方国家产生了受利益集团驱使而专门从事立法游说活动的个人和机构,如在英国,"某种特殊利益团体的代表会正式出席一个议案的讨论;委员会成员有时候会离开房间,在走廊里就某

---

① 饶世权、饶艾:《地方立法公众参与的概念、主体与价值》,载《西北大学学报(哲学社会科学版)》2008 年第 1 期,第 139 页。

个议题与相关团体的游说者进行快速的讨论。在议案的报告阶段,一些游说者频繁地出现在旁听席,在选举委员会的听证会上偶尔也补充到公众的座位中。"①再看我国地方立法的公众参与实践,无论是公开征求社会意见、还是座谈会、论证会和听证会,绝大多数情况下公众都是以个体的形式和身份来参与的。虽然在有些立法听证会上,参与者也包括相关的企事业单位的代表,但是与之相对应的参与主体则往往是某些群体而非组织的代表。这反映了我国地方立法公众参与的一个基本特点:公众多以个体的形式参与,组织性参与比重较低。或许这一特点可以在某种意义上解释,为何立法中的公众参与仍主要属于一种表达机制和信息收集方式,而难以对立法产生实质性影响。区域立法中欲真正发挥公众参与机制的功能,必须加大公众以组织参与的比重。

区域立法中公众的组织性参与指的是公众通过联合的形式,以某种形式的组织,如工会组织、商业协会、消费者协会等,而不是以单一的原子式的个体形式来参与到区域立法中来。这里所谓的组织并非简单等同于私权利主体中所称的单个法人组织或非法人社会团体,而是以行使社会公权力为目的而存在和运行的社会组织。它们分别代表并承载着社会不同阶层,或不同行业,或不同利益群体的利益需求。区域立法权同样属于国家公权力的范畴,能够与之抗衡、形成监督,以促使其更好地服务于区域公众的社会公权力,只有掌握在可更为集中的行使这种公权力的各利益集团手中,才能发挥更大的功效。公众通过这样的组织来参与区域立法活动,也才能够更为理性地参与并影响区域立法活动。这些组织在区域立法中既可以将处于分散状态的意见得到集中而理性地收集和反映,以向区域立法职权主体提供有用的信息,使其能够作出更明智的立法决策,又可以在社会公众(即区域立法参与主体)与区域内各地方立法机关(即区域立法职权主体)之间的沟通和谈判中扮演中间协调者角色,这样当两个主体之间发生意见分歧甚

---

① [英]菲利普·诺顿:《有组织的声音——英国的利益集团》,载蔡定剑主编:《国外公众参与立法》,法律出版社2005年版,第204页。

至冲突时,坐在谈判桌前与立法职权主体进行谈判的是各压力集团,而不再是一群难以统一意见并难以形成一股合力的"乌合之众"(勒庞语)。

总之,公众参与机制并非区域立法的点缀物或装饰品,建立和完善区域立法公众参与机制是区域立法发展的必然要求。区域立法实践中,也许公众参与的积极性和主动性依然不会有预期的那样强,也许有些公众在发现自己的参与并未获得多大的成效后而选择不再参与,也许我们的区域立法职权主体依然从内心抵制参与主体对区域立法产生实质性影响,但是本文相信,作为区域立法必不可缺的一种制度或机制,也许有了它并不会让区域立法取得更大的成就,而一旦失去它或者它仍然徒具其表,那么区域立法定难获真正的成功。

第二节 协调区域立法文本内容的机制

区域立法能否最终实现,关键之一是参与立法合作的各方能否就区域立法的文本内容达成一致。区域立法文本内容的设置,决定着各方或有关主体的权利、义务或责任的分担,关系到各方的利益分享和所得。为了各自的利益需求,各地方立法机关乃至相关社会主体,一定会就区域立法文本的内容进行激烈地争论,分歧和冲突难以避免,因此,若要保证区域立法活动的顺利进行,以及区域立法的最终完成,就必须针对区域立法文本内容的确定建构相应的协调机制,为各方消除分歧或冲突提供有效的方式或途径。

一、委托起草

起草工作是立法活动关键程序之一。有学者将法案起草视为立法准备阶段的一个环节,其理由之一是"鉴于立法规划与法案起草前后相继的关系"。[①] 笔者则将法案起草作为区域立法确立阶段的第一个环节,其基本功能是形成区域立法文本的原初内容。区域立法案起草方式的选择至关重

---

① 张永和主编:《立法学》,法律出版社 2009 年版,第 79 页。

要,因为起草方式不同,文本的内容也会有很大的差异,并直接影响到接下来的区域立法活动。基于此,区域立法可以采取委托起草的方式,即由区域内各地方立法机关共同委托一个特定的主体,来负责起草工作。这样不仅有助于获得较高质量的文本草案,还可以对区域立法文本的内容进行有效协调,从而保证区域立法的正常开展。故委托起草机制不仅负责区域立法文本的起草,还作为一项协调机制而存在。

(一)区域立法草案的起草方式

立法过程中的起草内容究竟是什么,对这个看似简单的问题却存在不同的认识。有学者认为:"法律、法规(草案)的起草,是指立法项目可行性报告的提出,法律、法规(草案)起草提纲和(草案)的拟订,起草法律、法规(草案)及其送审报告等活动的总称。"[1]依据此观点,起草的内容包括四部分:立法项目可行性报告、起草提纲、草案和送审报告。有学者则将法律起草和法案起草加以区分,认为法律起草"是指享有法律起草权力的立法主体或接受委托的起草组织,按照立法规划所确定的立法项目,进行某个规范性法律文件草案的拟订活动。"而法案起草"是指有立法提案权的机关、组织和人员或受委托的主体,将应当以书面形式提(动)议的法案形诸于文字的活动。"[2]周旺生教授则从法案的构成角度,指出法案起草可有三种含义,分别是:(1)指对主案的起草,即对提交审议的立法提(动)议的起草;(2)指对附案的起草,即通常所说的法律草案起草、法规草案起草和规章草案起草;(3)指对由主案和附案结合而成的完整的法案的起草。并且他还指出:"通常所说的法案起草,主要就是指法的草案起草。"[3]笔者赞同周旺生教授的观点,认为区域立法草案的起草就是指用于区域立法职权主体审议和表决,并最终适用于区域社会的规范性文本的起草。

我国地方立法的起草一般由享有地方立法提案权的主体负责,但具体

---

① 李培传:《论立法》,中国法制出版社2004年版,第207页。
② 李建强、石东坡:《法律起草刍议》,载《河北大学学报(哲学社会科学版)》1997年第3期,第137页。
③ 周旺生:《立法学》,法律出版社2004年版,第318页。

的起草工作则可以由不同的主体来完成。以地方政府规章的起草为例,具体的起草工作一般由地方政府法制机构,或者法制机构组织有关部门联合,或者法制机构委托其他社会组织的方式来完成。建立在区域内地方立法权合作基础上的区域立法,其文本内容的起草显然也要以此为依托,但鉴于区域立法的合作属性,尤其是参与者众多的特点,采取一般的地方立法起草方式恐难以取得理想的效果,需要在现有的起草方式基础上寻求一种更为适宜的起草方式。

区域立法起草可供选择的方式大致有这样几种:一是由区域内参加合作的各地方立法机关分别进行起草,然后通过某种方式对各草案文本的内容进行协调,形成一个统一的草案文本;二是征得其他各方同意后,由区域内某一地方立法机关负责起草工作,至于该负责机关通过怎样的方式来完成起草工作,完全由其自己决定;三是由区域内各地方立法机关共同委托某一社会组织或学术团体,来负责和完成区域立法文本的起草。在接受委托的组织的选择上,可以通过招投标的方式来确定;四是由区域内参与合作的各地方立法机关共同决定,联合成立一个专门的起草小组或起草委员会,专门负责区域立法草案的起草工作。待起草工作完成后,该小组或委员会即宣告解散。应该说,这四种起草方式各有其利弊。

第一种起草方式虽然尊重了参与合作的各地方立法机关的立法意志,使其可以通过文本的内容来充分表达各自对于区域立法的诉求和态度,但是这种分别起草的方式不仅会造成立法资源的浪费,还会影响到区域立法的效率。因为各自在起草过程中都要投入一定的人力、物力和财力,而这些资源如果集中到一起使用,各地方立法机关就可以少投入一些。不仅如此,一旦分别起草的区域立法文本草案存在较大的分歧,在形成统一的文本过程中还需再投入一些资源,来协调各方的意见和立场,这在降低立法效率的同时,还无法保障最终形成一个一致认可的文本草案。

第二种起草方式虽然可以避免像第一种方式那样的资源重复投入,但由某一地方立法机关负责起草,该机关有可能在起草过程中过多地考虑自己一方的利益,并将之反映在草案文本中,这就增加了接下来各方就文本内容进行协调的难度。而且这种起草方式相对封闭,许多问题不是在起草过程中解决,而是留到起草结束分别送审时或各自表决前来协商解决,这可能导致各方因协商不充分而使最终的送审文本缺乏足够的科学性或合理性,或者各方忙于文本内容的协调而怠于向各自的立法机关提请审议和表决。

第三种方式是近些年来地方立法积极探索和实践的一种起草方式。当然,早在 1998 年,重庆市人大就曾将《重庆市司法鉴定条例》的起草委托给西南政法学院。此后,该市的《物业管理条例》、《农村土地承包条例》和《行政程序条例》等 6 部法规草案稿,都适用这种起草方式。上海市则从 2004 年开始首次将立法课题向社会公开招标,通过媒体、网络等向全国公开"发包"5 项立法课题的研究和文本起草。2006 年,第二批招标的课题除公开招标外,还开始采取定向议标等其他形式进行发包。《山东省人民政府规章制定程序规定》中更是确立了委托起草的正式法律地位,其中第 13 条规定:"委托有关专家、组织起草规章草案的,由政府法制机构确定受托人;也可以在一定范围内公开委托项目,征集起草方案,择优确定受托人。受托人应当组成 3 人以上的起草小组并确定起草小组负责人。受托人确定后,由政府法制机构与受托人签订相应协议,明确双方的权利和义务。委托起草所需费用由同级财政核拨。"对于公开招标起草方式的民主意义,有学者给予了赞扬,认为它"从公权力源头体现了民主"。[1] 不过笔者认为,这种公开起草的方式虽然有利于吸纳科研组织或学术团体的智力成果,同时参与起草的专家们在理论上比较成熟,在利益关涉方面也比较超脱一些,但实践中这种方式也面临着许多障碍,其主要表现就是他们对社会实际情况及相关信息了解不够,把握不足,所起草的法案文本常存在脱离现实之弊。

相比较而言,第四种起草方式较为合理。由于起草者分别来自参与合作的各地方立法机关,这可以从起草伊始就为各地方立法机关的合作,尤其是就如何确定区域立法草案内容的协调提供了可能,但其不足之处在于公

---

[1] 丁汀:《招标多方起草法案从公权力源头体现了民主》,载《人大研究》2008 年第 6 期,第 1 页。

开性欠缺些。

　　针对上面的分析,笔者认为,区域立法起草可采取一种特殊形式的委托起草方式。委托起草法案在西方国家是一种非常盛行的立法起草方式,它是指"立法主体或立法起草机关,委托有关机构、组织或人员,担当和完成拟提交有关主体审议的规范性法文件的任务。"①而本书所谓的委托起草,是指由区域内参与合作的各地方立法机关共同决定,联合成立一个区域立法起草委员会,该委员会接受各地方立法机关的共同委托,专门从事区域立法起草工作。其特殊性表现在起草委员会的人员构成上。一般而言,接受委托的主体多为非官方的社会组织,或为大专院校,或为科研机构,或为由知名学者领导的学术团队等。但组成区域立法起草委员会的成员主要有三部分:一是参与立法合作的各地方人大或其常委会各自委派的代表人员,以一人为宜;二是相应的各人民政府法制机构各自委派的工作人员,以一人为宜;三是通过公开招标或定向议标等方式确定的科研组织或学术团体。且此三类人员尤其是前两类人员应该有着一定的立法起草工作经验。

　　虽然任何社会主体都可以根据自己的想法,就某项尚未制定的规范性法文件加以起草,甚至将其所起草的草案文本交由有关立法机关,作为该主体的立法建议稿或者以此影响立法活动,但是立法起草权并非任何社会主体都可享有并行使的。立法起草权作为立法权的权能之一,它与立法决策权、立法审议权、立法表决权和立法解释权等都属于立法机关的立法权范畴。因此,只有享有立法起草权的主体所起草的草案文本才可以进入正式的立法程序中,经由立法机关的审议和表决,然后公布施行。依上述建议所成立的区域立法起草委员会中虽然有地方立法机关所委派的人员,但是它作为一个组织并不享有立法起草权,也即如果没有各地方立法机关的共同委托授权,即使它起草了区域立法草案文本,也并不必然为各地方立法机关所采用。故该委员会成立并有效运作的一个基本要件是区域立法职权主体的共同委托授权。这种起草方式也反映了立法权行使方式的灵活性。立法

---

　　①　周旺生:《立法学》,法律出版社2004年版,第331页。

机关可以根据法律规定或立法需要,通过不同的方式来行使各种立法权能。其中,有些权能如立法决策权和审议权只能由立法机关自己行使,而有些权能如立法起草权则可以委托不享有立法权的其他社会主体来行使。学者于兆波在讨论立法决策权和立法起草权时曾指出:"由立法决策权与立法起草权的法治定位我们可推论出:应使立法决策权回归于有权主体,使立法起草权对外开放。"①区域立法起草委员会的成立和运转恰好反映了立法起草权的开放性,具体表现在两个方面:一是组成人员主要来自三个方面,即作为民意机关的人大或人大常委会、政府法制机构和社会公众;二是起草向社会公众充分开放,既有具备特殊知识构成的公众作为委员会成员而参与,其他公众也可以通过其他公众参与方式进行参与,表达意见和建议。

区域立法起草采取这种方式,避免了因立法资源的重复投入而造成的浪费,有助于提高区域立法起草的效率和质量。起草过程中,区域立法职权主体之间,以及职权主体与参与主体之间亦可借助区域立法起草委员会,协调相互间的行为和关系,尤其是可以对区域立法文本的内容从源头上进行控制和协调。

(二)委托起草机制的协调意义

委托起草机制在完成所承担的区域立法文本起草任务的同时,还作为一项重要的协调机制而存在。起草委员会组成人员来自三个不同的方面,在起草过程中三类主体相互配合,共同行动,这意味着区域立法职权主体之间、区域立法职权主体内部之间,以及区域立法职权主体与参与主体之间的行为协调。在起草过程中及之后,来自地方权力机关的代表与来自地方政府的工作人员会就该如何将所起草的文本草案进行提交进行协调,根据文本的内容、缓急程度等,来确定和统一最终的审议机关,这是委托起草机制协调区域立法程序的表现。当然,委托起草机制的协调功能主要体现在区域立法文本内容的确立方面。

---

① 于兆波:《论立法决策与立法起草的法治定位》,载《北京理工大学学报(社会科学版)》2002年第4期,第40页。

　　起草区域立法文本草案内容的过程其实是一个政策融合与政策转换的关键过程,而政策的协调是区域立法内容协调的前提之一。区域合作与发展发端于政策,区域内各地方政府为了改变发展方式或基于合作发展的需要,相互间进行联络,就合作进行交流和磋商,而合作的最初表现是签订各类省(市)际协议,在这些协议中确定合作的目的、领域、方式,以及相互间所要承担的权利和义务,这些协议从性质上讲属于政策性契约,并不具有刚性约束力。随着区域合作与发展的深入,如何将这些政策性契约转换为立法性文件,使各方在合作中所承担的权利和义务获得刚性效力,从而更好地推动区域合作与发展的深入,成为一个必然趋势和客观要求。因此,区域立法在某种意义上也可以视为将区域合作政策法律化的过程,而区域立法文本草案的起草过程则是实现政策融合与转换的关键环节。对于这一点,美国学者安·赛德曼等也曾指出:"不论是谁撰写法律的详细条款,他便必然不仅仅是传达者,而且是决定政策实施内容的参与者。"①

　　区域立法起草委员会中,那些来自区域内各地方的代表们,他们对于本地方政府在区域合作和发展方面所采取的政策,以及所参与签订的区域性协议,相比较于一般的工作人员或社会公众要更为熟悉。受本地经济发展水平、资源占有、主要负责人的认知、所要合作的领域和方式、利益分配方案等因素的影响,虽然各地方政府都同意参与区域立法合作,但是他们在合作中所采取的政策立场是不同的,有的是一种非常积极的姿态,有的则可能相对消极些。这些多少都会反映在区域立法委员会来自人大或政府的代表的意识或行为中。在接受委托后,该委员会便作为一个整体而存在和运作,它的目的是拟定一个能为各方所接受的文本草案,那么在这一过程中,各代表便会将自己所代表的地方政府在区域合作以及立法合作中的政策方针,进行汇总,并使之尽可能地在草案文本中相容,以转换为立法语言和法律条款。从这个意义上讲,区域立法委托起草不仅在协调草案文本的内容,而且

――――――――――

　　① 〔美〕安·赛德曼等:《立法学:理论与实践》,刘国福、曹培等译,中国经济出版社2008年版,第29页。

还在协调各地方政府之于区域合作和区域立法的政策,以及政策和立法的关系。

政策的协调相比较于立法条款内容的协调尚属容易,毕竟在区域合作和立法合作方面,各地方都有着一个基本的共识,成立这样一个起草委员会也是建立在各方共同认可和委托的基础上,即使各地方在合作政策有些许差异或分歧,也不会从根本上影响区域立法起草委员会的正常运转。除了存在合作共识之外,在多数情况下即使出现了分歧,委员会中来自各地方的代表在相互交流或磋商后,也会发挥主动协调其所在机关的意见和立场,以保证区域立法起草工作不至于在一开始便因为政策分歧而夭亡。

委托起草最主要的协调功能体现在区域立法草案文本内容的确立过程中,即怎样更好地使草案反映并融合各地方立法机关的意见和建议,为后面的分别审议能够获得一致通过最大限度地扫除障碍。拟定区域立法草案文本的内容是起草委员会的核心任务,也是区域立法起草的核心环节。在正式拟订草案文本的内容之前、之中以及之后,起草委员会成员都会通过各种方式或途径,将自己所代表的地方立法机关的意见和建议,传达给具体负责的执笔起草者。根据本书的设计,区域立法起草委员会作为一个整体,接受区域内各地方立法机关的共同委托,负责起草工作,但具体执笔完成草案文本的结构设计、内容撰写的则是区域立法委员会中的第三类成员——通过公开招标或定向议标等方式确定的科研组织或学术团体。这样做的目的是为了尽量保证起草主体的中立性和起草内容的公正性。立法是一个利益博弈过程,区域立法同样是参与合作的各地方之间利益争夺基础上的合作。区域立法中的利益博弈与争夺贯穿立法活动的全过程,起草阶段更是各方较量的关键环节之一,对于草案内容如何起草的争论可以具体到各个条款,因为每个具体的条款都可能影响到合作各方的利益分配。

委托起草过程中,一方面区域立法起草委员会由来自各地方的代表和工作人员组成,意味着在委员会内部及起草过程中,各代表或工作人员可以充分表达和反映各地方的利益主张、立法诉求,以及对草案内容或条款的具体要求,同时也为他们之间的交流提供了平台,这为区域立法草案文本内容的协调提供了可能。因为一旦各方在草案内容上发生了分歧,就可以立即通过磋商或调解等方式来化解分歧,达成一致意见或立场。这类似于地方立法实践中时常被采用的多方参与的联合起草方式,如上海市地方立法起草中的"三结合"机制。所谓"三结合"机制,指的是起草一个法规通常是由人大专门委员会、市法制办和市政府共同参与。对此,有学者指出:"单独依靠人大进行法规起草并非最佳选择,因为人大对某一领域的了解不是很充分,最有发言权的是在第一线工作的政府部门,他们的感受也最直接。法规起草不管是以政府名义还是以市人大名义提出,实际都少不了政府部门的参与。"[①]实际上,这种起草方式已经为一些地方立法性法文件所明文规定,如《拉萨市制定地方性法规条例》第 12 条第 2 款规定:"市人民政府组织起草地方性法规草案时,市人民代表大会专门委员会和常务委员会工作机构可以参加有关的调研论证活动。"可见,权力机关代表和行政机关工作人员共同参与区域立法起草工作的制度设计,并非全无法律依据。对于联合起草方式,有学者论述道:"它克服了自主起草的不足,从立法的起点就为不同利益群体打造了一个公平合理的博弈平台,开启了通向良法之路。"[②]的确如此,区域立法委托起草方式吸收了联合起草的优点,它有利于各地方立法机关,无论是权力机关还是行政机关,都可以提前就草案文本的内容进行协调确定,以减少后面审议和表决等环节中的意见分歧。

另一方面,区域立法草案的具体起草由区域立法委员会中的科研组织或学术团体来执笔,而来自权力机关的代表和行政机关的工作人员只能对此发表意见和建议,来影响前者的起草内容的选择或有关条款的确定。如果没有第三类成员的存在,单纯由前两类成员组成的区域立法委员会,很有可能会因为各方在某些内容或条款上的分歧过大,争论不休,导致起草工作停滞不前。第三类成员的存在,不但可以独立进行具体内容的拟订,还可以根据区域立法的宗旨或目的,从更高的层面来综合考虑与平衡各方之间的

---

① 孙育玮等:《完善地方立法立项与起草机制研究》,法律出版社 2007 年版,第 133 页。

② 林纯青:《地方立法应建立多方参与的联合起草机制》,载《人民政坛》2010 年第 6 期,第 41 页。

利益分配和利益关系,确定立法草案的内容。这种起草方式吸收自近年来地方立法实践中出现的委托起草,此委托起草不同于本文所谓的区域立法委托起草,它是指地方立法机关通过招标或定向议标等方式将某项法案的起草(主要是内容拟订)工作,委托给学术机构、专家学者或科研院所等的一种起草方式。这样做的主要目的是寻求立法者的中立,许多学者对此种起草方式表示赞同,认为起草者中立折射出民主立法的价值取向,原因在于:"起草者中立的目的正是最大限度地寻求立法公正原则,在各种相互冲突的价值诉求中,保持中立,平衡不同的价值,以期达到对多元价值的平等对待和平等保障,以体现平等保护的价值趋向。"[1]但也有人对此表示怀疑,认为法律本身就不是价值中立的,不存在所谓的立法者中立之说,并且只要充分征求并反映公民的意见,把好草案修改关和审议关,就可以"不要起草者的'中立',也是能够做到立法的所谓'中立'的。"[2]其实这两种观点所持的视角不同,但都意识到了相同的问题,即立法应该公正。

从实然的角度讲,立法起草权应该尽量避免交由与该项立法有着密切利害关系的主体来负责,区域立法本身便是相互间有着利益关联的地方立法机关之间的合作行为,为了追求共同的利益或者满足各自的利益需求,他们进行立法合作,但他们也会因利益的争夺和利益关系的分配而发生争执,因为他们对于区域立法而言,本身就是利益相关者。为了避免立法起草权因掌握在其中某个或某几个立法机关手中,而影响最终草案内容的公正性,有必要将其分离出来,交由一个相对中立的、利益无涉的主体来行使。

这样,通过区域立法起草委员会内部成员构成的设定,可以较好地实现区域立法起草过程中草案文本内容的协调问题。该委员会既为参与合作的各地方立法机关表达自己的意见或政策立场,相互间进行沟通和协调提供了平台,也可以尽可能地保证草案文本内容从维护合作的大局出发,公正地安排和协调好各方的利益关系。当然,区域立法起草委员会接受委托后,其

---

① 王成保:《起草者中立折射民主立法的价值导向》,载《公民导刊》2007 年第 6 期,第 35 页。
② 周家修:《法无中立,何来起草者中立之说?》,载《公民导刊》2007 年第 6 期,第 35 页。

内部该遵循怎样的运作规则,以保障其自身的有效运转也非常重要。尤其需要定位好其中三类主体各自的角色,及相互间的关系,比如前两类成员可以通过怎样的方式来表达观点,以及对第三类成员施加合理的影响,又该如何充分尊重第三类成员起草文本的权威性等。只有这样,才能真正发挥出区域立法委托起草机制之于区域立法内容的协调意义。

(三)委托起草的实施步骤及相关要求

周旺生教授曾将我国法案起草过程划分为十个基本步骤,即"(1)作出法案起草的决策。(2)确定起草机关。(3)组织起草班子。(4)明确立法意图。(5)进行调查研究。(6)搭架子和拟出法案提纲。(7)正式起草法案。(8)征求有关方面意见和协凋论证。(9)反复审查和修改。(10)形成法案正式稿。"①地方立法实践中的起草都基本遵循这样十个步骤,区域立法的起草也要以此为基础。但是,由于区域立法起草采取委托起草的方式,故在实施过程中有着自己的特点。具体而言,区域立法委托起草的实施主要包括以下六个步骤:

第一步,作出起草决策。起草决策权属于立法决策权的范畴,它能由区域立法职权主体,也即区域内参与立法合作的各地方立法机关享有和行使。作出起草决策的主要依据是区域立法起草论证报告。区域立法起草论证发生在区域立法准备阶段,它是由专门成立的区域立法起草论证委员会依据一定的规则和程序,针对区域立法规划所确立的立法项目各自的立法必要性、可行性和合理性等问题,所实施的相关论证工作,其目的是为起草决策的作出提供参考和依据。区域立法职权主体根据论证参照论证报告提供的意见,就哪一立法项目可以正式启动起草程序作出决策。

第二步,成立区域立法起草委员会并接受起草委托。组成区域立法起草委员会的三类成员中,第一类是由各地方人大常委会各自委派一名代表,此代表应主要从人大法律委员会或人大常委会法制工作委员会中产生,并且具有相应的法律知识和从事立法工作的经验;第二类是各地方政府法制

---

① 周旺生:《论法案起草的过程和十大步骤》,载《中国法学》1994 年第 6 期,第 20 页。

工作机构各自委派的一名工作人员,此人同样应该具备相应的法律知识和立法工作经验。区域立法起草委员会中这两类成员的人数视参与立法合作的地方立法机关的数目而定,以长三角区域立法为例,如果参与合作的是浙江省、江苏省和上海市,那么区域立法起草委员会中前两类成员的数量便为六人。虽然对于某一项区域立法的起草而言,区域立法起草委员会是一个临时性组织,但是前两类成员则是可以相对固定的,即他们可以多次或固定参与不同的区域立法项目的立法起草工作,成为不同的区域立法起草委员会中的人员。区域立法起草委员会中的第三类成员,可以由区域立法职权主体通过公开向社会招标或者定向议标等方式来选择确定,其人数视该类成员的工作需要而定。并且,第三类成员是有偿参与到区域立法起草工作中来的,其报酬和费用支出应该由区域立法职权主体负担。

区域立法起草委员会的三类成员确定后,应该从前两类成员中推选一名委员会主任和一至两名副主任,负责该委员会正常运转过程中的协调工作。由于区域立法起草委员会并非一个官方机构,它并不当然地享有区域立法起草权。因此,委员会成立后,区域立法职权主体应该通过共同委任的方式,授权其负责区域立法草案文本的起草工作。对于区域立法起草委员会所完成的法案文本,前者应当按照正规的地方立法程序予以审议和表决,或者依法进行其他处理。此外,为了明确三类成员之间的关系和分工,需要制定相应的规则,规定不同的成员哪些行为是可以的,哪些是被禁止的,尤其是要确保第三类主体的独立性和权威性。

第三步,搜集与整理相关立法信息,拟订起草方案。立法不是单纯的理论活动,立法起草要建立在大量的信息资料基础上。区域立法起草中的立法信息及其搜集方式主要包括:(1)区域内各地方立法机关对于区域立法及起草的意见和建议。这是区域立法起草必须首先予以考虑和搜集的信息,并且要在草案文本中予以体现。此类信息主要由委员会内来自各地方立法机关的代表和工作人员提供。他们负责将所在的地方立法机关的利益诉求和立法建议等基本信息以书面的形式提供给起草委员会,供负责起草的第三类成员参照;(2)社会公众关于区域立法起草的意见和建议。起草过程离不开公众参与,社会公众的意见和建议也是重要的立法信息之一。地方立法实践中较为重视此类信息的收集,如《海南省制定与批准地方性法规条例》第 8 条规定:"起草地方性法规案应当深入调查研究,广泛听取各方面意见。对涉及较多数公民切身利益的地方性法规草案,起草单位应当征询有关社会团体、企业事业组织和公众代表的意见;对涉及专门技术或者其他专业性强的地方性法规草案,起草单位应当听取有关科研机构和专家学者的意见。必要时,可以召开论证会论证。"这同样适用于区域立法的起草;(3)其他有关信息或资料。根据立法项目的内容和起草的需要,有的不仅要搜集国内的资料,还要搜集国外的资料,有的不仅要对现实的立法信息进行整理,还要查阅和整理有关的历史资料或立法信息。

在有关立法信息和资料搜集到一定程度后,区域立法起草委员会就应在此基础上拟订起草方案,即所谓搭架子和拟出法规草案提纲。具体而言,"搭架子就是精心构思出法规草案从哪几方面写,写几大部分,每个大部分里又写哪几个小部分或小层次,整个法规草案的基本原则、精神或总的论点是什么;各个大部分的原则、精神或论点是什么;拟提纲就是把经过构思搭成的框架勾画出来。"①

第四步,拟定区域立法草案文本的初稿。在作好上述起草准备工作后,区域立法起草委员会认为基本问题已经搞清楚,就可以开始起草条文。执笔工作由委员会中的第三类成员负责,而具体的草案内容的撰写既可以由一个人根据集体讨论的意见执笔,也可以由几个人分工起草其中的某一部分或某几个部分。由此起草出来的草案文本,一般称为"内部试拟稿"。内部试拟稿经过第三类成员集体讨论,并作相应修改后,可以改为"试拟稿",然后再供区域立法起草委员会全体人员讨论。根据讨论的意见和建议,对试拟稿作进一步的改进,并经区域立法起草委员会集体讨论同意后,改为"征求意见稿"或"讨论稿",再公开征求各方面的意见。而对于起草过程中可能涉及的有关管理体制、方针政策等内容的立法规定,如果有关地方立法

---

① 孙育玮等:《完善地方立法立项与起草机制研究》,法律出版社 2007 年版,第 59 页。

机关没有明确指示,或者相关省(市)际协议中未作约定的,起草委员会应该分别报请各地方立法机关给予明确的书面决定或指示,以作为立法的依据。

区域立法草案的起草,除了要做到结构严谨、条理清晰、语言简洁和准确之外,起草者还要遵循这样几个原则:(1)法制统一原则。这是立法的基本原则之一。它要求草案文本内容要以宪法和法律为依据,不得与上位法的有关规定相冲突,同时还要注意与同位的地方性法规或地方政府规章之间的协调。特别要指出的是,草案的起草在从区域整体利益出发的同时,还应避免搞区域地方保护主义;(2)突出区域特色。也即起草应该从本区域的地理环境、风俗文化、经济发展特点和区域资源优势等出发,因地制宜地解决区域经济发展中的实际问题,使立法草案内容更具针对性和现实性。正如王春业教授在论述区域行政立法应体现区域特色时所指出的那样:"体现区域特色才能体现区域行政立法的灵魂,才能充分发挥区域法制的各项功能,协调区域独特的经济关系,解决区域特殊的经济问题。"①至于区域特色的把握,这应该在前面搜集和整理立法信息过程中予以完成,同时还要参照区域内所签订的各项合作协议等;(3)融合各方意见和建议。区域立法是区域合作的表现和保障,所起草的文本内容应该体现参与合作各方的意见和建议,这样才符合各方合作的目的,才能继续推动合作的进行。至于各地方立法机关的意见和建议,主要由通过区域立法起草委员会中的前两类主体来反映。此外,社会公众的合理意见和建议也应该予以吸收;(4)注重立法的可操作性。文本的具体起草者应该立足区域合作与发展的实际,增强各项具体条文或规定的针对性、有效性和可操作性,在权利、义务和责任等主要条款的表述上要简洁、明晰,减少或避免倡导性、宣示性和口号性色彩较浓的条款。

第五步,将征求意见稿予以公布,公开征求有关方面的意见,并依此再

---

① 王春业:《区域行政立法模式研究——以区域经济一体化为背景》,法律出版社2009年版,第109页。

进行修改和协调。法案起草过程中,"征求意见的形式一般有两种:一种是将征求意见稿或讨论稿印发有关方面征求意见,一种是召开有关方面座谈会。需要征求意见的对象,一般包括三个方面:一是有关部门;二是下级部门;三是法律专家和有关方面的专家、群众。"①在将草案文本送交有关方面或向社会公开征求意见时,应该明确一个合理的时间段。当收到有关方面的意见和建议后,区域立法起草委员会应当及时进行整理、分类,并进行认真的分析和研究,汇总可供参考的意见和建议,然后对草案文本的内容进行相应的修改,直至最终的确定。当然,征求意见阶段乃至整个起草阶段都应有着明确的时间要求,除非有特殊情况并经法定程序认可,不得无故延长起草的时间。

第六步,形成区域立法草案文本正式稿,并附上送审报告和有关材料。在结束意见征求环节,并对草案内容进行相应的修改后,区域立法起草委员会应通过全体会议的方式,正式表决通过该草案文本。然后再根据立法惯例、草案内容和有关要求,写出区域立法草案的送审报告,与正式的草案文本附在一起,并由区域立法起草委员会全体成员共同签名,以待在适当的时候以适当的方式分别送交各地方立法机关审查。此外,送审稿还应附有其他有关资料,如与立法有关的重要的国内外参考资料、有关调研报告和考察报告等。

区域立法的起草看似一个非常流畅的过程,其实不然。每一部区域立法的起草,在每一个环节上都可能遇到这样那样的困难或障碍。尤其在具体的草案文本起草的时候,正如李培传教授描述的那样:"起草人员往往会出现'时而明白,时而糊涂',思路上会出现'颠来倒去',经常是陷入苦思冥想,笔若悬冰状态。即使如此,也常常出现,数易其稿后,对草案稿本也并不觉得满意。"②总之,区域立法起草是一个非常谨慎和不易的过程。值得欣慰的是,借助区域立法委托起草机制,可以较好地协调区域立法文本的内

---

① 乔晓阳主编:《中华人民共和国立法法讲话(修订版)》,中国民主法制出版社 2008 年版,第113 页。

② 李培传:《论立法》,中国法制出版社 2004 年版,第 220 页。

容,从源头上来保障和提升区域立法的质量。

二、利益共享与补偿

区域合作的基础是共同利益的追求与分享。实现利益共享的方式有很多,最基本的表现是区域内各方将其各自所握有的优势资源,如水资源、矿产资源或生态资源等,按照一定的方式和规则与其他方共享。也可以通过合作的方式追求可共享的利益,比如共建某项区域公共工程,为区域内各方提供同等质量的垃圾处理、污水排放或生活能源供给等公共服务。利益共享的同时,通过某种方式或制度来进行利益补偿也是必要的。利益的分配和补偿要遵循相应的规则,在区域合作中,这些规则主要由以区域内地方立法权合作为基础的区域立法来提供。区域立法将现实的利益类型、主体、追求方式、分配方案,以及各利益主体间的关系等,以规则的形式确定下来。区域立法中最为关键的问题是,如何设定好各方之间的利益关系。参与区域立法的各地方立法机关,也会围绕着这一核心问题,就区域立法文本的内容展开激烈地讨价还价,以使自己在规则层面获得更多支持。这样一来,对利益的争夺转变为在立法内容上的争论,为了达成一致立场,区域立法文本内容的确定同样要遵循利益共享与补偿原则。因此,在确定区域立法文本内容过程中,利益共享和补偿原则便成为一项重要的立法协调机制。

(一)利益共享和补偿的含义及原因

利益是一个广为使用的概念,政治学、经济学、社会学和法学等,几乎所有的人文学科都会涉及到对利益的讨论。利益原则被视为人类社会生活和交往活动的基本原则之一。荀子有言,"好利而欲得者,此人之情性也。"[①]对于利益的界定和类型的划分,不同的学科也各有所论,如法国哲学家霍尔巴赫认为:"所谓利益,就是每一个人根据自己的性情和思想使自身的幸福观与之联系的东西;换句话说,利益其实就是我们每一个人认为对自己的幸

---

① 北京大学《荀子》注释组:《荀子新注》,中华书局 1979 年版,第 393 页。

福是必要的东西。"①美国法学家庞德则对法律所要保护的利益作了如下分类：个人利益、公共利益和社会利益。也许从理论上，我们可以区分所谓的不同种类的利益，但实际上利益的内涵和种类十分复杂，任何界定和划分都存在相应的局限性。虽然庞德将利益划分为三类并一一作了界定，但在社会利益中，"他还把一般安全利益、个人生活方面的利益、保护道德的利益、保护社会资源(自然资源和人力资源)的利益以及经济、政治和文化进步方面的利益包括在内。"②这多少也体现了他的无奈。本书无意对利益做抽象的理论阐述，而是探讨区域立法中的利益共享与补偿问题。

　　区域立法发生在区域经济、社会一体化背景下，它建立在区域内各地方立法机关合作基础上，其基本目的是满足区域性社会事务的管理或公共服务的提供所需的法律规则。因此，区域立法中所指的利益主要是经济和社会领域的物质性利益，而利益关系主体既包括区域内的公共权力的享有者或行使者，也包括各类社会组织和个体的公民。其中，社会利益主体(组织和个人)是利益的最初需求者和应该满足者，公共权力行使者则是利益的汇总者、代表者、规范者和协调者(具体角色视情况而定)。利益的内容从宏观上讲，指的是区域合作过程中所产生的经济、社会领域的各种利益形态，如自然资源、生态环境、公共工程或经济总量等，它们既是区域合作与发展的内容，也是衡量区域合作与发展成就的重要指标。从微观上讲，利益主要是指社会组织或个人基于其自身正常的生存与发展，所产生的各种具体的经济、社会领域的物质性需要。例如，为了缓解北方水资源的短缺，南水北调工程通过跨流域的水资源配置，将南方富余的水资源运送至北方地区，这样从宏观上纾解了整个北方经济、社会发展中的缺水之困，而从微观上有助于解决北方某些地区居民的饮水困难、农业灌溉水源不足等问题。这就是南水北调工作所带来的利益内容和形态，而且这也是一种典型的区域间(南方和北方)的利益共享。再如，泛珠三角区域合作各方在共同签署的《关于

────────

① [法]霍尔巴赫：《自然的体系(上卷)》,管士滨译,商务印书馆1964年版,第271页。

② [美]E.博登海默：《法理学法律哲学与法律方法》,邓正来译,中国政法大学出版社1999年版,第147页。

促进泛珠三角地区机场合作发展的共同建议》中约定:进一步拓展泛珠三角空域,缓解本地区空域紧张压力,加大低空开放改革力度;加大对支线机场和通用航空的扶持力度,健全区域航空运输体系,充分发挥民航运输的整体效益。① 这其间所涉及的利益主要是以区域合作各方为利益主体的,当然最终是要具体惠及到区域内各社会组织和公民个人,并且这是一种典型的区域内(泛珠三角地区)的利益共享。

区域立法中的共享利益首先指的是存在于区域内各方之间的利益,这种利益在经过参与立法合作的各方一致认可后,转化为一种法律上的利益,并且是已为实践所经验的或者通过努力可以实现的利益形态。作为一项原则或机制而存在的利益共享,则是指区域立法过程中,尤其在区域立法文本内容的确立过程中,应该尽量使立法能够满足参与合作的各方之间的利益需求或利益要求。区域立法所调整或规范的区域合作行为,应该建立在对既有利益,以及对未来通过合作而可能获得的预期利益的公平分享基础之上。与利益共享直接相关的一个原则或机制是利益补偿。在多数情况下,握有优势资源的一方在与他方共享该资源利益时,与其独享该资源利益相比,会遭受一定的利益损失。或者在有些情况下,各方在合作追求共同的利益过程中,有的合作者要付出更多的努力或支付更大的成本。为了使合作仍能顺利实现,保证各方能够共享更多、更大的利益,就需要建立一种利益补偿机制,即对合作过程中付出较多、直接获益较少或者受到一定利益损失的一方或多方,由直接获益较多方通过某种方式进行补偿。

区域合作离不开利益的共享和补偿,其原因在于追逐利益是区域内各方参与合作的基础动因。尽管美国经济学家奥尔森悲观地指出:"有理性的、寻求自我利益的个人不会采取行动以实现他们共同的或集团的利益",但是他同时也对这一论断作了限定,即"除非一个集团中人数很少,或者除

---

① 泛珠三角合作信息网:http://www. pprd. org. cn/ziliao/zhengce/qt/201007/t20100715_104996.htm(访问日期:2010 年 7 月 2 日)

非存在强制或其他某些特殊手段以使个人按照他们的共同利益行事"。①
区域合作的主要参加者为各地方政府,区域立法则主要由区域内各地方立
法机关主导,尽管合作会受到各地方决策者的主观认知和社会客观条件等
因素的影响,但是寻求并努力促成合作已经是当前各方的基本共识,至于进
行怎样的合作,以及合作能够维持多久和取得怎样的成绩等,则取决于合作
利益的大小和利益的分配方案。其中,利益共享是区域合作能够实现的前
提,利益补偿则是强化区域合作、维系利益共享的保障。

　　例如,随着京津冀三地之间经济社会往来的密切,区域间的生态环境关
系成为三地重要的关系之一,同时也涉及到三地的经济、社会发展利益即生
态环境利益,这些利益具体表现在区域内的流域、森林、固体废物和大气等
方面。以森林为例,有学者指出:"京津冀地区森林生态系统属于同一个整
体,其中,河北北部地区森林建设是其重要组成部分,是京津的'天然氧
吧'、'风沙防护栏'。但是,由于当地经济落后,资金短缺,造成森林保建工
作缓慢。其原因就在于森林生态补偿资金的来源过于单一,太依赖于有限
的中央财政拨款。"②从中可以看出,京津冀区域森林生态关系到三地的经
济、社会发展利益,但是单独依靠中央拨款或河北省的财政力量,无法维持
森林的保健工作,需要加强京津冀三地之间的合作。尤其是北京和天津两
地应该对河北省开展森林建设和保健提供相应的资金补偿,因为河北的森
林建设所带来的环境利益为三地所共享,这是三地所以进行合作的基础,而
通过利益补偿,也即由作为主要受益方的北京和天津对河北进行资金上的
支持和补偿,则是加强这一领域的区域合作,保障各方继续共享森林建设所
带来的利益的重要举措。

（二）利益共享和补偿机制的协调意义

　　利益共享和利益补偿关系密切,是维系区域合作的两项基础性原则。

---

　　①　[美]曼瑟尔·奥尔森:《集体行动的逻辑》,陈郁等译,上海三联书店上海人民出版社2004
年版,第2页。
　　②　刘广明:《京津冀:区际生态补偿促进区域间协调》,载《环境经济》2007年第12期,第38
页。

区域立法过程中,利益共享和补偿可以作为一项立法协调机制来发挥作用,用于协调区域立法的文本内容。其协调功能具体表现在以下三个方面:

首先,利益共享和协调机制影响或者决定着参与合作的各方权利和义务的确定,而权利和义务条款正是区域立法的核心内容。从法理上讲,"权利是一种法律所承认和保障的利益。……权利对于权利主体来说,它总是一种利益,要么是物质生活方面的,要么是精神生活方面的。就此而言,义务则是负担或不利。"①因此,权利和义务条款的设定实质上是对参与合作各方(此时已作为法律关系主体而存在)利益的分配和确定。各方为了保证自己的利益都能有相关的权利条款予以体现,或者在区域立法中设置更多有利于自己的条款,通常会在区域立法起草、草案文本的修改、法案的审议等环节中,对区域立法关于权利、义务和法律责任等直接关系到各方利益的条款内容,进行广泛而深入地协商和谈判,甚至还会发生激烈地争论。尽管如此,在多数情况下,合作总会在磋商和妥协之后得以实现,各方的权利和义务也会以一定的配置方案确定下来。不管最终的权利和义务如何配置,以及具体的条款怎样表述,它们都要体现利益共享与补偿原则。

需要指出的是,参与区域立法的各地方立法机关,它们的主要工作是完成区域立法活动,为区域经济、社会发展提供充分的法制供给,从这个角度看,作为立法者的各地方立法机关似乎应该保持利益中立。实际并非如此。各地方立法机关与一般的社会主体一样,都可能成为区域立法的利益主体,而享有某些权利、履行某些义务和承担相应的责任等。再者,区域内的社会公众虽然可以直接参与到区域立法中,来表达自己的利益诉求,他们同时也会将自己的利益诉求反映给自己所在地方的立法机关,由后者在参与立法合作时代为表达,并在最终的立法文本中体现。总之,区域立法是区域内各地方立法机关的合作立法,尽管这种合作可以更好地满足共同的立法需求,使各方都从中受益,但是这同时也意味着,各地方立法机关在决定参与到区域立法的伊始,便带着明确的利益追求或利益目的,它们并非利益无涉者,

① 公丕祥主编:《法理学》,复旦大学出版社2002年版,第196页。

或至少它们在立法合作中要代表和反映本地方的社会组织或公民的利益诉求。

　　根据立法理论,立法最终反映的是一种利益均衡。立法中的利益均衡包含两种涵义:一是根据某项立法所创制的规则可获得的利益基本上可以满足社会各利益主体的利益需求,类似于经济学中的供给与需求的均衡;二是各利益主体间就某项立法所创设的利益追求规则达成妥协一致,使各方都可以根据该项立法获得各自的利益所需,即社会各利益主体对立法的影响力之间相互作用而形成的利益分配上的均衡。区域立法在利益分配关系上最终也要实现一种均衡,而均衡在某种意义上就是一种协调的局面。利益均衡最主要的是通过立法文本中的权利、义务和责任等条款的设置来实现的。如果区域立法文本在权利和义务等条款上,未能遵循利益共享和补偿原则,利益均衡就难以实现,这样就会影响该文本的质量甚至难以获得一致通过。这也要求文本的起草者、修改者和审议者在拟定或确定有关权利、义务等条款时,应该自觉的将利益共享与补偿作为其基本的指导原则。如果区域立法文本在权利和义务等条款上,未能遵循利益共享和补偿原则,就会影响该文本的质量甚至难以获得一致通过。这也要求文本的起草者、修改者和审议者在拟定或确定有关权利、义务条款时,应该自觉的将利益共享与补偿作为其基本的指导原则。

　　其次,区域规划或省(市)际协中所承载的或反映的利益共享与补偿原则,可以直接作用于区域立法文本内容,这有助于减少分歧、降低确定文本内容时的协调难度。利益共享和补偿机制不仅作用于区域立法文本的确定,在此前的区域性规划性及省(市)际协议签订过程中,各方已经在不同程度上遵循并运用了利益共享与补偿原则。也正因为如此,区域立法文本在内容确立过程中,在许多情形下可以直接参照区域规划及省(市)际协议中约定的有关内容。其中,省(市)际协议的核心内容通常是围绕某项合作明确各方所应从事的具体工作,而在确定这些工作内容,尤其是各方所要承担的义务过程中,显然是遵循了利益共享和补偿的原则。

　　例如,在《泛珠三角现代物流发展合作协议》(2005年)中,泛珠三角地区各方就如何推进区域内现代物流的发展作出共同约定。其核心内容是围绕合作而展开的,主要包括物流运输体系建设的合作、规范物流市场的合作、物流信息体系建设的合作、培育物流市场需求的合作、物流规划的合作和物流人力资源开发和技术创新的合作六个方面。在这六个合作方面的约定中,较为具体地列举了各方所要承担的工作或义务。如在规范物流市场合作方面,协议约定:"内地九省区政府共同清理、废止涉及贸易封锁和地方保护的制度和规定,简化和规范行政审批,建立健全物流服务规范和价格机制,加强信用制度建设;打破条块分割的体制障碍,建立统一的物流市场;积极培育物流市场中介组织;加强行业自律和市场监管,形成公平、有序竞争的物流市场环境。"①从该约定中不难看出,其中每一项具体的约定也即各方所要做的工作,都是围绕着推进区域物流市场一体化而展开的,而包含于其中的,正是要求实现区域内的物流利益共享原则。按照利益共享原则所确定的这些协议内容,就可以直接转化为今后有关区域物流立法的各项条款,这样就在确定区域立法文本内容时简省了许多麻烦。

与区域规划及省(市)际协议不同的是,区域立法并非围绕着具体的合作领域和内容来确定有关条款,而是要针对某种类型的合作关系作出概括性规定,其在合作内容的表述上具有抽象性。同时,区域立法注重对不同的主体设定相应的行为规范,突出规范性,这显然不同于区域规划及省(市)际协议。后者的相关表述更多得是一种倡议性或宣示性的口吻,其措辞的使用也较为温和,如《泛珠三角现代物流发展合作协议》中约定:"协议各方承诺打破区域或交通系统内部的部门分割……"、"协议各方政府及其所属部门……要带头遵守有关法律、法规,努力消除地区贸易中的障碍和封锁",等等。但是,上述差别主要是形式上的,区域规划及省(市)际协议所确定的许多内容,完全符合区域立法的宗旨——实现区域利益共享。只需对规划或协议中的有关内容进行一定的立法修正,如转换语言的表述方式

① 泛珠三角合作信息网:http://www.pprd.org.cn/ziliao/zhengce/cytz/200608/t20060803_10268.htm(访问日期:2010年7月3日)

和设置相应的责任条款等,就可以直接将其转化为区域立法内容。

最后,利益共享和补偿是一项原则型的协调机制,尽管它可以被直接用来协调区域立法文本的内容,但在更多的情况下,其协调功能的发挥是借助于一系列具体的制度和机制来实现的。根据利益共享和补偿的原则,各方在确定区域立法文本内容时,会建立某些具体的利益共享或补偿制度。这些制度的建立一方面可以促进各方对文本内容的接受,另一方面也作为立法内容被写入文本之中。如有学者认为:"区域利益共享机制体系,包括由市场机制、合作机制、互助机制、扶持机制四大机制组成的互动机制及资源开发占用补偿机制、资源利用收益分享机制、资源保护付出补偿机制和环境治理投入补偿机制四大机制组成的补偿机制。"①笔者基本赞同这一观点,但主张在区域立法中将利益共享与补偿机制区分开来,因为二者具有不同的内容,发挥着不同的协调功能。

区域立法的一个重要内容就是要促进区域共同市场的形成,使各市场要素至少在区域范围内能自由流动,实现资源互补和优化配置。这是实现利益共享的基本前提和必然要求。然后再围绕着统一市场的建设,确立其他有关制度,如实现信息共享、清理不合理的地方性法规或规章,以及在某些区域性公共事务的治理上实行合作等。此外,通过相互协商并根据区域内各方自己的特点,明确相互间的分工和定位,避免资源的重复投入和同一定位的恶性竞争,也是实现利益共享的要求之一,需要在区域立法中予以体现。以区域旅游业为例,旅游资源在区域内不同地区之间一般是呈差异分布的,这有利于吸引游客地流动性观光,从而使实现旅游利益的区域共享。同时,在区域内相对近距离的条件下,各地之间资源的互异性又为区域内开发各地互补性的旅游品种,以发挥区域整体旅游资源的功能提供了基本的合作平台。如果区域旅游资源不能区域范围内进行重新整合或分工定位,而是重复开发或在同种旅游资源方面相互竞争,非但无法实现利益共享,还

---

① 李淳燕、杨复兴、李为华:《构建成果共享和区域协调发展的新体制》,载《重庆工商大学学报(西部论坛)》2006 年第 6 期,第 32 页。

会损及各方的利益。"例如某些旅游区内,自然旅游资源和民族文化及民族风情等旅游资源同质性较高,如果规划不到位,区域分工与协作机制长期缺乏,容易导致区域新产品开发差异性小,产品组合难度大,最终形成区域内部竞争,造成区域整体效益低下。"①对此,需要在区域立法文本中设定相应的条款,来推进区域资源的优化配置。

区域合作过程中可能存在的一种情形是:合作所能获得的利益总量要远远大于不合作,但是有的合作者会遭受一定的利益损失,或者会导致利益在各方之间不公正分配,这显然会引起利益受损者或者所获利益较少者的反对。这种情形下就需要借助利益补偿机制来维系和加深区域合作,区域立法文本中不仅要确立该机制的原则地位,还要根据该原则来建立各项行之有效的具体制度或机制。以生态环境的利益补偿为例,区域合作与发展过程中,生态环境利益是各方的基础性利益,尤其是近年来所谓绿色 GDP 概念的提出,各地方逐渐意识到生态环境的重要性。生态环境是一种内涵非常丰富的利益类型,它涵盖了耕地、森林、大气、矿产和水域等诸多领域。区域合作与发展必然离不开对资源的开发与利用,如对煤炭和石油等的开采,同时也会对某些地方的生态环境带来负的外部效应,如某项区域性公共工程的建设会占用工程所在地的土地资源,或者给该地区造成污染等,还有可能为了区域发展的整体生态利益而对区域内某些地方的资源开发和利用等加以限制,这些情形下的区域合作都存在利益受损方,需要建立生态环境的利益补偿机制。其中,建立横向财政转移支付制度是落实利益补偿机制最为重要的措施之一。具体而言,就说要"实行下游地区对上游地区、开发地区对保护地区、受益地区对生态保护地区的财政转移支付。让生态受益的优化开发区和重点开发区政府直接向提供生态保护的限制开发区和禁止开发区政府进行财政转移支付,以横向财政转移改变四大功能区之间既得

---

① 张文雅:《我国区域旅游利益相关者合作机制探讨》,载《湖北经济学院学报(人文社会科学版)》2007 年第 6 期,第 52 页。

利益格局。"①

　　总之,利益共享和补偿机制在区域立法中以不同的形式存在着,并以不同的方式发挥着协调作用。在原则层面上,利益共享和补偿作为一项合作原则或行为理念,协调并促成各方在区域立法文本内容上达成一致。在制度层面上,利益共享和补偿又可以衍生出许多具体的落实性制度,也包括在各方权利、义务和责任的内容设定上,由此来协调区域立法文本内容的公正性和可接受性。而区域利益的共享和补偿,也正是在该机制协调区域立法文本内容,以及各种相应的具体制度实践的过程中得以实现。

三、民间规范认可机制

　　能够对人们交往行为形成调整的规范形式有很多,对于社会规范的研究视角不能仅局限于法律之上,"因为与国家相关的法律诚属重要,然而现实的法律,在所有人类关系中,小至两人间最简单短暂的相遇,大至最全面而持续的互动,皆俯拾可见。"②其中,"现实的法律"不仅仅包括经由国家立法机关制定的各种规范性法文件即正式法,还包括许多"看不见的法律"或"行动中的法",譬如说当前为许多学者所热衷讨论的民间规范。虽然立法与民间规范属于不同性质的规范形式,但二者之间有存在深层次的逻辑关联。作为调整区域性社会关系的区域立法,其与民间规范之间同样也存在契合之处。通过民间规范认可机制,将民间规范适当地引入到区域立法中,不仅可以增强区域立法的包容性和适用性,还有助于协调区域立法同区域社会现实和发展需要之间的关系。

(一)区域立法与民间规范的契合

　　学界对民间规范(抑或"民间法")涵义的界定有很多,有学者将其视为这样一种规范:"独立于国家法之外的,是人们在长期的共同的生活之中形

---

　　① 王健:《我国生态补偿机制的现状及管理体制创新》,载《中国行政管理》2007年第11期,第89页。

　　② [美]迈克尔·瑞斯曼:《看不见的法律》,高忠义、杨婉苓译,法律出版社2007年版,第4页。

成的,根据事实和经验,依据某种社会权威和组织建立的,在一定地域内实际调整人与人之间权利和义务关系的、具有一定社会强制性的人们共信共行的行为规范。"①本书则在这种意义上来使用民间规范:"它是指主要以民间交往关系为调整对象的非官方规范,其往往承载着具体的价值理念,形式多样,且多体现于特定地区或特定人群的交往行为、道德观念甚至思维模式中。"②

那么,该如何认识区域立法同民间规范之间的关系呢? 我们认为,民间规范与区域立法之间存在许多契合之处。具体表现在:

首先,地方性是民间规范与区域立法所共同具有的重要属性。民间规范以民间交往关系为其调整对象,而相同或类似的民间交往关系在不同的地区,其调整规范在价值理念和规范内容上可能会存在很大的差异。所谓"十里不同风,百里不同俗"即是此理。地方性或地域性是民间规范的一个重要特性,这也为学者们所公认。于语和教授就认为,民间规范是一个特定社区内的人们在长期生活和劳作过程中积淀而成的规则,相对于国家法的统一性、普遍性的特征而言,它是分散的、特殊的,不同的地域不同的人群有着不同的民间规范。③ 梁治平教授也将民间规范视为一种地方性规范,指出,"它(即民间规范)是在乡民长期的生活与劳作过程中逐渐形成;它被用来分配乡民之间的权利、义务,调整和解决了他们之间的利益冲突,并且主要在一套关系网络中被予以实施。"④

与民间规范一样,区域立法也非常强调地方性。尽管立法与法律将普遍性作为其追求的目标之一,但是几乎所有的立法及所制定出的法律,所调整的对象和效力空间都是有限的,而且在法律内容的表述和确定上要顾及所要调整的对象的特性。美国阐释人类学大师吉尔兹曾指出,"法律与民族

---

① 田成有:《乡土社会中的民间法》,法律出版社 2005 年版,第 19 页。
② 陈光:《论法官认知中民间规范的影响及其规制》,载《山东大学学报(哲学社会科学版)》2010 年第 4 期,第 21 页。
③ 于语和、戚阳阳:《国家法与民间法互动之反思》,载《山东大学学报(哲学社会科学版)》2005 年第 1 期,第 58 页。
④ 梁治平:《清代习惯法:社会与国家》,中国政法大学出版社 1996 年版,第 1 页。

志,如同驾船、园艺、政治及作诗一般,都是跟所在地方性知识相关联的工作。"①从立法学的角度讲,中央立法虽然要尽量做到统揽全局,但也要考虑国内不同地区和不同群体的特点,在对某类社会关系进行普遍性调整的同时,对特殊地区或群体设定特殊的条款。地方立法的地方性就更为明显了,在不违背上位法前提下通过地方立法来维护和保障本地方的特色发展,是地方立法的价值内容之一。建立在地方立法基础上的区域立法同样如此,只不过它强调的是区域范围上的地方性。区域形成的一个重要原因便是区域内各地方之间在经济文化等方面有着相似或互补之处,并且与其他区域相比有着自己的区域特色。区域立法的一个重要目标是增进相互间的经济文化联系,形成一条区域特色发展之路。

其实,早在清代时期就存在区域性的立法,即只适用于特定地区的地区性特别条例。对此,沈大明教授考察道,清代条例都是以皇帝名义制定,其中有相当数量的条文只适用于特定地区,与其他通行全国的规定有所不同,是典型的地区性特别法,或称为地区性特别条例。另外,清代还有大量的地方法规——省例,它以地方性事务为规范对象、以地方性法规为主体、兼含少量地区性特别法。地区性特别法由中央专门针对某一地区事务所制定的、不同于通行性规定的法律,是中央立法的一部分。地区性特别法平衡中央与地方需要,体现了中央当局因地制宜、基于政治地理的状况对各地区对待的思想,对保卫皇权、打击重大犯罪、维护民族关系稳定和巩固边疆地区统治发挥了一定的积极作用。② 如今,区域立法存在的一个根本原因或者重要使命,便是强化区域地方的治理,推动区域地方经济、社会一体化的发展,因此对地方性的强调自然是其题中之义。

其次,对经验的强调是民间规范与区域立法重要的哲学基础。民间规范的一个重要属性是对经验的因袭,换言之,民间规范本身便是人们在长期的民间交往中所形成的一系列规范模式,而这些规范模式又作为经验或者

---

① [美]克利福德·吉尔兹:《地方性知识——阐释人类学论文集》,王海龙、张家瑄译,中央编译出版社 2000 年 3 月版,第 222 页。

② 沈大明:《〈大清律例〉与清代的社会控制》,上海人民出版社 2007 年版,第 31—33 页。

传统保留下来,影响着一代又一代人。关于民间规范经验理性的哲学基础,苏力教授曾这样指出,中国人将在他们的社会生活中,运用他们的理性,寻求能够实现其利益最大化的解决纠纷和冲突的办法,并在此基础上在人们互动中(即相互调整和适应)逐步形成一套与他们的发展变化的社会生活相适应的规则体系。① 立法作为有意识的法律生成机制,它更多地以建构理性为其哲学基础。尽管区域立法在形式上属于制定规则的活动,但区域立法内在的却是并且也应该是以经验理性为其哲学基础,即区域立法应该主要在区域内已有的规范(包括国家法律和民间规范)基础上来进行,而这些已有的社会规范便是本文所称的经验。对此,哈耶克同样认为,"人之所以获得成功,并不是因为他知道他为什么应当遵守那些他实际上所遵守的规则,甚至更不是因为他有能力把所有这些规则形诸于文字,而是因为他的思维和行动受着这样一些规则的调整——这些规则是他生活于其间的社会中经由一种选择过程而演化出来的,从而它们也是世世代代的经验的产物。"②

　　最后,反映或体现一定社会范围内的民众的社会心理是民间规范与区域立法所共同具有的心理学基础。所谓社会心理(social mind),是指由社会因素引起直接或间接地反映社会事物及社会关系并对社会行为产生导向作用、对社会发生影响的心理活动。③ 民间规范与社会心理具有内在的逻辑关联,民间规范在许多情况下都已经与社会主体(包括个体和群体)的社会心理融为一体,即民间规范一方面作为个体或群体的一种心理意识结构指导着个体或群体的行为选择,同时它也是一种行为模式和行为规范。区域立法同样不能忽视区域内社会主体的社会心理,社会主体对区域立法过程的参与程度,对区域立法结果接受与否等直接关系到区域立法的成败。诚如学者尹伊君所言,"法律根植于社会,生长于社会,法律的真实效力不

---

① 苏力:《法治及其本土资源》,中国政法大学出版社1996年版,第19—20页。
② [英]弗里德利希·冯·哈耶克:《法律、立法与自由》(第一卷),邓正来、张守东、李静冰译,中国大百科全书出版社2000年版,第7页。
③ 章志光主编:《社会心理学》,人民教育出版社1996年版,第16页。

是根源于主权者,而是根源于社会的承认。"①由此可见,在某一区域空间内,民间规范与区域立法都与该区域内民众的社会心理有着紧密联系,重视并体现社会心理是二者存在及作用发挥所共同具有的心理基础,同时也是二者的契合之处。

(二)民间规范如何进入区域立法

根据法律的起源及发展的一般规律,"法的现象并不是凭空产生的,而是从原始公社的习惯逐渐演变而来的,经历了从习惯到习惯法再到成文法的过程"。② 尽管并非所有的法律都是由习惯法或民间规范演变而来,甚至有些民间规范根本无法或者也不需要上升为国家法律,但是民间规范与国家法律这种逻辑上的层第关系在某种程度上还是存在着。而且从中还可以得出这样一个重要的推论:民间规范可以为论证国家法律的正当性提供重要的支持。根据哈贝马斯的商谈理论可以得知,人们认可或接受某种规范形式,并就此达成共识是该种规范获得正当性的重要基础。无论国家法律对民间规范给予怎样的评价,在许多情形下,民间规范比国家法律更具有社会合理性或正当性。因为相较于国家法律,民间规范与社会民众的生活关联更为密切,是人们在长期的社会交往中形成的、为各方所接受的规范形式。所以建立在对民间规范认可或吸收基础上的国家法律更容易为社会所接受,从而也能更有效地发挥其效力。尽管民间规范并非区域立法的结果,但由于二者存在契合之处,在区域立法过程中民间规范能够发挥相应的作用(积极的或消极的),并且区域立法也需要民间规范提供相应的帮助或支持。为此,我们可以建立民间规范认可机制,将民间规范引入到区域立法中,实现二者的有机融合。具体而言,民间规范的认可机制包括如下三个方面内容:

一是在区域立法正式开始之前,对区域立法所要调整的社会关系进行深入分析,整理已经存在的习惯性规则、惯例等民间规范,为区域立法提供

---

① 尹伊君:《社会变迁的法律解释》,商务印书馆 2003 年版,第 111 页。
② 公丕祥主编:《法理学》,复旦大学出版社 2002 年版,第 113 页。

材料依据。将民间规范引入区域立法或者区域立法过程中对民间规范进行取舍的前提是要对民间规范的内容、作用方式以及社会效果等有所了解。这显然不是一件容易的事情。区域立法正式开始之前,立法机关应该对拟制定的区域立法文件所涉及的社会关系在不同地区都存在哪些民间规范,其各自的内容及背后的原则各是什么都需要进行详细地了解和把握。即使整理出来的民间规范不能被区域立法直接吸收或采纳,那也至少可以为其提供有益的参考。

当然,民间规范对于区域立法而言也并非都具有积极意义。一则并非所有的民间规范都是积极的、进步的。刘作翔教授提醒道,那些对民间规范的赞美者、倡导者们,在对民间规范这一抽象概念和名称进行赞美、倡导的同时,不要忘了在民间规范中还有陋习存在。这些陋习带来的是悲惨、悲哀、伤害和死亡。因此不要把民间规范想像的那么温馨、那么浪漫,在民间规范中也有残忍、残酷、血腥、暴力、苦难和悲伤。[①] 二则即使民间规范对于社会交往关系的调整是中性的(即无所谓积极与否),但它对于区域立法却有可能是不适合的,甚至会对区域立法形成阻碍。因为有些民间规范只适用于区域内的某一地方而非通行于区域内所有地方,如果区域立法同该民间规范发生冲突,那么便会影响区域立法的进行及实施效果。三则民间规范的地方性色彩显然强于区域立法或其地方性范围要小于区域立法,换言之,即使在构建经济、社会一体化的区域内部,不同的地区对同一社会交往关系所适用的民间规范是不同的甚至是相对立的。这样一来,区域立法过程中遇到这种情况就很难制定统一的规则。如果不通过区域立法来协调这些民间规范之间的冲突,那么又会阻碍区域经济、社会一体化的发展。

二是对于那些积极有效的民间规范,区域立法应该通过认可或修正等方式予以吸收。这样除了可以增强区域立法的合理性和正当性,而且还可以在很大程度上降低区域立法成本,包括节省立法成本支出和降低社会成

---

① 刘作翔:《具体的民间法———一个法律社会学视野的考察》,载《浙江社会科学》2003 年第 4 期,第 23 页。

本支出等,如收集立法信息和立法资料的支出、起草法律文本的支出等,使建立在民间规范基础上的区域立法文本更易于宣传和为社会所接受,有关执法机关无需增加或至少可以降低额外的支出来保证区域法文件的实施。

三是对于那些落后的,有碍区域经济、社会发展的民间规范,区域立法应该予以否认,并建立相应的规则进行规制。民间规范的存在可能对区域立法形成不利影响,如造成区域内不同地区之间的隔阂以及阻碍通过区域立法而实现区域经济、社会一体化的实现等。对于此类民间规范,有关机关在进行区域立法时应该予以否认,即针对此类民间规范制定相应的规则,明确国家法律在调整此类社会交往关系上的态度。尤其对于那些落后的、不文明的却又存在一定社会影响的民间规范,区域立法应直接予以禁止,移风易俗的同时也促进了区域立法的科学性,尽管这可能会在一定程度上影响区域立法的实施效果。

为此,需要建立健全司法审查、法规批准和法规备案等监督制约机制。立法需要监督,不仅是对立法权限、立法程序的监督,而且对于立法内容也要进行审查监督。原因在于,区域立法过程中会存在对民间规范的取舍,而这种取舍是否合理,尤其是区域立法对民间规范的认可或吸收是否符合宪法和法律等上位法的规定,需要通过司法审查和批准备案等监督机制加以审查,进行制约。

(三)民间规范认可机制的协调意义

通过民间规范认可机制,将一些合理有效的民间规范适当地引入到区域立法中,使其转化为正式法,或者通过正式法来发挥更大的作用,是必要的也是可行的。区域立法的施行需要以区域经济、社会现实及其发展情况为基础,脱离了这个基础,区域立法很有可能成为无源之水或屠龙之术。因此,如何增进区域立法同区域经济、社会现实及发展需要之间的密切关系,使二者更好地相融合或相协调,需要借助相应的协调机制。民间规范认可机制便是其中之一。

第一,民间规范可以为区域立法提供直接的规则材料来源。法律不是凭空产生或创造的,立法被视为制定、认可或变动法这种特定的社会规范的活动,意味着立法的主要行为或者活动表现是制定、认可和变动,其中除了变动行为针对的是已有的法律之外,那么制定和认可行为所指向的对象又是什么呢? 换言之,在国家制定法未成形之前,有关国家机关依据什么来制定法律,认可的对象又是什么呢? 笔者认为,立法(在这里主要指制定和认可两种行为的结果)的依据来源或行为方式主要有三:(1)由无到有,即对所要规范的社会关系进行抽象和总结,然后依据依据一定的原则创制新的法律规则;(2)借鉴已有,即历史上或其他国家或地区存在调整相同或类似社会关系的法律规则,立法机关根据本国或本地区的实际情况加以移植或在修改的基础上进行借鉴,从而成为自己的法律;(3)整理吸收已有,即在国家正式制定法律之前,针对该类社会关系已经有相应的习惯或民间规范予以调整,此时立法机关要作的便是将这些已有的民间规范予以鉴别、整理和吸收。这也是"认可"立法的主要涵义所在。由此可见,民间规范是立法重要依据来源之一。而且我国许多法律在制定过程中也注重了通过认可的方式对民间规范的吸收,如《物权法》关于相邻关系和法定孳息的规定,分别认可了"当地习惯"和"交易习惯"。这显然增强了国家法律的灵活性和包容性。区域立法的过程同样离不开上述三种方式。与其他形式的立法相比,区域立法对民间规范的依赖程度更大,即尽管区域立法在很多情况下都是通过创制新的规则对区域内已有的或者特有的社会关系进行调整规范,但它同样在很多情况下是通过对已有的借鉴、吸收和整理的方式来完成,也就是所谓的认可式立法。

如清代的国家法律规范体系就经常吸收民间的习惯,作为自身顺应时势进行调整的依据。以清代的土地立法为例,从清代民间土地交易中的"找价"行为及其立法调整中可以看出民间规范对于国家立法的影响。"找价"是明清时期田宅交易中屡屡出现的因田宅价格不断上涨、原卖主向买主要求给予补偿的一种行为,这种行为在明代一直是非法的,被视为民间扰乱市场的"恶俗"而受到各级官府的严厉打击。但是,这种"找价"行为并未因国家的禁止和各级官府的打击而收敛,反而随着时间的推移愈演愈烈。清代以后,田宅交易越来越活跃的地区如江南一带甚至形成了许多不成文的乡规和俗例。为了维护农村基本社会秩序和市场稳定,国家法律不得不对此进行部分调整,使"找价"行为渐趋合法。① 由于"找价"的民间规范主要出现在江南一带,因此虽然是国家进行立法吸收了该民间规范,但它主要适用于江南地区而不调整其他地区类似的社会交往关系,故它与我们所讲的区域立法有着非常相似之处。

在我国区域经济、社会一体化过程中,不同的区域存在许多独特的交往规范、风俗习惯和商业惯例等,这些都属于民间规范的范畴。在国家进行区域立法对区域经济、社会交往关系进行调整之前,发挥作用的主要是这些民间规范。如长江三角洲地区存在的区域性小额资本市场,它是我国建立多层次的资本市场的重要组成部分,但当前调整这一市场的规则形式主要是一些商业惯例而缺少具体的国家法律。因此,今后长江三角洲地区在进行区域立法时可以借鉴、整理和吸收现行的商业惯例而无需完全另行创制,这样既有效地实现了国家法律的调控,又避免了因规则转型而对区域性小额资本市场的正常发展产生不良影响,保持了规则的一致性或连贯性。

第二,民间规范可以用来矫正区域立法的合理性。区域立法的目的是针对区域经济、社会发展情况制定相应的规则,由于立法的过程是创制抽象规则的过程,因此区域立法的结果未必真正符合现实需要。换言之,并非所有在存在法律漏洞或法律需要的情形下,只要进行立法就能够解决问题,因为立法的结果及其实施效果如何仍需要社会实践的检验。在许多情况下,区域立法结果同区域社会内民间规范的一致程度影响着区域立法的效果。如果就某一社会关系而言,已有的民间规范已经有效地进行了调整,那么区域立法应该尊重现有的民间规范而不能无视甚至背离该民间规范所确立的调整方式或调整原则,否则即使有国家强制力的保障,区域立法的实施也很难取得预期效果。

民间规范对区域立法的矫正功能主要体现在两个方面:一是区域立法过程中,包括区域立法规划、法案起草和讨论、表决和通过等程序,民间规范

---

① 沈大明:《〈大清律例〉与清代的社会控制》,上海人民出版社 2007 年版,第 35 页。

可以通过各种方式或渠道对区域立法草案施加影响,当然不排除其中有些情况下民间规范对区域立法形成不适当影响,而在多数情况下民间规范会通过立法者对区域立法草案的拟定和出台产生影响,矫正区域立法草案的内容便是该影响的具体表现方式之一。如在区域立法过程中,立法者在起草法律提案时多会考虑到现有的民间规范,在此基础上拟定法律提案稿。即使在起草时忽略了相关民间规范,立法机关在对法律草案进行审议和讨论时也会有代表根据民间规范提出相应的意见或建议,这样便有可能导致法律草案根据现行有效的民间规范进行修改。二是区域立法结束之后,即区域立法文件颁行实施后,如果存在同先前早已存在的民间规范相矛盾或冲突,就可能需要立法机关根据实际情况对区域立法文件进行修改,在认可相应的民间规范的同时也矫正了区域立法。当然,如果通过论证认为区域立法的有关规定更为合理,就应该弃民间规范而行区域立法文件。

第三,民间规范可以为区域立法的正当性提供社会心理支持。区域立法与民间规范都与区域内民众的社会心理密切相关,不同的是,民间规范是已经证明的能够为区域内的个体或群体所接受的社会规范形式,而区域立法与社会心理的关系源于区域立法自身的需要,即区域立法的成败或效果与立法结果是否尊重并反映区域内的个体或群体的社会心理有很大关系。区域立法做到了这一点,便会在实践过程中减少许多人为的心理抵触或行为触犯。毕竟无论何种立法,都会被视为外在的强加到社会主体身上的拘束的行为,抵触这种行为是一种本能的反映。一旦区域立法无视社会主体的社会心理,甚至逆而行之,必然招致失败,从而也损害了法律的权威性。

从社会心理学的角度来看,区域立法的正当性取决于社会主体(包括个体和群体)对区域立法过程及其结果的认可或接受程度。如果区域立法活动本身是为社会主体所抵触的,那么无论怎样的结果都缺乏正当性。当然更多的情况是,区域立法活动本身是合法的也是可以被接受的,但区域立法的结果即所制定的区域规范法文件自身由于各种原因,如违背社会实情、损害大部分社会主体的利益或与当地的风俗习惯严重冲突等,而导致区域立法不被区域社会主体所接受,那样其正当性便受到质疑,从而影响其实施。

由于民间规范可以作为区域立法的重要材料来源之一,并且民间规范是已经被证明了的具有较强的社会心理支持的规范形式,因此区域立法过程中注重对民间规范的吸收利用,可以有效地增强其正当性基础。

四、文本预先审查

为保证立法的科学性,尤其是立法文本的质量,根据《立法法》等法律法规的有关规定,规范性法文件在进入最后的审议、表决之前,要经过一定的审议或审查,即由相应的机构(法律委员会或政府法制机构等)对该规范性法文件的草案文本进行审议或审查。如在全国人大全体会议审议表决法律案之前,要分别经过专门委员会的审议和法律委员会的审议等程序。《行政法规制定程序条例》第17条第1款也规定:"报送国务院的行政法规送审稿,由国务院法制机构负责审查。"该条第2款则规定了应该就送审稿的哪些方面进行审查。对于法案文本进行此类审议或审查工作的意义,有学者称其为:"一项政治性、思想性、知识性和技术性很强的工作"。① 虽然区域立法文本内容是通过特定的委托起草方式来确定的,但区域立法案的审议和表决最终要由区域内各地方立法机关来完成,为了防止最终的审议和表决过程中因各方对文本内容事先了解不够,或者分歧较大,而影响到审议进程或表决结果,有必要在区域立法文本进入分别审议和表决之前,先由各地方进行预先审查,也即对文本内容先行了解和协调。

(一)法案审议(查)与区域立法文本预先审查制度的建立

立法审议是立法活动一个非常关键和重要的程序。"法案审议的质量如何,直接关系到法案以何种形式和内容进入随后的法案表决阶段,关系到法案能否获得通过以及通过后实施的社会效果。"②根据我国法律规定,一个完整的法案审议包括多个环节。其中,全国人大和地方人大在立法时,法律案被列入会议议程后,在进入最后的表决之前,至少要先后经过这样三个

---

① 李培传:《论立法》,中国法制出版社2004年版,第268页。
② 易有禄:《各国议会立法程序比较》,知识产权出版社2009年版,第56页。

环节或阶段:(1)大会全体会议听取提案人对法律草案的说明;(2)各代表团和有关专门委员会的审议;(3)法律委员会的统一审议。全国人大常委会和地方人大常委会的立法中,法案审议一般要经过全体会议三次审议,并且其中还包括分组审议和联组审议等环节。

地方政府规章的审议则与法律和地方性法规有所不同,根据《规章制定程序条例》的规定,地方政府规章在政府常务会议或全体会议决定前,要经过政府法制机构的统一审查。法制机构的审查范围几乎是全方面的,从内容和形式两个层面来审查规章制定的合法性、合理性和规范性等。如《南京市政府规章制定程序规定》第 22 条第 2 款规定:"市政府法制办应当从以下方面对规章送审稿进行审查:(一)是否符合《中华人民共和国立法法》规定的基本原则和国务院《规章制定程序条例》的有关规定;(二)是否与有关规章协调、衔接;(三)对各方面意见的处理是否正确、合理;(四)是否符合本规定的立法技术要求;(五)需要审查的其他内容。"同时,该规定第 24 条还规定:"有关单位或个人对规章送审稿规定的主要制度、方针政策、管理体制、权限分工等有不同意见的,市政府法制办应当进行充分协调。经协调,不能达成一致意见的,市政府法制办应当形成处理意见,连同主要问题、有关单位和个人的意见报送市政府决定。"依据上述有关规定可知,规章草案审查作为一个重要的立法环节,在地方政府立法中是不可或缺的,它不仅对规章的内容进行审查和确定,还在内容确定过程中发挥着协调各方面意见的作用。为了更好地对区域立法草案文本的内容在审议、表决前进行协调,我们可考虑借鉴规章草案审查制度的协调功能,建立区域立法文本预先审查制度。

所谓区域立法文本预先审查制度,是指区域立法文本起草完成后,在形成正式提案并被列入地方权力机关会议议程前,或者交由政府法制机构审查前,为了更好地协调各方对于区域立法文本内容的一致立场,避免审议或审查过程中产生过多分歧,可将立法文本交由各地方政府法制机构进行预先审查,就区域立法文本中某些特定的内容提出审查意见和修改建议,然后再由区域立法起草委员会予以协调修改,确定正式的草案文本。

其实,在我国地方性法规和地方政府规章的立法实践中,存在着与预先审查相类似的制度,即所谓的提前介入制度。其中,人大提前介入指的是人大对政府部门起草的法规草案提前介入,即"有关的专门委员会和工作机构提前介入到政府部门的法规起草中去,从立法的必要性、法规体例的合理性、法规内容的合法性和可行性、法规语言的规范性等方面进行全面的研究和论证,把大量的工作做在法规起草过程之中,把一些矛盾和问题解决在法规草案提交人大常委会审议之前。"①地方政府规章制定中的提前介入制度,也有着类似的涵义,即政府法制机构在某一规章草案尚未完成,甚至草案起草工作尚未开始前,根据该立法项目的具体情况和实际需要,派人提前参与到某些问题的讨论中去,对有些问题随时交换意见,了解起草工作中的具体情况和工作进度,为后面的审查工作做好准备。对于提前介入制度,许多地方立法性法文件中都予以规定,如《南京市政府规章制定程序规定》第20条规定:"在规章送审稿起草过程中,市政府法制办可以提前介入,了解起草情况,参与调研、论证,并提出建议和意见。"《山东省人民政府规章制定程序条例》第18条也规定:"政府法制机构应当加强对对规章草案起草工作的指导,并可以提前参与规章草案的起草工作。"区域立法文本预先审查制度正是在借鉴规章审查和提前介入两项制度功能基础之上,专门针对区域立法文本的内容而设立的一项重要制度。

区域立法文本预先审查制度是区域立法特有的一项制度,目的是为了更好地协调区域立法文本内容。该项制度具有以下三个特点:

一是负责实施预先审查的是各地方政府法制机构。具体参与区域地方立法合作的立法机关,既可能是区域内的地方权力机关——地方人大或其常委会,也可能是地方人民政府。虽然地方立法实践中,地方权力机关也可以提前介入法规的起草,来协调文本内容的确定及相关工作,而且有些区域立法事项应该由各地方权力机关来合作制定区域性法规,但是在地方立法实践中,地方政府显然发挥着主导性的作用。地方政府不仅可以直接制定

① 孙育玮等:《完善地方立法立项与起草机制研究》,法律出版社2007年版,第63页。

地方政府规章,还直接负责绝大多数的地方性法规的起草工作。此外,它们还是本地各种政策的主要制定者和实施者。因此,区域立法文本内容是否得到各地方政府的认可,在很大程度上决定着区域立法的成败,即使这项立法最终是由地方权力机关作出的。

二是各地方政府法制机构主要从四个方面进行审查:(1)与本地经济、社会发展情况的契合情况;(2)与本地方有关的权利和义务条款;(3)与本地方实施中的地方性法规和规章的协调和衔接情况;(4)与本地方的相关政策是否相冲突,以及是否存在相应的协调方案。需要指出的是,预先审查的一些内容与接下来的审议或审查程序中的内容相重合,但这并不意味着这两个程序中的任何一个可以省略,或者将二者合一,因为预先审查和正式的立法审议或审议所要完成的任务是不同的。预先审查着眼于文本中关于各方利益分配的条款规定,尤其是与本地方利益直接相关的内容,目的在于让各方对区域立法文本内容有个预先了解和协调。预先审查是一种针对性审查,体现的主要是地方利益与区域利益的博弈。立法审议或审查是立法活动的一个基本的或必经的程序,是对立法文本进行的综合性的审议或审查。

三是预先审查相比较与正式的立法审议或审查,是一种非正式的审查活动,审查结果是建议性的,也即预先审查报告并不具有强制性或约束力,主要是为区域立法起草委员会修改立法文本草案提供意向性的参考。起草者既可以采纳各方有益、合理的意见或建议,也可以坚持原有的文本内容不作修改。鉴于政府法制机构的审查意见往往代表了各地方政府的意见,如果不据其对文本草案的内容进行相应的修改,或者协调各方立场,将会影响接下来的区域立法程序的正常运转。这需要区域立法起草委员会等对于各方意见中分歧较大的地方,认真地加以考虑和协调。

(二)文本预先审查的实施

各地方政府法制机构在收到区域立法草案文本之后,应该在三日内启动预先审查程序,收集相关立法和政策信息,对草案文本的内容进行预先审查,并形成审查报告。具体而言,区域立法文本预先审查的实施包括以下几个阶段：

1. 审查准备阶段，包括这样几项工作：(1)将区域立法草案文本送交或分发给有关负责人、政府法律顾问或其他人员，使其对文本内容有所了解；(2)拟定审查方案，确定需要进行重点审查的内容或方面；(3)收集并整理与区域立法相关的法律、法规，以及本地的政策或规范性文件；(4)其他必要的准备工作。

2. 审查实施阶段。在做好有关准备工作后，政府法制机构根据所确定的重点审查内容，对区域立法文本草案中的相关内容进行审查、讨论。这一过程中，要征询政府有关负责人或专家学者等的意见，对文本的主要内容，尤其是要对其中直接涉及到本地方利益的权利、义务和责任等条款进行仔细研究、充分论证。政府法制机构如果认为必要，可以召开座谈会、论证会或听证会等方式，公开征求社会公众的意见和建议。

3. 协调阶段。预先审查过程中，地方政府法制机构可以就文本中某些内容或条款与区域立法起草委员会的成员进行沟通，也可以通过区域立法协调委员会，与其它地方政府法制机构进行交流和磋商，协调某些条款的内容。一般来讲，需要进行协调的内容集中在：(1)权利和义务条款；(2)与本地方正在施行中的地方性法规或地方政府规章直接相关的条款；(3)与本地方实行的的政策直接相关的条款。协调的方式除了进行沟通或磋商，在必要的情况下对文本内容进行修改之外，如果区域立法规定与本地立法或政策存在不一致，可设定相应的协调原则来解决规则的适用问题。或者优先适用本地方的法规、规章或政策，或者优先适用区域立法。但是鉴于区域立法的目的之一便是统一区域法制，消除各地方之间的立法壁垒，因此有必要确立区域立法优先适用原则。

4. 形成报告阶段。在完成必要的审查工作，并经过相应的协调之后，各地方政府法制机构应该及时编写预先审查报告。预先审查报告不同于草案说明和后面的草案审查报告，它是对预先审查的工作情况、审查的结论和有关协调方案等所进行的总结。而"草案说明侧重从立法必要性及其依据的事实和理由方面说明问题；草案的审查报告侧重从法律、法规(草案)具备可行性及其依据的事实和理由方面说明问题"。① 在预先审查报告后面,还要附上关于如何处理区域立法与本地立法和政策相冲突的方案,也即协调方案,以供区域立法起草者、各地方立法机关和决策机关参考,为区域立法通过之后的施行提供依据。

(三)文本预先审查机制的协调意义

通过对区域立法文本草案的某些内容进行预先审查,使得各方在正式启动立法程序之前,对立法文本能一个更好的了解和协调的机会。具体而言,文本预先审查机制作为一项立法协调机制,它对于区域立法文本内容的协调意义体现在这样几个方面:

一是现实性协调,也即政府法制机构首先要对立法文本中的相关规定,结合本地方经济、社会发展实际进行审查,如果认为其中有的条款或规定严重背离了本地方的发展现状,非但不能获益或者解决实际问题,反而会对本地方的发展产生消极影响,并且对于这种消极影响,立法文本中又未给出相应地利益补偿规定,也未得到其他合作受益方的利益补偿承诺,那么,该地方便可以就立法文本中的相关内容,或者向起草者,或者向其他有关合作者提出异议,要求对草案文本进行相应的修改,或者另行商定一套可为各方接受的利益补偿方案。

二是体系性协调。法制统一是一项基本的立法原则,区域立法作为一项特殊的地方立法活动,它在整个立法体系中处于一定的效力位阶。从立法职权主体来看,区域性法规与地方性法规、区域性规章与地方政府规章,应该分别属于同一效力位阶的规范性法文件,因此,区域立法的条款内容不能与宪法、法律和行政法规等上位法的有关规定相抵触,同时,还应该注意协调好与区域内各地方实施中的地方性法规和地方政府规章之间的适用关系。经过预先审查,如果发现存在与宪法、法律和行政法规等上位法相冲突之处,就应该予以直接指明,告知起草者予以修改。如果立法文本中的某些规定只是与本地方的立法规定存在不一致,那么,或者要求对区域立法文本

---

① 李培传:《论立法》,中国法制出版社 2004 年版,第 277—278 页。

进行修改,或者对本地方的立法进行修改,这种情况同样适用于区域立法与本地政策发生冲突时的情形。区域立法体系的协调,从根本上讲是区域利益关系的充分分配,因此,立法体系的协调不单单是要对区域立法文本或地方立法有关内容进行修改,更重要的是如何从深层次上调整区域利益关系的分配,实现更大范围和程度上的利益共享。

三是利益关系的协调。对于区域立法各合作者来讲,它们最关心的是立法文本中有关自己利益所得和相互间利益关系的条款,而这些条款又多表现为权利、义务和责任条款。预先审查的关键工作便是审查这些条款,评估这些内容对本地方及相关利益主体的利益所产生的影响。尽管参与区域立法的各地方掌握着不同的资源,经济发展实力等方面也有强弱之分,而在合作中利益关系的确定受实力强者的影响要更大些,相应的权利和义务规则也会更多地反映它们的意志,但是绝对公平的利益分配方案是很难寻觅的,这不仅与合作各方的实力大小有关系,更与利益关系的复杂性有关。就区域立法文本的内容而言,坚持合作各方权利、义务平等是合作得以实现的基础,因此无论合作的进行或者立法的实施过程中,是否能够真正做到利益分配的平等,在很大程度上取决于各方对于合作的需求程度,以及利益关系的接受程度。从这个意义上讲,预先审查时对利益关系,及相应的条款内容的关注和协调,更多地停留在原则和理念的层面。即使这样,有关各方权利和义务等利益性条款的协调依然是预先审查机制所要追求的主要的协调对象和协调目的。

第三节 协调区域立法程序的机制

区域立法并不存在独立的立法程序。从区域立法案的提出或送审,到区域立法案的审议或审查,再到区域立法案的表决或批准等,都需要依托地方立法程序,由参与合作的各地方立法机关分别进行。这很有可能会因为各地方立法机关工作安排和立法进度的不同,而影响到区域立法的效率。为了尽可能地减少不必要的时间浪费,促使各地方立法机关及时完成各项程序,有必要建立相应的协调机制,来协调区域立法程序的有效运转。

一、同步提案或送审

作为建立在地方立法权合作基础上的区域立法,其程序也要以一般的地方立法程序为依托,如果参与立法合作的是地方权力机关,那么它要经过法案的提出、审议、表决和公布这样四个基本环节;如果参与合作的是地方人民政府,那么区域立法则要经过立项、起草、送审和审查、决定和公布等环节。其中,提出或送审法案是正式立法程序得以展开的前提性、基础性程序,也是区域立法确立阶段的首要环节。鉴于区域立法的合作属性,以及参与立法合作的主体既可能是地方权力机关,也可能是地方人民政府,所以区域立法在提出或送审法案这一环节上有着自身的特点和制度需求,比如提案或送审主体的确定和时间的协调等。对此,我们主张引入同步提案或送审制度,来解决区域立法提案或送审过程中所遇到的特殊问题,尤其是要协调好区域立法案提出或送审的时机,推动区域立法程序顺利进行。

(一)法案提出、规章草案送审与区域立法案的提出或送审

法案提出,也称提出法案或提案,是指由有立法提案权的机关、组织或人员按照法定方式和程序向立法机关——在我国指的是有立法权的人大及其常委会——提出关于制定、认可、修改、补充或废止规范性法文件的议事案的专门活动。"提案厥为议员之政策主张、政党之政策、理想、选区或团体之政治利益,能否实现,形成正式法律关键性的阶段。即使一项法案在立法过程中功败垂成,但法案提出以后,议员及其政党就获得了一项能向选民交代比较具体的'政绩'。"①总之,提出法案对于立法活动而言具有重要意义。与向权力机关提出法案的程序相类似,根据《立法法》有关规定,这里所谓的"法案"不完全等同于法律草案。一般而言,以是否附带法律草案为标准,可将提出法案区分为两种形式:一是不仅提出制定、修改、补充或废止法律等立法任务的动议,而且附带相关的法律草案文本;二是仅仅提出相应

---

① 朱志宏:《立法论》,台湾三民书局1995年版,第147页。

的立法动议,而不附带法律草案文本。

区域立法活动中,有关区域立法的法案同样也包括这样两种形式,但二者所处的立法环节不同,其中第一种法案形式处于区域立法确立阶段,以转换为区域立法文件为其直接结果,而第二种法案形式则处于区域立法准备阶段,可能的去向是成为区域立法规划的内容之一。此外,所谓的法案仅指第一种形式,也即附带相关区域立法草案文本,以最终成为规范性法文件为其追求的法案形式。由于区域立法案的质量直接关系到区域立法的效果,因此在法案的内容和形式上一定要符合有关法律法规的要求。在形式上,应该符合地方性法规议案或规章送审稿的格式要求。在内容方面,除了提请审议或审查的请求和草案文本外,一般还包括:(1)区域立法案的说明,如立法必要性、起草经过和草案主要内容的说明等;(2)有关参阅材料,如区域立法起草所依据的法律、行政法规、政策,或者与区域立法有关的背景资料等。此外,提出或送审的法案还要根据有关规定由相应的主体加以签署。

提出或送审区域立法案是启动区域立法确立程序的第一步,但区域立法案的提出或送审并非易事,法案本身不仅要符合一定的要求,其提出或送审还要妥善解决这样四个问题:一是区域立法案的提案或送审主体是谁;二是区域立法案是要分别向各地方人大或其常委会提出,还是要送交各地方人民政府进行审查;三是区域立法案应在什么时候提出或送审;四是区域立法案提出或送审过程中还应遵循哪些规则。

确定提案主体或送审主体是提出或送审区域立法案的首要问题。所谓提案主体,是指有权向区域立法职权主体,也即区域内参与合作的各地方立法机关,提出区域立法案的法定机关或法定提案人。根据我国各地立法性法文件的规定,有权向地方人大提出法案的主体包括:人大主席团、人大常委会、人大各专门委员会、本级人民政府、一个代表团或者十名以上人大代表联名。(如《北京市制定地方性法规条例》第9条和第10条之规定)地方人大常委会的提案主体包括:人大常委会主任会议、人大各专门委员会、本级人民政府、本级人民法院和人民检察院、常委会组成人员五人以上联名等。如《吉林省人民代表大会常务委员会制定和批准地方性法规的规定》第 14 条规定:"下列机关或者人员有权向省人民代表大会常务委员会提出制定地方性法规的议案:(一)省人民代表大会常务委员会主任会议;(二)省人民政府;(三)省高级人民法院、省人民检察院;(四)省人民代表大会各专门委员会;(五)省人民代表大会常务委员会组成人员五人以上联名。"而送审主体则是指规章制定过程中,有权签署并将规章送审稿送交政府法制机构进行审查的主体。根据《规章制定程序条例》第 17 条第 1 款的规定,送审主体为规章的起草者。

　　某项区域立法案提出或送审主体,需要根据区域立法案的性质或类别来确定。如果为区域立法修正案、补充案、认可案或解释案等,也即是对现行区域性法文件的变动案,那么其提案或送审主体就根据所要变动的对象的性质或类别来确定。若现行区域性法文件为区域性法规,则应该确定提案主体;若为区域性规章,则要确定送审主体。如果是创制新的区域性法文件,则应该首先明确该项区域立法的最终形式,究竟是区域性法规还是区域性规章。在确定提案主体还是送审主体过程中,区域立法起草主体扮演着重要角色。区域立法的起草应该由专门成立的区域立法起草委员会负责。起草委员会主要由三类成员组成,分别为:(1)参与立法合作的各地方人大或其常委会各自委派的代表人员;(2)相应的各人民政府法制机构各自委派的工作人员;(3)通过公开招标或定向议标等方式确定的科研组织或学术团体。这三类成员中,第三类具体负责区域立法案起草的执笔,前两类则负责区域立法案的提出或审议等程序性工作的协调。根据《立法法》等相关法律法规关于立法提案主体的规定,结合区域立法的起草,区域立法案的提案主体应该确定为参与合作的各地方人大的法制委员会,而送审主体则为负责该项区域立法案起草的起草委员会。

　　无论是提案还是送审,接下来的区域立法程序要分别进行,那么如何保证区域立法各个具体环节上的一致性或同步性呢?首先要从提案或送审行为的协调做起。为此,可以建立同步提案或送审机制,来协调区域立法案在提出或送审环节的同步性。

（二）区域立法如何实现同步提案或送审

区域立法提案或送审的同步性主要表现在两个方面：一是某项区域立法案是要经过提案还是进行送审，需要事先予以明确。或者提案，或者送审，在各地方立法机关之间应该保持同一性，也即区域立法案路径选择的同向性；二是在选择将区域立法案向各有关地方人大或其常委会进行提案，或者向各地方政府法制机构进行送审时，应该保证各提案或送审活动的同时性或同期性。

其中，区域立法案路径选择同向性问题不难解决。区域立法草案文本的起草，所依据的是区域立法规划。在区域立法规划编制过程中，已经对于区域立法的性质、类别、受理机关和处理期限等做了较为明确的规定。如果区域立法案属于要创制新的区域规范性法文件，那么该法案应该由地方权力机关负责，还是由地方人民政府负责，在区域立法规划中都应该列明。如果区域立法案属于对现行的区域规范性法文件的修改、补充或解释等，那么现行的区域规范性法文件是由哪个机关制定的，仍然遵循该机关的立法程序。即便如此，为了避免区域立法案在提案或送审环节上出现不一致，区域立法协调委员会仍应该及时地参与协调。接下来便是提案或送审的时机选择问题。

先以区域立法案的提出为例，由于提案是分别进行的，各地方人大法制委员会的工作安排不同，如果不进行协调，有可能在提案时间上会出现很大的差别，有的法制委员会进行提案的时间较早，有的则可能很晚，如果相互之间在提出时间上差别过大，就可能影响到区域立法案的审议，以及审议过程中对某些问题的磋商等程序的开展，最终影响区域立法完成的进度。因此，需要对区域立法案的提出时机进行协调。因参与区域立法既可能是区域内各地方人大，也可能是各地方人大常委会，所以区域立法案的提出包括向各地方人大提出和向各地方人大常委会提出。不仅如此，区域立法案的提出时机还与地方人大或其常委会的会议召开时间直接相关。

一般而言，我国地方人大每年举行一次全体代表大会，时间大体都在三月份左右，如果有特殊情况或者符合特定条件，可以召开临时代表大会。如

《云南省人民代表大会议事规则》(2005年)第3条规定:"省人民代表大会会议每年第一季度举行。如果省人民代表大会常务委员会认为必要,或者有五分之一以上的代表联名向省人民代表大会常务委员会提议,可以临时举行省人民代表大会会议。"《深圳市人民代表大会议事规则》(1997年)第3条也规定:"市人民代表大会会议每年至少举行一次,每年例会一般应在三月底以前举行,如有特殊情况,可以适当提前或推迟举行。市人民大表大会常务委员会认为必要,或者有五分之一以上市人民代表大会代表提议,可以临时召开市人民代表大会会议。"区域内各地方人大全体会议每年召开的时间也是如此,基本上都在同一时间段上。遗憾的是,各地方人大议事规则或有关地方立法性文件中对于应该何时进行提案并没有具体的规定。不过,我们可以根据有关人大会议基本日程的规定来确定区域立法案的提出时间。如在省级人大年度全体会议在正式召开之前,省人大常委会要做好相应的准备工作,其中之一便是拟定会议议程草案,确定人大会议所要讨论的主要内容。而且根据规定,在省人大会议举行的一个月前,省人大常委会应该将开会日期和建议会议讨论的主要事项通知代表,并将准备提请会议审议的地方性法规草案发给代表。由此可见,区域立法案若要在地方人大年度会议上得到讨论,应该首先由人大常委会将其列入会议议程,而列入的时间应该在省人大常委会将开会日期和建议会议讨论主要事项通知各位代表之前,即也应该在省人大会议举行的一个月前或者更早一些。由于区域立法草案文本的起草过程较为严谨、科学,而且起草完成之后,又经过了预先审议,所以除非有特殊情况,向各地方人大提出的区域立法案直接由人大常委会列入会议议程。考虑到人大常委会准备工作的繁杂,可将区域立法案的提案时间确定为地方人大年度会议正式举行的四十五日之前。

根据各地方人大常委会议事规则的规定及实践,地方人大常委会会议一般每两个月至少举行一次。提案主体向常委会提出议案的,应当在常委会举行会议的三十日前,将议案送交常委会有关工作机构。如《山东省人民代表大会常务委员会议事规则》(2008年)第4条第1款规定:"常务委员会会议每两个月至少举行一次。"第13条规定:"向常务委员会提出的议案,应当在常务委员会举行会议三十日前,送交常务委员会办公厅或者其他有关工作机构。"这为区域立法案的提案时间提供了法律依据。《天津市人民代表大会常务委员会议事规则》(2008年)第4条也规定:"常务委员会会议每两个月至少举行一次。"其第19条则规定:"提请常务委员会审议的议案,除任免案外,一般应当在常务委员会会议举行十五日以前提出。提请常务委员会审议的地方性法规案、国民经济和社会发展计划调整案、财政预算调整案,一般应当在常务委员会会议举行一个月以前提出。"其他省、市、自治区或较大的市在人大常委会的会期和提案时间上也都有着类似的规定。这些是我们确定区域立法案向个地方人大常委会提出时间的法律依据。为了保证区域立法案提出的同期性,可规定在区域立法案正式形成后的三十日内向各地方即将召开的人大常委会提出。具体各地方人大常委会在区域立法起草完成后的下一次会议何时召开,应该如何联系各地方人大法制委员会,以及该进行哪些工作协调等,则由区域立法协调委员会负责。

再看区域立法案的送审,无论是国务院制定的《规章制定程序条例》中,还是各地方政府规章制定程序规定中,送审并非规章制定的一个独立程序,但是从规章起草到规章审查,连接这两个程序的正是送审环节。可以说,送审是规章制定进入实质性的审查决定程序的必要前提。对于区域立法而言,文本的起草工作完成后,需要分别由各地方政府法制机构进行审查,一来参与审查的地方政府法制机构为多个,二来送审工作直接影响到审查的开展及整个区域立法活动的进展,因此在区域立法案的送审环节中,一定要保障送审时间的一致性。相关法律法规中并没有对地方政府规章应何时进行送审作出具体的时间要求,而只是概括性地规定应该在规章起草完成之后,如《山东省人民政府规章制定程序规定》(2003年)第17条第1款规定:"起草部门完成起草工作后,应当将送审报告、规章送审稿及其说明和其他有关材料径送政府法制机构审查。"依据本书的设计,区域立法文本起草完毕后,需要经过文本预先审查程序,然后再形成正式的送审稿,因此区域立法案的送审时间可统一确定为在区域立法文本预先审查程序结束后的十五日内,由区域立法起草委员会签署,在区域立法协调委员会的统一协调下,由区域立法起草委员会中来自政府法制机构的人员分别送交各自的政府法制机构进行审查。这样可以保证区域立法案送审的同期性。

(三)同步提案或送审机制的协调意义

提案与送审是衔接立法起草与审议或审查两个立法程序的重要环节。同步提案或审查制度主要是考虑到区域立法的合作属性,专门针对区域立法程序所设计的一项协调机制。具体而言,该项机制对于区域立法程序的协调意义主要体现为两点:(1)保证了区域立法案进入相同的立法审议或审查程序,避免了审议或审查主体的混乱或不一致,维护了区域立法程序的秩序价值;(2)统一了区域立法案提出的时机,确保其在大致相同的时期内分别向各地方立法机关提出或送审,协调了区域立法审议或审查的进度,同时也保障了区域立法程序的效率价值。

二、表决期限机制

立法活动同样讲求效率。尽管不像法官应该在确定的期限内审结某项案件那样,要求某项立法也在规定的期限内完成,但是在立法的某些环节上,立法法等相关法律法规还是设定了相应的期限要求,以此来提高立法活动的效率。比如,《立法法》第15条规定:"常务委员会决定提请全国人民代表大会会议审议的法律案,应当在会议举行的一个月将法律草案发给代表。"区域立法服务于迅速推进的区域经济、社会一体化,并将逐渐成为区域发展法律需求的主要供给者。立法效率对于区域立法而言至关重要。与一般的地方立法一样,审议和表决是区域立法的核心环节,鉴于区域立法的合作属性,如果在审议和表决阶段各地方立法机关久拖不决,就会影响区域立法的整体效率。为此,可以借鉴司法或执法过程中的期限制度,建立区域立法表决期限制度,以此加快区域立法的进程。

(一)立法表决能否设定期限

期限制度是一项重要的法律制度,它广泛地存在于各类法律文本及法律适用过程中。对于司法活动来讲,《民事诉讼法》第149条规定:"人民法院适用普通程序审理的案件,应当在立案之日起六个月内审结。有特殊情况需要延长的,由本院院长批准,可以延长六个月;还需要延长的,报请上级人民法院批准。"第 146 条规定:"人民法院适用简易程序审理案件,应当在立案之日起六个月内审结。"类似规定在该部法律中存在多处。就执法活动而言,《治安管理处罚法》第 99 条规定:"公安机关办理治安案件的期限,自受理之日起不得超过三十日;案情重大、复杂的,经上一级公安机关批准,可以延长三十日。"立法活动中除了前面提到的期限规定外,《立法法》还分别在第 26 条规定了列入常委会会议的法律案应在会议举行七日前发给常委会组成人员、第 63 条第 2 款规定了应在四个月内批准较大的市制定的地方性法规,以及第 89 条规定了行政法规、地方性法规和规章等的报送备案期限,即应当在公布后的三十日内。比较司法、执法和立法活动中的期限规定,可以发现,司法活动中对于某个案件的审理设定了审限,执法活动中也大都对某项执法规定了相应的期限,但立法活动中并没有专门针对某项立法规定一个期限,即要求该项立法在多长时间内完成。

　　立法主要是创制新的法律规则的活动,立法者要面对复杂的且处于变化中的社会现实,运用抽象的语言和相应的立法技术来构筑一个逻辑严谨的法律规范体系。不仅如此,立法过程还是一个利益博弈过程,其间各利益主体会围绕立法文本的内容进行沟通、磋商和讨价还价。难以预料,在这一过程中的某个环节上会遇到怎样的问题或障碍,以及该项立法会以怎样的形式完结,顺利通过,或者中途夭折,抑或长期搁置等,都是有可能的,也是正常的。例如,《物权法》在 1993 年初被列入全国人大立法计划,直到 2007 年 3 月 16 日才在十届全国人大五次会议上获得通过,前后跨越了 14 年之久。总之,在一个民主和法治的国家,很难要求立法者在某个确定的时期内必须完成某项立法工作。

　　但是这并不意味着立法活动完全不顾及效率问题。我们仍可以通过某些措施或方式来提高某项立法的效率,比如建立某些机制协调立法过程中各项工作的有效衔接,以及对某些立法环节或立法工作设定期限要求等。立法活动中,审议和表决是立法确立阶段的两个核心环节,是决定立法文本内容及其是否通过施行的关键程序。鉴于审议和表决是前后相继、紧密连结的两个环节,并且法案经过审议后,其最终的命运经由表决环节来决定。同时,在行政法规、行政规章和地方政府规章等制定和修改过程中,与人大及其常委会的立法审议和表决相对应的被称为审查和决定。为了讨论的方便,下文中将直接使用表决期限一词,来统一指称立法审议(或审查)和表决(或决定)环节前后的时间跨度。接下来的问题是,立法表决能否设定期限?

由于立法审议和表决的重要性,从立法职权主体到立法参与主体都非常重视这两个环节的相关工作。就立法职权主体而言,它们希望自己所立之法无论从形式还是内容上都不存在问题,并且能最大限度的满足社会的有关需要,因此在审议和确定立法文本内容时会较为谨慎和严格。加上立法职权主体本身会期和成员等有限、工作安排繁多,很难要求他们在确定的时间内完成对某项法案的审议和表决。对于立法参与主体,尤其是与该项立法有着直接利害关系的主体来说,他们希望该项立法更多地体现自己的意志,更多地满足自己的利益需求。为此,他们会努力通过各种方式或途径对立法的文本内容乃至立法程序施加影响。可能基于这些原因的考虑,尽管有的地方对规章草案提请审议的时间做了相应的规定,如《南京市政府规章制定程序规定》第 26 条规定:"规章草案由市政府法制办提请市政府常务会议或者全体会议审议,经市政府领导同意后,在 30 日内安排审议",但是立法实践中很少对立法的审议和表决设定一个明确的期限。即使有的地方立法性法文件中规定了审议或审查的期限,那也不是一种强制性的要求。例如,《山东省人民政府规章制定程序规定》第 20 条第 1 款规定:"政府法制机构接到规章送审稿后,一般应当在 2 个月内完成审查任务。"该条例虽然规定了审查期限,却对政府常务会议或全体会议应该在多长时间内完成对规章案的表决未作规定。

立法活动中并非完全不能对法案的表决设定一个期限,应该视具体的立法情况而定。并且,绝大多数立法活动都是按照立法计划或立法规划来进行的,列入立法计划或立法规划的项目都要经过一定的论证,要符合必要性、可行性等标准方可。例如根据《南京市政府规章制定程序规定》第 8 条和第9条的规定,市政府法制办应当根据实际工作需要,在广泛听取和认真研究社会各方面意见的基础上,于每年年底以前拟订下一年度规章制定年度计划草案,经市政府审议通过后以政府文件印发执行。规章制定年度计划的立法项目分为制定项目和调研项目。其中,制定项目是指经论证、比较成熟的当年上报市政府常务会议审议的项目;调研项目是指当年进行调研、论证,待条件成熟时,提交市政府常务会议审议的项目。因此,不管是进行何种形式的立法,基本上都是按照预先计划进行的,有计划就应该有时限,这也是可以建立立法表决制度的正当理由之一。此外,在有些情况下,需要紧急制定有关法规或规章,这也要求立法机关对立法文本不能迟迟不决。总之,随着立法实践的不断深入,立法制度的不断细化与完善,在某些情形下或者对某些类型的立法设定表决期限是可行的,也是必要的。

（二）区域立法表决期限的设定

区域立法案的审议或审查要分别进行,表决或决定同样如此,这本身是区域立法合作属性的内涵或表现,也是区域立法在程序上不同于一般的地方立法所在。综合考虑立法效率、区域立法的合作属性,以及各地方立法机关的立法工作实际等因素,区域立法过程中应该建立表决期限制度,也即要求参与合作的区域内各地方立法机关应该在确定的时间内完成对某项法案的表决,而无论表决的结果是通过还是不通过。

首先,效率虽然不是区域立法应该首先考虑的价值或因素,但能否及时地表决或通过某项立法,对于区域立法能否实现其目的仍然非常重要。进行区域立法的主要目的在于满足区域经济、社会发展过程中,各地方对区域性事务管理或服务的法律需求。区域立法并非由单一立法主体完成,无论是立法的准备阶段还是确立阶段,都需要进行大量的协调工作,这必然影响到区域立法的进度。我们并非单纯为了立法而立法,虽然与立法质量相比,立法效率要退居其次,但是若能更好更快地完成区域立法,显然有利于尽快地为区域发展提供所需的法律规则。尤其在当前,我国区域经济、社会一体化进程加快,各地方也都纷纷将区域合作与规划作为重要的发展战略,一方面当前可以直接适用于或直接针对区域合作与发展的区域性法文件少之又少,急需大量的区域性法文件填充这一空白,另一方面区域发展中政策固然重要,但是立法更应该发挥主导性的作用,这也在客观上要求区域立法活动要注重效率。

其次,区域立法的合作属性也要求建立表决期限制度。区域立法不同于一般的地方立法,一般地方立法案的表决具有单一性,其能否及时获得表决通过,所影响的只是该项法案在本地方是否生效。区域立法的表决则不然,它具有复合性。参与区域立法的地方立法机关有多个,区域立法案需要在各地方立法机关分别进行审议和表决。虽然区域立法最终是否生效并不需要所有参与合作的地方立法机关都予以表决通过,只要有两个或两个以上的地方立法机关通过区域立法案,区域立法即可在已经通过的地方之间生效,但是从立法程序的角度而言,应该直至最后一个地方立法机关完成表决之后,区域立法的表决程序才能宣告结束。因此,某项区域立法案在某个地方立法机关能否通过,不仅关系到该立法是否在本地方生效,而且还影响到整个区域立法的进程。建立表决期限制度,可以有效地协调各地方立法机关对于区域立法案的审议和表决,或者审查与决定的进度。

最后,各地方立法机关的立法工作实际也是建立表决期限制度的重要原因。区域立法规划中的有关立法项目,同样要列入各地方立法规划或立法计划当中。对于各地方立法机关而言,其立法规划与立法计划中,除了区域立法项目之外,还有属于一般地方立法的立法项目,并且后者往往是主要部分。对于各地方立法机关而言,无论是地方人大或其常委会,还是地方政府,它们的工作内容庞杂、日程紧凑,立法工作只是其日常工作的一部分甚至并非主要部分,这种情形下必然会影响到各地方立法机关用来审议区域立法案的时间或精力投入,影响到区域立法案的表决进程。同时,不同的地方立法机关的工作计划、日程安排和工作量等也会有差异,很难保证区域立法案在未经协调的情况下审议和表决的同步性,为此,有必要设定一个明确而合理的期限,要求各地方立法机关在此期限之内完成对区域立法案的审议和表决工作,给出一个确定的表决结果。至于区域立法中表决期限的设定,由于参与区域立法的地方立法机关的类型不同,它们在工作时间上也不同,所以应该根据立法机关的类型来分别设定表决期限。

如果参与区域立法的立法机关是各地方人大。根据我国各地方人大的议事规则的规定或者惯例,地方人大全体会议每年一般只召开一次,而且各地召开的时间大致都在每年的一月底二月初。以下是 2010 年各省(台湾省除外)、自治区和直辖市地方人大会议召开的日期:

省、自治区、直辖市	会议	日期
宁夏回族自治区	自治区十届人大三次会议	2 月 2 日
广东省	省十一届人大三次会议	1 月 29 日
江西省	省十一届人大三次会议	1 月 28 日
广西壮族自治区	自治区十一届人大三次会议	1 月 27 日
上海市	市十三届人大三次会议	1 月 26 日
浙江省	省十一届人大三次会议	1 月 26 日
山西省	省十一届人大三次会议	1 月 26 日
江苏省	省十一届人大三次会议	1 月 26 日
湖北省	省十一届人大三次会议	1 月 26 日
四川省	省十一届人大三次会议	1 月 26 日
湖南省	省十一届人大三次会议	1 月 23 日
北京市	市十三届人大三次会议	1 月 25 日
山东省	省十一届人大三次会议	1 月 25 日
福建省	省十一届人大三次会议	1 月 25 日
海南省	省四届人大三次会议	1 月 25 日
陕西省	省十一届人大三次会议	1 月 25 日
甘肃省	省十一届人大三次会议	1 月 25 日
青海省	省十一届人大三次会议	1 月 25 日
安徽省	省十一届人大三次会议	1 月 25 日
黑龙江省	省十一届人大四次会议	1 月 25 日
辽宁省	省十一届人大三次会议	1 月 22 日
云南省	省十一届人大三次会议	1 月 22 日
重庆市	市三届人大三次会议	1 月 20 日

内蒙古自治区	自治区十一届人大三次会议	1月20日
贵州省	省十一届人大三次会议	1月20日
吉林省	省十一届人大三次会议	1月19日
天津市	市十五届人大三次会议	1月16日
河北省	省十一届人大三次会议	1月12日
河南省	省十一届人大三次会议	1月20日
新疆维吾尔族自治区	自治区十一届人大三次会议	1月12日
西藏自治区	自治区九届人大三次会议	1月10日

从上面表中，不难看出，我国各地方人大年度会议每年所召开的日期大致是相同的，这就意味着区域立法过程中，可以实现区域立法案在各地方人大的同步审议。但由于各地方人大年度会议的会议都很短，每次在十天左右或者更短，而且收到的议案又很多，议程安排非常紧张，加之各地方人大基本上不会为了审议和表决某项区域立法案而召开临时会议，因此很难要求所有的地方人大都能够在一次年度会议上就完成对区域立法案的全体审议，并对其进行表决。然而，地方人大年度会议的前后两次会议之间的间隔期为一年，如果拖延太久容易造成区域立法的迟滞，综合考虑，如果区域立法的职权主体为各地方人大，其表决期限可规定为区域立法案提出后的两次年度会议期，也即从区域立法案提出的那个人大年度会议算起，如果在下一个人大年度会议期内，仍未能结束对区域立法案的审议并进行最终的表决，而在这个时期内已经至少有两个地方人大已经就该项区域立法案予以表决通过，那么就结束该项区域立法程序，区域立法在已经获得通过的地方生效，未获通过或者未表决的地方人大可停止对该项区域立法案的审议与表决，或者在下一次人大年度会议上继续审议或者表决通过，然后再经由其他程序或方式加入该项区域立法，使其在本地方生效。

根据规定和实践，地方人大常委会至少每两个月召开一次常委会。如果参与区域立法的立法机关为各地方人大常委会，那么其表决期限可设定为六个月，即从该项区域立法案在各地方人大常委会提出之日起，六个月内应该完成对其的审议和表决。六个月的期限内,各地方人大常委会根据规定至少应该召开三次常务会议或全体会议,即使每个地方人大常委会的会期安排有所出入,但一则前后相差的时间不会太长,二则有关地方人大常委会可以根据需要或情况调整会期,总之,六个月的时间应该足以保证各地方人大常委会对区域立法案的审议并进行表决。如果未能如期完成表决,其结果与地方人大作为区域立法职权主体相同。

若参与区域立法的立法机关是各地方政府,结合山东省政府规章制定中关于审查期限的规定,区域立法表决期限可设定为 60 日,即从各地方政府法制机构收到区域性规章送审稿之日起 60 日内完成相应的审查和表决。如果未能如期完成,其结果与地方人大或其常委会的情形相同。

三、协商加入机制

作为一种合作立法模式,区域立法是建立在自愿参加基础之上的,这就意味着在某个区域内的所有地方立法机关都会参与到区域立法中来。从另一个角度讲,那些最初没有参与区域立法的地方立法机关,有可能基于某种需要或者态度的转变等,希望加入到区域立法中来。正如区域具有开放的属性一样,区域立法同样应该保持一种开放的姿态。与此同时,尽管本书所讨论的区域主要是规划的结果,也即当前某个区域的地方范围和成员是相对确定或固定的,但是随着区域经济、社会一体化程度地加深,原本处于某个区域之外的地方,也可能希望加入到该区域中来,接受在该区域中已经实施的区域立法,区域立法对此同样应该保持开放的胸怀。

区域立法是经过一套复杂而系统的程序完成的,对于新成员的加入要求,没必要终止现行的区域立法的效力,然后按照最初的立法方式,由原来的区域立法主体与新的区域立法主体再重新开始一个完整的区域立法确立程序,这显然是低效率的。对此,可建立协商加入机制,通过一种较为便捷的方式来实现新成员加入到区域立法中来的目的。

(一)区域立法主体的增加情形与协商加入

区域立法是区域经济、社会一体化发展的产物,是应社会发展需要而产生的一种立法模式,因此,区域立法的存在并非一成不变,除了自身各项制度或机制的不断改进之外,区域立法实践过程中,在参与区域立法活动的主体方面也会发生变动,或者增加或者减少。一般而言,区域立法完成并实施后,非经特定程序并满足特定条件,参与立法的各地方立法机关不能随意终止某项区域立法的效力,也即区域立法主体不能随意减少,尤其是要反对地方立法机关的单方退出行为。区域立法主体的增加也是区域立法实践中可能出现的情况,为此需要设定相应的制度或机制,在规范主体增加方式的基础上,尽量简化新加入主体的加入程序,使区域立法具有更大的容纳性和灵活性。

区域立法实践过程中,主体(这里主要指的是区域立法职权主体)增加的原因主要有以下四种情形:

一是在最初的区域立法活动中,有的区域内地方立法机关未能参与,而在区域立法完成并实施之后,未参与的地方立法机关基于需要或态度的转变等,认为有加入或接受区域立法能够为自己的发展带来更大的益处,从而现行区域立法参与者各方提出加入请求。例如,假设环渤海区域内的北京市、天津市、河北省和辽宁省的省人大常委会就海洋资源的合理开发和利用进行立法合作,出台了相应的区域性法文件,山东省由于某种原因,未曾参与到此项区域立法中来,但后来发现作为环渤海的主要省份,在海洋资源的开发与利用的法律规范和保障方面,有必要加强与其他各方的合作,加入该项区域立法有助于山东省有关部门更好地管理和保护渤海海洋资源,经过山东省人大常委会的决策,向北京市等人大常委会提出加入该项区域立法的请求,表示接受或加入该项区域立法。

二是有的地方立法机关可能由于对区域立法文本内容不满意,经过磋商等方式未能与其他方达成一致,或者基于其他原因而终止对区域立法活动的参与。区域立法在经过相应的程序顺利完成并实施后,该地方经过重新评估,认为接受该项区域立法对满足自己的法制需求,强化与其他各方的合作等有益,即使在这一过程中要履行相应的义务,或承担一定的责任等,但相比较而言,加入该项区域立法的收益要远远高于为此所支出的成本。

因此决定请求加入该项区域立法。

三是区域立法完成并实施后,有的地方基于某种原因,如认为该项区域立法未能起到预期的积极效果,或者对于区域立法的内容修改不予接受等,而退出该项区域立法,终止该项区域立法在本地方的法律效力。但是经过一段时间后,该项区域立法在该地方的实施条件已经成熟,或者该地方对该项区域立法的需求也不断增强,经过该地方有关立法机关的决策,请求重新加入该项区域立法,或者接受已经过修改过的区域立法。

四是区域经济、社会一体化的发展,原本处于区域外或区域边缘的地方,同该区域的其他各方之间的经济、社会往来日益频繁,在合作与发展过程中,产生了相应的区域立法需求。如果已经存在相应的区域立法,那么新融入该区域的地方就可以请求加入该项区域立法,作为区域合作与发展共同的法律规则。

那么,该如何满足上述情形下有关主体加入区域立法的需求呢?对此,可借鉴国际法上关于条约加入的规则或惯例。国际法上的条约加入指的是围在条约上签字的国家决定参加该条约并接受其约束的一种国际法律行为。作为一种合作立法,在某种意义上,区域立法的制定类似于国际条约的签订,都需要经过达成合作(立法或签约)意愿、内容磋商和各自批准等程序,自然也应该包括立法的加入、保留和退出等制度。就条约加入而言,"按照《维也纳条约法公约》第 15 条规定,以加入表示承受条约拘束之同意有下列三种情形:(甲)条约规定该国得以加入方式表示此种同意;(乙)另经确定谈判国协议该国得以加入方式表示此种同意;(丙)全体当事国嗣后协议该国得以加入方式表示此种同意。"[①]区域立法加入制度的建立可借鉴条约加入的相关做法,以协商的方式来实现立法加入。

具体而言,区域立法协商加入要经过这样三个步骤:(1)拟加入地方的相关地方立法机关作出接受某项区域立法的决策,并经由区域立法协调委员会向已经参与合作的各地方立法机关书面提出加入请求;(2)收到请求

---

① 王献枢主编:《国际法》,中国政法大学出版社 2002 年版,第 277 页。

后,各地方立法机关在规定的时间内就是否同意该地方的加入进行表决。表决权可由各地方立法机关授权区域立法协调委员会中来自本地方的代表行使。经过表决,如果有半数以上的地方立法机关表示同意,那么该地方就成功加入该项区域立法,享有其规定的权利、履行其规定的义务,或承担其规定的责任等;(3)经过表决,如果表示同意的机关未达到半数,那么该申请加入的地方就应该同各地方立法机关进行协商与谈判,说服其同意自己的加入申请。在协商过程中,申请加入者与有关地方之间可能会达成某种协议或方案。如果申请加入者提出请求,或者其他有关地方立法机关认为必要,或者相关协商工作已经持续了两个月,那么在区域立法协调委员会的协调之下,由各地方立法机关再就是否同意加入进行表决。只要各方都同意,协商可以持续至最终成功加入。

(二)协商加入机制的协调意义

严格来讲,区域立法的加入发生在区域立法确立程序完成之后,并不属于确立程序之一。但是,协商加入机制的建立,既保障了区域立法的开放性,也使得拟加入成员可以通过更为便捷的程序,成为区域立法主体之一。在协商加入的三个阶段中,拟请求加入的地方立法机关先行进行立法决策,在表明加入的态度的同时,也意味着该地方对区域立法从立法程序到文本内容的完全认可或接受,这样就不需要再经过立法规划、起草论证、委托起草、文本预先审查和同步提案或送审等具体的区域立法环节,大大简省了区域立法程序。

协商加入机制在运行过程中,实际上存在着两种类型的协商:非正式协商和正式协商。其中,非正式协商主要存在于协商加入的第二个阶段之中。在拟加入地方提出请求,区域内各地方立法机关进行第一次表决之间,拟加入地方的有关立法机关或政府部门等,会通过各种方式和渠道同各地方立法机关进行交流、磋商或谈判,争取各地方的支持。如果经过表决,未获得半数以上现有地方立法机关的支持,就应该启动正式协商,由拟加入地方立法机关或政府部门的相关人员与各地方立法机关派出的代表,在区域立法协调委员会的协调之下,进行正式的协商、谈判。非正式协商与正式协商的区别除了发生的时间不同,在协商方式和协商效力等方面也有所不同。非正式协商可以采取较为灵活的方式,在时间、地点和参加人员等方面都没有明确要求,拟加入地方只要能够得到相关地方支持其加入的承诺即可,但这种承诺并不具有强制性的、不可更改的效力。正式协商则不然,它是由拟加入地方和相关地方立法机关的负责人或其代表,在约定的时间和地点进行协商、谈判,就加入条件、相互间的承诺等已书面的形式确定下来,协商的结果具有强制性的、不可更改的效力。

　　无论是何种协商方式,它们都为区域立法主体的增加提供了程序上的可能。同时,作为一项程序性协调机制,它有效地协调了区域立法确立程序和加入程序的关系。即使区域立法确立程序已经完结,但是区域立法的主体数量与效力范围仍可以扩大,这也使得区域立法确立程序本身具备了开放性。区域立法加入程序完成后,新加入的地方与原来的地方具有同等的法律地位,可以参与到与区域立法有关的各项工作中。

第五章 区域立法完善阶段的协调

"某一规范性法律文件的公布与生效,只标志着立法中的一个主要阶段任务的完成,而不意味着立法工作的最终完结。由于立法者不可能正确预见未来社会生活的所有可能情况,并作出完全理性的规划与调控,这导致法律文件及法律规范本身必然存在诸多缺陷。所以,在此之后有必要对立法进行相应地完善。"①立法完善的目的之一是尽可能地使立法与社会现实和发展需要之间保持一种协调状态。完善的方式或途径表现为修改、补充、解释、清理、废止或者认可其他规范形式等。区域立法在实施过程中可能会由于立法主体自身的原因,或者立法适用者的原因,或者区域经济、社会已经发展变化的原因等,而出现区域立法冲突、区域立法空白或相关条款含义不明,以及区域立法同区域社会现实和发展需要之间过分脱节等现象。这意味着,即使区域立法活动已经完成,区域立法体系冲突,以及区域立法同区域现实和发展需要之间的冲突仍会存在,仍然需要进行协调。相关的协调机制有很多,如冲突解决机制、立法解释机制、法律修改机制、立法后评估机制,以及法规清理机制等。

第一节 冲突解决机制

法律冲突是一种常见的法律现象。谢晖教授将法律冲突情形分为三种:法律规定与社会价值的冲突、法律体系内部的冲突,以及法律规定与社

---

① 张永和主编:《立法学》,法律出版社2009年版,第113页。

会事实间的冲突。① 我们关注的是立法冲突。当针对同一社会关系或案件事实,存在两种以上不同的,但都具有效力的法律规则时,立法冲突便产生了。区域立法在适用过程中的也不可避免地会出现立法冲突现象。该如何在这些相互冲突的立法之间来选择最终应适用的规则呢? 法律适用者在某些情形下享有自行选择的权利,但在多数情况下,立法冲突需要借助于相应的机制,如效力位阶原则、特别法优先于一般法原则、冲突裁决机制等,方能得到有效解决。这些机制同样可以用于区域立法适用过程中。它们在帮助解决区域立法冲突的同时,还有利于增进区域立法体系的协调性,促进区域立法同社会现实和发展需要之间的协调。

一、区域立法冲突及其成因

造成立法冲突的原因有很多,既包括立法体制和立法技术等方面的原因,也与利益分配与争夺、社会关系的复杂与多变等因素相关。如果将冲突仅理解为不一致,那么在立法层面,针对同一社会关系的法律规则可能会因调整地域、所涉主体,以及不同的利益考量等原因,而允许不一致的法律规则的存在。换言之,并非所有的法律规则不一致现象都是消极的,或者被禁止的。但是,立法冲突难免会给法律适用者带来选择的困惑。区域立法的出现从某种意义上讲,正是为了消弭不同地区之间,因地区差异、利益需要或立法不同步等原因而产生的地方立法冲突。在适用过程中同样会出现这种情况:针对相同或类似的社会关系,不同的区域立法之间,或者区域立法同其他的法律、法规或规章之间,存在着不同或者相冲突的规定。这很容易让区域立法的适用者感到无所适从,或者不同的适用主体各取所需,产生对抗。对于区域立法冲突产生的原因可从两个方面分析:

一方面,区域社会关系复杂多变,而立法者预测能力有限,并且立法也要保持一定的稳定性,这二者之间的矛盾是区域立法冲突产生的基础性原因。社会生活的复杂多变同立法之间是一组永恒的矛盾,但二者之间又是

---

① 谢晖:《法律哲学》,湖南人民出版社 2009 年版,第 157—158 页。

一种相互依赖和不断协调的关系。美国法学家罗斯科·庞德曾指出:"法律必须稳定,但又不能静止不变。因此,所有的法律思想都力图使有关对稳定性的需要和对变化的需要方面这种相互冲突的要求协调起来。"①区域合作领域不断拓展,发展趋势日益加快,意味着区域型社会关系也渐趋复杂并处于不断变化之中,区域立法同区域现实和发展需要之间的矛盾也会随之加深。

这种情况下可能会出现:(1)基于区域发展的新需求,区域立法者不断输出新的区域性法文件,但之前存在的并对新的区域性社会关系有约束力的区域性法文件,因其尚未修改或废止等原因,而导致新法与旧法之间的相关规定产生冲突;(2)区域发展使得立法者在区域立法的价值理念和选择方面有了新的认识和变化。针对相同或类似的区域性社会关系,可能前后两部或多部区域立法都有所调整,但区域立法者在实施前后区域立法时,秉持的是不同的甚或对立的价值理念和价值原则,这样便可能会使得相关区域立法在被适用于该社会关系时,发生冲突;(3)区域立法应该具有一定的预测性,但是由于区域合作与发展现实的复杂性和未来的不确定,立法者要准确预见某类区域性社会关系的发展走向并作出立法规制是非常困难的。刘星教授亦曾认为:"立法者立法通常是以社会现象的典型情况为依据的。同时,立法者虽然要考虑各种可能性,但总是无法穷尽所有可能性。……随着立法多样化,各类法律明确规则之间的相互联系越来越复杂,这也会使立法者难以认识辨清其间的相互矛盾。"②这种情况下就很难保证各立法之间衔接紧密、关系协调。

另一方面,立法权与立法事项的条块分割是引发区域立法冲突的体制原因。在我国,立法权的分配主要包括两个方面:一是中央和地方之间立法权限的划分;二是权力机关或代议机关与行政机关之间立法权限的划分。根据宪法和立法法等规定,中央立法可以调整所有的社会关系或社会事项,

① [美]R.庞德:《法律史解释》,曹玉堂、杨知译,华夏出版社1989年版,第1页。
② 刘星:《法律是什么》,中国政法大学出版社1998年版,第60页。

地方立法不存在专有立法事项,但是中央立法实际上并不拥有足够的权威和支配性权力来完成各项立法,尤其是全国人大及其常委会的立法,它们缺乏足够的能力与资源来充分行使中央立法权,满足社会的法律需求。这使得许多中央立法权都要通过国务院及其各职能部门来实现,从而致使中央立法在很多情况下实际上是"部门立法"或称"条条立法"。同时,中央立法在地方实施过程中也缺乏足够的权威,许多地方基于地方利益的考虑,借助地方立法权来实施自己的一套规则,也即所谓的"块块立法",而无视可能出现或已经出现的与中央立法的冲突。

在区域立法出现之前,地方立法与中央立法可能会因条块分割的体制原因,或者各地方狭隘的地方立法保护主义等原因,而产生中央立法与地方立法之间,以及各地方立法之间的立法冲突。区域立法以满足区域经济、社会发展的法制需要,增进区域民众的福利为其根本目的,而通过地方立法合作来消除或减少原本存在的立法冲突,也是区域立法的一个重要目标。不过,区域立法在追求这一目标的同时,也会因为自己的出现而可能导致新的立法冲突,也即区域立法同中央立法或地方立法之间的冲突。毕竟,在现行立法体制下,中央立法、地方立法和区域立法,三者之间在权限划分和事项分配方面并没有一个清晰的界限。

无论是出于什么原因所产生的区域立法冲突,欲要保证法律规则适用的正确性或合理性,就应该解决好此类冲突。区域立法冲突的解决又需要另外一些原则、规则或制度的存在,以指引法律适用者如何在相互冲突的区域立法之间,或区域立法与其他立法之间进行选择,这些原则、规则或制度统称为区域立法冲突解决机制。其实,这些机制本身或者已经规定在《立法法》等相关法律法规之中,或者在法律适用实践中已经存在并发挥着作用,我们在研究和解决区域立法冲突时只需对此稍加修正即可。

二、冲突解决机制的内容

(一)效力位阶原则

效力位阶原则又称上位法优先于下位法适用原则,它建立在规范性法文件的效力位阶或效力等级基础上,即在不同效力位阶的规范性法文件之间发生冲突时,应选择适用位阶较高的法文件及相应的规则。划分效力位阶的标准主要是立法机关及其权限的大小。效力位阶原则的具体内容包括:(1)宪法具有最高的法律效力;(2)法律的效力高于行政法规、地方性法规和规章;(3)行政法规的效力高于地方性法规和规章;(4)地方性法规的效力高于本级和下级地方政府规章;(5)上级政府规章的效力高于下级政府规章。效力位阶原则也有例外情形,即"如果下位法的制定是根据上位法的授权或下位法是对上位法的实施性规定并且没有违反上位法的规定,则会出现'上位法优于下位法'适用规则的例外:下位法的优先适用。"①

当区域立法之间或区域立法与其他规范性法文件之间发生冲突时,效力位阶原则同样有用武之地。但是区域立法的效力位阶或等级该如何确定呢?区域立法是由特定区域内各地方立法机关合作实施的,它实际上仍属于地方立法的范畴。区域立法可因参与立法合作的地方立法机关的性质不同而表现为两种法律形式:区域性法规和区域性规章。区域性法规的立法机关为区域内的各省或较大的市的人大或其常委会,区域性规章的立法机关则为各省和较大的市的人民政府。对于这两种区域性法文件在整个立法体系中的效力位阶,有两种较为合理地安排:一种是区域性法规的效力介于地方性法规和行政法规之间,即高于地方性法规而低于行政法规。区域性规章的效力则高于地方政府规章。另一种则是区域性法规同地方性法规、区域性规章同地方政府规章分别处于同等的效力位阶,但在涉及到区域性社会关系的法律调整时,区域性法文件相对而言具有优先适用的效力。

规范性法文件的效力位阶是由立法法等法律法规直接规定的,区域立法在我国尚缺乏明确的法律依据,不宜将其作为一种具有独立效力位阶的规范性法文件。鉴于区域立法的立法机关主要为各地方立法机关,故可比照地方性法规和地方政府规章来确定区域性法文件的效力等级。也即区域

---

① 汪全胜:《"上位法优于下位法"适用规则刍议》,载《行政法学研究》2005 年第 4 期,第 65 页。

性法规和区域性规章分别与地方性法规和地方政府规章具有同等效力位阶。此时,根据上位法优先于下位法适用原则,对于由相同级别的地方立法机关分别制定的区域性法规和区域性规章而言,区域性法规属于上位法,其效力位阶显然要高于区域性规章。而对于相同性质的地方立法机关分别制定的区域性法规和区域性规章而言,省级人大或其常委会合作制定的区域性法规的效力,要高于较大的市级人大或其常委会合作制定的区域性法规。区域性规章同样如此,由省级地方政府合作制定的区域性规章效力高于较大的市地方政府合作制定的区域性规章。此外,省级人大或其常委会合作制定的区域性法规的效力要高于各较大的市级人大或其常委会制定的地方性法规,省级政府合作制定的区域性规章的效力位阶也要高于各较大的市政府制定的地方政府规章。有关区域性法文件的其他立法活动所产生的效果以此类推。

(二)特别法优先于一般法适用原则

对于特别法和一般法这两个术语含义界定不同,在理解特别法优先于一般法适用原则时也会有所区别。一般的理解是,特别法和一般法都是由同一立法机关制定的规范性法文件,只不过前者是指立法机关根据某种特殊情况和需要,对某种或某类社会关系专门作出相应的法律调整,一般法与特别法是相比较而存在的,它是指对于特别法所专门调整的某种或某类社会关系,只是进行原则性、一般性或概括性的调整。典型的例子如《民法通则》和《侵权责任法》都对民事侵权行为及其所应承担的法律责任有所规定,二者之间就是一般法与特别法的关系,如果两部法律在对某种侵权行为或其法律责任承担方面存在不一致规定,此时就应该根据特别法优先于一般法的原则,优先适用《侵权责任法》的有关规定。这是对特别法优先于一般法适用原则的最简单阐述。

实际上,该原则的内涵并非如此简单,汪全胜教授曾专门就该原则进行过论述,指出特别法与一般法之间具体存在四种关系类型:(1)同一部门法中特别法与一般法的关系;(2)同一立法主体制定的不同部门法的特别法与一般法关系;(3)下位法执行上位法时的特别法与一般法的关系;(4)下位法变通上位法时的特别法与一般法的关系。而这四种类型又可分为同一位阶及不同位阶的的特别法和一般法的关系两大类。① 由于这里主要讨论的是区域立法立法冲突,与该原则的适用有关的是区域立法之间,以及区域立法与地方立法之间的冲突,因此只需在一般意义上来使用该原则即可。另外,该原则还包含或者可引申出另一层含义:同一部立法文本中的特别规定优先于一般规定适用的原则。

如果立法冲突出现在相同性质的立法机关制定的区域立法之间,而且能够区分出何者为特别法,何者为一般法,便可直接适用特别法优先于一般法原则。同一部区域立法中出现一般规定和特别规定的冲突,可以直接适用特别规定。

如果立法冲突发生在区域立法与地方立法之间,根据效力位阶原则又不能选择确定的,可以根据特别法优先于一般法适用的原则,将区域立法视为特别法,即使与之相关的地方立法在调整或规范同类社会关系上有着更为专门或特别的规定,只要不存在地方立法机关之间的特别约定或规定,区域立法都优先于地方立法适用。区域立法与区域内的一般地方立法具有同等的效力位阶,但是相对于地方性法文件而言,区域性法文件在调整区域性社会关系时,应该将其视为一种特别法。这与特定性质的立法优先适用原则相类似。特定性质的立法指的是自治条例、单行条例和经济特区立法,相较于一般地方立法,它们也属于特别法的范畴。与区域立法不同的是,自治条例、单行条例和经济特区法规的"特别法"地位或优先适用效力,是基于地域因素设定的,而区域性法文件的"特别法"地位及其优先适用效力,则是基于调整对象的性质而设定,但无论是基于何种因素,二者并无实质性区别,都是为了能够更好地协调有关的立法冲突。除了这一因素外,区域性法文件之所以具有优先适用效力,还在于区域立法是各地方在合意的基础上所进行的立法,它类似于国际法上的条约,而在绝大多数情形下,条约都是

① 汪全胜:《"特别法"与"一般法"之关系及适用问题探讨》,载《法律科学(西北政法学院学报)》2006 年第 6 期,第 51—52 页。

优先适用于缔约国各自的国内法的。各地方之所以参与并通过区域立法，也就意味着它们默认了该区域立法在调整特定的区域性社会关系时，相较于本地方已经存在的相关的地方立法属于一种内含着对他方承诺的特别立法，因此应该比本地方立法具有优先适用的效力。

（三）新法优先于旧法适用原则

一般来讲，新法优先于旧法适用原则也适用于同一立法机关制定的规范性法文件出现冲突的情形，它还包含另外一层意思：新的规定优先于旧的规定适用。一切规范性法文件都是立法机关根据当时的社会关系及其法律需求而制定或修改的，即使进行了一定的理性预测，设置了一些具有前瞻性的条款，那也无法应对变化多端的社会现实。面对变化了的社会关系，立法机关或者对现有立法加以修改，或者制定新的规范性法文件取而代之。"法的修改和更新有多种形式，有的是对原法律进行修改，有的则是在相关的法律中重新作了规定，有的明确宣布哪些法律规范被废止，有的没有明确。因此，在新法与旧法，新的规定与旧的规定之间，就会产生冲突，这时就要确立如何选择适用的规则。"①《立法法》提供给我们的，也是法律适用实践中存在的一项冲突解决机制，即新法（或新规定）优先于旧法（或旧规定）适用的原则。

这一原则适用于同一立法机关制定的前后两个规范性法文件之间，并且这两个规范性法文件都有效，都可以用来调整或规范某类社会关系。就区域立法冲突而言，如果这种冲突发生在同一区域立法主体制定的区域性法规或区域性规章之间，就可以直接适用新法优先于旧法，或新规定优先于旧规定适用的原则，来解决有关立法冲突，选择所要适用的法律或规则。

与该项原则有关的一项原则是法不溯及既往原则，后者在某些情形下同样可以用来协调区域立法冲突，例如围绕某种区域性社会关系所产生的纠纷发生在新的区域立法出台之前，在纠纷处理期间，新的区域立法施行并取代相关的旧的区域性法文件，并且涉及到对发生纠纷的社会关系的调整，

---

① 刘莘主编：《国内法律冲突与立法对策》，中国政法大学出版社2003年版，第164页。

这时就可能发生新的区域立法同纠纷发生时已存在的有关区域性法文件之间的冲突。根据法不溯及既往原则,除非这种溯及有利于更好地保护公民或其他社会主体的合法权益,否则新施行的区域立法不适用于已经发生的社会纠纷。

(四)冲突裁决机制

如果根据上述适用原则仍然无法确定最终所应适用的区域立法或者相关规则又该怎么办呢? 例如由同一区域立法主体制定的区域性法文件,对同一事项存在不一致的新的一般规定与旧的特别规定,且这两种规定或两个法文件都是有效的,此时上述原则就难以发挥作用。针对这种情况,我们可以引入《立法法》所规定的冲突裁决机制。所谓冲突裁决机制,就是处于同等效力位阶的法律规范之间的规定不一致或者发生冲突,不知如何适用时,由特定机关予以裁决,以确定最终所应适用的法律规范的制度或机制。

根据《立法法》的规定,冲突裁决机制的内容主要包括四点:(1)法律和行政法规之间对同一事项的新的一般规定与旧的一般规定不一致,不能确定如何适用时,分别由全国人大常委会和国务院裁决;同一机关制定的地方性法规或规章与存在该种情形时,也由其制定机关来裁决;(2)地方性法规与部门规章之间对同一事项的规定不一致,不能确定如何适用时,由国务院提出意见,国务院认为应当适用地方性法规的,应当决定在该地方适用地方性法规的规定;认为应当适用部门规章的,应当提请全国人大常委会裁决;(3)部门规章之间、部门规章与地方政府规章之间对同一事项的规定不一致时,由国务院裁决;(4)根据授权制定的法规与法律规定不一致,不能确定如何适用时,由全国人大常委会裁决。可见,冲突裁决机制并没有直接告诉法律适用者最终所应选择何种法律规范,而只是为其指明了如何确定或选择法律规范的方式。

对于区域立法冲突而言,可能出现并且需要通过冲突裁决机制来解决的大致也有四种情形:(1)区域性法规之间对同一事项的新的一般规定与旧的特别规定不一致的;(2)区域性规章之间对同一事项的新的一般规定与旧的特别规定不一致的;(3)区域性法规与部门规章之间对同一事项的规定不一致的;(4)区域性规章与部门规章之间对同一事项的规定不一致的。对这样四种区域立法冲突情形,区域立法冲突裁决机制应该如何设定并运作呢?

根据冲突裁决机制的一般性规定,对于区域立法冲突的前两种情形,仍可以遵循由其制定机关来裁决的原则。但由于区域立法的制定机关是复合的,不可能在出现立法冲突后,交由每个参与制定的各地方立法机关都进行裁决,那样不仅效率低下,而且可能出现裁决结论不一致的情况。在出现前两种冲突情形时,可先将该冲突以书面形式报知区域立法协调委员会,由其协调各有关地方立法机关组成一个区域立法冲突裁决委员会,在规定的时间内由该委员会进行裁决,对于裁决结论除非有重大问题或特殊原因,各地方立法机关自动予以认可,也即视为各地方立法机关作出的裁决。第三种情形下的冲突同样首先由国务院提出适用意见,如果国务院认为应当适用区域性法规的,应当决定对该区域性事项适用区域性法规;认为应当适用部门规章的,则应提请全国人大常委会裁决。第四种情形下的冲突则可以直接由国务院进行裁决。对于后两种冲突情形,除非有合理或正当的理由,相关裁决机关应该尽量裁决适用区域性法文件。

与前面几项适用原则不同的是,区域立法冲突裁决机制是一项程序性很强的立法行为。但《立法法》等相关法律法规中并没有对冲突裁决制度,尤其是该如何进行操作作出详细规定。在建立和适用区域立法冲突裁决机制时,应该首先通过立法的方式明确有权提请裁决的主体、裁决的程序与期限,以及裁决的依据或理由等内容。

三、冲突解决机制的协调意义

区域立法冲突解决机制能够有效地帮助区域立法适用者选择或确定应适用的规范性法文件或规则,对于区域立法本身而言,它还有着重要的协调意义,区域立法冲突解决机制实际上也是一项重要的区域立法协调机制,其协调意义主要表现在两个方面:体系性协调和现实性协调。

体系性协调是区域立法冲突解决机制最主要的协调功能。随着区域立法不断地深入,区域性法文件的数量会不断增多,在更好地满足了区域经济、社会发展的法律需要的同时,也增大了区域立法体系出现冲突的可能性。区域立法体系冲突显然是一种体系不协调的表现,它包括区域立法自有体系,以及区域立法与其他立法之间也即整个立法体系的冲突。区域立法体系冲突又可分为静态冲突和动态冲突两类。静态冲突,也称为文本意义上的冲突,即区域立法文本内部,或者区域立法文本之间,或者区域立法文本与其他规范性法文件之间在条款规定内容方面的冲突或者不一致,与之相对应的是区域立法体系的静态协调。动态冲突,也称为实践意义上的冲突,即区域立法在适用过程中所发生的各种立法冲突,与之相对应的是区域立法体系的动态协调。静态冲突并不一定都能转化为动态冲突,动态冲突同样也并非全部源于静态冲突。从某种意义上讲,区域立法体系动态协调的重要性要甚于其静态协调,协调好区域立法体系的动态冲突,保证区域立法能够更为明确或直接地获得适用更为必要,而区域立法冲突解决机制解决的主要是区域立法体系的动态冲突。

如果不涉及到适用,区域立法的文本内容或立法体系无论怎样都意义不大,而一旦区域立法适用于区域经济、社会现实及其发展实践,其体系的协调性便会受到实践的检验,并直接关系到各类区域社会关系是否运转有序。通过区域立法冲突解决机制的实施,可以为区域社会现实和发展提供更为明确的法律规则,这在弥补区域立法机关预测能力有限的缺陷的同时,也在客观上协调了区域立法与社会现实及其发展需要之间的关系。

第二节 区域立法解释

毋庸置疑,法律需要解释,没有法律解释就没有法律的适用。美国学者托克特·帕森斯(Talcott Parsons)曾说过,"解释功能可以说是法律制度的核心功能"。① 区域立法完成之后,在调整区域性社会关系过程中,无论是

---

① 梁治平:《法律解释问题》,法律出版社1998年版,第105页。

区域立法的执行者,还是司法者或守法者,都会在不同程度上对区域立法文本的含义进行解释。当然,不同的法律主体,在解释的动机、自觉性、准确性和效力等方面会有着很大的差异,这也反过来影响着法律解释这一概念在学理上的界定。本书所要探讨的区域立法解释,建立在《立法法》等法律法规关于法律解释制度规定的基础之上,实际上属于立法解释范畴。在区域立法适用过程中,区域立法解释不仅有助于进一步明确有关文本内容的含义,增强其适用的准确性,而且作为一项协调机制,它还能有效地协调区域立法文本同社会现实及其发展需要之间的关系。

一、区域立法解释的制度基础

区域立法文本在实施过程中必然面临着解释的问题。不过,当我们在讲法律的适用离不开解释时,这里的"解释"并不同于我国《立法法》等相关法律法规中所规定的"解释",二者在内涵上有着很大区别,前者是在哲学意义上来使用"解释",而后者则是从制度意义上来定义"解释"。区域立法解释建立在后一"解释"含义基础之上,属于立法解释的范畴。尽管在我国的相关法律法规中没有直接出现立法解释这一术语,而代之以"法律解释"或"地方性法规解释"等,但实际上我国制度意义上的法律解释指的就是立法解释。

从语词本身来看,解释法律和法律解释这两个词语都可以从我国有关法律中找寻的到。其中,《宪法》第 67 条在规定全国人大常委会职权时就将"解释法律"作为其内容之一,而《立法法》更是专设一节的内容来规定"法律解释"。但无论是《宪法》规定的"解释法律"还是《立法法》规定的"法律解释",皆非广义的法律解释,它仅指全国人大常委会针对法律所做的解释,而不包括行政机关和司法机关以及其他主体所做的解释,并且这里的"法律"也仅指全国人大及其常委会所制定的法律。

若再从规定法律解释的历史角度来考查,不难发现,自 1949 年以来,中国的宪法和法律曾先后多次就法律解释问题作出规定。1949 年 9 月通过的《中央人民政府组织法》第 7 条规定,中央人民政府委员会有权制定并解释国家的法律。1954 年《宪法》第 31 条规定,全国人大常委会有权解释法律,1975 年《宪法》保留了此项权力,1978 年《宪法》和 1982 年《宪法》则更进一步,增加了全国人大常委会"解释宪法"的权力。1979 年通过、1983 年修订的《法院组织法》第 33 条规定:"最高人民法院对于在审判过程中如何具体应用法律、法令的问题,进行解释。"全国人大常委会还于 1955 年和 1981 年先后两次就法律解释问题作出专门决议,其中后者在前者的基础上,就法律解释的对象、主体、权限划分、内容、争议解决等方面作了原则性的规定,确立了当代中国的法律解释体制的基本框架。① 2000 年的《立法法》则明确规定法律解释权属于全国人大常委会,国务院、中央军事委员会等可以向全国人大常委会提出法律解释的要求等。

从相关规定中可知,我国正式法所界定的法律解释的涵义非常有限,仅包括两部分:一是全国人大常委会对全国人大及其常委会制定通过的法律所作的解释(本书称之为狭义的立法解释);二是具体应用解释,包括最高人民法院的解释、最高人民检察院的解释和国务院及主管部门的单独或联合解释。2000 年 3 月 9 日,时任全国人大常委会法工委主任的顾昂然在《关于〈中华人民共和国立法法(草案)〉的说明》中是这样介绍法律解释的,"法律解释包括立法解释和具体应用解释等。立法解释是宪法赋予全国人大常委会的职权。为了加强立法解释工作,保证法律的正常执行,立法法草案规定,以下两种情况应由全国人大常委会进行立法解释:一是,法律规定需要进一步明确具体含义的;二是,法律制定后出现新的情况,需要明确适用法律依据的"。② 从中可知,《立法法》所规定的法律解释是在立法解释意义上来使用的,对于具体应用解释则未作规定。

当然,法律一词可以作广义理解,实践中也并非只有全国人大及其常委会制定的法律需要进行立法解释,其他国家立法机关所制定的规范性法文件,如行政法规、地方性法规和各种规章等也都需要立法解释。这在《行政

---

① 张志铭:《关于中国法律解释体制的思考》,载《中国社会科学》1997 年第 2 期,第 101 页。
② 顾昂然:《立法札记——关于我国部分法律制定情况的介绍(1982—2004 年)》,法律出版社2006 年版,第 172 页。

法规制定程序条例》、《规章制定程序条例》,以及各地方制定的立法性法文件中,也都有着相应的规定。例如,《海南省制定与批准地方性法规条例》第 6 章就是关于"地方性法规的解释、修改和废止"的规定,其中第 45 条较为具体地规定了地方性法规和民族自治地方的自治条例和单行条例的立法解释制度,包括解释的原因、作出解释的主体、提请解释的主体,以及解释的程序等。不仅如此,该条例还对地方性法规的具体应用解释问题作了相应规定,即"地方性法规具体应用的问题,由制定机关的同级人民政府解释,该地方性法规有规定的,从其规定。"这在许多地方立法性法规中都有体现,只是在具体应用解释的负责机关方面的规定有所不同,如根据《江苏省制定和批准地方性法规条例》的规定,地方性法规如何具体应用的问题,由省高级人民法院、省人民检察院、省人民政府主管部门按照各自的职责范围进行解释。这与海南省的相关规定有着明显不同。鉴于区域立法建立在地方立法合作基础上,区域立法解释也主要以地方立法的立法解释的相关规定为其制度基础或依据,因此笔者对地方立法的具体应用解释不再作详细探讨。

近年来,随着学者们对司法过程中法律解释研究的增多,以及司法实践中最高人民法院和最高人民检察院也作出了大量的司法解释,立法解释遭受了诸多质疑和诟病。如刘秀博士认为,"从技术层面来说,立法解释实在没有存在的理由,司法解释完全可以代替立法解释",原因在于,"从本质上说法律规则都是不完整的,在社会发展面前总是滞后的,法官、也只有法官能够、也应当根据社会生活的变化去自由地发现法律。"①笔者并不赞同这一观点。立法解释之所以存在于我国的法律实践中,有其复杂的历史和制度原因。对此,有学者指出了两点原因:一是我国政治制度所决定。人民代表大会制度是我国的根本政治制度。全国人大是最高国家权力机关,国务院、最高人民法院和最高人民检察院与全国人大及其常委会不是平行的相

---

① 刘秀:《论刑法立法解释的不必要——以法律的不确定性为视角》,载《江西公安专科学校学报》2008 年第 6 期,第 49 页。

互制约的关系而是要受全国人大及其常委会的监督,这一体制要求法律的最终解释权必须属于全国人大常委会,而不是最高人民法院,因为有监督权必须有法律解释权,否则监督权就无法实现;二是受前苏联的影响。前苏联宪法规定,法律的解释权属于最高苏维埃主席团。这一规定对我国法律解释制度产生了深远影响。[①] 笔者同样认为,立法解释制度在我国当前的政治和法律体制环境下,有其存在的合理性和必要性。

除了体制因素,立法解释对于提高各种规范性法文件的质量和可操作性,使其更好地发挥对各类社会关系的调整和规范作用,更是有着积极意义。以地方立法解释为依托的区域立法解释同样如此,它是改进和完善区域立法文本,增进区域立法同社会现实和发展需要之间协调的一项重要机制。

二、区域立法解释的协调意义

一般而言,地方立法解释的作出是基于这样两种情形:一是有关规定需要进一步明确其含义的;二是实施后出现新的情况,需要明确适用依据的。这两种情形适用于法律、行政法规、地方性法规和规章等各种规范性法文件的立法解释,同样也是区域立法解释作出的两个基本原因。据此,我们可将区域立法解释分为释义型解释和寻据型解释。这两种立法解释在区域立法的实施与完善过程中,都发挥着重要的协调意义。

释义型解释是立法解释的基本样态,也是区域立法解释的首要功能。根据有关学者分析,在以下三种情况下需要进行释义型立法解释:"一是,需要进一步明确法律界限的;二是,需要弥补法律规定的轻微不足的;三是对法律规定含义理解产生较大意见分歧的。"[②]一般而言,立法词句应该明确清晰,既不能含混不清,也不能有言外之意。但由于语言自身的局限、社会关系的复杂,以及立法表述的需要,立法文本中经常会出现一些没有明确

① 乔晓阳主编:《中华人民共和国立法法讲话(修订版)》,中国民主法制出版社 2008 年版,第191 页。

② 张春生主编:《中华人民共和国立法法释义》,法律出版社 2000 年版,第 143—144 页。

外延和意指范围不甚明确或不固定的语词,例如"数额巨大"、"情节严重"和"其他情形"等,这种立法语言现象被称为弹性法律语言。弹性语言对于立法的作用是不可替代的,它有助于"扩充法律的包容量、涵盖面;增强法律表述的准确性、严密性;为法律的实施提供更大的可能性。"①

　　然而,弹性语言也会给法律的适用带来不少麻烦,究竟多大数额才算是"数额巨大",怎样的情节属于严重的情节,以及其他情形还包括哪些情形等,在有些法律适用中,适用者可以根据对法律的理解和具体的情形予以把握,但在有些情形下,法律适用者却难以把握或理解,这就需要通过立法解释对此类弹性语言的含义进一步加以明确。以刑法为例,全国人大常委会曾分别以立法解释的形式对刑法所规定的"违反土地管理法规"、"非法批准征用、占用土地"、"黑社会性质的组织"、挪用公款"归个人使用"和"其他依照法律从事公务的人员"等词句的含义,以及"有能力执行而拒不执行,情节严重"的情形等进行了进一步解释,这些立法解释为法律适用者,尤其是法官在审理刑事案件过程中提供了更为具体的法律依据。区域立法文本中也难免会存在弹性语言现象,尤其在那些涉及到各立法参与者利益的条款,相关主体可能会基于自己利益追求或保护的需要,而对有关条款进行有利于自己的解释,这样很有可能引发区域立法的适用冲突。为此,需要建立区域立法解释制度,由特定主体对区域立法文本中的词句或条款的含义进行统一解释,以防止区域立法适用过程中可能出现的理解冲突,无论这种冲突是有意造成的还是无意产生的。

　　不仅立法文本中的弹性语言需要进行立法解释,就是一些看似含义直接而又明确的词句,在有些情况下也会产生立法解释的需要。比如《民法通则》中规定公民的民事权利能力始于出生,那么如何确定公民的出生时间呢?这个问题显然无法通过具体应用解释来解决,而只能借助立法解释来作出明确而统一的抽象规定。对此,《民通意见》规定:"出生的时间以户籍为准;没有户籍证明的,以医院出具的出生证明为准,没有医院证明的,参照

---

① 刘红婴:《法律语言学》,北京大学出版社2007年版,第159页。

其他有关证明认定。"虽然《民通意见》是由最高人民法院作出的,但它实际上仍属于立法解释的范畴。正是有了这一解释,司法中法官在裁决案件时就可以直接以此为据,来判定具体案件中与出生有关的法律事实,从而作出相应的裁判。区域立法文本实施过程中也存在这样的问题。区域立法调整的是区域性社会事务或公共服务关系,许多区域性执法都需要各方合作才能实现,区域立法文本中必然少不了关于要求进行执法合作的条款,但并非所有的区域立法文本中都对"执法合作"或"合作执法"的含义,也即如何进行执法合作,有着具体地规定或详细地列举。区域合作实践中,许多共同执法活动可能都会涉及到各地方的切实利益,如果区域立法文本中没有对各方的执法机关如何进行合作执法,以及设定与合作执法相关的法律责任,那么很有可能会出现某些地方执法机关基于保护本地方利益的考虑,而拒绝进行执法合作,甚至妨碍与阻挠相关区域性执法。这不仅背离了区域合作及区域立法的初衷,也损害了区域立法的效力和权威。对于某部区域立法而言,如果这种情况频频出现而区域立法文本中又缺乏相关规定,或者关于合作执法的含义及其情形规定不明,就需要通过区域立法解释的方式予以协调。

总之,通过释义型区域立法解释,在明确相关词句或条款含义并使其得到准确适用的同时,也改进了区域立法文本的质量,既协调了区域立法文本自身的内涵和逻辑体系,又缓和了因区域立法文本内容含义不明或理解分歧而出现的适用冲突,有效地协调了与社会现实及发展之间的关系。

稳定性是包括区域立法在内的各种规范性法文件所应具备的要件之一,然而社会是不断发展的,那些最初被纳入立法调整的社会关系可能会发生变化,同时也会有一些新的社会事物或社会关系产生,并且直接与现行的立法有关,属于其应该调整的范畴。但如何应对变化了的社会关系和新产生的社会关系,现有立法中则往往缺乏直接而明确的规定。此时便需要对现有立法进行修改或解释,为如何应对新的情况提供明确的法律依据。对于什么情况下可以采用立法解释,什么情况下应该进行立法修改,实践中一般掌握的原则有两个:一是凡属于不需要改变原来的法律规定,而是作为一种特殊情况对法律进行变通执行的,可以采用立法解释的办法,不修改法律;二是从问题的性质看,应当修改法律,但问题比较具体,修改法律一时还提不上议事日程,可以先采用立法解释的办法,待以后修改法律时再补充进法律或对法律进行修改。①

立法既要尽量保持其稳定性,减少修改的次数或频率,同时又要更好地满足社会发展需要,尤其是要及时地对新出现的事物或情况进行规范和调整,而与立法修改相比,立法解释可以更好地兼顾这两个要素或目标。对于立法实施过程中出现的新情况,需要明确其法律适用依据的,只要新出现的情况与现行的规范性法文件不存在根本的冲突,或者说新情况符合现行立法规定的精神,可以为现行立法所包含,就可以通过寻据型立法解释予以解决。这在我国立法实践中不乏其例。例如,我国1980年的《国籍法》第2条规定:"中华人民共和国不承认中国公民具有双重国籍。"但香港回归后,有些香港居民中的中国公民持有外国护照,针对这种新的实际情况,1996年5月全国人大常委会《关于〈中华人民共和国国籍法〉在香港特别行政区实施的几个问题的解释》指出:"所有香港中国同胞,不论其是否持有'英国属土公民护照'或者'英国国民(海外)护照',都是中国公民。自1997年7月1日起,上述中国公民可继续使用英国政府签发的有效旅行证件去其他国家或地区旅行,但在香港特别行政区和中华人民共和国其他地区不得因持有上述英国旅行证件而享有英国的领事保护的权利。"可见,只要新出现的情况能够为现行有关立法所容纳,或者不与现行立法存在原则性冲突,其法律依据的确立就可以通过立法解释的方式来实现。

区域合作在各领域广泛开展,许多新事物、新情况会不断出现在区域合作与发展过程中,而区域立法又处于探索阶段,要求已经实施的区域立法做到对特定领域区域合作中的各种事物或关系都有所调整是非常困难的,也是不现实的。基于立法灵活性的考虑,初期所进行的区域立法,其文本内容

---

① 乔晓阳主编:《中华人民共和国立法法讲话(修订版)》,中国民主法制出版社2008年版,第196页。

的确定,尤其是在立法语言的选择和法律原则的确定方面,应在符合基本的立法要求基础上,尽可能地为立法解释保留足够的空间,以应对新情况或新事物的出现。即使从一般意义上讲,再科学、再精细地立法也无法准确预测社会中可能出现的所有新情况、新事物,而对于新情况和新事物的立法调整问题,只要现行立法能够容纳,就可以通过立法解释的方式解决,无需再行立法,造成立法资源的过多投入甚或浪费,区域立法当然也要遵循这一原理。寻据型区域立法解释,在为区域合作与发展实践中出现的新情况、新问题确立法律依据的同时,也进一步拉近了区域立法同社会现实与发展需要之间的距离,增强了区域立法的适用力。

陈斯喜先生认为,立法解释制度存在以下几个难以解决的问题:第一,立法解释无法解决是否具有溯及力问题;第二,立法解释会使法律的客观性和可预测性受到质疑;第三,立法解释会使法律的包容性、适应性受到破坏。① 笔者则认为,立法解释是否有溯及力可以由立法者根据实际情况在立法解释文本中予以明确。立法解释在作出过程中应遵循相应的规则,尤其要尊重立法原意,对其所要解释的法律文本的原意不能作实质性变更,这样并不损害法律的客观性和可预测性。最后,立法解释进一步明确了立法文本中有关词句或条款的涵义,不仅不会破坏反而增强了立法的包容性和适应性。

三、区域立法解释的步骤

立法解释是一项严肃的立法活动,有着严格的程序要求。区域立法解释的作出程序应根据区域规范性法文件的性质,即是属于区域性法规还是区域政府规章,分别参照地方性法规和地方政府规章的立法解释程序进行。

在正式启动立法解释之前,应该首先确定负责区域立法解释的主体,也即作出解释的机关。《宪法》和《立法法》将解释法律的权力授予全国人大常委会,各地方立法性法规在规定地方性法规的解释时,也都将解释权交由

---

① 陈斯喜:《论立法解释制度的是与非及其他》,载《中国法学》1998 年第 3 期,第 65—66 页。

相应的地方人大常委会来行使,如《深圳市制定法规条例》第52条规定:"市人民代表大会和常务委员会制定的法规,由常委会解释。"对于地方政府规章的解释权,各地方也都根据《规章制定程序条例》的相关规定,由各地方政府行使。如《山东省人民政府规章制定程序规定》第30条第2款规定:"规章解释由政府法制机构参照规章送审稿的审查程序提出意见,报请省人民政府批准后公布。"区域立法建立在地方立法合作基础上,由于不存在一个统一的区域人大常委会或区域政府,所以仍需要借助区域内各地方人大常委会和政府的解释权,来确定最终的解释内容。然而,区域内参与立法合作的各地方人大常委会和政府都享有立法解释权,如果每个地方人大常委会或政府都对区域立法文本进行解释,非但会造成立法资源的浪费,而且还可能出现同一内容不同解释甚至解释冲突的现象。当出现区域立法解释的情形或需要时,应该成立一个专门的区域立法解释委员会,负责对区域立法文本中的相关内容作出统一解释,然后再分别由各地方人大常委会通过或由各地方人民政府批准。根据有关地方立法性法规的规定,区域立法解释的作出需要经过以下几个步骤:

步骤一:提出立法解释的要求或请求。区域立法解释因解释要求的提出而启动。这一步骤涉及立法解释由谁提出、向谁提出,以及怎样提出三个基本问题。

对于哪些主体可以向地方人大常委会提出关于地方性法规解释的要求,各地方的规定不尽相同。一般而言,各地方立法性法规中都规定同级的人民政府、人民法院、人民检察院、各专门委员会,以及下一级人大常委会有权提出立法解释要求。例如,《江苏省制定和批准地方性法规条例》第56条第1款规定:"省人民政府、省高级人民法院、省人民检察院和专门委员会以及设区的市的人民代表大会常务委员会,可以向常务委员会提出地方性法规解释要求。"《上海市制定地方性法规条例》第41条规定:"市人民政府、市高级人民法院、市人民检察院和市人民代表大会各专门委员会以及区县人民代表大会常务委员会,可以书面向市人民代表大会常务委员会提出地方性法规解释要求。"根据《深圳市制定法规条例》第53条的规定,除上述相关主体享有要求解释权外,常委会组成人员五人以上联名或者市人民代表大会十名以上代表联名也可以向常委会提出法规解释的要求。笔者认为,区域立法主要存在于区域经济、社会领域,与社会公众的利益密切相关,在确定区域立法解释的要求主体时,应该尽可能地扩大要求主体的范围,以使区域立法更好地服务于区域社会和发展要求。因此,笔者主张有权提出区域立法解释要求的主体应该包括:同级的人民政府、人民法院和人民检察院、各专门委员会、下一级人大常委会,以及本级人大常委会组成人员五人以上或十名以上人大代表联名。有关公民、法人或社会组织在适用区域立法过程中,如果认为文本中的某些条款不够明确,或者区域立法中缺乏直接的法律依据,或者对于执法者关于区域立法某项条款的解释存在严重错误等,可以请求上述主体提出立法解释的要求。

在关于哪些主体有权提出地方政府规章立法解释请求方面,各地方的规定也有较大差别,有的地方甚至未作规定。根据现有规定及立法解释实践,可以对地方政府规章提出立法解释请求的主体一般包括两种:本级政府所属部门和下一级人民政府,如《山东省人民政府规章制定程序规定》第31条规定:"省人民政府所属部门或者下一级人民政府可以向省人民政府提出规章解释的请求。"而《南京市政府规章制定程序规定》第34条规定:"有关机关、团体、企事业单位和公民个人需要市政府对规章进行解释的,应当以书面形式向市政府法制办提出。"据此,规章解释的请求可以由任何一个社会主体提出。笔者同样主张区域性规章的立法解释请求主体应该尽可能地保持其开放性,只要公民、法人和其他社会组织等有合理的理由,就可以对区域性规章提出立法解释的请求。

关于地方性法规和地方政府规章的立法解释要求或请求,根据规定,应分别向人大常委会和政府法制机构提出。对于区域立法解释而言,接收区域立法解释要求或请求的主体或机关不再是各人大常委会或政府法制机构,而是区域立法协调委员会。这样不仅实现了对区域立法解释要求或请求提出的统一和规范,也为区域立法解释顺利进入下一个程序,并及时、有效地拟订区域立法解释草案提供了必要条件。在提出方式上,相关主体应该以书面形式向区域立法协调委员会提出立法解释要求或请求。

步骤二:成立区域立法解释委员会,并对立法解释的必要性作出判断。区域立法协调委员会在收到有关立法解释的要求或请求后,除非过半数以上的地方立法机关认为没有必要进行立法解释,应在 15 日内协调各相应的地方立法机关,由其各自委派或指定一名代表或工作人员,参与组成区域立法解释委员会。区域立法解释委员会人员的组成,根据需要进行解释的法文件的属性来确定。如果为区域性法规,其人员应分别来自各地方人大常委会;如果为区域性规章,则由来自各地方政府法制机构的工作人员组成。组成区域立法解释委员会的人员,除非有特殊情况,应该为曾参加过区域立法起草委员会的人大代表或政府法制机构工作人员,人数以每个地方立法机关各委派一名即可。

区域立法解释委员会成立后,首先应该讨论和评估有关立法解释的要求或请求,对是否真正需要进行立法解释,也即区域立法解释的必要性作出判断。这一程序不同于地方性法规的解释,在审查地方性法规解释的必要性上,《深圳市制定法规条例》第 54 条规定:"法规解释由负责该法规初审的有关委员会拟订有关解释草案后提交法制委员会审议,法制委员会认为有必要解释的,应当向常务委员会提出法规解释案,由主任会议决定列入常务委员会会议议程。"对于区域立法解释的必要性判断而言,在正式结论作出之前,解释委员会可以同解释要求或请求的提出主体进行沟通和交流,后者应该对区域立法解释的原因和必要性等作出详细说明。与此同时,解释委员会还应在协调委员会的协助下,征询各地方立法机关对于立法解释的意见和建议。然后,再由区域立法解释委员会就是否应该进行立法解释进行表决,有过半数以上人员表示支持即可进入区域立法解释的下一程序。如果表决的结果未有过半数的人员同意进行立法解释,应由区域立法解释委员会以书面形式,对该结果及其原因答复提出立法解释要求或请求的主体。

步骤三:拟订解释草案,形成区域立法解释送审稿。区域立法解释草案的拟订由解释委员会负责。在起草之前及过程中,解释委员会应该对产生解释需要的背景和原因,如有关的司法案例或执法活动中涉及对该区域立法的适用详情,以及是否存在其他类似的或者相反的情形等,进行调查和分析,找出现行区域立法文本中相关词句或条款不明确之处,或者为何对新情况、新事物缺乏规定的原因等,然后在遵循该区域立法中确定的基本原则基础上,拟订相应的区域立法解释草案,并在此基础上形成区域立法解释送审稿。送审稿的内容除了解释草案外,还包括有关立法解释的必要性、有关方面的意见和建议的说明,以及其他必要的材料,如调研报告、司法或执法案例等。

步骤四:分别交由各地方人大常委会审议通过或各地方人民政府批准。区域立法解释送审稿完成后,由区域立法协调委员会根据同步送审原则,协调地方人大的法规工作机构或者地方政府的法制工作机构,由其分别向各自的地方人大常委会或者地方政府进行送审。至此,区域立法解释可以按照有关地方性法规或地方政府规章的解释程序进行。如对于地方性法规解释而言,主任会议决定将地方性法规草案提请人大常委会审议。经人大常委会审议后,由统一审议机构根据人大常委会组成人员的意见,对解释草案进行修改,形成地方性法规解释草案表决稿。区域性法规的立法解释送审稿同样由各人大常委会主任会议决定提请审议,直至形成立法解释表决稿,其中与地方性法规解释稍有不同的是,主任会议无权作出不予提请审议的决定。与地方性法规解释的表决类似,区域立法解释草案的表决稿也由各人大常委会全体组成人员过半数通过。

区域性规章解释草案的送审和批准也大体遵循上述程序,所不同的是,规章解释草案由各政府法制机构负责送审,然后再由各政府批准。

为提高立法效率,区域立法解释的表决和批准也应遵循期限要求,可要求各地方人大常委会或地方政府自收到区域立法解释送审稿之日起 60 日内完成表决或批准工作。经表决或批准,区域立法解释案获得通过后,应由各地方立法机关分别以公告的方式向社会公布,并且还要在规定时间内向有关机关报送备案。

经过上述四个步骤后,区域立法解释便正式完成。由于立法解释在大多数情况下都会涉及区域立法所调整或涉及的主体的利益,无论是作为立法合作者的各地方立法机关,还是其他有关法律主体,解释内容的不同,也会直接影响到他们的利益关系,因此,与区域立法制定活动相类似,在区域立法解释过程中也会存在程度不同的利益博弈,同样需要针对区域立法解释草案的内容进行协调,而那些用于协调区域立法文本内容的机制也便同样适用于区域立法解释文本。

第三节 区域立法后评估

立法在实施一段时间后,需要对其实施效果、存在的问题及如何处理等进行调查、评估和应对,即所谓的立法后评估。立法后评估,又称"二次立法",它对于立法者改进和完善某项立法,乃至整个立法体系都有着重要作用。区域立法在颁行一段时间后,也需要对其进行评估,然后依据评估结果进行相应的改进,或采取其他处理措施。实施区域立法后评估,有助于区域立法者及时了解区域立法的实施情况,尤其是及时作出应对,以保证区域立法的体系协调,以及同社会现实及其发展需要之间的协调等。

一、立法评估制度背景下的区域立法后评估

立法是人为设计规则或制度的活动,而所立之法能否以及是否达到预期的目的,能够取得或者已经取得怎样的效果等问题的解决,都离不开评估。所谓评估,从广义上讲,它是"借助一定的标准、程序和方法,由一定的组织或个人对评估客体的价值大小或高低、趋势或发展的评价、判断、预测的的活动,使人们认识、把握事物或活动的价值或规律的行为。"[①]立法评估存在于立法之前、之中和之后,虽然在不同的阶段,所评估的对象、内容,以及所依据的标准和达到的目的有所差异,但它们一般都会指向一个相同的目标——为相应的立法决策提供依据或参考。如日本早在2002年就已经

---

① 许安标:《立法后评估初探》,载《中国人大》2007年第8期,第23页。

制定并实施了《政府政策评估法》,依据该法,凡是重要的决策都要在出台前进行必要性、效率性和有效性的评估。而根据《立法法》规定,对于国务院、中央军事委员会等提案主体向常委会提出的法律案,可由有关的专门委员会审议,提出报告,然后由委员长会议决定是否列入常委会会议议程。其中,专门委员会的审议,实际上是对法律案是否具备提请审议的条件所作的一种评估。对于列入常委会会议议程的法律案,应分别经由有关的专门委员会和法律委员会进行审议,提出相应的审议意见,印发常委会会议,供其参考。这一过程中,专门委员会和法律委员会的审议,也可以视为对法律案的合法性、合理性和可操作性等所进行的评估。这两种评估发生在立法过程之中,都与相应的立法决策——是否列入立法议程和立法表决——直接相关。

当前在理论上和实践中获得更多重视的是立法后评估,又称为法律绩效评估。法律绩效评估的理论渊源可追及至 20 世纪 60 年代兴起于美国的政策评估理论。政策评估理论是依据一定的标准和程序,对政策的效益、效率及价值进行判断的一种政治行为,目的在于取得有关这些方面的信息,作为决策变化、政策改造和制定新政策的依据。公共政策的创始人拉斯韦尔认为,公共政策是包括目标、价值和策略的大型计划。[①] 根据他的观点,在整个公共政策的过程中,需要完成七项重要环节或功能,其中之一便是评估,评估环节主要解决如何评估政策的实施情况。随着政策评估理论的不断成熟与适用,该理论逐渐推广到立法领域。1981 年时任美国总统里根签署了第 12291 号行政命令,规定对重大规制(经济影响超过 1 亿美元)必须进行立法成本效益评估。1995 年,克林顿政府发布了第 12866 号令,根据该法案规定,美国行政立法的成本效益评估由拟制定规章的联邦政府部门进行,且"重大立法行为"须经联邦管理和预算办公室审查,并要经过公众评论的检验,以达到以最低的管理成本,取得最大成本收益或承担最少负担的管理方法来达到立法目标的目的。

---

① H. D Lasswell and Kaplan, Power and Society, N. Y. : Mc GrawHill Book Co. ,1963. p. 70

在我国,立法后评估制度正日益受到重视,《国务院全面推进依法行政实施纲要》提出,规章、规范性文件施行后,制定机关、实施机关应当定期对其实施情况进行评估。实施机关应当将评估意见报告制定机关;制定机关要定期对规章、规范性文件进行清理。近年来,各省、自治区和直辖市的立法机关也逐步开始重视对其所制定的地方性法规和规章实施情况的定期评估工作,以求掌握各项地方性法规或规章的实施情况或效果,为进一步改进地方立法工作提供参考。例如2004年,云南省人大法制委员会组织有关机构的人员对该省制定的《邮政条例》和《广播电视管理条例》开展了立法后评估工作;甘肃省人大常委会先后对本省《麦积山风景名胜区保护管理条例》和《农机管理条例》等实施情况进行了跟踪问效评估。此外,各地方立法机关在立法后评估的制度建构和完善方面,也都做着不同的尝试和努力。如广东省政府在2008年12月颁行了《广东省政府规章立法后评估规定》,用以规范本省政府规章立法后评估工作。

广义的立法后评估包括两种情形:一种是立法确立程序终结后,立法正式生效或实施之前,对该项立法可能产生的各种影响所进行的预测与评估,也称为立法实施前评估。这种形式的立法后评估将立法规定同现行的有关立法和社会现状等之间进行比对,预估各项立法条款及整部立法在今后实施中可能产生的影响、可能实现的效果或可能出现的问题。它更多的是一种应然性的评估,而且评估的对象主要指向立法文本的内容,其目的主要在于为该立法的实施提供相应的条件、做好相应的准备。如在欧盟各国签署《里斯本条约》之后,英国上议院组织实施了对该条约的评估工作,对该条约具体内容的前后变化、对欧盟的影响,尤其是对英国的影响进行了细致的分析和评估,并形成了最终的评估报告。该报告开宗明义地指出:"本报告通过将条约的各项条款内容与当前现状的比照,通过对该条约之于欧盟各项制度的影响,以及之于欧盟各成员国尤其是英国的影响的评估,使(英国的)立法者对该条约的重要内容有所认识。"①另一种是立法生效,并实施了一段时间之后,对该项立法已经对社会产生的影响、法律实效及存在的问题等进行评估,即通常所讲的法律绩效评估。与立法实施前评估不同,法律绩效评估主要是一种实然性的评估,其主要目的在于了解和把握该项立法的实施效果及有关问题,为如何改进该项立法提供决策依据。若无特别说明,下文中所称的立法后评估都是在第二种意义上来使用的。区域立法与一般的地方立法和中央立法一样,也离不开立法后评估。

区域立法后评估以立法后评估理论为基础,是区域立法文本在实施了一段时间之后,由特定的主体针对特定的内容进行评估,以把握区域立法的实施情况,为进一步改进区域立法提供决策依据。鉴于区域立法在我国尚处于起步阶段,适时地对其进行评估,不但可以及时掌握区域立法的实施效果,还可以不断地积累立法经验,有助于区域立法质量的提高。作为一项制度,区域立法后评估需要建立和完善的地方有很多,比如评估的主体、依据、标准、内容,以及方法等,这些都需要以立法后评估制度为基础,结合区域立法自身的特点来设计和开展。

二、区域立法后评估的实施

由于立法后评估制度在我国尚处于起步阶段,尽管从中央到地方许多立法机关都曾针对具体的法规或规章开展过立法后评估,但有关立法后评估的各项制度依然在探索之中。2006年底,国务院法制办公室首次启动了行政法规立法后评估研究工作,并确定了第一批评估项目,如《劳动保障监察条例》、《艾滋病防治条例》和《信访条例》等。2005年北京市人大常委会法制办组织有关部门人员对《宗教事务条例》和《城市规划条例》等实施了立法后评估等。这些立法后评估实践在完成对有关法规或规章评估的同时,也为我们建立和完善立法后评估制度提供了参考。

---

① The Treaty of Lisbon: an impact assessment. European Union Committee 10th Report of Session 2007 - 08, Pubilished by the Authority of the House of Lords. p. 1

区域立法后评估的实施并非任意发起,而是要受到某种机制的触发方能启动。根据汪全胜教授的研究,法律绩效评估可因国家和社会两种视角主导下的触发(动)机制而启动。其中,国家主导下的触发机制有:法规批准、法规备案、法规清理、立法提案、人大执法、案件诉讼和"日落条款"等。社会触动机制则包括:立法提案、告诉审查、诉讼、社会监督和信访等。此外,法律绩效评估还可能会因国家与社会的联动而触发。① 除了上述触发机制外,区域立法后评估还可因区域立法规划而触发,也即在某个时期该对哪项区域立法实施评估应该列入区域立法规划中,一旦规划所确定的时机到来,亦应启动立法后评估。立法后评估一旦被触发启动,就进入了正式的实施阶段。具体而言,区域立法后评估的实施包括以下四个步骤:

第一步:确定评估主体。这是开展区域立法后评估的首要工作。评估主体的确定在很大程度上影响着评估的价值取向、指标选择甚至评估结论的客观性。在之前各地方所实施的立法后评估中,评估主体多是立法机构自身或者在立法机构主导下的评估组织,如《劳动保障监察条例》的评估主体为国务院法制办政法司、劳动保障部法制司和劳动科学研究所三方组成的评估课题组,《杭州市服务行业环境保护管理办法》的评估则是由杭州市政府法制办和杭州市环境保护局成立的联合小组负责实施。而据有学者考察,在国外一些实行立法后评估的国家中,立法主体的组成主要有两种模式:一种是分散模式,即由同时并存的许多主体作为评估单位对立法进行评估。例如在德国,联邦政府和莱茵兰—法尔茨、图林根等州都建立了立法后评估制度,其评估主体为联邦政府和州政府的组成部门。另一种是集中模式,即由一个专门设立的机构统一负责立法后评估工作。例如1996年英国政府内阁办公室成立了由50名工作人员组成的"立法效果评估组",负责对所有中央立法项目进行效果评估。②

区域立法后评估主体的选择或确定应该遵循中立性、专业性和民主性

---

① 参见汪全胜:《法律绩效评估机制论》,北京大学出版社2010年版,第101—136页。

② 张禹:《立法后评估主体制度刍议——以地方行政立法后评估为范本》,载《行政法学研究》2008年第3期,第18页。

原则。中立性原则要求评估主体应避免由单一利益主体构成,防止立法后评估过程及其结论受到某种利益主体主观意志的左右。纵观我国已实施的立法后评估,其评估的组织或实施主体一般为规范性法文件的制定者或其组成机构,这属于典型的内部评估或自我评估。虽然立法机关(包括其组成机构)或者执行机关在资料掌握、信息收集和工作协调等方面具有天然优势,但立法机关或执行机关可能会受到利益、立场或先见等因素的影响,在进行评估过程中难以恪守客观、中立原则。以行政立法后评估为例,由行政立法机关或执行机关进行自我评估的做法,有可能会出现这种情形:"如果评估中发现了违法问题,他们还有遭遇问责、承担法律责任的可能。在这样的情况下,他们自然会衡量利弊得失,在评估时倾向于自身,这将使最终的评估效果大打折扣。"①立法后评估是一项专业性很强的立法活动。专业性原则要求区域立法后评估主体应该具备评估所需要的专业性知识,包括法学知识、与立法调整内容有关的专业性知识,以及如何科学、规范地开展立法后评估的理论知识和实践经验。只有具备相应的专业知识,才能有效地组织和开展立法后评估各项工作,所得出的评估结论或撰写的评估报告才会具有权威性。立法后评估直接目的是改进区域立法质量,最终目的是要使区域立法更好地服务于区域经济、社会的发展,增进区域内民众的福祉。因此,立法后评估与其他立法活动一样,应该向社会公众保持开放性,不仅在评估过程中要注重公众参与,就是在评估主体的选择和确定上也应该吸纳社会公众的参与,尤其是各类专业学术团体或科研组织的参加。

结合上面提到的三项原则,可成立一个专门的区域立法后评估委员会,专门负责区域立法后评估的各项工作。鉴于当前我国区域立法尚在初期,以及区域立法自身的特点,区域立法后评估委员会可暂定为一个临时性的评估组织,也即它基于某项区域立法的立法后评估需要而设立,待该项区域立法的评估工作完成之后,该委员会即告解散。当然,今后随着区域立法的不断深入,各项制度的不断完善,区域立法后评估委员会亦可作为一个常设

① 陈珺珺:《论行政立法后评估制度之构设》,载《兰州学刊》2006 年第 11 期,第 161 页。

性的机构而存在。在人员的组成上,区域立法后评估委员会主要由这样三类主体组成:一是所要评估的区域性法文件的制定机关或其组成机构各自委派的一名工作人员,具体人数视参与该项区域立法的地方立法机关的数量而定;二是由区域立法职权主体所共同委托的专家组,该专家组的成员主要来自于大专院校、科研组织或其他社会学术团体等,人数以三至五人为宜;三是区域内各地方人大代表或其常委会的组成人员各一人。其中,第一类成员负责区域立法后评估所需的各种资料与信息的收集和整理,以及评估过程中在各自地方的工作协调;第二类成员负责资料和信息的分析,撰写评估报告;第三类主体代表和反映本地方立法机关或其他有关国家机关、社会公众的意见和建议,是评估民主性的体现。在评估委员会实际运转过程中,从第一类成员中推选出一人担任委员会主任,一至两人担任副主任,负责区域立法后评估各项工作的具体安排和召集等。

第二步:拟订评估方案。区域立法后评估应该是一项有目的、有计划、有步骤地活动,为此需要在正式开展评估之前拟订好评估方案,作为各项评估工作的指导。该方案主要确定这样四项内容:

(1)所要评估的内容。也即应该将哪些要素或对象纳入评估范围。一些西方国家如美国,一般将立法后评估的内容主要限于立法的成本、效益或者效果。"在日本,立法后评估的目的之一就是依据居民的满意度来制定、修订、实施或放弃某项法律,立法后评估的内容不仅包括立法实现目标的程序、被有效执行的程度、相对于投入成本所产出的效益水平,还包括对市民需求的分析。"①区域立法后评估内容应该更为宽泛些,具体包括区域立法的实施成本、所取得的各项收益、立法的缺陷或漏洞,以及立法与现实的契合情况等内容。

(2)评估的标准和具体的指标。依标准的针对侧重不同,立法后评估标准可分为针对区域立法文本自身的标准和针对区域立法实施效果的标

---

① 汪全胜:《日本的立法后评估制度及其对中国的启示》,载《中州学刊》2009 年第 5 期,第 96 页。

准。但从标准自身的类型或内容来看,它又包括一般性标准和特殊性标准。其中,"一般标准属于基础标准,体现了对立法实施效果的基本价值追求;特殊标准也称为具体标准,是某一部门对法律法规实施绩效的衡量尺度。"①评估指标是各项评估标准的直接载体和外在表现,也是评估委员会进行资料和信息收集的主要依据。立法后评估指标体系的设计有着科学而严谨的方法和技术要求,需要由具备相应知识的人员或机构来承担这项任务,而不能随意设定。评估标准与指标选择的不同会直接影响到最终的评估结论,因此在二者的选择与确定上一定要慎重,严格遵循明确性、相关性、全面性、系统性、层次性、可比性和时效性等原则。

(3)评估所要采用的方法。立法后评估应采用科学、合理的方法。可以用来评估区域立法实施效果的方法有很多,如成本与效益分析方法、成本与效果评估方法和前后比较评估方法等。简单地讲,评估方法可分为定性分析方法和定量分析方法。其中,定性方法是对区域立法的实施效果进行性质分析,或对收集到的各种信息作性质上的判断,它侧重于理论分析。而定量方法是借助统计学、数学以及法律计量学等学科定量分析的模型和方法,对数据作量化分析。实践中,这两种方法往往综合使用。

(4)实施评估的具体工作方案,如工作内容、行程安排、各自的分工,以及各项具体的工作所要达到的目标和相应的要求等。此外,评估方案中还应对评估经费的来源和使用等作出说明和安排。

第三步:开展评估活动。这是区域立法后评估的核心阶段。在这一阶段,区域立法后评估委员会主要开展这样三项工作:

(1)收集与评估有关的各种资料和信息。资料的搜集和信息的采集是立法后评估的一项基础工作,关系到评估主体能否获取真实而充分的评估信息,得出客观科学的评估结论。区域立法后评估所需收集的资料和信息主要包括四个方面:一是立法机关掌握的资料和信息,具体包括区域立法过

---

① 汪全胜:《立法后评估标准的探讨》,载《杭州师范大学学报(社会科学版)》2008 年第 3 期,第 92 页。

程中法案起草、审议、表决和公布的有关资料和信息;区域立法修改、解释和补充的情况;与区域立法有关的其他中央和地方立法,尤其是地方性法规和规章等;二是执法机关掌握的资料和信息。区域立法在多数情况下要通过有关执法主体来执行和实施,而执法过程中所遇到的各类案件、难点疑点、执法效果等资料和信息,也是评估区域立法实施效果所不可缺少的重要信息;三是司法机关掌握的信息,如区域立法在司法审判中的适用情况和适用效果等;四是有关利益主体和社会公众对区域立法的遵守情况及其看法。这四个方面的资料和信息是区域立法后评估所必需的,除此之外,还应该全面而及时地收集其他有关资料和信息。需要注意的是,信息的获取应当通过合法的渠道,尊重信息提供者的自由意愿,要保持信息提供者所提供信息的完整性与客观性,不得有选择性地采集信息。

(2)整理和分析所收集到的资料和信息。信息收集完毕后,由区域立法后评估委员会中的专家组对这些资料和信息进行整理和分析。首先要对各种信息数据进行筛选和处理,进行同类合并,去除重复信息,排除无关信息,经过分类加汇总成有用的信息。然后再运用统计学、数学的相关知识生成数据统计表。在统计的基础上利用图、表、文结合的方式进行分析。分析是一个对材料综合运用的过程,在这个过程中要注重定量分析与定性分析的结合。具体的做法是:对于定性的评估信息,在分析时,应当依据充分肯定、基本肯定、部分肯定和基本否定几个级别进行统计;对于定量的评估信息,要分解成多个单项指标,并对每一个单项指标在综合指标体系中的权重做出合理认定。"信息处理过程一般包括对数据信息进行手工检查校对、编码、录入、利用计算机对录入数据再次进行检查等过程。"[①]数据处理最终结果的反映形式是编制成直观的表格。信息分析是信息的深加工过程,是对信息的研究活动,是推理判断、做出结论的论证过程。信息分析得出的结论一般都是区域立法实施中某类情况、某些问题和具体建议的总结性概括,是从若干信息材料中概括出来的带有普遍性情况和问题的结论。

---

① 邓国胜:《非营利组织评估》,社会科学文献出版社2001年版,第210页。

(3)完成评估报告。评估报告是评估结论的载体,它具体"是指评估工作小组在完成评估后,向评估组织机构提交的说明评估目的、评估程序、评估标准、评估依据、评估结论以及评估结果分析等基本情况的文本文件,也是评估工作最终完成的体现。"①区域立法后评估报告由评估委员会中的专家组负责完成,经过委员会全体成员的讨论、修改和完善后确定最终的内容。报告主要包括以下内容:一是对整个评估活动的概述,包括评估目的、评估主体、评估主要过程,以及采用的评估方法和标准等;二是对区域立法文本内容的评价,包括区域立法实施的总体情况、区域立法的合法性、各项制度的合理性和可操作性、区域立法的地方特色和技术规范等;三是评估结论,包括区域立法的实施是否实现了预期目的、发挥了怎样的社会作用、存在哪些问题及其原因,以及完善区域立法的建议。需要指出的是,评估报告是评估委员会对区域立法实施效果、问题及其改进的一种评价和建议,其本身并不具有法律拘束力,仅供区域立法决策机构及有关人员作参考。

第四步:作出评估回应。"回应作为对一类社会互动现象、关系及过程的理论规制,是西方公共管理学———治理理论主范式在国际比较研究中的一种投射,然而近年来,中外学界研究回应这类社会互动现象、关系及过程,一方面拓展出政府回应、社会回应和共同回应等关联范畴;另一方面中外学界的研究已超出了政治学及公共管理学的视域而转向了政治社会学。"②区域立法后评估报告的回应是指有关国家机关尤其是区域立法职权主体,对立法后评估报告中提出的问题和建议,给予积极反应并采取相应措施的过程。严格地讲,评估回应并不属于区域立法后评估实施范畴,因为它发生在评估报告完成之后,各项评估工作已经完成。但为了实现区域立法后评估的目的,使立法后评估报告真正成为立法机关制定、修改、废止区域立法的依据,或成为执法机关加强相关执法措施的依据,有必要将其作为区域立法后评估实施不可分割的一部分。对于区域立法职权主体而言,其所

---

① 卓越:《公共部门绩效评估》,中国人民大学出版社2004年版,第83页。
② 戚功:《论"回应"范式》,载《社会科学研究》2006年第4期,第115页。

应作出的回应包括修改、补充或废止区域立法,或者开展新的区域立法,或者吸取评估所提供的经验,并将其运用于今后有关区域立法之中。

三、区域立法后评估的协调意义

立法后评估关注于立法质量的提高,但其意义已超出了立法质量本身。对此,俞荣根教授指出:"其一,通过立法后评估,及时发现现行法律法规的瑕疵并促进其修改完善,可以预防和减少纠纷和摩擦,节约守法、执法和司法的成本,提高效率,有利于构建社会主义和谐社会。其二,立法后评估是一项社会参与度很高的民主政治工作。通过对相对人尤其是利害关系人的调查,对法律规范实施的评价,以及对评估结果的公开,使更多的人关注立法,并积极参与立法,从而使立法活动与社会之间形成良性互动,进而增强公民对法律的信任和信心,提升社会的法律权威感,推进社会主义法治建设。"①就区域立法而言,立法后评估在帮助改进区域立法质量的同时,还发挥着重要的协调功能。

一方面,通过立法后评估,区域立法主体对于区域立法的实施情况,尤其是存在哪些问题或缺陷等有了较为客观地把握。评估报告中同时也提出了相应的改进建议,如从立法的角度,该对区域立法进行怎样的修改、补充或清理等,以及从执法的角度,该进行怎样的规范和完善等。无论是立法上的改进,还是执法中的完善,都有助于进一步协调区域立法同社会现实及其发展需要之间的关系。

随着市场经济的快速发展,社会关系日益复杂,对立法的需求越来越大,对立法质量的要求也越来越高。这里所谓的立法质量既包括立法工作质量,也包括立法成果的质量。立法质量的高低最终都是要经过社会实践的检验,根据其对社会现实和发展需求的满足情况来判断。对此,有学者指出:"从适应改革开放发展的角度来讲,立法质量就是使法律符合目前发展

---

① 俞荣根:《立法后评估:提高立法质量的有效途径》,载《公民导刊》2010 年第 4 期,第 23 页。

的需要,尽量符合不断完善的社会主义市场经济体制的发展需要。"①当前,从中央到地方都非常重视区域规划和区域发展,作为提供基础制度保障的区域立法,能否有效地承担起自身的使命,关键在于其与社会现实和发展需要之间的契合程度,也即在于区域立法能在多大程度上满足区域合作与发展的需要。处于发展初期的区域立法,若要尽可能地满足区域社会发展的需要,就应该首先从不断地改进和完善自身做起。对于区域立法主体而言,要做好这一点,就应该及时地开展立法后评估,通过评估来了解和掌握区域立法的实施情况,尤其是区域立法在实施过程中出现了哪些与现实不符,或者阻碍区域经济、社会发展的问题或缺陷,然后在此基础上积极地采取应对措施,协调区域立法同社会现实及其发展需要之间的关系。

应对措施的采取也就是区域立法主体对立法后评估的回应。这些措施或回应的方式包括修改、补充、废止或解释区域立法。其中,区域立法的修改和补充是区域立法主体对区域立法文本以删减、替代、增加等方法实施更改的专门活动,目的在于保证对区域立法适时地作出调整,以使其更好地发挥对区域社会的调控功能。如《<劳动保障监察条例>立法后评估报告》中就建议要对该条例进行修改,增强其可操作性。具体的修改建议包括:扩大适用范围、扩充劳动保障监察的事项、修改法律责任的规定,以及适度赋予劳动保障监察机构行政强制权等。② 区域立法的废止是区域立法职权主体通过法定程序终结现行区域立法效力的活动。随着区域经济、社会的发展,如果某项区域立法的调整对象已经不存在,或者已经被纳入上位法的调整范围,或者该区域立法所规定之事项已执行完毕,那么就需要将该项区域立法予以废止。如果通过评估,认为区域立法在实施过程中需要进一步明确某些条款的涵义,或者确定其该如何适用的,可以由区域立法主体对其进行立法解释。区域立法的修改、补充、废止和解释等与直接的区域立法一

---

① 董映霞、任刚军:《地方政府立法质量标准探析》,载《政府法制》2005 年第 6 期(上),第 36 页。

② 李建、张威、王文珍:《<劳动保障监察条例>立法后评估报告》,载《中国劳动》2007 年第 5 期,第 10 页。

样,都是非常严肃和认真的立法活动,应遵循法定的要求和程序。

　　另一方面,区域立法后评估不仅包括对区域立法实施效果的评估,还包括对区域立法文本内容的评估。前者关注的是区域立法同社会现实和发展需要之间的关系,也即区域立法在实践中取得了哪些效果、存在哪些问题,以及该从立法和执法等方面进行怎样的完善等。后者则重点评估区域立法文本的质量,包括文本内容本身的明确性、科学性、合理性、逻辑性和系统性等,以及区域立法文本在整个立法体系中的协调性,也即与其他有关法律、行政法规、地方性法规和地方政府规章等是否存在相抵触或相冲突的地方。区域立法的内部协调和体系协调,一方面是法制统一原则的基本要求,另一方面也直接关系到区域立法的实施效果,并且要服务于区域立法的实施。

　　法制统一原则要求区域立法文本既不能与上位法相抵触,也要避免与相同位阶的地方性法规和地方政府规章冲突。区域立法是否违背法制统一原则,存在立法体系不协调的情形,是评估主体所要考察和评估的一项重要内容。如果的确存在此类情形,评估主体就会在评估报告中提出相应的改进建议,比如需要对区域立法文本进行修改、补充、解释、废止或清理等。同时,为了实现区域立法的现实性协调,评估报告也会针对区域立法文本提出类似的改进建议。无论是出于何种目的或需要,在完成区域立法后评估后,都要对区域立法文本进行变动。这种变动的一个效果是,进一步明确了区域立法在整个立法体系中的地位,理顺了区域立法同其他相关法律、法规的关系,也即实现了区域立法的体系性协调。

参考文献

一、著作类

1. 陆军等:《区域发展中的财政与金融工具》,新华出版社 2004 年版;

2. 高伯文:《中国共产党区域经济思想研究》,中央党史出版社 2004 年版;

3. 郑杭生:《社会学概论新论》,中国人民大学出版社 1987? 年版;

4. 刘光华等:《运行在国家与超国家之间——欧盟的立法制度》,江西高校出版社 2006 年版;

5. 王名扬:《美国行政法》,中国法制出版社 2005 年版;

6. 封丽霞:《中央与地方立法关系法治化研究》,北京大学出版社 2008 年版;

7. 王春业:《区域行政立法模式研究——以区域经济一体化为背景》,法律出版社 2009 年版;

8. 文正邦、付子堂主编:《区域法治建构论——西部开发法治研究》,法律出版社 2006 年版;

9. 崔卓兰、于立深等:《地方立法实证研究》,知识产权出版社 2007 年版;

10. 吴浩主编:《国外行政立法的公众参与制度》,中国法制出版社 2008 年版;

11. 沈宗灵:《比较法研究》,北京大学出版社 2005 年版;

12. 陈秀山、张可云:《区域经济理论》,商务印书馆 2004 年版;

13. 朱传耿、沈山、仇方道：《区域经济学》，中国社会科学出版社 2007 年版；

14. 冯兴元等：《立宪的意涵：欧洲宪法研究》，北京大学出版社 2005 年版；

15. 洪世键：《大都市区治理——理论演进与运作模式》，东南大学出版社 2009 年版；

16. 行龙、杨念群主编：《区域社会史比较研究》，社会科学文献出版社 2006 年版；

17. 沈德理：《中国非均衡格局中的区域发展》，中国社会科学出版社 2007 年版；

18. 陈秀山主编：《中国区域经济问题研究》，商务印书馆 2005 年版；

19. 陈金钊主编：《法理学》，山东大学出版社 2008 年版；

20. 周旺生：《立法学》，法律出版社 2004 年版；

21. 曹海晶：《中外立法制度比较》，商务印书馆 2004 年版；

22. 戚渊：《论立法权》，中国法制出版社 2002 年版；

23. 汪全胜：《制度设计与立法公正》，山东人民出版社 2005 年版；

24. 刘隆亨主编：《中国区域开发的法制理论与实践》，北京大学出版社 2006 年版；

25. 金太军、赵晖：《中央与地方政府关系建构与调谐》，广东人民出版社 2005 年版；

26. 徐向华：《中国立法关系论》，浙江人民出版社 1999 年版；

27. 江国华：《立法：理想与变革》，山东人民出版社 2007 年版；

28. 苗连营：《立法程序论》，中国检察出版社 2001 年版；

29. 曾祥瑞：《新日本地方自治制度研究》，中国法制出版社 2005 年版；

30. 王献枢主编：《国际法》，中国政法大学出版社 2002 年版；

31. 孙兵：《区域协调组织与区域治理》，上海人民出版社 格致出版社 2007 年版；

32. 张海冰：《欧洲一体化制度研究》，上海社会科学院出版社 2005 年版；

33. 王婷:《三峡地区环境法治概论》,法律出版社 2007 年版；

34. 张维迎:《博弈论与信息经济学》,上海三联书店 上海人民出版社 1996 年版；

35. 董海军:《转轨与国家制度能力——一种博弈论的分析》,世纪出版集团 上海人民出版社 2007 年版；

36. 马伊里:《合作困境的组织社会学分析》,上海人民出版社 2008 年版；

37. 刘莘主编:《国内法律冲突与立法对策》,中国政法大学出版社 2003 年版；

38. 于兆波:《立法决策论》,北京大学出版社 2005 年版；

39. 万其刚:《立法理念与实践》,北京大学出版社 2006 年版；

40. 刘红婴:《法律语言学》,北京大学出版社 2007 年版；

41. 封丽霞:《法典编纂论——一个比较法的视角》,清华大学出版社 2002 年版；

42. 李林:《立法理论与制度》,中国法制出版社 2005 年版；

43. 张永和主编:《立法学》,法律出版社 2009 年版；

44. 辞海编辑委员会编:《辞海》,上海辞书出版社 1979 年版；

45. 商务印书馆辞书研究中心编:《古今汉语词典》,商务印书馆 2000 年版；

46. 中国社会科学院语言研究所词典编辑室编:《现代汉语词典》,商务印书馆 1985 年版；

47. 张永忠:《中国——东盟政府间经济合作机制:区域公共治理的法制化路径》,暨南大学出版社 2007 年版；

48. 熊继宁:《系统法学导论》,知识产权出版社 2006 年版；

49. 张春生主编:《中华人民共和国立法法释义》,法律出版社 2000 年版；

50. 陈伯礼:《授权立法研究》,法律出版社 2000 年版；

51. 乔晓阳主编:《中华人民共和国立法法讲话》,中国民主法制出版社2008年版;

52. 王明进:《欧洲联合背景下的跨国政党》,当代世界出版社2007年版;

53. 阎小冰、邝杨:《欧洲议会:对世界上第一个跨国议会的概述与探讨》,世界知识出版社1997年版;

54. 吴志成:《治理创新——欧洲治理的历史、理论与实践》,天津人民出版社2003年版;

55. 刘秀文、埃米尔·J. 科什纳等著:《欧洲联盟政策及政策过程研究》,法律出版社2003年版;

56. 方智峰:《欧盟法在成员国境内适用问题研究》,厦门大学2002年硕士毕业论文;

57. 任军峰:《地域本位与国族认同——美国政治发展中的区域结构分析》,天津人民出版社2004年版;

58. 殷洁:《区域经济法论纲》,北京大学出版社2009年版;

59. 刘建兰、张文麒:《美国州议会立法程序》,中国法制出版社2005年版;

60. 赵一凡主编:《美国的历史文献》,三联书店1989年版;

61. 周弘、[德]贝娅特·科勒－科赫主编:《欧盟治理模式》,社会科学文献出版社2008年版;

62. 王爱声:《立法过程:制度选择的进路》,中国人民大学出版社2009年版;

63. 张永和主编:《立法学》,法律出版社2009年版;

64. 魏振瀛主编:《民法》,北京大学出版社 高等教育出版社2000年版;

65. 何渊:《区域性行政协议研究》,法律出版社2009年版;

66. 刘莘:《行政立法研究》,法律出版社2003年版;

67. 周旺生:《立法学教程》,北京大学出版社2006年版;

68. 孙育玮等:《完善地方立法立项与起草机制研究》,法律出版社2007

年版；

　　69. 陈洪江主编：《地方立法简本》，天津人民出版社 2007 年版；

　　70. 李培传：《论立法》，中国法制出版社 2004 年版；

　　71. 甘超英：《德国议会》，华夏出版社 2002 年版；

　　72. 汪全胜：《立法听证研究》，北京大学出版社 2003 年版；

　　73. 王锡锌主编：《行政过程中公众参与的制度实践》，中国法制出版社 2008 年版；

　　74. 北京大学《荀子》注释组：《荀子新注》，中华书局 1979 年版；

　　75. 易有禄：《各国议会立法程序比较》，知识产权出版社 2009 年版；

　　76. 公丕祥主编：《法理学》，复旦大学出版社 2002 年版；

　　77. 朱志宏：《立法论》，台湾三民书局 1995 年版；

　　78. 谢晖：《法律哲学》，湖南人民出版社 2009 年版；

　　79. 刘星：《法律是什么》，中国政法大学出版社 1998 年版；

　　80. 梁治平：《法律解释问题》，法律出版社 1998 年版；

　　81. 梁治平：《清代习惯法：社会与国家》，中国政法大学出版社 1996 年版；

　　82. 田成有：《乡土社会中的民间法》，法律出版社 2005 年版；

　　83. 顾昂然：《立法札记——关于我国部分法律制定情况的介绍（1982 –2004 年)》，法律出版社 2006 年版；

　　84. 沈大明：《〈大清律例〉与清代的社会控制》，上海人民出版社 2007 年版；

　　85. 苏力：《法治及其本土资源》，中国政法大学出版社 1996 年版；

　　86. 章志光主编：《社会心理学》，人民教育出版社 1996 年版；

　　87. 尹伊君：《社会变迁的法律解释》，商务印书馆 2003 年版；

　　88. 公丕祥主编：《法理学》，复旦大学出版社 2002 年版；

　　89. 汪全胜：《法律绩效评估机制论》，北京大学出版社 2010 年版；

　　90. 邓国胜：《非营利组织评估》，社会科学文献出版社 2001 年版；

　　91. 卓越：《公共部门绩效评估》，中国人民大学出版社 2004 年版，第 83

页；

92.[加]理查德·廷德尔、苏珊·诺布斯·廷德尔：《加拿大地方政府》（第六版），于秀明、邓璇译，北京大学出版社2005年版；

93.[美]道格拉斯·C.诺思：《经济史上的结构和变革》，厉以平译，商务印书馆2005年版；

94.[加拿大]阿米塔·阿查亚：《建构安全共同体：东盟与地区秩序》，王正毅、冯怀信译，上海世纪出版集团 上海人民出版社2004年版；

95.[德]迪特·卡塞尔、保罗·J.J.威尔芬斯主编：《欧洲区域一体化：理论纲领、实践转换与存在的问题》，许宽华、张蕾、刘跃斌译，武汉大学出版社2007年版；

96.[英]哈维·阿姆斯特朗、吉姆·泰勒：《区域经济学与区域政策》，刘乃全、贾彦利、张学良等译，世纪出版集团、上海人民出版社2007年版；

97.[美]D.B.杜鲁门：《政治过程——政治利益与公共舆论》，陈尧译，天津人民出版社2005年版；

98.[英]罗伯特·迪金森：《近代地理学的创建人》，葛以德等译，商务印书馆1984年版；

99.[德]阿尔弗雷德·赫特纳：《地理学———它的历史、性质和方法》，王兰生译，商务印书馆1997年版；

100.[荷]S.布雷克曼、H.盖瑞森、C.范·马勒惠克：《地理经济学》，西南财经大学文献中心翻译部译，西南财经大学出版社2004年版；

101.[德]齐美尔：《社会是如何可能的——齐美尔社会学文选》，林荣远编译，广西师范大学出版社2002年版；

102.[美]理查德·哈特向：《地理学的性质》，叶光庭译，商务印书馆1996年版；

103.[美]哈罗德? J.伯尔曼：《法律与宗教》，梁治平译，中国政法大学出版社2003年版；

104.《马克思恩格斯选集(第4卷)》，人民出版社1995年版；

105.[英]戴维·威尔逊、克里斯·盖姆：《英国地方政府(第三版)》，

张勇等译,北京大学出版社 2009 年版;

106.[美]罗伯特·阿克塞尔罗德:《合作的进化(修订版)》,吴坚忠译,上海世纪出版集团 2007 年版;

107.[美]道格拉斯·C.诺思:《理解经济变迁过程》,钟正生等译,中国人民大学出版社 2008 年版;

108.[美]曼瑟尔·奥尔森:《集体行动的逻辑》,陈郁等译,上海三联书店 上海人民出版社 2004 年版;

109.[德]马克思·韦伯:《经济与社会(上卷)》,林荣远译,商务印书馆 1997 年版;

110.[挪威]斯万 S.安德森等:《正式进程:欧盟的机构和执行者》,载 Svein S. Andersen, Kjell A. Elisassen 主编:《欧洲政策制定》,陈寅章等译,国家行政学院出版社 2003 年版;

111.欧洲共同体官方出版局:《欧共体基础法》,苏明忠译,国际文化出版公司 1992 年版;

112.[美]文森特·奥斯特罗姆、罗伯特·比什、埃莉诺·奥斯特罗姆:《美国地方政府》,井敏、陈幽泓译,北京大学出版社 2004 年 4 月版;

113.[美]乔治·S·布莱尔:《社区权力与公民参与》,伊佩庄、张雅竹编译,中国社会科学出版社 2003 年版;

114.[美]文森特·奥斯特罗姆:《美国联邦主义》,王建勋译,上海三联书店 2003 年版;

115.[美]安·赛德曼、罗伯特·鲍勃、那林·阿比斯卡:《立法学理论与实践》,刘国福等译,中国经济出版社 2008 年版;

116.[法]孟德斯鸠:《论法的精神(上册)》,商务印书馆 1982 年版;

117.[美]戴维·奥斯本:《改革政府》,上海译文出版社 2006 年版;

118.[英]菲利普·诺顿:《有组织的声音——英国的利益集团》,载蔡定剑主编:《国外公众参与立法》,法律出版社 2005 年版;

119.[法]霍尔巴赫:《自然的体系(上卷)》,管士滨译,商务印书馆 1964 年版;

120.［美］E.博登海默:《法理学 法律哲学与法律方法》,邓正来译,中国政法大学出版社 1999 年版;

121.［美］曼瑟尔·奥尔森:《集体行动的逻辑》,陈郁等译,上海三联书店 上海人民出版社 2004 年版;

122.［美］R.庞德:《法律史解释》,曹玉堂、杨知译,华夏出版社 1989 年版;

123.［美］克利福德? 吉尔兹:《地方性知识——阐释人类学论文集》,王海龙、张家瑄译,中央编译出版社 2000 年 3 月版,

124.［美］迈克尔·瑞斯曼:《看不见的法律》,高忠义、杨婉苓译,法律出版社 2007 年版;

125.［英］弗里德利希·冯·哈耶克:《法律、立法与自由》(第一卷),邓正来、张守东、李静冰译,中国大百科全书出版社 2000 年版。

二、论文类

1.陈昊天:《战后日本区域开发与法律支撑体系》,载《现代日本经济》2007 年第 4 期;

2.陈金涛、张传锋:《大图们江区域各国法律的冲突与协调》,载《行政与法》2007 年第 4 期;

3.丁祖年:《关于我国地区间立法协作问题的几点思考》,载《人大研究》2008 年第 1 期;

4.王春业:《长三角经济一体化的法制协调新模式》,载《石家庄经济学院学报》2007 年第 6 期;

5.解国华:《区域发展的立法模式研究》,载《南通职业大学学报》2009 年第 1 期;

6.程彬:《长三角地区区域行政立法研究》,载《法治论丛》2008 年第 5 期;

7.赵越、高岩:《法治背景下的区域经济一体化——区域立法会议刍议》,载《沈阳干部学刊》2009 年第 1 期;

8.胡健:《区域立法协调的法治示范意义》,载《政府法制》2006 年 9 月

（上）；

　　9. 王子正：《东北地区立法协调机制研究》，载《辽宁法治研究》2006 年
第 3 期；

　　10. 朝阳：《东北三省立法协作：创新之举》，载《东北之窗》2006 年第 15
期；

　　11. 王腊生：《地方立法协作重大问题探讨》，载《法治论丛》2008 年第 3
期；

　　12. 叶必丰：《长三角经济一体化背景下的法制协调》，载《上海交通大
学学报（哲学社会科学版）》2004 年第 6 期。

　　13. 宣文俊：《关于长江三角洲地区经济发展中的法律问题思考》，载
《社会科学》2005 年第 1 期；

　　14. 赵如松：《长三角两省一市立法协调问题研究》，载《法治论丛》2007
年第 6 期；

　　15. 杜建明：《比较视野下的法学研究方法》，载《内蒙古财经学院学报
（综合版）》2010 年第 3 期；

　　16. 谢晖：《论规范分析方法》，载《中国法学》2009 年第 2 期；

　　17. 邱昭继：《法学研究中的概念分析方法》，载《法律科学（西北政法大
学学报）》2008 年第 6 期；

　　18. 陈振光、宋平：《城市化进程中的区域发展与协调》，载《国外城市规
划》2002 年第 5 期；

　　19. 陈丹：《我国区域法制协调发展的若干宪法问题思考》，载《云南大
学学报（法学版）》2008 年第 4 期；

　　20. 石佑启、杨治坤：《试论中部地区法制协调机制的构建》，载《江汉论
坛》2007 年第 11 期；

　　21. 王春业：《长三角经济一体化的法制协调新模式》，载《石家庄经济
学院学报》2007 年第 6 期；

　　22. 丁祖年：《关于我国地区间立法协作问题的几点思考》，载《人大研
究》2008 年第 1 期；

23. 叶依广:《长三角政府协调:关于机制与机构的争论及对策》,载《现代经济探讨》2004 年第 7 期;

24. 刘水林:《对促进区域协调发展的一些法律问题的探讨》,载《经济法论坛》2005 年版第 3 卷;

25. 陈光:《论我国区域立法协调的必要性与可行性》,载《齐齐哈尔大学学报(哲学社会科学版)》2009 年第 5 期;

26. 顾兆农:《围绕"世博经济"推进八方面合作长三角市长会议今召开》,载《人民日报·华东新闻》2003 年 08 月 15 日第 1 版;

27. 谢罡:《欧盟法中的指令》,载《人民法院报》2005 年 7 月日第 B04 版;

28. 王鹤:《评欧洲共同体的辅助性原则》,载《欧洲》1993 年第 2 期,第 21 页。

29. 史国普:《"超国家法"与"国家法"——欧盟法与欧盟成员国国内法的关系》,载《安徽师范大学学报(人文社会科学版)》2007 年第 1 期;

30. 高国力:《美国区域和城市规划及管理的做法和对我国开展主体功能区划的启示》,载《中国发展观察》2006 年第 11 期;

31. 吕志奎:《州际协议:美国的区域协作性公共管理机制》,载《学术研究》2009 年第 5 期;

32. 刘彩虹:《区域委员会:美国大都市区治理体制研究》,载《中国行政管理》2005 年第 5 期;

33. 张军旗:《主权让渡的法律涵义三辨》,载《现代法学》2005 年第 1 期;

34. 储亚萍:《论政府"做精明买主"的重要性——评唐纳德·凯特尔的 <权力共享:公共治理与私人市场 >》,载《云南行政学院学报》2010 年第 3 期;

35. 黄正柏:《权力的让渡和主权的坚持:略析欧洲一体化中的"主权让渡"》,载《史学集刊》2009 年第 2 期;

36. 汪全胜:《试论建构我国的立法准备制度》,载《福建政法管理干部学院学报》2002 年第 1 期；

　　37. 刘君德、舒庆：《中国区域经济的新视角——行政区经济》，载《改革与战略》1996 年第 5 期；

　　38. 汪全胜：《立法规划新论》，载《杭州商学院学报》2003 年第 2 期，第 11 页。

　　39. 汪全胜：《试论立法论证》，载《河南省政法管理干部学院学报》2001 年第 1 期，第 16 页。

　　40. 董桂青：《北京"立法论证"应在全国范围内推广》，载《民主与法制时报》2008 年 12 月 22 日第 A03 版；

　　41. 刘建飞、刘启云、朱艳圣编著：《英国议会》，华夏出版社 2002 年版；

　　42. 刘君德：《中国转型期凸现的"行政区经济"现象分析》，载《理论前沿》2004 年第 10 期；

　　43. 饶世权、饶艾：《地方立法公众参与的概念、主体与价值》，载《西北大学学报(哲学社会科学版)》2008 年第 1 期；

　　44. 蔡宝瑞：《立法：倾听公众的高见》，载《上海人大月刊》2002 年第 5 期；

　　45. 朱久伟：《论公民立法参与制度的原则与地位》，载《华东政法学院学报》1999 年第 3 期；

　　46. 李建强、石东坡：《法律起草刍议》，载《河北大学学报(哲学社会科学版)》1997 年第 3 期；

　　47. 丁汀：《招标多方起草起草法案从公权力源头体现了民主》，载《人大研究》2008 年第 6 期；

　　48. 于兆波：《论立法决策与立法起草的法治定位》，载《北京理工大学学报(社会科学版)》2002 年第 4 期；

　　49. 林纯青：《地方立法应建立多方参与的联合起草机制》，载《人民政坛》2010 年第 6 期；

　　50. 王成保：《起草者中立折射民主立法的价值导向》，载《公民导刊》2007 年第 6 期；

51. 周家修:《法无中立,何来起草者中立之说?》,载《公民导刊》2007年第6期;

52. 周旺生:《论法案起草的过程和十大步骤》,载《中国法学》1994年第6期;

53. 刘广明:《京津冀:区际生态补偿促进区域间协调》,载《环境经济》2007年第12期;

54. 李淳燕、杨复兴、李为华:《构建成果共享和区域协调发展的新体制》,载《重庆工商大学学报(西部论坛)》2006年第6期;

55. 张文雅:《我国区域旅游利益相关者合作机制探讨》,载《湖北经济学院学报(人文社会科学版)》2007年第6期;

56. 王健:《我国生态补偿机制的现状及管理体制创新》,载《中国行政管理》2007年第11期;

57. 汪全胜:《"上位法优于下位法"适用规则刍议》,载《行政法学研究》2005年第4期;

58. 汪全胜:《"特别法"与"一般法"之关系及适用问题探讨》,载《法律科学(西北政法学院学报)》2006年第6期;

59. 张志铭:《关于中国法律解释体制的思考》,载《中国社会科学》1997年第2期;

60. 刘秀:《论刑法立法解释的不必要——以法律的不确定性为视角》,载《江西公安专科学校学报》2008年第6期;

61. 陈斯喜:《论立法解释制度的是与非及其他》,载《中国法学》1998年第3期;

62. 陈光:《论法官认知中民间规范的影响及其规制》,载《山东大学学报(哲学社会科学版)》2010年第4期;

63. 于语和、戚阳阳:《国家法与民间法互动之反思》,载《山东大学学报(哲学社会科学版)》2005年第1期;

64. 刘作翔:《具体的民间法——一个法律社会学视野的考察》,载《浙江社会科学》2003年第4期;

65. 黄伟:《中国区域协调发展法律制度研究》,中央民族大学 2007 年博士学位论文;

66. 许安标:《立法后评估初探》,载《中国人大》2007 年第 8 期;

67. 张禹:《立法后评估主体制度刍议——以地方行政立法后评估为范本》,载《行政法学研究》2008 年第 3 期;

68. 韩佳:《长江三角洲区域经济一体化发展研究》,华东师范大学 2008 年博士论文;

69. 陈珺珺:《论行政立法后评估制度之构设》,载《兰州学刊》2006 年第 11 期;

70. 汪全胜:《日本的立法后评估制度及其对中国的启示》,载《中州学刊》2009 年第 5 期;

71. 汪全胜:《立法后评估标准的探讨》,载《杭州师范大学学报(社会科学版)》2008 年第 3 期;

72. 戚功:《论“回应”范式》,载《社会科学研究》2006 年第 4 期;

73. 俞荣根:《立法后评估:提高立法质量的有效途径》,载《公民导刊》2010 年第 4 期;

74. 董映霞、任刚军:《地方政府立法质量标准探析》,载《政府法制》2005 年第 6 期(上);

75. 李建、张威、王文珍:《<劳动保障监察条例>立法后评估报告》,载《中国劳动》2007 年第 5 期。

三、外文资料

1. Karl J. Holsti, International Politics: A Framework for Analysis, 5th edition , Englewood Cliffs, NJ: Prentice Hall, 1988;

2. Draft Treaty establishing a Constitution for Europe, as submitted to the President of the European Council in Rome, Brussels, 18 July 2003;

3. Rosenau, J. N. , 1992, "Governance, Order, and Change in World Politics", in J. N. Rosenuar and E. Czempiel, eds. , Governance without Government: Order and Change in World Politics, New York: Cambridge University

Press;

4. Neill Nugent, "The Government and Politics of the European Community", Duke University Press, 1989;

5. Zimmermann, Frederick L., and Wendell, Mitchell. The law and Use of Interstate Compacts. Lexington, KY: The Council of State Governments, 1976;

6. Howard W. Hallman. Small and Large Together: Governing the Metropolis. Berverly Hills: Sage Publications, Inc. 1977;

7. Shah M. Tarzi, The Role of Norms and Regimes in World Affairs: A Grotian Perspective, in the International Relations, Vol, XIV, No. 3, December 1998;

8. Maxey, Chester. The Political Integration of Metropolitan Communities. National Municipal Review, 1922, 11(8);

9. Reed, Thomas H. The Region, a New Governmental Unit. National Municipal Review, 1925, 14(7);

10. H. D Lasswell and Kaplan, Power and Society, N. Y.: Mc GrawHill Book Co., 1963;

11. The Treaty of Lisbon: an impact assessment. European Union Committee 10th Report of Session 2007 – 08, Pubilished by the Authority of the House of Lords;

12. Guide to Regional Service Arrangements and Service Reviews;

13. Regional Service Reviews: An Introduction;

14. Tools of the Trade: Part of the Municipal Act Reform Initiative of British Columbia;

15. Alevtina Lesniakova. Regional Legislation in Russia: The Saratov Model.

后 记

本书是在我博士论文基础上修改完成的。区域合作与发展已成为我国当前乃至今后一项重要的经济、社会发展模式。区域合作与发展离不开制度，尤其不应无视法律的作用。在本书的写作过程中，我尝试运用立法学的有关理论与方法，遵循建构的思维从立法的准备、确立和完善三个阶段来设计一套较为系统的区域立法协调机制，而支撑这套协调机制的是将区域立法视为区域内地方立法合作的观点。对于这一基础性观点，我在书中也作了相应的论证。当然，由于实践调研方面的欠缺及理论功底尚浅等原因，书中也难免会存在各种问题，欢迎各位读者与专家的批评指正，我也将继续关注和从事区域合作与发展实践，争取在区域法治问题研究方面作出更多的成绩。

博士毕业意味着自己大学生涯的彻底结束。每每回望在威海求学的十年，心中都会升起万千感慨。2001年9月，我一个人拖着行李箱来山东大学威海分校报到，那时自己对于大学生活是茫然的，况且还夹带着些许被调剂的失落感。幸运的是，从本科经硕士直至博士，十年的时光里，我见证了威海分校迅猛的发展，而威海分校也为我提供了最好的成长环境。读书期间，威海分校法学院（2004年以前为法律系）的老师们给予了我莫大的关爱与悉心的培育。感谢威海分校的每一位师友，眷恋威海分校的每一寸土地，怀念威海十年的每一段时光！

总有离开的一天，因为要有新的开始！2011年的8月28日，我正式来大连理工大学报到，开始人生新的旅程。显然，在理工气息浓重的校园里，我感受到了一种别样的氛围,而"大美人文"的口号在这里是如此地响亮。在人文与社会科学学部尤其是法律系各位领导和同事的帮助下,我很快地适应了新的工作岗位。洪晓楠部长和杨连生书记给予我很多关怀,法律系的刘艺工教授、费艳颖教授和郭玉坤副教授等也在工作和生活上给我诸多帮助,使我感受到事业共同体的温暖。辽宁师范大学法学院的于沛霖教授和丁慧教授、东北财经大学法学院的王子正教授、辽宁大学法学院的郝建设教授以及大连海事大学的王勇副教授等,也给我很多鼓励与帮助,让我很快融入新的学术共同体。本书在出版过程中,人民出版社的陈寒节先生给予了很多热情而无私的帮助,让我感动。导师汪全胜教授和师叔陈俊教授欣然为本书撰写序言,饱含鼓励之情,不胜感激。在此对各位师长好友的真情厚意表示诚挚地感谢!

本书的出版或许可视为自己作别博士三年乃至威海十年的一个礼物。"昔我往矣,杨柳依依。今我来斯,雨雪霏霏。"时空的转换亦是人生轨迹的改变,纵然有太多的慨叹,总要满怀信心地去面对之。最后,权以自己毕业论文之谢词收结,表未表之情,抒未抒之意吧。记之曰:

"或因纠结于未知之前程,惹得万般思绪乱,以致毕业论文虽已完稿数日,几段谢词小语却迟迟未能着笔。无奈定稿期限日近,只得稍稍聚思凝神,寻章摘句,方成此文,一则致谢论文写作中各师友指点相助之谊,二则感念求学十年里诸亲朋教导关爱之情。

辛蒙导师汪全胜教授不弃,收于门下,攻读博士之位,研习立法之学。汪师者,率直人也,其为人望之俨然,即之也温;其为学勤勉尚德,不苟一丝。受业三年,汪师言传身教在随时,耳濡目染于无形,使我终不敢懈怠学业,或毁失德行,唯恐有愧其教诲。毕业论文数易其稿,稿稿皆着汪师精心批改之墨迹。传道之余,汪师亦时时体念我生活之困,尝多给以资助。汪师之恩,有如再造,一二声谢字实难载之!师母方利平女士热情和善,于我关爱有加,不胜感动。自导师谢晖教授引我入法理殿堂,迄今已逾六载,然谢师谆谆教导之语犹在耳畔。后谢师虽高走京师,繁忙之余仍不忘问询督促于我,其舐犊之情学生必将永铭。若无陈金钊教授于我读研时之肯认与诫勉,恐难有后来选择读博深造之决心。而陈师豁达之胸怀,及其法律方法研究之造诣,则为我处世修学之财富。与金玄武老师相识于经济法课堂,续缘在汪师门下,金老师待人真诚,授予我知识,关照我生活,每每念及,倍感温暖。再如马莉萍老师、董学立老师亦施教问暖,相助颇多。忆十年前,初入大学之门,加之生活窘迫,曾几何时,茫茫然而无措,幸赖牛志强老师扶助,方得以安心就学,而牛老师历任我本科、硕士与博士阶段辅导员,见证我之成长,亦服务我十年,其情义之深,学生难忘矣!而姜爱丽、姜世波、吴丙新、闫国智、焦宝乾、桑本谦、张景明、牛文军、张旻昊、袁相万、王瑞君、李秀芬、刘涛、刘军、张传新、张伟强、王芳、门潇洪、黎海鹰、钟玉珍、郭晓妮、张正武等诸位师长,皆在我求知路上给以不同帮助,在此一并谢之。

常言韶华易逝,诚如斯也。本科始,经硕士,至博士,不觉间来威已近十年。昔日同学现事业多已有成,春风得意,今日好友又将各赴东西,追逐梦想。同窗之谊、朋友之情,总难割舍,相见不易别更难。骊歌再响之际,送上我诚挚之谢意与祝福。师兄唐峰,舍安利而为学,处芜杂而笃志。唐师兄待我甚善,不时于雪中送炭,扶我于急难。同级好友崔雪丽、孙日华,多识且仗义,相处中二人亦多以我之需为念,堪为挚诚之交。师兄刘洪展、姜福东、孙光宁、王彬,博士同学陈文华、李鑫、尚海涛、孙超,硕士好友张艳丽、刘伟亮、冯克亮、柳家武、李传先,本科兄弟姜宝超、陈桂猛、王南熹、李付刚、孙作志、胡格赢、马晓营、王爱国、肖乾、王凯,师弟张鹏、张华麟、李亮,师妹邵剑秋、梁学巍、徐昊天、李佳忆、刘莹、李莉、李晓慧等,或受之点拨,得惠于某事,或短信往来,交流在平日,情谊存乎其中,感于心间,人生由此而多姿!求学期间藉因各种机缘,得识邵宗日、管咏梅、王军、李锡海、王春业、王殿彬、李雪莲、于洪香、胡永刚、孙平、龙海、宋广袤、王倩明、宋向杰、何跃军等,列位师友,虽与之或一事之交,或一面之缘,或偶遇一叙,然皆曾有助于我,理当谢之。

《诗》曰:'哀哀父母,生我劬劳。'尤应谢而难以谢者,双亲也。母亲离世十载,每每思及,哀之不已!再诵去岁祭母所赋,以告之慰之,'皎皎明月零落人,短松冈上诉离恨。除夕蜡灯犹未止,仲秋茶饭尚且温。一朝既失慈母爱，十载空悲孝子心。两行热泪归何处？莫问明月问枕衾。'父亲年逾半百，仍凄凄于独居并任劳作之苦，每每念及，愧之不已！岳母大人花甲之年，不辞辛劳，照顾我饮食起居，使我得以潜心作文。爱人胡筱娟，操持内外，计算生活，资我于困顿，抚我于蹉跎，虽寄偏狭陋室而无怨言，处漂泊颠沛仍默默相随。爱子跃凡，乖巧可爱，一笑可释我几多烦恼与疲惫，再喜则予我无尽喜悦与动力。至亲之爱，原属大爱，去此便无我昨往今来，而大爱无言，何以言谢？自当高挂济沧海之帆，逐长风而破怒浪，待功成衣锦之时，使至亲安居广厦，使吾老得养天年。

敲落几行文字，我起身离案，隔窗远眺，冬去春来之际，片片雪花飘过，熟悉又陌生，不知何时，心中竟生出几分不舍。十年威海行，一段求索路。曲终人散时，梦又寻何处？几缕阳光穿过云层，投向远处旷野，细察之，似有春意几许，渐悦之……记得初为本科论文谢词时，以'昨夜西风雕碧树'题之，本即兴之举，后硕士论文续题之以'衣带渐宽终不悔'，今收题于'众里寻他千百度'，不意间竟已历静安三境，何哉？附庸而已。是为记。

陈光于公元二〇一一年二月一十三日 农历辛卯年正月十一"

2014 年 1 月 17 日作于大连凌秀小区 6 号